U0512129

山西法治蓝皮书

**BLUE BOOK** OF
THE RULE OF LAW IN SHANXI PROVINCE

# 法治山西建设年度报告 *No.1*
（2018）

THE ANNUAL REPORT ON THE CONSTRUCTION OF THE
RULE OF LAW IN SHANXI PROVINCE No.1 (2018)

名誉主编／闫喜春
主　　编／李　林　刘永生　田　禾　周　涛
执行主编／李洪雷
副主编／王素梅　李　霞　武　忠

社会科学文献出版社
SOCIAL SCIENCES ACADEMIC PRESS (CHINA)

图书在版编目（CIP）数据

法治山西建设年度报告. No.1，2018 / 李林等主编
. −− 北京：社会科学文献出版社，2018.10
（山西法治蓝皮书）
ISBN 978 − 7 − 5201 − 3611 − 2

Ⅰ. ①法… Ⅱ. ①李… Ⅲ. ①社会主义法制 − 建设 −
研究报告 − 山西 − 2018 Ⅳ. ①D927. 25

中国版本图书馆 CIP 数据核字（2018）第 227183 号

**山西法治蓝皮书**

# 法治山西建设年度报告 No.1（2018）

名誉主编／闫喜春
主　　编／李　林　刘永生　田　禾　周　涛
执行主编／李洪雷
副 主 编／王素梅　李　霞　武　忠

出 版 人／谢寿光
项目统筹／李　晨
责任编辑／李　晨　王蓓遥

出　　　版／社会科学文献出版社·社会政法分社（010）59367156
　　　　　　地址：北京市北三环中路甲 29 号院华龙大厦　邮编：100029
　　　　　　网址：www. ssap. com. cn
发　　　行／市场营销中心（010）59367081　59367018
印　　　装／三河市龙林印务有限公司

规　　　格／开　本：787mm × 1092mm　1/16
　　　　　　印　张：22.5　字　数：341 千字
版　　　次／2018 年 10 月第 1 版　2018 年 10 月第 1 次印刷
书　　　号／ISBN 978 − 7 − 5201 − 3611 − 2
定　　　价／98.00 元

皮书序列号／PSN B − 2018 − 759 − 1/1

本书如有印装质量问题，请与读者服务中心（010 − 59367028）联系

# 主要编撰者简介

**名誉主编：**

**闫喜春**　中共山西省委政法委员会常务副书记、省委法治建设领导小组
　　　　　成员

**主编：**

**李　林**　中国社会科学院学部委员，法学研究所研究员
　　　　　主要研究领域：法理学、宪法学、立法学、法治与人权理论

**刘永生**　中共山西省委政法委员会副书记、省委法治建设领导小组办公
　　　　　室主任

**田　禾**　中国社会科学院国家法治指数研究中心主任，法学研究所
　　　　　研究员
　　　　　主要研究领域：刑法学、司法制度、实证法学

**周　涛**　中共山西省委法治建设领导小组办公室专职副主任

**执行主编：**

**李洪雷**　中国社会科学院法学研究所宪法行政法研究室主任，研究员
　　　　　主要研究领域：行政法、地方政府法、政府监管

**副主编：**

**王素梅**　中共山西省委政法委员会法治建设规划指导处处长

**李　霞**　中国社会科学院文化法制研究中心秘书长，法学研究所副
　　　　研究员
　　　　主要研究领域：行政法、地方法治、PPP

**武　忠**　中共山西省委政法委员会法治建设综合督查处副处长

# 摘　要

《法治山西建设年度报告 No. 1（2018）》暨《山西法治蓝皮书》紧密结合党中央全面依法治国的一系列重要文件，以实证研究为主要方法，立足山西，放眼全国，观察、梳理并系统呈现了 2017 年山西在依法执政、民主科学立法、法治政府建设、公正廉洁司法、法治文化建设等主要领域的成就、动态和趋势。在此基础上，对新时代如何推进地方法治建设进行了思考，期望能为山西及国家法治建设提供有针对性的对策建议和智力支持。

全书分为总报告、改革发展报告、专题报告、区域法治、行政决策和执法、信访法治、法治宣传与法治文化等七个部分。总报告从加强省委对法治建设的领导、党委依法执政、推进法治创建示范点建设、实施法治攻坚、农村治理法治化、地方立法、法治政府建设、司法体制改革、普法依法治理工作机制和法治文化建设等方面回顾了近年来尤其是 2017 年以来法治山西建设的实践，剖析了目前法治山西建设面临的问题和挑战，并对 2018 年法治山西建设的重点予以展望。改革发展报告聚焦了山西省近年来在法治轨道上推进行政管理体制、司法体制、权责清单管理机制、商事登记"放管服"、社区矫正制度、交通运输管理体制等领域改革的情况。区域法治报告关注山西省在推进地方立法、建设法治示范市、农村治理法治化等方面的优秀地方实践。同时，还选取了一些具有代表性的部门和市县，对山西省在提升行政决策的科学性，推进行政执法规范化、信访法治化，创新法治宣传教育方式和法治文化建设模式等方面的创新举措和经验，进行了梳理和总结。

**关键词：**地方法治　法治政府　司法体制改革　基层治理　法治文化

# 目　录

## Ⅰ　总报告

## Ⅱ　改革发展报告

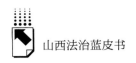
# Ⅲ　专题报告

# Ⅳ　区域法治

# Ⅴ　行政决策和执法

# Ⅵ　信访法治

# Ⅶ　法治宣传与法治文化

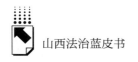

皮书数据库阅读**使用指南**

# 总 报 告

**General Report**

# B.1

# 法治山西2017：现状与前瞻

法治山西蓝皮书课题组*

摘 要： 近年来，山西省委将法治建设摆到重要的全局性位置来谋划
和推进。2017年，山西省将各项事业纳入法治轨道，法治山
西建设取得显著成效：开展法治创建示范点建设和法治专项
攻坚活动，推进农村治理法治化建设，打造法治建设亮点；
加强重点领域立法和设区的市立法工作，充分发挥立法的规
范、引领和推动作用；推进行政体制改革，加快法治政府建

\* 课题组负责人：周涛，中共山西省委法治建设领导小组办公室专职副主任。课题组成员：王
辇奎，中共山西省委法规室主任；孙朝晖，中共山西省委政法委员会执法检查处处长、法官
检察官遴选惩戒工作处处长；王素梅，中共山西省委政法委员会法治建设规划指导处处长；
门世宾，山西省人大常委会法制工作委员会办公室主任；孙志坚，山西省政府法制办依法行
政指导处处长；李红艳，山西省司法厅法制宣传处处长；秦伟，山西省法学会秘书长；武忠，
中共山西省委政法委员会法治建设综合督查处副处长。执笔人：王素梅，中共山西省委政法
委员会法治建设规划指导处处长；王瑞，中共山西省委政法委员会法治建设规划指导处主任
科员；王勇，中共山西省委政法委员会法治建设规划指导处主任科员。

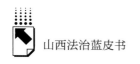

设；推进司法体制改革，促进司法公开公正；完善普法依法治理工作机制，推进全民守法。未来山西将深入贯彻十九大提出的法治建设战略部署，继续高点定位，整体布局，打造载体，抓实责任，强化考核，打造新时代地方法治建设的"山西模式"。

**关键词：** 法治山西　法治政府　司法体制改革　普法

近年来，党中央继将依法治国、建设社会主义法治国家确立为治国方略之后，将"全面依法治国"作为"四个全面"战略布局的重要组成及重要保障，并做出了法治中国建设的重大决策部署，充分体现了对法治建设的高度重视。党的十八大以来，山西省委坚决贯彻执行党中央全面依法治国各项决策部署，按照十八届四中全会对法治中国建设的顶层设计，坚持把法治摆在省委、省政府工作全局的关键位置来谋划和推进，健全完善党领导法治建设的体制机制，全面推进法治山西建设。特别是党的十九大召开后，山西省深入贯彻十九大精神，在习近平新时代中国特色社会主义思想指引下，深化法治山西建设实践，推动全面依法治国方略在三晋大地落地生根。

## 一　加强党委领导　深化法治山西实践

全面依法治国是国家治理的一场深刻革命，坚持党的领导是深化依法治国实践的根本保证。山西省委高度重视法治建设，切实加强省委对法治建设的领导，从地方实际出发，发挥政治优势，遵循法治规律，提升法治理念，创新体制机制，推动法治山西建设不断取得新成就。

### （一）强化省委对法治建设的统一领导

山西依法治省有良好的工作基础。2010 年，山西省委、省政府即提出

"法治山西"建设目标，制定出台了《"法治山西"建设实施纲要（2010～2020年)》和《关于深化法治山西建设的实施意见》。党的十八届四中全会召开后，省委把法治建设摆在更加突出的位置，省委常委会多次专题研究法治建设。2014年12月7日，山西省委十届六次全会对法治山西建设进行了全面部署，制定出台了《中共山西省委关于贯彻落实党的十八届四中全会精神加快推进法治山西建设的实施意见》，并配套印发了《贯彻实施〈关于贯彻落实党的十八届四中全会精神加快推进法治山西建设的实施意见〉重要举措分工方案》。2015年落实《党的十八届四中全会重要举措实施规划（2015～2020年)》，制定印发《法治山西建设重要举措工作规划（2015～2020年)》，针对省委确定的法治山西建设173项工作举措，一一提出推进目标路径、主要成果形式和完成时限、责任部门，为"十三五"期间加快推进法治山西建设构建了基础框架。2016年以来，省委进一步加强对法治建设的领导，省第十一次党代会明确提出要把法治山西建设摆到治晋理政全局位置来谋划和推进，贯彻省委"一个指引、两手硬"重大思路和要求，围绕"提高法治建设水平"目标，对推进科学立法、严格执法、公正司法、全民守法提出了一系列新要求。党的十九大召开后，省委把深入学习贯彻党的十九大精神作为首要政治任务，召开省委十一届五次全会做出安排部署，法治建设列入省委常委会工作报告的重要内容，根据党的十九大提出的新思想、新论断、新思路，对法治山西建设做出了新的部署和安排。

健全完善党领导法治建设的体制机制，是确保法治建设有力推进的重要组织保障。为适应法治建设新形势新任务，2015年1月，山西省委调整成立了由省委书记任组长、省长任第一副组长的省委法治建设领导小组，下设地方立法、依法行政、公正司法和法治社会建设三个专项小组，领导小组办公室由省司法厅划转到省委政法委。2017年省委重新调整法治建设领导小组，完善了工作运行机制，并将制定法治山西建设年度工作要点明确为省委常委会的主要事项，做到法治建设和经济社会发展其他重大工作同研究、同部署、同推进、同落实。根据省委的部署要求，各市、省直有关部门全部制定了地方、部门法治建设的实施方案，11个市均制定出台了地方法治建设

五年工作规划，普遍调整充实了法治建设领导机构和办事机构。目前，全省11个市、119个县区均已在党委政法委设立党委法治办，形成上下对口、协调一致的法治建设工作运行机制，为法治山西建设推进奠定了良好的组织基础。

山西省委坚持把法治建设置于突出重要位置，着力发挥法治与改革的"双轮"驱动作用来推动全省经济社会发展。根据省委安排，山西省从2015年起将法治建设列入了全省目标责任考核，并作为共性指标中的重要内容。2017年，法治建设考核的重点是落实党政主要负责人履行推进法治建设第一责任人职责、实施法治攻坚等重点工作。省委法治办把强化督察作为落实任务、推动工作的重要手段，对11个市、省直部分重点单位组织了专项督察，"一把尺子"量到底，以落实党政主要负责人履行推进法治建设第一责任人职责为切入点，抓"关键少数"、抓责任落实，真正做到了以硬考核促进法治建设任务硬落实，充分发挥了法治的规范、引领和保障作用。

### （二）提高党委依法执政能力

依法执政是党在新的历史条件下领导方式和执政方式的重大转变，是实行依法治国基本方略、发展社会主义民主政治、建设社会主义政治文明的必然要求。山西省委深刻认识到依法执政是加强和改进党的领导的有效途径，必须抓住制度建设这个根本，运用法治思维和法治方式，推进全省各项事业发展。省委认真贯彻《中国共产党地方委员会工作条例》，充分发挥领导核心作用，支持人大、政府、政协、监委、法院、检察院依法依章程履行职能、开展工作；严格依法依规决策，2016、2017年先后制定印发省委常委会工作规则、省委书记专题会议工作规则、省委全会工作规则等，完善了省委依法依规决策机制，确保各项决策严格遵守宪法、法律和党内制度规定。近年来，制定出台了法治政府建设实施方案、领导干部干预司法记录通报和责任追究实施细则、深化综合行政执法体制改革指导意见、完善矛盾纠纷多元化解实施意见等重要指导性文件，2017年又制定出台深入推进城市执法体制改革改进城市管理工作实施意见、加强和完善城乡社区治理实施意见、深化公安执法规范化建设实施意见、加强社会治安综合治理维护社会稳定工作的意见、深化预防青少年违法犯罪工作实施方案、保护司法人员依法履行法定职责实施办法等，形成了一批涉及法治建设的重要制度性成果，特别是制定出台了《山西省贯彻落实〈党政主要负责人履行推进法治建设第一责任人职责规定〉实施办法》，共6章23条，对党政主要负责人履行推进法治建设第一责任人职责的主要内容、检查督察重点、考核评价方式、问责追责情形等做了明确规定，使推进法治山西建设有了"硬抓手"。山西省委坚持以法治为理政基本方式，靠制度建设保障深化改革、推进发展、化解矛盾、维护稳定、服务民生，使法治在全省转型综改示范区建设中的保障作用得以彰显。

## （三）加强党内法规制度建设

山西省委坚持思想建党与制度治党相结合、依规治党与以德治党相统一，不断扎紧扎密扎牢制度的笼子。2017年2月，召开了全省党内法规工作会议，学习贯彻习近平总书记重要指示和全国党内法规工作会议精神，就加强全省党内法规工作进行了部署。2017年以来，省委办公厅贯彻《中国共产党党内法规制定条例》，紧密结合山西实际，围绕"努力实现党内政治生态持久的风清气正、努力实现经济转型发展持久的强劲态势"，统筹谋划、扎实推进，先后配套制定了《山西省贯彻〈中国共产党问责条例〉实施办法（试行）》《关于进一步贯彻落实中央八项规定精神的实施办法》等党内法规。下发了关于建立党内法规工作联席会议制度的通知，形成了加强沟通、密切配合、相互支持，共同推进党内法规制度建设的工作机制。把2017年确定为"备案审查攻坚年"，加强规范性文件备案审查，建立了党内规范性文件备案工作年度通报制度和年中催报制度，推动了各单位提高规范性文件的制定质量。下发了关于建立规章和规范性文件备案审查衔接联动机制的实施意见，建立了规范性文件备案审查衔接联动机制，形成了上下贯通、左右联动的专业化工作格局，审查地市级党委和省委部委及省直各厅局党组（党委）规范性文件，基本做到了有件必备、有备必审、有错必纠。

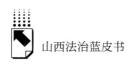
加强党内法规制度建设，推动了全面从严治党走上制度化、科学化轨道。

山西省委带头建立法律顾问制度，9月份举行聘任仪式，聘请9名法学专家和知名律师为省委法律顾问，他们在省委制定重大决策、出台重要文件中发挥了积极作用。在省委的示范带动下，到2017年底，山西省、市、县三级党委、政府及组成部门实现了法律顾问全覆盖，130个政府及所属部门设立了公职律师，省政府488个直属事业单位中，427家设立了法律顾问，占比为87.5%。

## （四）构建良好政治生态

山西省委恪守"党要管党，才能管好党；从严治党，才能治好党"，坚持永远在路上的恒心和韧劲，秉持"巩固、深化、提高"的理念，不断推动全面从严治党向纵深发展，努力实现党内政治生态持久的风清气正。省委坚决贯彻中央关于全面从严治党的战略部署，忠诚履行主体责任，召开全面构建良好政治生态推进会。省委常委会数十次专题研究全面从严治党有关工作，围绕政治建设、巡视巡察、基层党建、肃纪、干部队伍等重点任务，做出安排部署，实施重大举措。2017年省纪委十一届二次全会，围绕落实标本兼治、全面从严治党做出15项部署。落实十八届六中全会精神，加强《关于新形势下党内政治生活的若干准则》《中国共产党党内监督条例》学习宣传，以解决问题为突破口和主抓手，在县以上党组织开展巡视整改自行"回头看"，查找问题，制定"四对照""三清单一制度"办法，肃清腐败分子流毒影响。持续推进正风肃纪反腐，打出"组合拳"，做到力度不减、关口前移、标本兼治。制定落实《关于进一步贯彻落实中央八项规定精神实施办法》，督促县级以上党组织制定或修订落实中央八项规定精神实施细则，鲜明提出"五个倡导、五个反对"，努力构建作风建设长效机制。坚持以壮士断腕的决心严惩腐败，减"存量"、遏"增量"，坚决铲除腐败"污染源"。着力解决群众身边的腐败问题，开展扶贫领域不正之风和腐败问题专项治理，推动全面从严治党向基层延伸。准确把握和运用"四种形态"，在重典治乱、猛药去疴的同时，更加注重挺纪在前、抓早抓小。充分发挥巡视利剑作用，出台《中共山西省委贯彻〈中国共产党巡视工作条例〉实施办法》《关于深化政治巡视25条》等，率先在全国完成巡视全覆盖，全面推进市县巡察工作，构建了巡视巡察一体化格局。着眼于建设高素质专业化干部队伍，2016年以来出台《山西省推进领导干部能上能下实施细则（试行）》《山西省激励干部担当作为干事创业办法》《关于深化人才发展体制机制改革实施方案》等，坚持好干部标准，用铁律、铁腕打造干部队伍，把握正确用人导向，严防用人不正之风。在全国率先出台《关于加强政治文化建设的意见》，促进党内政治文化、政治生活、政治生态协调推进，实现政治生态由"乱"转"治"、发展由"疲"转"兴"。

山西省是中央确定的深化国家监察体制改革三个试点省份之一。省委高度重视，牢牢扛起主体责任，对试点工作负总责，坚持一级抓一级，一级带一级，推动全省形成党委牵头抓总、纪委主抓直管、各相关领导机关和相关部门协调配合的工作格局。以中央方案为依据，山西制定出台了《山西省深化监察体制改革试点实施方案》，确立了转隶开局、平稳过渡、逐步深化、规范高效的思路，做出了第一步重点抓"转隶"、第二步重点抓"建制"的两步走安排。省纪委细致谋划、具体操作，先后召开数十次专题会议研究改革工作，扎实做好改革试点方案的组织实施和具体落实。省委制定了《关于市县深化监察体制改革试点工作的指导意见》，按照"省级先行，市县压茬推进"的思路稳步推进试点工作。山西始终把"建章立制"贯穿改革全过程，基本建立起以山西省纪委监委机关执纪监督监察工作试行办法、审查措施使用规范、执纪监督监察工作流程图、执纪监督监察常用文书等为内容的"四个一"工作制度。"建章立制"过程中，山西根据中央改革试点要求，就留置措施的审批权限、工作流程和方式方法进行了重点探索。省委政法委牵头建立支持配合改革试点工作联席会议制度，承担党委协调解决监察委员会与政法机关存在分歧的制度性、政策性问题的职责。特别是探索建立监察委员会与执法机关、司法机关的协调衔接机制，健全以《省委政法委统筹指导政法机关支持配合监察体制改革试点工作意见》为牵引，由10个试行文件组成的"1+4"制度体系。目前，山西省正在按照省委的统一部署，进一步深化监察体制改革试点工作，贯彻实施《中华人民共和

国监察法》。监察体制改革试点工作的扎实推进,使山西从腐败"重灾区"变成了改革"试验田",促进了良好政治生态的构建。

## 二 突出工作重点 打造法治建设亮点

根据山西省委常委会研究确定的《2017 年法治山西建设工作要点》,2017 年,山西省各级各部门认真贯彻中央、省委法治建设决策部署,围绕省委、省政府中心工作,健全机制、完善制度、搭建平台、打造亮点,充分发挥了法治对经济社会发展的保障作用。

### (一)开展法治创建示范点建设

法治创建是法治建设的重要载体。2017 年,山西省将开展法治创建示范点建设列入年度法治建设重点工作,省委法治办按照示范引领、以点带面的思路,确定"一市、三县(区)、一企、一校、一行政执法单位"七个省级示范点(分别是临汾市、襄垣县、太谷县、太原市万柏林区、省四建公司、山西大学、省国税局),省委法治建设领导小组印发了《关于开展法治创建示范点建设的指导意见》,指导全省层层开展法治创建示范点建设。省级各示范点坚持问题导向与目标导向相结合,本着务实高效原则,根据省委法治办统一安排,于 2017 年 6 月前制定了创建实施方案和工作任务清单,召开工作会议进行了动员部署,有序推进法治创建工作。临汾市确定强化人大监督、坚持依法行政、推进公正司法、深化法治社会建设、推进行业组织法治创建、突出法治文化品牌创建、开展法治专项攻坚七大领域 85 项工作任务,打造了 27 个市级示范点。襄垣县委成立由县委书记亲任组长的法治示范县建设领导小组,推进法治襄垣"二十一创"活动,建成集法治文化传播、法治展品陈列、法治宣传教育为一体的多功能、标志性的法治文化体验馆。省国税局党组将推进法治创建作为依法治税的重要载体,全力打造了16 个县级法治税务示范基地。省四建公司把落实企业法律顾问制度和公司律师制度作为法治创建抓手,健全完善企业管理制度,着力构建法律风险防范机制。山西各设区的市都因地制宜推进法治创建示范点建设，推出了一批市级法治创建示范点。法治创建作为法治建设的重要抓手，承载着法治建设主要任务，体现地方、行业特色，突出创新活力，在地方法治建设中起到了导向和引领的作用。

## （二）实施法治专项攻坚活动

山西省将开展法治专项攻坚、推动解决经济社会发展和群众关切的热点难点问题作为法治山西建设的重要突破口。2017 年，省委法治建设领导小组先后制定印发《关于支持人民法院基本解决"执行难"的意见》《关于开展法治保障脱贫攻坚工作的实施意见》《关于推进环境治理法治化制度机制建设的指导意见》，在全省实施解决"执行难"、法治保障脱贫攻坚、环境治理法治化制度机制建设三个法治攻坚项目。省委法治办牵头省高院、省扶贫办、省环保厅等相关单位，建立协调联动机制，组织开展专题调研，深入分析存在的问题，研究完善措施手段，加大督察考核力度，推动"三项法治攻坚"落地落实。省高院组织召开了全省"基本解决执行难"工作推进会，推动各级法院加大依法执行力度，强化执行过程监督，狠抓执行信息化建设，落实执行联动机制，使"执行难"问题得到明显改善。省扶贫办严格落实扶贫对象识别"八不进"要求和民主评议、"两公示一公告"制度，协调财政、发改等部门印发《财政专项扶贫资金管理办法》，严格脱贫资金管控，依法规范贫困退出工作和实行扶贫纠偏，确保脱贫攻坚工作在法治轨道上推进。省环保厅制定出台了《山西省环境保护职责规定（试行）》《山西省环境保护督察实施方案（试行）》《山西省生态环境监测网络建设工作方案》等规范性文件，完善了环境治理制度体系；加大环境监管力度和环境保护督察力度，全面推进铁腕治污行动，实现省级环保督察全覆盖，下大力气整治群众反映的突出的环境问题，全年查处四类环境典型案件 1851 件，比 2016 年同期增长 114.7%。各市在法治攻坚中，创新思路、主动作为，推出了不少可借鉴的经验做法：太原市把好源头关，在诉讼服务大厅增设执行信访接待窗口，建立解决"执行难"前移工作机制。临汾市在全

省首家成立市公安局环境安全保卫支队和交警支队环境安全监察大队，严查环保违法犯罪行为。长治市在全省率先出台了《干部驻村帮扶工作考核办法》，将干部驻村帮扶纳入目标责任考核。阳泉市制定了《全力推进深度贫困村攻坚的意见》，推出深度贫困村攻坚8项举措。法治攻坚，运用法治思维和法治方式，汇集各部门力量，解决深层次难题，有力地保障了经济社会发展。

## （三）推进农村治理法治化建设

山西省委高度重视基层基础工作，2017年，在全省组织开展"三基建设"的基础上，针对农村治理组织专项活动。省委法治建设领导小组制定了《关于推进农村治理法治化的指导意见》，在全省推进农村治理法治化建设。市、县、乡、村采取各种措施积极推进，颇具特色的山西农村法治建设模式初步形成。一是通过完善议事决策制度、推行村务公开制度、建立"两委"干部述职评议制度、加强村务监督制度，保证村级决策合法合规，避免乡村干部任性用权。阳泉市郊区在全区农村推行"六议两公开"工作法，在"四议两公开"基础上增加"动议"和"民议"环节，被民政部评选为"2015年度中国社区治理十大创新成果"提名成果。二是市、县、乡、村分级制定农村干部管理规范和行为准则、村民自治章程、村规民约，乡村干部的规矩意识、农民群众的契约意识普遍增强。晋中市祁县城赵镇建起了农村集体产权流转交易中心，除村集体资源、资产的交易通过交易中心进行外，村民个人之间土地互换流转也主动要求在交易中心进行，避免了矛盾纠纷。三是采用多种农村普法形式，着力营造乡村法治氛围。以晋城市泽州县巴公镇、孝义市梧桐镇、忻州市忻府区东楼乡南肖村、平定县石门口乡西郊村、祁县城赵镇修善村等为代表的一大批乡村建起了法治文化一条街，涵盖群众出行、劳动、休闲的场所，在农民群众的身边营造出浓厚的法治氛围。四是乡村公共法律服务体系初步建立，"一站式"服务覆盖面不断扩大。乡村两级加强乡村法治服务平台建设，健全公共法律服务体系，完善矛盾纠纷多元调处机制，在全省推行"一村（社区）一法律顾问"和远程式法律援助向农村延伸等做法，帮助村民解决遇到的法律问题，增强了群众的法治获得感。

## 三　加强地方立法　保障经济社会发展

山西省各级人大及其常委会紧紧围绕全省工作大局，贯彻新发展理念，加强地方立法，为推进和落实"四个全面"战略布局提供有力保障，充分发挥了立法工作对地方改革发展的引领和推动作用。

### （一）加强重点领域立法

1. 以地方立法引领推动转型综改试验区建设

山西省是国家资源型经济综合配套改革试验区，其建设凝聚着党中央、国务院对山西的亲切关怀和支持，承载着全省人民的热切期盼和厚望。山西省人大常委会通过加强立法，扎实推进全省综改试验区建设。2017年出台的《关于山西转型综合改革示范区行政管理事项的决定》，规定了综改示范区管委会的性质和职责，就行政管理事项进行授权，对推进综改示范区各项改革和创新发展产生积极的推动作用；出台的《山西省科技创新促进条例》，通过良好的制度激励，有效增强科技创新人才供给，改革科技计划项目管理，促进科技成果转化，加强科技创新保障。

2. 以地方立法引领推动民生保障

出台了《山西省农村扶贫开发条例》，规定各级政府及扶贫开发等部门的职责，确立了扶贫对象识别程序，明确了农村扶贫开发措施及扶贫开发项目产权归属和受益主体，建立了约束激励机制，将农村扶贫开发工作纳入了法制化轨道。制定《山西省食品小作坊小经营店小摊点管理条例》，坚持简化许可备案条件、加强监管、社会共治、优化服务、方便群众的原则，针对三类管理对象，分别规定实行许可证管理、备案证管理、备案卡管理，突出了管理的针对性和可操作性。修订了《山西省动物防疫条例》，就动物防疫工作机制、动物疫病的预防和控制、动物和动物产品检疫、实施动物防疫保

障及法律责任等方面做了明确规定，对于加强和规范动物防疫工作，促进养殖业健康发展具有重要意义。

3. 以地方立法引领推动生态文明建设

生态文明建设是统筹推进"五位一体"总体布局的重要方面。山西省人大常委会积极推动绿色发展重要制度的建立健全，紧紧围绕中央和省委关于生态文明建设新要求，强化生态文明建设制度保障，推动绿色发展，建设美丽山西。制定了《山西省汾河流域生态修复与保护条例》，规定了河长负责制、地下水限采、源头保护、生态补偿机制等，将汾河流域生态修复与保护工作纳入法制化轨道。出台了《山西省城乡环境综合治理条例》，从规划管理、责任区管理、环境卫生、容貌与秩序、设施建设、考核监督、法律责任等方面对城乡环境综合治理做出了详细规定，对一些危害环境的行为明确设定了禁止令，为创优城乡人居环境、提升公共环境品质提供了良好制度保障。出台了《山西省人民代表大会常务委员会关于大气污染和水污染环境保护税适用税额的决定》，这是立法法修改以来，全国首次由省人大常委会决定地方税种的具体适用税额。

4. 以地方立法引领推动科学发展

立足对山西丰富旅游资源的开发、保护和旅游文化的宣传，把旅游业培育成战略性支柱产业，修订了《山西省旅游条例》，就促进山西全域旅游示范区建设、注重旅游规划的制订、强化旅游景区（点）道路和通信建设、建立旅游资源开发经营退出机制等方面做了详细规定，为山西省旅游资源的合理开发和有效保护提供了法制保障。立足山西丰厚的历史文化遗产，围绕保护历史文化名城名镇名村，制定出台了《山西省历史文化名城名镇名村保护条例》，就保护原则、保护主体责任、保护与规划、保护与利用、监督检查、法律责任进行了详细规定，为实现保护历史文化遗产和改善人居环境同步进行奠定了法制基础。

## （二）加强设区的市立法工作

赋予设区的市地方立法权，是我国立法制度的重大改革，也是我国全面实现依法治国的重要举措。随着设区的市地方立法工作逐步开展，审查和批准设区的市地方性法规等方面的工作压力也逐渐加大。面对新形势、新挑战，山西省人大常委会严格按照立法法的规定，主动求变、积极创新，在完善审查制度的基础上，就设区的市地方性法规的合法性进行严格审查。出台了《山西省人民代表大会常务委员会法规审查工作规定》，在各设区的市地方性法规通过前，加强沟通协调，注重关口前移，提前介入法规选项、起草、修改、审议等环节，在合法性和合适性方面提供指导和帮助；在设区的市报请批准地方性法规后，及时交由法制委员会进行审查，对不存在合法性问题的地方性法规及时予以批准。目前，山西省朔州、忻州、吕梁、晋中、阳泉、长治、晋城、临汾、运城等9个设区的市先后获得地方立法权后，各市立法工作稳步推进。2017年以来，省人大常委会共审查批准设区的市地方性法规35件。

### （三）推进民主立法、科学立法、依法立法

山西省人大常委会牢牢抓住立法质量这个关键，积极推进科学立法、民主立法、依法立法，不断增强立法的及时性、针对性、有效性。主要措施包括：修订地方立法条例，出台各级人大常委会规范性文件备案审查条例，完善立法公开、立法论证、立法听证、立法评估等工作制度，使立法工作更加规范有序；健全与政协委员沟通机制，建立立法研究咨询基地，确定10个基层立法联系点，坚持所有法规草案向全社会征求意见，使立法决策更接地气；成立立法咨询专家库，聘请41名专家学者为立法工作提供智力支持，加强立法评估和表决前评估工作，努力使每一件法规都经得起历史和实践的检验。

法规评估工作是提高立法质量的重要手段，山西省人大常委会十分注重立法评估。2017年，先后对《山西省旅游条例》《山西省动物防疫条例》开展了立法后评估，对《山西省历史文化名城名镇名村保护条例（草案）》进行了表决前评估。为充分发挥评估工作对立法工作"参谋助手"的作用，省人大常委会成立了评估工作领导组，制定了评估工作方案，召开法规评估

工作启动会议，现场签订立法评估协议书，着力探索成熟的立法评估工作机制，提升法规评估工作的质量和效果。同时，积极探索表决前评估工作，2016年开始，每年安排对一部新制定的法规开展表决前评估，并注重表决前评估工作与法规论证工作有机结合，邀请省人大代表、常委会立法咨询专家、常委会智库专家、地方政府以及相关部门、有关专家学者，对草案主要制度规范的可行性、法规出台时机、实施的社会效果和可能出现的问题等进行评估，为法规的起草、修改和出台提供了重要参考。

## 四　推进依法行政　加快法治政府建设

山西省委、省政府高度重视法治政府建设，认真贯彻落实中共中央、国务院出台的《法治政府建设实施纲要（2015～2020年）》（以下简称《纲要》），省委、省政府以晋发〔2016〕44号文件及时发布了《山西省贯彻落实〈法治政府建设实施纲要（2015～2020年）〉的实施方案》（以下简称《实施方案》），对全省法治政府建设做出全面部署，明确了责任分工，提出了时间表、施工图和成果载体。全省各级政府和部门通过组织学习宣传、教育培训、会议部署、责任分工、年中督察、经验交流、年底考核等方式，认真贯彻落实《纲要》和《实施方案》，积极推进依法行政，加快法治政府建设步伐，不断取得新进展。

### （一）推进"放管服效"改革

山西省以深入推进"放管服效"改革为主线，充分发挥法治引领推动作用，加快转变政府职能。持续深化行政审批制度改革，2015～2016年，落实承接国务院取消、下放和调整的行政审批项目等事项234项，全省自行取消、下放和调整省级行政审批项目等事项398项；2017年取消中央指定地方实施行政许可事项50项，清理规范行政审批中介服务事项7项，取消下放62项省级行政职权事项，向综改示范区下放省级行政管理权33项。开展相对集中行政许可权改革试点工作，确定山西转型综改示范区和高平市为试点单位，试行"一颗印章管审批"的新型政务服务模式，收到良好效果。积极推进商事制度改革，实行了"三证合一"，推广了"多证合一"。推进"先照后证"改革，借鉴自贸区经验，试点"证照分离"，进一步释放了市场活力。推进试行企业投资项目承诺制，实行无审批管理改革工作，推行企业登记全程电子化和电子营业执照，实行住所承诺制。在全国率先开展减证便民专项行动，大幅度精简行政审批事项前置申请材料、相关证照的年检及政府指定培训，从而大幅降低了市场准入门槛，激发了大众创业、万众创新。加强事中事后监管，全面建成并广泛应用国家企业信用信息公示系统（山西），探索构建以信用监管为核心的事中事后监管体制，全面实施了"双随机一公开""双公示"监管方式。覆盖省市县乡四级政府的"13710"信息督办系统建成运行，构建起"横向到边、纵向到底"的抓落实体系，促进了行政效率不断提升。

### （二）加强政府法制工作

山西政府立法工作坚持主动适应改革和经济社会发展需要，贯彻落实新发展理念，着力提升制度建设质量。近五年来，省政府提请省人大常委会审议地方性法规草案32件，制定出台省政府规章21件。加强规范性文件监督管理，各级政府和部门认真落实规范性文件"三统一"制度，严格规范性文件合法性审查，规范性文件质量明显提升。据统计，五年来，组织审核以省政府及省政府办公厅名义发文的规范性文件草案311件，审查省政府部门规范性文件草案805件，备案审查设区市政府报备的规范性文件634件。办理省政府领导批办件和涉法事务433件。审查省政府及省政府办公厅清理的文件1922个。围绕深化行政审批制度改革，在推动"放管服效"改革等方面先后牵头组织了4次地方性法规、政府规章及规范性文件集中清理。

### （三）规范行政权力运行

山西省全面推行政府部门权力清单制度，于2016年完成省、市、县三级政府部门权力清单和责任清单的编制公布工作，省政府52个部门（单

位）保留行政职权事项 3090 项。为完善权责清单制度、对权责清单实行动态管理和严格管控，省政府制定印发了《山西省政府部门行政职权运行监督管理办法》和《山西省政府部门权责清单动态管理办法》，2017 年进一步调整省政府部门 233 项行政职权事项。近年来，山西省深入推进政务公开，积极推行"互联网＋政务服务"，在全国率先完成《关于整合建立统一规范的公共资源交易平台实施方案》，并制定《山西省政务服务管理办法》，构建了全省政务服务"一张网"，目前，省市两级政务服务平台和公共资源交易平台、政务服务网已建成运行。严格规范和约束权力运行，各级政府及部门自觉接受人大、政协监督，及时办理人大代表建议和政协委员提案，自觉接受司法监督，严格履行生效裁判，强化政府内部层级监督，加强审计监督，构建并完善了权力运行制约监督体系。

### （四）健全依法决策机制

健全依法决策机制是深入推进依法行政、加快建设法治政府的迫切需要。近年来，山西省政府制定印发了《关于健全重大行政决策机制的意见》和《山西省重大行政决策合法性审查办法》，省政府办公厅印发了《山西省人民政府健全重大行政决策机制实施细则》，市县政府和政府部门普遍健全完善了本地区本部门重大行政决策办法和程序，有力提升了科学民主依法决策水平。积极推动落实政府法律顾问制度，省政府办公厅印发了《关于在全省推行政府法律顾问制度的意见》，修改完善了《山西省人民政府法律顾问委员会工作规划》，建立了省政府法律专家库，仅 2017 年省政府法律顾问就开展研究、咨询、论证工作 30 余人次，充分发挥了法律顾问在行政决策中的研究、咨询和论证作用，为政府决策提供了法律保障。目前，省、市、县三级政府实现了法律顾问全覆盖。

### （五）改革行政执法体制

为深化行政执法体制改革、推进综合执法，着力提升行政执法能力和水平，山西省委、省政府印发了《关于深化综合行政执法体制改革的指导意见》，对多头重复交叉执法等问题比较突出的市场监管、卫生计生、文化旅游、商务流通、城市管理等十大领域，省、市、县三级全面推进综合执法，取得积极进展。探索推行行政执法"三项制度"，省政府办公厅印发了《山西省重大行政执法决定法制审核办法》。推进执法规范化建设，省政府办公厅印发了《关于进一步规范行政执法工作的意见》。加强执法资格管理，五年来，对82939名拟申领执法证件人员进行了资格审查，对符合条件的73870人审核发放了山西省行政执法证。加强行政复议与应诉工作，依法受理办理行政复议案件，积极做好行政应诉工作，努力把行政争议和纠纷化解在初始阶段。据统计，五年来，省本级收到行政复议申请635件，受理574件，办理行政应诉案件174件；全省各级行政复议机关办理行政复议案件7022件，办理行政应诉案件7787件。为规范行政机关出庭应诉，省政府办公厅制定印发了《山西省行政机关行政应诉办法》。深入推进行政复议委员会试点工作，太原、晋城两市行政复议委员会自2015年正式运行至今，取得了明显成效。

## 五　促进公正司法　维护社会公平正义

公正司法是维护社会公平正义的最后一道防线。山西省紧紧围绕"让人民群众在每一个司法案件中感受到公平正义"的目标，扎实推进司法体制改革，深入开展执法司法规范化建设，坚持司法公开，推动涉法涉诉信访纳入法治化轨道，司法公信力不断提升，为全省经济社会发展和谐稳定提供了有力的司法保障。

### （一）推进司法体制改革

山西省是全国第二批司法体制改革试点省份，严格按照中央的部署和要求，分步骤、分阶段地开展司法体制改革试点工作，取得了明显成效，多项工作走在全国前列。首先是进行顶层设计。在省级层面，制定出台"1+8"制度文件，其中"1"是指全省司法体制改革试点方案；"8"包括"3+5"两个部分："3"是指省高院、省检察院制定的改革试

点方案和省公安厅制定的改革指导意见，"5"是指机构编制统一管理、财物上划、债务清偿、干部管理、书记员管理等五项配套制度。其次是开展先行先试。2015年6月18日，在长治市和太原市尖草坪区、岢岚县、孝义市、祁县、长治市城区、襄垣县、武乡县、高平市等1个市8个县（区、市）开展司法体制改革试点，在试点中探索推进的首批法官检察官遴选、聘任制书记员改革路径、解决人员超编混岗等工作得到中央政法委充分肯定。最后是全面推开试点。2016年8月，山西省司法体制改革试点工作在全省全面推开，包括省市县三级法院、检察院在内的近250个单位同时进行司法体制改革，主要开展了推进司法责任制的落实、推动工资制度改革落地、法官检察官遴选、单独职务序列改革、探索符合山西实际的人财物统一管理改革、书记员制度改革、建立员额制法官检察官退出机制等七项工作。

2017年，山西省继续大力推进以司法责任制为重点的司法体制改革各项措施落地，司法体制改革面上工作基本完成并取得明显成效。一是员额制落实到位。截至2017年12月，已开展三次法官检察官遴选，共遴选出员额制法官、检察官5770名，全省90%以上的入额法官充实在办案一线，占比较入额前提高12.3%，能进能退的员额良性滚动机制建立，山西省法官检察官惩戒委员会于2017年4月20日成立，截至2017年10月，有66名法官、28名检察官退出员额。二是司法责任制落实到位。全省各级法院共组建办案团队967个，逐步取消案件审批，确立法官的办案主体地位，改革裁判文书签署机制；全省检察机关共组建检察官办案组566个、独任检察官1789个，突出检察官办案主体地位与检察长领导检察院工作相统一，形成检察长领导下的扁平化办案组织。三是检察院内设机构改革基本完成。截至2017年7月，全省市、县两级检察院内设机构改革全部完成，11个市级检察院内设机构由217个减至132个，减少了约39%，119个县级检察院内设机构由1698个减至587个，减少了约65%。四是法官检察官职业保障基本落实。法官检察官工资改革制度落实，全省法院、检察院员额法官、检察官工资套改工作已全部完成，法、检两系统绩效考核及奖金分配办法及各级法院、检察院分配细则已经出台，2017年5月4日出台的《山西省保护司法人员依法履行法定职责的实施办法》，是全国首例。五是省以下地方法院检察院人财物如期上划。在人员编制上划方面，完成了全省市、县法院、检察院上划人员信息采集、上报审核工作；在财物上划方面，全省法院、检察院上划基数的数据已全部报回，省财政厅已全部审核完毕，全省所有试点单位财物将于2018年如期上划。六是山西省司法体制改革第三方评估完成。2017年8月，省司改办委托省法学会围绕司法体制改革各项重点任务开展第三方评估，《山西省司法体制改革第三方评估报告》一书已正式出版。七是以审判为中心的刑事诉讼制度改革扎实推进。省法院与省检察院、省公安厅、省司法厅于8月制定下发的《"全面推进以审判为中心的刑事诉讼制度改革"系列文件》，在全国属首例。

随着以司法责任制为重点的改革措施落地见效，山西省司法质量效率和公信力进一步提高。全省法院系统办案质效稳步提升：结案率改革前为44.82%，改革后为58.06%，提高13.24个百分点；法官人均结案数改革前为22.62件，改革后为49.47件，同比增加118.70%。2017年1~10月，全省检察机关捕后不诉率为1.26%，下降了0.01个百分点；捕后判轻刑比例为5.68%，下降了0.58个百分点；纠正遗漏起诉犯罪1281人，同比上升21.65%；撤回起诉54人，同比下降55.37%。

### （二）开展执法司法规范化建设

按照中央和山西省委有关部署要求，自2017年4月以来，由山西省委政法委牵头组织，全省政法系统开展了执法司法规范化建设年活动，出台了执法司法规范化建设年活动的"1+5"文件体系，推动以强化执法思想、制度体系、信息化、监督机制和执法能力建设等"五强化五促进"为主要内容的建设年活动深入开展，取得积极成效。在执法思想建设方面，各级政法机关广泛组织开展思想政治教育、法治理念教育、政法职业伦理和职业操守教育，为规范执法司法打牢了思想基础；在制度体系建设方面，各级政法

机关针对存在的突出问题和办案机制的缺漏，以健全完善办案流程标准体系、执法裁量标准体系和编制权责清单为重点强化制度建设，活动期间共建立完善各项标准制度规范 4521 个；在执法信息化建设方面，各级政法机关充分运用信息化、大数据等管理手段，细化执法司法权行使的标准和程序，促进执法司法权运行公开化、数据化、智能化；在监督机制建设方面，各级政法机关坚持全面监督和重点监督、事中监督和事后监督、内部监督和外部监督相结合，深入开展不规范执法司法行为整治，发现问题 5497 个，整改落实 5250 个；在执法能力建设方面，各级政法机关多措并举，加强队伍专业化培养，努力提高岗位素能，开展各类培训 3190 次，开展实战演练 1144 次。通过开展执法司法规范化建设年活动，各级政法机关执法司法能力和公信力进一步提高，人民群众的满意度进一步提升。

### （三）深化司法公开

山西省司法机关进一步深化司法公开，不断拓展司法公开的广度和深度，促进公正高效司法，取得明显成效。全省法院全面加强信息化建设，三级法院诉讼服务中心全面提档升级，135 个法院全部开通诉讼服务网，执行案件流程管理系统投入应用，实现对执行立案、查控、财产处置、款物分配、结案审查等 37 个执行节点流程时限的监控。大力推进司法四公开，2017 年公开案件 35 万件，公开审判流程信息 4111 万余项，推送短信 17 万余条，公开裁判文书 41 万余篇，庭审直播 24865 场，居全国法院第 6 名，省高院庭审直播 489 场，居全国高级法院第 2 名。健全全省法院新闻发布制度，举办新闻发布会 89 场，积极满足人民群众的知情权、监督权。全省检察机关积极推行"阳光检察"工作机制，开展了"打造阳光检察业务，争当阳光检察官"活动，三级检察院建立 139 个"一站式"检务大厅，有效解决了群众"告状难"、律师"阅卷难""会见难"问题；建立重大复杂案件公开审查、双向说理和不捕、不诉案件公开听证制度，公开审查案件 634 件次；在"两微一端"公开案件信息 140546 条、终结性法律文书 55015 份；举办检察开放日 656 次，召开新闻发布会 332 次。

### （四）推动涉法涉诉信访纳入法治化轨道

按照中央政法委提出的"把涉法涉诉信访问题纳入法治轨道解决"的有关要求，针对依法处理涉法涉诉信访案件时存在内部程序不规范、外部关系不协调等问题，作为全国涉法涉诉信访改革第三批扩大试点省份，山西省先行先试、加快顶层设计，建立健全了覆盖全面的"1＋8"制度机制，创新载体、强力推进，开展了积案清理、百案评查等专项活动，逐步建立了科学规范、运转协调的涉法涉诉信访工作机制。2017年，省委政法委重点牵头推动了四项工作。一是推进全省律师参与化解和代理涉法涉诉信访工作。制定了《律师参与化解和代理涉法涉诉信访案件工作省级专项资金管理暂行办法》，从资金层面进一步保障了山西省律师参与涉法涉诉信访工作的有序开展；举办了"山西律师参与化解和代理涉法涉诉信访工作中国政法大学培训班"，分三批次对省直及11个市450名律师进行了业务培训。二是进一步完善和制定山西省国家司法救助相关制度机制。围绕"精简流程、提升效率、量化标准"的工作要求，对2014年六部门联合印发的《山西省国家司法救助实施办法（试行）》进行了修改完善，制定了《山西省国家司法救助分类量化标准（试行）》，进一步统一全省救助基准额度、调整司法救助准入门槛、量化全省司法救助具体标准。三是组织开展涉法涉诉进京非访清理专项活动及案件评查专项活动。开展了为期7个月的涉法涉诉进京非访清理活动，在全省范围内组织各市开展案件评查专项活动，共评查案件2007件，通过交叉评查确定一批重点督办案件，对已发现的错瑕案件责任人，要求各级政法单位向本单位惩戒办公室或纪检监察部门通报，由相关部门做出处理意见后，向同级惩戒委员会进行报告，推动问题案件的依法化解和司法责任制有效落实。

## 六　推进全民守法　营造良好法治氛围

普法教育是法治山西建设的基础性工作。山西省坚持将推进全民守法放

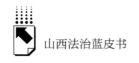

在法治建设的重要位置，认真落实"七五"普法规划，以加强宪法和国家法律法规学习宣传为重点，以抓领导干部"关键少数"法治思维和法治方式为关键，创新法治宣传载体和抓手，突出针对性和实效性，持续发力，深入推进，在全社会形成了尊法守法学法用法的良好氛围。

## （一）完善普法依法治理工作机制

为深入开展法治宣传教育，夯实法治山西建设基础，2016 年 9 月，山西省委、省政府转发了《山西省委宣传部山西省司法厅山西省普法依法治理办公室关于在全省开展法治宣传教育的第七个五年规划（2016～2020年)》，明确了未来五年山西省法治宣传教育工作的总体要求、主要任务、对象和要求、工作措施以及组织领导等。根据"七五"普法规划，省、市、县普遍健全了普法依法治理组织领导体制，加强办事机构建设，建立工作责任体系。2017 年省普法办制定出台了《山西省 2017 年普法依法治理工作要点》《山西省普法依法治理办公室工作制度》《山西省普法依法治理办公室会议制度》《山西省普法依法治理办公室督查工作制度》等一系列重要文件，推动普法依法治理工作在规范化建设方面迈出了新步伐；加强专兼职普法队伍建设，层层开展普法骨干专题培训，整合社会资源组建了普法讲师团、普法宣传员、普法志愿者等队伍。省普法办组织了 230 余名市县、省直部门普法专职人员参加的年度普法骨干培训班，为深化全民普法教育奠定组织基础。

## （二）推进法治宣传教育重点任务落实

落实国家机关"谁执法谁普法"责任制是党的十八届四中全会明确的重要任务。为在全省推动落实"谁执法谁普法"普法责任制，山西省委办公厅、省政府办公厅印发了《关于全面贯彻落实国家机关"谁执法谁普法"普法责任制的实施意见》（以下简称《实施意见》），各市各部门结合区域发展特点及部门工作性质，积极制定贯彻落实《实施意见》的具体方案，建立了普法责任清单制度。

领导干部、青少年是"七五"普法确定的重点对象，山西省把完善国家工作人员学法用法制度、加强在校学生普法教育作为法治宣传教育的主要着力点。为推动国家工作人员学法用法工作，山西省普法办、省司法厅、省委宣传部于2016年制定出台了《关于完善国家工作人员学法用法制度的实施意见》。2017年，山西省普法办以抓各级党委中心组学法计划落实为重点，在推动完善领导干部、公职人员学法用法制度上狠下功夫，特别是加强与第三方机构合作，打造线上学法用法平台，要求全省国家工作人员进行无纸化学法用法考试，在12月组织的统一考试中，全省有9402家单位共334394人参考。在青少年法治教育方面，2017年全省中小学广泛开展"法治进校园"巡讲活动，受教育学生为2.2万余人。团省委、省教育厅等部门共同组织了全省教育系统"学宪法讲宪法"主题系列活动。全省开展各类校园禁毒活动、"华炬杯"第七届山西省大学生模拟法庭大赛、以"法治青春"为主题的18岁成人仪式等，为青少年健康成长营造了良好法治氛围。

## （三）创新普法教育载体和平台

在突破传统法治宣传模式、创新形式方式上，山西省各市县积极探索，形成了不少好的做法，也涌现出不少好的典型。翼城县创办的《经纬剧场》以情景普法短剧的形式，让老百姓自编自演法治案例，在全县呈现出"千人演戏、万人学法"的生动场面，2017年央视一套黄金时段播出的《法治中国》电视政论专题片第六集《全民守法》对翼城普法典型经验进行了宣传报道。运城市大力开展"普法短剧进万家"活动，以"本地方言、群众演员、身边故事、举案说法"为原则，以"谁执法、谁普法、谁点评"为导向，将法律知识融入法治故事，并通过电视网络媒体走进千家万户，已制作628部"普法短剧"、233部"法治微电影"，受到群众广泛好评。左权县凭借多年的工作经验，总结出"十六种普法形式"——上网考法、模范执法、调解释法、借台讲法、搭车送法、节日弘法、街头散法、贺卡寄法、赠书学法、挂图看法、走廊普法、广场普法、版面

展法、登台演法、盲人宣法、用歌唱法，以群众喜闻乐见的形式，增强法治宣传效果。

加强新媒体运用是普法教育的方向。晋城市加强普法新媒体运用，投资 25 万元，拍摄制作了法治宣传微电影《逃》、微视频《山里红》，并在全国第二届平安中国微电影微视频比赛中分别荣获了优秀微电影和最佳微视频两大奖项。微电影《逃》还在第五届亚洲微电影艺术节上获得了金海棠奖。大同市与电视台、电影制片厂积极联系，以阳高司法所李培斌事迹为蓝本创作的话剧《热泉》、电影《李司法的冬暖夏凉》在司法部上映，得到司法部领导一致肯定并在全国推广。2017 年，山西一家律师事务所还研发了中国第一对智慧法律机器人"法梦梦""律梦梦"，它涵盖了法律咨询、企业专项法律服务"两大服务系统"，涉及环境保护、刑事法律等十个专业、十二个行业的法律服务，具备接待当事人咨询、法律检索、了解处理法律问题流程、24 小时无人值守咨询等十大功能。"法梦梦""律梦梦"在全国大众创业万众创新周山西分会场一亮相就收获众多好评。

### （四）充分发挥法律服务职能优势

山西省重视公共法律服务体系建设，2015 年以来制定出台了《关于公共法律服务建设的实施意见》，开展"一村（社区）一法律顾问"和法律援助便民工程建设，已实现全省 29736 个村（社区）法律顾问全覆盖，11 个市、119 个县法律服务中心全覆盖。省司法厅推进公共法律服务实体平台、热线平台和网络平台建设，全面铺开法律顾问"微信圈"建设工作，完成向省高院、省检察院、省公安厅派驻信访律师全覆盖。积极组织引导律师为全省开发区改革创新发展提供专项法律服务，全省 79 家律师事务所的 651 名律师组建了 41 支法律服务团队，担任了山西转型综合改革示范区等 17 家开发区管委会及 162 家进驻开发区大型企业的法律顾问，为企业提供法律意见、建议、决策咨询千余次。2017 年，山西省把推进律师制度改革作为重点，省委办公厅、省政府办公厅印发的《关于深化律师制度改革的实施意见》，对全省今后一段时期深化律师制度改革、加强律师工作和律师队伍建设做出了全面部署。

### （五）深化矛盾纠纷化解工作

山西省积极推进三级调解中心规范化建设，制定了《关于全省矛盾纠纷调解中心规范化建设的实施方案》，对各级调解中心建设标准和运行流程进行全面规范。在2017年内，实现全省县、乡、村三级中心规范化建设全面完成。持续开展以征地拆迁、村矿矛盾、劳动关系、医患关系、交通事故、环境保护等领域为重点的矛盾纠纷排查化解工作，先后出台了《山西省医疗纠纷预防与处理办法》《山西省环保领域矛盾纠纷集中排查化解工作方案》《关于进一步加强劳动人事争议仲裁完善多元处理机制的意见》等规范性文件，妥善化解一大批重点领域矛盾纠纷，矛盾纠纷化解率90%以上。加强司法所建设，开展"省级示范司法所"创建工作，2017年全省司法所共参与调解农村复杂纠纷10820件，指导制定村规民约2952条，提供法律咨询101688次。引导基层法律服务工作者服务农村经济社会发展，为群众提供优质高效的法律服务，2017年以来，有597名基层法律服务工作者担任2170个村（社区）法律顾问，为群众解答法律咨询29750件，调解纠纷2586件。今年以来全省人民调解组织共排查纠纷55490次，预防纠纷25353件，调解纠纷178429件，调解成功171800件，调解成功率达96.2%。吸纳网格长（员）、社区工作者、志愿者等参与基层司法行政工作，吸收网格下的各个居民楼长和社区内政府购买岗位人员为人民调解信息员，同时积极推荐辖区内人民调解员担任网格长，目前全省已有1.5万余名人民调解员担任了社区网格长，充分利用社区网格化管理"横向到边、纵向到底、无缝对接"的特点，及时发现矛盾纠纷，第一时间进行调处，做到"小事不出社区、大事不出街道"。制定印发了《关于发挥人民调解作用健全矛盾纠纷多元化解机制工作的实施意见》，进一步完善了诉调对接、检调对接、公调对接、访调对接等各类矛盾纠纷化解措施的对接联动机制。

## 七　继往开来　法治兴晋

法治山西建设在总体上虽然取得了显著成效，但是与党中央全面依法治国的新要求相比，与人民群众对法治建设的新期待相比，还存在一定差距，法治山西建设任务艰巨。

在法治建设理念和能力方面，一是部分地方、部门负责人对法治建设重视程度还不够，没有把法治建设放到协调推进"四个全面"战略布局的高度来考量和推进。尤其是党政主要负责人履行推进法治建设第一责任人职责的责任意识还不够强，在少数地方和部门法治建设还未摆上重要议事日程，特别是法治建设做不到与经济社会发展其他工作同部署、同落实、同考核。二是一些党政机关和干部法治思维和法治意识还不够强，习惯于用行政手段推动工作，用土办法、硬办法化解社会矛盾，运用法律手段化解矛盾、解决问题，预防风险的能力有待提高。

在机构建设与推进机制方面，一是部分地方、部门党委对法治建设的统筹推动作用发挥还不到位，还没有把法治建设置于党委工作的重要日程，需要进一步加强和改进党委对法治建设的领导；二是地方法治工作机构力量还比较薄弱。尤其是市、县两级，职能和工作效果呈现层层递减的趋势。一些地方的法治建设工作运行机制还不够顺畅，党委法治办存在"单打独斗"的问题，法治建设有关专项小组和成员单位的工作积极性、主动性尚未完全调动起来，"一盘棋"的格局还没有形成。

在法治建设实践方面，一是地方立法的针对性、科学性、操作性、时效性有待于加强，一些地方性法规的配套制度建设还不够及时，立法队伍建设亟须加强，特别是新获立法权的市一级；二是依法行政工作发展不平衡，县乡两级比较薄弱，严格规范文明公正执法理念需要加强。深化行政综合体制改革有待进一步加大力度，特别是结合地方机构改革，解决有些行政执法部门监管职责划分不清晰、职权界定交叉重叠等问题势在必行；三是司法体制改革配套制度需要进一步完善，制约司法权力运行的体制性、机制性、保障性等深层次问题有待稳步解决。四是法治宣传教育的载体手段和方式方法需要创新，社会治安综合防控体系建设有待加强，进一步营造尊法学法守法用法的浓厚氛围。

在发挥法治功能方面，一是法治对经济社会发展的保障作用需要进一步发挥，以法治方式解决深层次问题特别是推进供给侧结构性改革、加强生态文明建设等需要进一步找准法治的主攻点和着力点；二是法治发展不平衡不充分的问题不适应人民群众对美好生活的需要，在基层政务服务、普法宣传及法律服务等方面有待进一步加力，在接地气、见实效上下功夫。

深入贯彻党的十九大精神，全面落实依法治国基本方略，深化法治山西建设实践，是当前一项十分重要的任务，关乎山西整个经济社会发展的前景和未来。根据党的十九大关于法治建设的有关部署，从协调推进"四个全面"战略布局出发，从法治山西的建设成果和客观环境出发，深化法治山西建设的思路和布局已较为清晰和明确。

一是要高点定位。党的十九大进一步明确了全面依法治国是新时代坚持和发展中国特色社会主义思想的基本方略，重申了全面依法治国的总目标是建设中国特色社会主义法治体系、建设社会主义法治国家。法治山西建设要始终坚持正确政治方向，按照十九大提出的法治建设部署，紧扣新时代脉搏进行高点定位，把法治放在全局的位置来谋划和推进，突出发挥法治对权力运行的规范功能和改革发展的服务保障功能，推进制度创新和环境创优，力争把山西建成法治理念深入人心、市场运行开放有序、公共管理高效规范、社会环境安全稳定的法治建设先导区，力争在干部队伍法治能力、法治政府建设、司法公信力建设、法治社会建设、法治文化建设等方面走在全国前列。

二是要整体布局。党的十九大在对新时代中国特色社会主义发展的战略安排中，提出到2035年"法治国家、法治政府、法治社会基本建成"的目标。法治山西建设紧紧围绕落实"三个共同推进""三个一体建设"加强整体设计，制订完善法治山西建设的中长期规划总结年度工作要点，统筹推进科学立法、严格执法、公正司法、全民守法各领域工作。要进一步加强各级

党委对法治建设的领导，健全和完善法治建设组织领导机制和工作运行机制，为深化法治山西建设奠定坚实组织基础。

三是要打造载体。党的十九大报告通篇贯穿法治精神，不仅对"深化依法治国实践"进行了系统部署，在对乡村振兴、对外开放、机构改革、道德建设、社会治理、维护安全、生态建设以及党的建设等各项工作的部署中也都贯穿着法治的理念和要求。法治建设作为一项重要的系统性工作，要进一步加强载体建设，以法治为统领协调推进各领域工作。2018年应加强法治载体建设，突出抓好法治创建、法治攻坚和法治惠民活动，深入推进乡村法治建设，夯实法治山西建设的基层基础。

四是要抓实责任。党的十九大报告强调：要增强政治领导本领，坚持战略思维、创新思维、辩证思维、法治思维、底线思维。落实十九大精神，要着力提升领导干部"关键少数"法治思维，尤其是落实好党政主要负责人履行推进法治建设第一责任人职责。把贯彻落实中办、国办印发的《党政主要负责人履行推进法治建设第一责任人职责规定》以及山西省的《山西省贯彻落实〈党政主要负责人履行推进法治建设第一责任人职责规定〉实施办法》作为重要抓手，切实压实党政主要负责人在推进法治建设中的主体责任。

五要强化考核。为落实好党的十九大确定的法治建设各项工作任务，抓法治考核要在"硬"上下功夫。从省级层面要进一步健全完善法治评估体系，出台法治建设指标体系和考核标准，加强考核结果运用，把法治建设成效作为衡量各级领导班子和领导干部工作实绩的重要内容，纳入政绩考核指标体系，增强考核的刚性，以指标为杠杆，以考核促落实，推动法治建设由"软任务"升格为"硬指标"，以严格的考核倒逼法治建设任务层层落地。

# 改革发展报告

**Reform and Development Reports**

## B.2

## 山西省行政体制改革与推进法治政府建设报告

山西省政府法制办课题组*

摘　要： 法治政府建设是全面依法治国的关键。2017年，山西全省各级政府和部门深入贯彻实施中央部署，加强组织领导，强化督促检查，完备制度体系，推进"放管服效"改革，推进依法科学民主决策，推进行政审批制度改革，加强行政监督、行政复议与应诉工作，在法治政府建设方面取得了新进展，为引领、推动和规范、保障转型综改、创新驱动发挥了积极

---

* 课题组负责人：王卫星，山西省人民政府法制办公室党组书记、主任。课题组成员：孙志坚，山西省人民政府法制办公室依法行政指导处处长；秦莺莺，山西省人民政府法制办公室译审室副主任；张恺，山西省人民政府法制办公室依法行政指导处主任科员；和垚，山西省人民政府法制办公室依法行政指导处科员。执笔人：孙志坚，山西省人民政府法制办公室依法行政指导处处长；秦莺莺，山西省人民政府法制办公室译审室副主任。

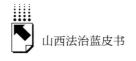

作用。

**关键词：** 法治政府　行政体制改革　依法行政　法治宣传

党的十八大以来，以习近平同志为核心的党中央围绕全面依法治国做出了一系列重大战略决策，出台了一系列重大方针政策。在十九大报告中，明确了全面推进依法治国是习近平新时代中国特色社会主义思想的重要组成部分，总目标是建设中国特色社会主义法治体系、建设社会主义法治国家，同时对推进法治政府建设提出了若干新的具体要求。法治政府建设是全面依法治国的关键，直接关系到全面推进依法治国总目标和建成社会主义现代化强国的奋斗目标如期实现。2017 年，在山西省委、省政府的坚强领导下，全省各级政府和部门深入学习宣传贯彻党的十九大精神和习近平总书记视察山西重要讲话精神，以习近平新时代中国特色社会主义思想为指导，按照省委"一个指引，两手硬"的思路和要求，深入贯彻实施《法治政府建设实施纲要（2015～2020 年）》、《山西省贯彻落实〈法治政府建设实施纲要（2015～2020 年）〉的实施方案》（以下分别简称《纲要》和《实施方案》），强化督促检查，完备制度体系，推进"放管服效"改革，推进依法科学民主决策，推进行政审批制度改革，加强行政监督、行政复议与应诉工作。积极推进法治政府建设不断取得新进展新成效，为引领、推动和规范、保障转型综改、创新驱动发挥了积极作用。

## 一　完善动力机制：加强法治政府建设的组织领导，强化督促检查

山西省委、省政府高度重视法治建设，坚持把党的领导贯穿到法治建设的各方面各环节，坚持把法治建设摆在全局工作重要位置，坚持抓住"关

键少数"，以上率下，层层传导压力。党政主要负责人积极履行推进法治建设第一责任人职责，省委、省政府专题研究部署年度法治工作，经省委常委会讨论通过，省委办公厅、省政府办公厅印发了《山西省贯彻〈党政主要负责人履行推进法治建设第一责任人职责规定〉实施办法》，以省委法治建设领导小组文件印发了《2017年法治山西建设工作要点》。市县政府和省政府部门通过召开法治政府建设工作推进会，制定印发年度法治政府建设任务清单，加大督促指导和监督检查力度，进一步增强条块结合推动法治政府建设的合力。省、市、县三级政府将法治政府建设均纳入年度目标责任考核体系，通过年中督察、年底评议考核对法治政府建设发挥激励和推动作用。坚持以学习强意识，以活动促行动，通过采取举办领导干部法治建设专题培训班，组织召开依法行政经验交流工作座谈会，开展"依法行政宣传月"活动、年终组织"深入推进依法行政、加强法治政府建设"督促检查等举措，以组合拳方式综合引领、推动法治政府建设，形成长效机制。全省法治政府建设扎实推进。

## 二 转变政府职能：推进"放管服效"改革，打造"六最"营商环境

在深化行政审批制度改革、转变政府职能方面，山西省坚持"能取尽取、能放尽放、能授尽授"的原则，持续加大取消下放行政审批事项力度，做好简政放权的"减法"；切实加强行政审批事中事后监管，做好监管的"加法"；努力打造"审批最少、流程最优、体制最顺、机制最活、效率最高、服务最好"的"六最"营商环境，做好优质服务的"乘法"。先行先试蹄疾步稳，深化改革拓展延伸。山西省推进"放管服效"改革、优化营商环境的改革举措和成效主要体现在以下几个方面。

一是深化行政审批制度改革。2017年分3批取消中央指定地方实施行政许可事项50项，清理规范行政审批中介服务事项7项，取消下放62项省级行政职权事项。率先开展减证便民专项行动，大幅精简行政审批事项前置

申请材料和相关证照年审年检事项，省级精简率分别达 27% 和 50%。省级单项行政审批事项办理需要提供前置申请材料的平均数由原来的 7.1 个压缩到 5.2 个，走在全国前列。率先实施企业投资项目承诺制改革试点，在转型综改示范区落地落实，同时赋予转型综改示范区管委会 33 项省级行政管理权。确定山西转型综改示范区和高平市为相对集中行政许可权改革试点，试行"一颗印章管审批"的新型政务服务模式。以省国土资源厅窗口审批为试点，加快推进行政许可标准化建设。

二是深化商事制度改革。在全省积极推进"多证合一、一证一码"改革，复制自贸区经验，在省内 5 个国家级开发区推进"证照分离"改革试点。推进企业登记全程电子化和电子营业执照，个体工商户和农民专业合作社登记全程电子化成为全国首批 5 个改革试点省份之一。推进"先照后证"改革，对工商前置审批、后置审批事项实行清单化管理。简化市场主体住所登记，实行住所承诺制。大幅降低市场准入门槛，有效提升办照办证便利化程度，减轻了企业负担，激发了市场活力。2017 年底，企业数量达到 52.5 万家，比改革前的 2013 年增长 87.1%。

三是加强事中事后监管。积极推进市场监管体制改革，总结省内先行改革县（市）实践经验，对标兄弟省市先进做法，省委、省政府研究确定在吕梁、临汾两个设区市先行试点市场监管领域体制改革，整合工商、质监、食药监管机构，实行"三合一"市场监管模式取得积极进展。全面建成并广泛应用国家企业信用信息公示系统（山西），探索构建以信用监管为核心的事中事后监管体制。全面实施"双随机一公开""双公示"监管方式。覆盖省市县乡四级政府的"13710"信息督办系统建成运行，构建起"横向到边、纵向到底"的抓落实体系，工作效率明显提升。

## 三　完备制度体系：加强行政立法，严格规范性文件管理

行政立法是人民代表机关立法的重要补充，地方行政立法尤其照顾和体

现地域特色和需求，是社会主义法治体系的重要组成部分，发挥着维护社会主义法治统一的重要作用。山西省主动适应改革和经济社会发展需要，坚持贯彻落实新发展理念，坚持立改废释并举，完善行政立法体系，提高行政立法质量。2017 年，山西省政府提请省人大常委会审议地方性法规草案 10 件，制定出台省政府规章 5 件。11 个设区市政府提请市人大常委会审议地方性法规草案 24 件，出台 16 件。如，为引领推动促进科技创新，实施创新驱动发展战略，提高科技创新能力，审查制定了《山西省科技创新促进条例（草案）》；为落实好扶贫攻坚战略，建立农村扶贫开发激励约束长效机制，将扶贫工作纳入法制轨道，促进农村贫困地区经济社会健康稳定发展，审查制定了《山西省农村扶贫开发条例（草案）》；为促进旅游业繁荣发展，坚持与时俱进，审查修订了《山西省旅游条例（修订草案）》；为有效预防和妥善处理医疗纠纷，针对医患矛盾，审查制定了《山西省医疗纠纷预防与处理办法（草案）》。根据省委省政府工作部署，在年度立法计划外，审查制定了《山西省城乡环境综合治理条例（草案）》《关于山西省大气污染物和水污染物环境保护税适用税额的决定（草案）》《关于山西转型综合改革示范区行政管理事项的决定（草案）》等草案，组织起草了《重大行政决策后评估办法（草案）》，以上条例和办法的出台，将为山西转型综改、精准扶贫、加大环境保护力度、促进政府科学决策提供有力的制度支撑。

山西省还注重对规范性文件的监督管理，加强规章和规范性文件清理工作。各级政府和部门认真落实规范性文件"三统一"制度，严格规范性文件合法性审查，不断提高审查效能和质量，为促进全省转型升级，创新驱动构建合法、统一、有效的制度保障，营造良好政务和营商环境，山西省全年组织审核省政府及省政府办公厅规范性文件草案 64 件，前置审查省政府部门规范性文件草案 545 件，审查设区市政府报备的规范性文件 86 件，办理省政府领导批办或涉法事务 40 多件。同时，为清理制约、影响经济社会发展的有关制度，推进"放管服效"改革，加强生态文明建设和环境保护，组织开展了大规模的规章、规范性文件集中清理工作。第一批于 2017 年 2

月公布废止省政府规章 19 件、修订 2 件，7 月公布失效废止省政府文件 1119 件。第二批拟废止省政府规章 9 件、集中修订 9 件，省政府及其组成部门共废止文件 2259 件，拟修订 129 件。各市、县政府及其组成部门共废止文件 10752 件、拟修订 304 件。

## 四　完善重大行政决策制度：优化决策机制，提高依法科学民主决策水平

《山西省人民政府关于健全重大行政决策机制的意见》在 2017 年得到了认真贯彻落实。山西省、市、县政府及其部门普遍健全完善了本地本部门重大行政决策办法和程序，把决策动议、公众参与、专家论证、风险评估、合法性审查、集体讨论决定、执行与评估作为重大行政决策程序。依托政府网站、微信、微博等构筑重大行政决策公众参与平台，完善重大行政决策听取意见制度。充分发挥政府法制机构的审核把关作用。政府法制机构列席政府常务会议成为常态，参与研究讨论重大行政决策和涉法事务，法制审查和把关作用凸显。加强督促指导，积极推动落实政府法律顾问制度，充分发挥法律顾问在行政决策中的研究、咨询和论证作用，为政府决策提供法律保障。省政府办公厅印发了《关于在全省推行政府法律顾问制度的意见》，举行了省政府法律顾问聘任仪式，省长亲自出席讲话并为省政府法律顾问颁发聘书，省、市、县三级政府和部门实现了法律顾问全覆盖。起草并即将出台《山西省重大行政决策后评估办法》，有力促进政府决策科学化、民主化、法制化水平。

## 五　规范行政执法：推进行政执法体制改革，加强行政执法管理

2017 年，山西省在规范行政执法方面多管齐下。一是扎实推进综合执法。认真贯彻落实党中央、国务院关于推进综合行政执法体制改革的决策和

部署，加强调查研究，制定指导意见和实施方案，坚持试点先行，从与人民群众生产生活关系密切、多头重复交叉执法等问题比较突出的市场监管、卫生计生、文化旅游、商务流通、城市管理等十大领域入手，省、市、县三级全面推进综合执法，迈出坚实步伐。二是积极推行行政执法"三项制度"。做好工作部署，加强引领指导，借鉴先进经验，组织召开执法"三项制度"推介会，推动督促行政执法部门建立和落实执法"三项制度"。省政府办公厅印发了《山西省重大行政执法决定法制审核办法》。三是持续推进执法规范化建设。省政府办公厅印发了《关于进一步规范行政执法工作的意见》。督促指导行政执法部门夯实基础工作，推进执法信息化、标准化建设，完善行政处罚裁量基准制度，做好重大行政执法决定法制审核，严格重大行政处罚决定备案审查及情况通报工作。加强执法资格管理，对18354名拟申领执法证件人员进行了资格审查，对符合条件的15479人审核发放了山西省行政执法证。

## 六　强化行政监督：形成监督合力，
## 有效规范和约束权力运行

山西省各级政府自觉接受人大、政协监督，及时办理人大代表建议和政协委员提案；自觉接受司法监督，严格履行生效裁判。坚持以行政执法专项监督检查、行政执法案卷评查为抓手，强化政府内部层级监督，促进行政机关严格规范公正文明执法。围绕落实"三去一降一补"、转型综改、国企改革、脱贫攻坚、生态建设等方面加强审计监督，对领导干部履行经济责任情况实行任中和离任审计相结合。加强权责清单动态管理和严格管控，构建以"权责两清单、职权运行流程和风险防控两张图、动态管理和监督管理两办法、省政府部门权责清单动态管理一系统"的权力运行制约监督体系。深入推进政务公开，积极推行"互联网＋政务服务"，省市两级政务服务平台和公共资源交易平台、政务服务网建成运行。

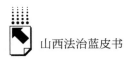

## 七　化解行政争议：加强行政复议与应诉工作，促进社会和谐稳定

当前，我国处于社会转型期，矛盾纠纷易发多发，若不及时化解，容易转化为群体性、突发性事件，影响社会稳定。2017 年，山西省在化解行政争议、解决矛盾纠纷方面，主要采取了下列举措。

首先，依法受理办理行政复议案件，积极做好行政应诉工作，努力把行政争议和纠纷化解在初始阶段。2017 年，山西省本级新收行政复议申请 111 件，受理 111 件，本年度共办结行政复议案件 102 件，答复国务院行政裁决案件 17 件，办理行政应诉案件 55 件，人民法院已审结 49 件。全省各级行政复议机关新收行政复议申请 2093 件，受理 1990 件，本年度共审结行政复议案件 1828 件，共办理行政应诉案件 3200 件，法院审结 2782 件。加强对全省行政复议与应诉工作指导，组织开展了《山西省行政机关行政应诉办法》落实情况督促检查，与省委组织部联合在太行干部学院举办了行政复议与应诉工作专题培训班。跟踪指导太原市、晋城市深化行政复议委员会试点工作。行政复议与应诉工作能力进一步提高。

其次，加强对全省仲裁委员会的联系与指导，指导大同市仲裁委员会完成换届工作。2017 年，山西省共受理仲裁案件 2722 件，标的额达 71.16 亿元，为维护市场经济秩序、促进经济社会发展提供了保障。

最后，深化信访制度改革，推进信访法治化建设。坚持依法分类处理信访诉求，坚持诉访分离，引导群众依法逐级走访。大力发展网上信访，创办《民生大接访》电视节目，推进领导干部接访下访，建立信访统筹督察督办、联合接访、律师和社会力量参与、联包联调等工作机制，完善解决信访问题考核通报、限期办结等工作制度。着力打造阳光信访、责任信访、法治信访，信访总量持续下降，信访形势平稳可控，呈现良好态势。

## 八 创新法治宣传：抓好法治培训，着力培育和强化法治意识

法治宣传是推进依法治国基本方略，建设社会主义法治国家的一项基础性工作。近年来，山西省不断创新普法形式，增强法治宣传实效。山西省各级政府和部门认真落实"谁执法，谁普法"普法责任制，充分运用电视、电台、报刊、网络等多种媒体平台，通过新闻图片展、印制发放宣传材料、设置网页展板、接受群众咨询、循环播放宣传广告等多种方式和途径，开展了全方位、立体化的法治宣传活动。坚持与时俱进，改进普法形式。一些地方和部门运用微电影形式普法，收到良好效果。微电影《逃》在第五届亚洲微电影艺术节上获得金海棠奖。临汾市翼城县运用普法短剧开展法治宣传教育的做法，被央视《法治中国》称为"中国普法的缩影"。在全省推进网络在线学法和无纸化考试，形成良好机制。坚持抓住领导干部这个"关键少数"，着力培育和强化依法行政意识和能力。各级政府和部门通过举办法治讲座、依法行政报告会、法治培训等多种方式，加强对行政机关工作人员特别是领导干部的法治教育，取得了良好效果。

## 九 展望：新时代法治政府建设的举措和目标

当前阶段，山西省在法治政府建设方面还存在一些问题，需要在下一步工作中予以充分重视和逐步解决：一是推进法治政府建设力度有自上而下逐级减弱的现象，进展不平衡；二是一些领导干部对推进依法行政、建设法治政府的重要性认识程度不够高，抓法治力度不够；三是政府法制机构和队伍建设与建设法治政府形势任务要求不适应，特别是市县一级，力量薄弱，协助政府推进法治建设的作用有限；四是法治政府建设绩效考核作用需要进一步发挥。以上问题需要认真研究，采取有效措施加以解决。

党的十九大报告根据"决胜全面建成小康社会、夺取新时代中国特色

社会主义伟大胜利"的新形势和新任务，按照"深化依法治国实践"的新要求，对"建设法治政府，推进依法行政，严格规范公正文明执法"做出了重要部署，开启了建设法治政府的新征程。2018年是全面贯彻党的十九大精神的开局之年，是决胜全面建成小康社会、实施"十三五"规划承上启下的关键一年。山西省将从中国特色社会主义进入新时代的历史方位和战略高度，深刻认识、准确把握建设法治政府的重大意义、本质要求和主要任务，坚定不移地把法治政府建设加快向前推进。在山西省委、省政府的领导下，全省各级政府和部门将深入学习贯彻党的十九大精神和习近平总书记视察山西重要讲话精神，以习近平新时代中国特色社会主义思想为指导，进一步增强"四个意识"，坚定"四个自信"，按照统筹推进"五位一体"总体布局和协调推进"四个全面"战略布局，始终坚持党对法治建设的领导，认真落实党政主要负责人履行推进法治建设第一责任人职责，把建设法治政府摆在全局工作的重要位置。要深入学习宪法、严格尊崇宪法、坚决维护宪法，大力弘扬宪法精神。要依法全面履行政府职能，抓好《纲要》和《实施方案》的贯彻落实，加快法治政府建设步伐，为建设"国家资源型经济转型发展示范区"、打造"全国能源革命排头兵"、构建"内陆地区对外开放新高地"三大目标和坚决打好"防范化解重大风险""精准脱贫""污染防治"三大攻坚战，为引领、推动山西省转型综改和创新驱动，营造良好的法治环境，提供有力的法治保障。

# B.3
# 山西省司法体制改革试点调研报告

山西省司法体制改革领导小组办公室课题组*

**摘　要：** 自2014年9月被列为全国第二批司法体制改革试点省份以来，山西严格按照中央的部署和要求，围绕中央确定的以司法责任制为核心的完善司法责任制、完善司法人员分类管理制度、建立健全司法人员职业保障制度、推动省以下地方法院检察院人财物省级统一管理等四项改革，分步骤、分阶段地开展司法体制改革试点工作。山西司法体制改革试点工作已取得阶段性成果，司法体制改革面上工作基本完成，改革成效初步显现。

**关键词：** 司法体制改革试点　司法责任制　司法人员分类管理　司法人员职业保障

司法体制改革是政治体制改革的重要组成部分，对推进国家治理体系和治理能力现代化具有十分重要的意义。党的十八大以来，以习近平同志为核心的党中央高度重视司法体制改革，党的十八届三中、四中全会部署开展以完善司法责任制、完善司法人员分类管理、健全司法人员职业保障、推动省

---

* 课题组负责人：闫喜春，中共山西省委政法委员会常务副书记、省司法体制改革领导小组办公室主任。课题组成员：孙朝晖，中共山西省委政法委员会执法检查处处长、法官检察官遴选惩戒工作处处长；史竹涛，中共山西省委政法委员会法官检察官遴选惩戒工作处副处长。执笔人：孙朝晖，中共山西省委政法委员会执法检查处处长、法官检察官遴选惩戒工作处处长；史竹涛，中共山西省委政法委员会法官检察官遴选惩戒工作处副处长。

以下地方法院检察院人财物统一管理等四项基础性改革为主体的司法体制改革，力争解决影响司法公正、制约司法能力的深层次问题，旨在遵循"司法亲历性"的规律，落实司法责任制，突出法官检察官主体地位，让审理者裁判，由裁判者负责，从而在全社会建立"有权必有责、用权受监督、违法受追究、侵权须赔偿"的法治秩序，维护国家法制的统一、尊严和权威。

山西作为全国第二批司法体制改革试点省份之一，自2014年10月起历经试点方案及各项制度的起草制定、第一批试点启动、试点全面推开三个阶段。第一个阶段，顶层设计。2014年12月26日，省委常委会审议通过了《山西省司法体制改革试点工作方案（送审稿）》；2015年3月17日，中央政法委正式批复同意山西的改革试点方案；同年5月5日，中央深改组正式研究通过山西等11个省开展第二批司法体制改革试点。第二个阶段，第一批试点。2015年6月18日第一批"1市8县"试点单位启动了改革试点；9月22日，省法官检察官遴选委员会成立；12月底，开展了首批法官检察官遴选。第三个阶段，全面推开。2016年8月31日，召开全省司法体制改革推进会，全面推开了司法体制改革试点工作，出台了《关于在全省全面推开司法体制改革试点的工作方案》；12月底，开展了全省全面推开司法体制改革后规模最大的员额制法官检察官遴选工作。2017年4月20日，成立了省法官检察官惩戒委员会；6月，山西司法体制改革面上工作基本完成，新型办案团队组建完成并开始运行，司法责任制基本落实，员额法官、检察官工资增资落实到位。

## 一　山西省司法体制改革的主要做法

三年多来，山西按照中央、省委关于深化司法体制改革工作的部署，注重改革试点的系统性、精准性和规范性，在结合山西实际、突出山西特色、解决山西问题上做了以下工作。

## （一）注重改革试点的系统性，强化改革政策之间、措施之间、工作之间的衔接配合

改革过程中，山西始终坚持制度优先原则，坚持顶层设计与基层创新相结合、总体方案与系统实施意见相结合、指导意见与实施细则相结合、综合部署与专项工作相结合，把改革作为一项系统工程，建章立制并不断进行完善，使全省自上而下、由线到点的司法体制改革制度体系基本建立。在省级层面，制定出台"1+8"制度文件，其中"1"是指省司法体制改革试点方案，"8"包括"3+5"两个部分："3"是指省高院、省检察院制定的改革试点方案和省公安厅制定的改革指导意见，"5"是指机构编制统一管理、财物上划、债务清偿、干部管理、书记员管理等五项配套制度。随着改革试点的推进，根据在调研中发现的一些突出问题，省司改办又出台了《关于司法体制改革试点中相关问题的工作意见》和《关于司法体制改革试点工作中相关问题责任分工的通知》，就改革的主体责任、司法责任制、员额制、司法辅助人员不足以及人财物上划过程中的突出问题明确意见，及时指导改革试点。这些改革制度基本上涵盖了改革的各个方面，实现了中央改革精神在山西的有效落地。在各系统层面，在"1+8"司法改革文件框架下，省高院起草制定了《山西法院人员分类管理和省以下人员统一管理改革试点方案》《山西法院法官入额选任工作实施方案》《山西法院健全审判权运行机制、完善审判责任制改革试点方案》等11项配套制度；省检察院起草了包括《检察官、检察辅助人员、司法行政人员分类管理方案》《省、市、县三级检察官员额比例配置方案》《检察官内部选任方案》等20项配套改革方案。省委组织部、省编办、省财政厅、省人社厅等都分别制定了有关办法。《山西省法官检察官遴选委员会章程》《山西省法官遴选办法（试行）》《山西省检察官遴选办法（试行）》《山西省法官检察官遴选委员会关于试点法院、检察院首次遴选工作意见》《山西省法官遴选工作办公室工作细则（试行）》《山西省检察官遴选工作办公室工作细则（试行）》也先后制定出台。这些改革制度为推进改革试点工作提供了系统性的制度保障。在试点单

位层面，各试点单位根据省司改方案和本系统的实施方案、配套制度，普遍制定了本单位司改实施细则，并重点围绕司法责任制的落实制定出台了相关办法。这样分层级、分系统、分事项，有总方案、有实施意见、有具体细则，有时间表、有施工图、有责任主体的制度体系的建立，为司法体制改革各项任务的落实提供了制度保障。

### （二）注重改革试点的实践性，有序开展"1＋8"试点单位先行先试实践

按照中央和省委的要求部署，提出"切口准，深度改，有特色"的思路，结合山西实际，依法推进改革，积极稳妥实施，确定首先在长治市和太原市尖草坪区、岢岚县、孝义市、祁县、长治市城区、襄垣县、武乡县、高平市等1个市8个县（市、区）的法院、检察院、公安局开展司法体制改革试点。第一批试点的意义在于依据山西不同区域的实际状况，不断总结积累工作经验，检验方案的可行性，并形成可复制、可推广的经验。试点开展一年多后，各试点单位基本完成了预定的改革试点任务，改革成效逐步显现：落实改革举措的制度体系基本建立，做到顶层设计与基层探索有机结合；试点单位司法人员分类管理格局初步形成，18个试点单位首批205名员额制法官和172名员额制检察官遴选产生；以法官检察官为主体的司法责任制开始运行，法官检察官多办案、办好案的责任心和抵制干扰的勇气能力明显增强，办案质量、效率明显提升；人财物省级统一管理中的一些难题得到有效破解，首批法官检察官遴选、聘任制书记员改革、解决人员超编混岗等工作得到中央政法委充分肯定。

### （三）注重改革试点的精准性，坚持改革的问题导向，着力解决重点问题

一是科学确定法官、检察官员额。法官、检察官员额制改革，是司法体制改革试点的重要内容之一，是落实司法责任制的基石，而员额制法官检察官遴选则是基础的基础、关键的关键，直接关系到员额制改革乃至本轮司法

体制改革试点工作的成败。针对落实员额制与解决案多人少问题，山西在坚持全省员额比例 39% 不动摇的前提下，首次遴选时，提出了"三个 30%"的标准：一是严格控制员额比例为 30% 以下，首次法官、检察官遴选要控制在各单位中央政法专项编制的 30% 左右，确保不突破 39% 的硬杠杠，并有一定的预留；二是领导干部进入员额比例要控制在班子总数的 30% 以下；三是助理审判员、助理检察员进入员额比例要控制在入额总数的 30% 左右。在随后的两次遴选中，又充分考虑了各级法院、检察院所在层级、办案数量、人员状况等实际，明确首次遴选各级法院、检察院一般控制在 30% 左右，但也不搞"一刀切"：对于案多人少矛盾突出的 15 个基层法院、10 个基层检察院，把事业编制人员纳入了员额比例基数，其中 1 个人均办案量在 300 件以上的基层法院员额比例提高到 40%，2 个人均办案在 350 件以上的基层法院员额比例提高到 42%，其余均控制在 30% ~ 35%；对于第一批"1+8"试点单位，补充遴选不得超过 35% 的控制线；对于领导干部入额，必须按照统一标准和程序参加遴选，并要求有 3 年以上办案经历，且入额人数应控制在班子职数的 30% 左右，政治部主任、纪检组长等从事非审判、检察业务工作的院领导不得入额，以保证有更多的一线法官入额，缓解办案压力。

二是探索建立员额退出机制。针对员额制法官检察官只进不退、没有形成良性循环的问题，山西在全国首家出台了《关于建立山西省员额制法官、检察官退出机制的意见（试行）》，规定了退出员额的七种情形、程序，并且于 2017 年 3 月底开始了对第一批试点法院检察院员额制法官检察官履职情况和员额退出情况的督察，使那些挂名办案、达不到办案数量要求、不能完全履行办案职责的人员退出员额，形成能进能出的员额良性循环机制。

三是探索书记员管理改革。书记员作为法院、检察院系统司法工作中不可或缺的重要力量，普遍存在人员匮乏、混编混岗、职业化水平低、流动性强、管理困难等问题。针对这一问题，提出要拓宽书记员的来源渠道，采用政府购买、劳务派遣、法院检察院任用的服务模式，逐步建立一支完全聘任制的职业书记员队伍。2015 年出台了《全省法院、检察院书记员管理体制

改革实施方案（试行）》，明确各级法院、检察院的书记员统一实行劳务派遣用工形式，不占用中央政法专项编制和地方行政、事业编制；省高院、省检察院作为政府购买服务的责任主体，做好总体规划，承担协调各方、监督落实的责任，确定各法院检察院的书记员数量，制定有关管理制度，确定劳务派遣公司；购买服务的经费列入各单位预算，财政部门统一支付。2016年，完成了全省聘用制书记员数量和工资测算工作，制定出台了《山西省试点法院检察院聘用制书记员过渡、招录工作方案》和聘用制书记员管理暂行办法，建立了省级统筹、政府购买、劳务派遣、法院检察院聘用的管理模式。

四是全力解决人员上划中存在的突出问题。针对人员编制上划中存在的超编混编、超职数配备问题，明确了上划原则和程序，规定省以下法院、检察院机关、派出机构和机构编制部门批准设立的事业单位人员上划到省级统一管理，重点解决了临汾、运城两市 13 个基层法院、检察院遗留了近十年的公务员登记问题和太原市两级法院、检察院存在的影响职务套改问题。出台了《关于做好司法体制改革试点单位人员上划省级统一管理相关工作的通知》，进一步明确了上划人员的范围：一是已占用政法专项编制、工勤人员编制、事业编制的人员全部上划；二是对未占编人员区分情况，2007 年 5 月之前因历史原因形成的未占编人员和因改革等政策调整的未占编人员全部上划，2007 年 5 月之后的各类未占编人员不予上划，由当地财政保障，2013 年 11 月之后违规调入法检系统的人员由当地负责清退；三是身份存疑人员、未完成定编定岗工作的单位人员暂缓上划，市县自行招录的财政供养人员不在上划范围，由原渠道保障。

五是探索符合山西实际的财物统一管理改革举措。根据工作实际，采取"省财政直管，部分职能委托市、县财政执行"的管理模式，即各级法院、检察院作为一级预算单位由省财政厅统一管理，主要负责预算编制、审核、批复和国库集中支付，政府采购、票据管理、部分资产审批等由省财政厅委托各市、县财政代为执行，各级法院、检察院的单位决算由省财政厅委托各市、县财政代为审核，以便利基层法院、检察院办理相关事宜。

## 二　山西省深化司法体制改革取得的成效

目前，山西司法体制改革"四梁八柱"主体框架已经基本确立，各项配套措施正在不断完善，改革红利和活力得到了进一步释放，改革成效初步显现，特别是员额法官检察官遴选、严把领导干部入额关、检察机关内设机构改革、员额退出机制、财物省级统一管理、保护司法人员依法履职等进入全国"第一方阵"，得到中央政法委和省委的充分肯定。

一是员额制落实到位。目前，已开展三次法官检察官遴选，共遴选出员额制法官、检察官 5770 名，其中包括 3158 名法官、2612 名检察官，分别占中央政法专项编制的 33.24%、32.22%。员额制法官、检察官全部在办案岗位亲自办案，全省 90% 以上的入额法官充实在办案一线，占比较入额前提高 12.3%，队伍专业化水平进一步提升，山西省入额法官大学本科、硕士及以上学历占比提高 6.6%。能进能退的员额良性滚动机制建立，截至目前，有 97 名法官、47 名检察官退出员额。山西省法官检察官惩戒委员会也于 2017 年 4 月 20 日成立。

二是司法责任制制度体系基本建立。山西省法院、省检察院分别制定了《关于完善全省法院司法责任制的实施细则》和《关于落实司法责任制的实施意见》，明确了司法权力运行的"正面清单"与"负面清单"，以及办案责任和责任追究办法，为全面推开司法责任制奠定了基础。省检察院审议通过了《检察委员会权力清单（试行）》《担任院领导职务的检察官权力清单（试行）》《法律政策研究类检察人员权力清单（试行）》等 14 个全省性检察人员权力清单，并出台了一批全省性的落实司法责任制配套制度。省高院制定出台了《新的审判权力运行机制实施方案》，在以员额法官为核心组建的新的审判团队中，严格落实"由审判者裁判，让裁判者负责"的要求，改革原来的办案审签制、审委会职能等工作机制，还权于合议庭、主审法官。各级法院、检察院新型办案团队组建完毕并按照司法责任制要求开始运行，全省各级法院共组建办案团队 967 个，逐步

取消案件审批，确立法官的办案主体地位，改革裁判文书签署机制。全省检察机关共组建检察官办案组 566 个、独任检察官 1789 个，突出检察官办案主体地位与检察长领导检察院工作相统一，形成检察长领导下的扁平化办案组织，省、市、县三级检察院确定的权力清单中，授权普通检察官决定事项的比例分别为 90.81%、90.44% 和 89.12%，平均达到 90.18%，独任检察官和检察官办案组直接决定的案件占全部已有处理决定的案件总数比例达 95.37%。

三是内设机构改革成效明显。2017 年 5 月，山西省检察院与省编办联合出台了《山西省县级人民检察院内设机构改革实施方案（试行）》，规定县级检察院内设机构数量一般为 5 个，最多不超过 7 个，政法专项编制数量为 27 名以下（含 27 名）的院，内设机构不超过 4 个。截至 2017 年 7 月，全省市、县两级检察院内设机构改革全部完成，县级检察院内设机构基本模式是 5 个机构，根据编制数和办案量的不同，可以采取"5+1""5+2""5-1"模式，并积极探索"综合机构+办案组"模式，市级检察院全部采用"7+5"模式（即 7 个办案机构，5 个司法行政、综合业务和检察辅助机构）。通过机构改革，11 个市级检察院内设机构由 217 个减至 132 个，减少了 39%，119 个县级检察院内设机构由 1698 个减至 587 个，减少幅度约 65%，基层检察院平均内设机构数从 14.9 个减少到 4.9 个。省检察系统内设机构改革工作得到中央司改办的充分肯定。法院系统也在部分市县开展了内设机构改革试点，阳泉市中级人民法院将原有的 14 个业务庭室调整为 7 个审判团队，优化了办案资源，审判质效从改革前的全省第六名跃居全省第一名。

四是法官检察官职业保障基本落实。法官检察官工资改革制度落实，全省法院、检察院员额法官、检察官工资套改工作已全部完成，法、检两系统绩效考核及奖金分配办法及各级法院、检察院分配细则已经出台，省人社、财政牵头完成了工资和绩效奖金测算、审批工作，全省员额法官、检察官工资增资已于 2017 年 6 月全部发放到位，各级法院检察院绩效奖金基本到位。健全司法人员依法履职保障机制，2017 年 5 月 4 日《山西省保护司法人员依法履行法定职责的实施办法》以省委办公厅文件印发全省，是全国首家以正式文件出台实施办法的省份。

五是省以下地方法院检察院人财物如期上划。2017年8月，山西市县两级法院、检察院机构编制上划完成，并出台《关于做好司法体制改革试点单位人员上划省级统一管理相关工作的通知》，进一步明确职责分工、人员上划范围、后续管理工作，市县法院、检察院上划人员信息采集、上报审核工作也已完成。省委组织部出台了《山西省法官检察官等级晋升办法（试行）》和《山西省法院检察院干部管理暂行规定》。全省所有试点单位财物于2018年1月如期上划。

六是山西省司法体制改革第三方评估完成。在司改工作取得阶段性成果，主要改革任务基本完成的基础上，按照中央要求，2017年8月，山西省司改办委托省法学会围绕司法责任制改革、法院检察院人财物省级统一管理改革、司法人员分类管理和职业保障制度改革等展开第三方评估工作。评估组专家先后走访了省、市、县三级共计28个法院、检察院展开实证调研，通过集中座谈、个别访谈、收集文件数据、发放调查问卷、现场观摩等调查方法，获取丰富的资料及信息。在向中央政法委司改办、中国法学会、最高人民法院和最高人民检察院司改办、山西省委政研室等相关单位和省内外部分高校权威法学专家广泛征求意见建议基础上，形成了《山西省司法体制改革第三方评估报告》，并于2017年12月底正式出版。

随着以司法责任制为重点的四项改革措施落地见效，司法质量效率和公信力进一步提高。2017年，全省法院系统在案件受理数同比上升16.22%的情况下，法定审限内结案率达到89.89%，增长21.31个百分点；全省检察院检察官人均结案数增加71.57%，办案效率增长15.5个百分点。在司法体制改革第三方评估中，对当事人、律师等进行了随机问卷调查，86%以上的人认为改革后法院检察院的工作作风、工作效率明显改观，91%的人对司法的评价是积极正面的，说明人民群众对公平正义的获得感、对司法工作的满意度在增加。

# 三　司改工作中的突出体会

## （一）加强组织领导是关键

司法体制改革涉及面广，必须作为系统工程统筹推进。从改革试点之初，山西省委就把这项工作列为重要议程，多次召开省委常委会、省司法体制改革领导小组会议专题研究部署。省委主要负责同志先后多次听取改革情况汇报，提出"改革能否上去，关键在于认识是否到位、工作是否认真、标准是否严格，这是深化司改最需要的因素。省委的要求是进入'全国第一方阵'"。省委有关负责同志在司改工作期间，多次深入省政法各部门、省司改办和基层单位调研司改工作，对法官检察官遴选、内设机构改革、人员编制上划等提出具体要求，认认真真抓落实，对法官检察官遴选、工资制度落实等重点难点问题进行协调推动。在省委、省政府的重视支持下，山西司改工作形成上下一股劲，全省一盘棋的整体合力，做到积极稳妥推进。

## （二）强力统筹推动是保障

司法体制改革不是一家两家单位就能办成的事，需要各相关单位协同推进，形成合力。司法体制改革试点工作开展以来，始终坚持党委领导，司改领导小组决策，省委政法委抓总，法、检两院为主体，组织、编办、财政、人社各负其责的工作格局。为确保中央改革要求精准落地，省委政法委主动履职、勇于担当，承担起改革牵头、督促责任。改革试点以来，先后协调制定了包含全省改革试点总方案、法检分方案和机构编制统一管理、财物上划、债务清偿、干部管理、书记员管理等单项配套方案的"1+8"制度体系，为改革试点提供了指引遵循。加强督察督促，推动了各项改革任务和措施的落地见效。省高院、省检察院作为这次司法体制改革的实施主体，承担了大量的改革任务，很好地完成了建章立制、动员部署、组织指导等任务，完成了大量的数据统计、人员编制汇总上报、法官检察官遴选等基础性工作。省委组织部、省编办、省发改委、省财政厅、省人社厅等单位充分发挥职能作用，根据各自承担的任务，制定了机构编制上划、财物上划、债务清偿、干部管理、书记员管理、薪酬保障等单项配套制度；对财物上划、人员编制统计上报、工资套改进行了专门地、系统地培训；突出解决了干部身份、职务套改、工资落地等方面存在的问题，在工作上、政策上给予了大力支持，保障了司改各项措施的顺利推进。

### （三）坚持问题导向是根本

改革本身是发现问题、解决问题的过程，改革就要奔着问题去，什么问题突出就重点解决什么问题。例如，员额法官检察官遴选涉及"奶酪"问题，而山西各级法院检察院政法专项编制又相对偏少（122 个基层法院和126 个基层检察院中，50 人以下的法院 57 个、检察院 107 个，编制最少的只有 20 人），以一个 50 人的院为例，按首次入额比例 30% 算，只有 15 人能入额，而这样的基层院一般院级领导有 7 ~ 9 人，如果不严控领导干部入额人数，普通法官检察官入额的人数将寥寥无几。同时，院领导及业务部门负责人入额后还要承担一定的行政管理和业务管理职能，不可能与普通法官检察官一样办理同等数量的案件，必然会加剧案多人少的矛盾。为此，严格把领导干部入额控制在班子职数的 30% 左右，最终省、市两级院入额院领导在 4 人以下，基层院都在 3 人以下。同时省法、检两院分别制定了《全省法院入额院领导、庭长直接办案案件的指导意见》和《山西省检察机关担任院领导、业务部门负责人的检察官直接办案制度》，规定入额院长、检察长和庭处长办理案件以重大敏感疑难复杂案件、新类型案件和具有指导统一适用法律意义的案件为主，且在网上办案系统中与普通法官、检察官一视同仁、接受监督管理。2017 年上半年与 2016 年同期相比，全省法院系统院庭长担任审判长或参审案件数同比增加 499.60%，占全部案件数的 17%；全省检察机关入额院领导和业务部门负责人直接办案数占案件总数大幅提高，

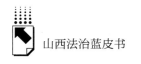
市、县两级检察院业务部门负责人普遍成为办案骨干力量，实现了入额领导干部从"管理者"到"办案者"的角色转变。

### （四）注重科技手段运用是方法

司法责任制改革后，如何实现放权而不放任、有效防止"同案不同判"等问题迫在眉睫。仍旧用过去层层审批、人盯人的传统模式肯定不行，大数据、信息化已经成为必然选择。各级法院、检察院也正在开展相关探索，例如，太原市中级人民法院智能审判辅助系统自动处理审判事务，朔州市中级人民法院"睿法官"智能研判系统自动生成裁判文书初稿，实时推送关联案件，促进了裁判标准的统一。检察系统也正在着手研发大数据辅助办案系统，努力实现司法办案规范化、管理监督精准化。按照中央政法委的要求，将着力推进政法工作智能化建设，建立刑事案件智能辅助办案系统，发挥现代科技在司法工作中的重要作用。

## 四 坚持改革不动摇，继续深化司法体制综合配套改革

习近平总书记所做的党的十九大报告对深化全面依法治国实践做出战略部署，并对进一步深化司法体制改革提出明确要求，指出："深化司法体制综合配套改革，全面落实司法责任制，努力让人民群众在每一个司法案件中感受到公平正义。"2017 年 10 月，中共中央办公厅印发的《关于加强法官检察官正规化专业化职业化建设全面落实司法责任制的意见》（下称《意见》），在总结司法体制改革试点经验的基础上，就进一步加强法官、检察官正规化、专业化、职业化建设，全面落实司法责任制提出了明确要求。下一步，山西将按照中央的要求和部署，将政法部门机构改革和司法体制改革融合起来，形成全方位、深层次的政法改革新格局，在进一步优化司法职权配置，深化法官检察官员额管理，统筹推进内设机构改革和新型办案团队建设，加快构建司法管理监督新机制，全面推进以审判为中心的刑事诉讼制度

改革，健全多元化纠纷解决机制，推进案件繁简分流，运用现代科技提高办案效率，落实干预、过问案件的记录和追责制度，加强对司法人员依法履职保护等方面细化完善，统筹推进公安改革、国家安全机关改革和司法行政改革，巩固司法体制改革成果，努力让人民群众在每一个司法案件中感受到公平正义。

# B.4
# 山西省深化权责清单管理 构建权力
# 运行制约监督体系报告

山西省编办课题组*

**摘　要：** 推行各级政府工作部门权力清单制度，是党中央、国务院部署的重要改革任务，是巩固和拓展"放管服效"改革成果的有效手段。山西省委、省政府紧紧围绕制约和监督权力运行这一核心，建立了以"两清单、两张图、两办法、一系统"为抓手，以推进"标准化"开展"一行动"深化管理，清单化、法制化、常态化保障改革在阳光下运行的权力运行制约监督体系，为构建"权责法定、职能科学、流程优化、廉洁高效、透明公开、人民满意"的权力运行机制，提供了具有山西特色的实践经验。

**关键词：** 权责清单　职权法定　权力运行　制约监督

党的十八大以来，中央明确提出要建立健全权力运行制约和监督体系。习近平总书记强调，要"加强对权力运行的制约和监督，把权力关进制度的笼子里"，要"着力构建不敢腐、不能腐、不想腐的体制机制"，要"形

---

\* 课题组负责人：李建刚，山西省编办主任。课题组成员：韩红，山西省编办副主任；张立煌，山西省编办副主任；连建林，山西省编办审改处处长；王立世，山西省编办法规处处长；胡兴才，山西省编办审改处副处长；周宇，山西省编办法规处副处长；李增光，山西省编办审改处主任科员。执笔人：连建林，山西省编办审改处处长；胡兴才，山西省编办审改处副处长；李增光，山西省编办审改处主任科员。

成不敢腐的惩戒机制、不能腐的防范机制、不易腐的保障机制"。山西省委、省政府紧紧围绕制约和监督权力运行这一核心，将推行各级政府工作部门权力清单制度作为加快政府职能转变的重要突破口，大力清权、减权、确权，将深化权责清单管理作为营造"六最"发展环境的重要举措，着力晒权、配权、制权，建立了以"两清单、两张图、两办法、一系统"为主要内容的具有山西特色的权力运行制约监督体系，同时推进"标准化"开展"一行动"深化管理，着力将权力关进制度的笼子里，推动各级政府部门"法无授权不可为""法定职责必须为"，为构建"权责法定、职能科学、流程优化、廉洁高效、透明公开、人民满意"的权力运行机制提供了实践经验。

## 一　制定"两清单"清权确责<br>行政职权不再"任性"

推行各级政府工作部门权力清单制度是党中央、国务院部署的重要改革任务，是巩固和拓展"放管服"改革成果的有效手段，是推进国家治理体系和治理能力现代化的重要基础性制度，深化权责清单管理，对于加快转变政府职能，建设人民政府、法治政府、效能政府、担当政府、廉洁政府具有重要意义。山西省各级政府认真贯彻落实中共中央办公厅、国务院办公厅发布的《关于推行地方各级政府工作部门权力清单制度的指导意见》和省委办公厅、省政府办公厅发布的《关于推行各级政府工作部门权力清单制度的实施意见》精神，将推行权力清单制度工作作为促进简政放权、加快政府职能转变的重要抓手，坚持职权法定、权责一致、公开透明等原则，注重整体设计，加强部门联动，搞好上下衔接，建立部门会商、专家咨询、市县参与等工作机制，统筹协调推进各级政府工作部门权力清单和责任清单这"两清单"的制定工作。山西省、市、县三级"两清单"制定工作分别比中央要求提前半年、一年和八个月完成，走在了全国前列。

各级通过部门自清、小组初审、集中会审、部门会商、征求意见、网上

公示等程序，历经"三上三下"，以及法制部门合法性审查，全面清权减权，山西省政府部门共减少行政职权事项 5343 项，精简率为 63.4%（经多次取消、下放和调整，截至 2017 年底，省政府部门保留行政职权事项 3001项，其中 1700 余项实行属地管理。即按照方便公民、法人或其他组织办事、提高管理服务效率、便于监管的原则，除涉及国家安全、公共安全、公众健康、生态环境保护、资源开发与利用等领域需要由省级部门统筹协调的重大事项，以及涉及跨区域、跨流域需要省级主管部门行使权力外，其余交由市、县政府主管部门行使）。市县两级行政职权事项平均精简幅度为 50% 以上。在制定责任清单时，更加注重放管结合，推动政府管理从事前审批向事中事后监管转变，突出部门行使行政职权的事后监管责任。如对行政许可类职权事项，在责任清单中将事后监管责任明确为"建立实施监督检查的运行机制和管理制度，开展定期不定期检查，依法采取相关处置措施"。其余类别的行政职权也都增加了事后监管责任环节，明确细化了事后监管责任。同时，有的政府部门制定了专项权责清单。有的市制定了党群部门权责清单。有的市县将权责清单向乡村延伸，结合乡、村两级重点以服务为主的特点，以便民利民为目的，在制定乡、村权责清单的同时，将本级的公共服务事项一一列明，制定了公共服务事项清单。譬如，吕梁、长治、阳泉等市将乡级公共服务事项分为民事救助类、民事保障类、民事咨询类等，建立村（社区）公共服务清单，编制《便民服务手册》并发放到每家每户。乡、村究竟有哪些权力，需要搞好哪些服务，群众一目了然。

通过制定"两清单"，各级各部门进一步厘清了"手中权"，明白了"肩上责"，"法无授权不可为，法定职责必须为"的意识明显增强。

## 二 编制"两张图"规范职权运行
### 行权戴上"紧箍咒"

为进一步规范行政职权运行，切实加强廉政风险防控，结合实际，在制定公开"两清单"的基础上，对保留的每一项行政职权事项，同步编制公开行政职权运行流程图和廉政风险防控图这"两张图",明确并优化审批流程,逐项明确廉政风险防控责任,着力为行政职权行使套上"紧箍咒"。2015 年山西省政府部门权力清单公开后,对保留的每一项行政职权事项,逐项梳理明确责任事项。2016 年全省辖属的市县政府工作部门权力清单公布后,在编制公开"两张图"的同时,逐项细化环节,梳理查找廉政风险点。近年来,随着行政职权事项动态调整,各级各部门"两张图"同步调整。

行政职权运行流程图,一方面明确了每一项行政职权的具体办理流程、办理部门、办理时限等,老百姓办事"按图索骥",有章可循,有路可走;另一方面,按照流程最优要求,最大程度压减办事环节,压缩审批时限,提高办事效率。

廉政风险防控图,注重突出问题导向,针对权力运行中容易滋生腐败的重点部位、关键环节,深入查找每项行政职权运行的风险点,并对查找出的风险点进行分类、定级,强化对行政职权运行重点部位和关键环节的动态监控。譬如,对行政许可类职权,针对以往在审查、决定环节有可能出现故意刁难、吃拿卡要、违规审批等问题,将其标注为高风险点予以重点防控,将受理环节确定为中风险点、送达环节确定为低风险点有针对性进行防控。针对职责交叉不明晰,需多个部门协同配合行使的行政职权,明确每一个部门的责任。譬如,对"建设项目职业病危害预评价报告审核"这项行政职权,分别明确了省煤炭工业厅、省安监局的权限和责任,同时在备注栏还明确了省和市级相关部门的责任。

通过编制"两张图",对每项行政职权均细化明确了各个运行环节的具体责任,实现权责对等,有权必担责,有利于强化权力行使主体的责任意识,促进部门和行政主体审慎用权,达到有效遏制以权谋私、权力滥用、权力"任性"目的。各部门及其工作人员既是每项行政职权各个运行环节的责任单位和责任人,又是制约和监督行政职权运行的责任主体和责任人,有利于促进政府部门工作人员全面正确行使职权,为依法行政奠定了坚实基础。

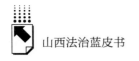

## 三 出台"两办法"制度束权，违规用权要追责

在制定公开省、市、县三级政府部门"两清单、两张图"的同时，着手研究和制定权责清单动态管理和行政职权运行监督管理具体办法措施，加强清单运行和监管。在吸收清单管理经验做法的基础上，紧密结合转变政府职能推进"放管服效"改革要求实际，山西在省一级出台了《权责清单动态管理办法》和《行政职权运行监督管理办法》，各市县也随即陆续制定了相应的办法、措施，确保权责清单在法治轨道科学规范有序运行。

《权责清单动态管理办法》提出，要根据法律法规立改废释、国务院和省政府减权放权、机构改革和管理体制调整等情况，对政府部门权责清单进行动态调整。明确了调整权责清单、行政职权运行流程图、廉政风险防控图的程序和审批权限，以及相应监督纪律和责任处理等。在2016年动态调整省政府部门行政职权事项79项的基础上，2017年，省一级再次动态调整了省政府部门行政职权事项233项，市级动态调整本级政府部门行政职权事项1736项。在动态调整权责清单过程中，针对取消、下放和调整的行政职权事项，尤其是取消、下放的行政职权事项，坚持放权不放责、放权后更要加强监管的原则，坚持"谁审批、谁负责""谁主管、谁监管""谁下放、谁指导"，督促相关部门认真制定完善并严格落实事中事后监管措施。

《行政职权运行监督管理办法》既明确了行政职权运行监管的总体规范和有关要求，又明确了针对不同类别行政职权事项逐项或分类制定事中事后监管、行政处罚裁量基准等监管细则，明确每项权力运行的具体监管内容。通过明确行政职权运行事中事后监管任务，倒逼原从事审批的人员既要依法依规开展审批工作，又要更多地转入事中事后监管，着力破解重审批轻监管难题。通过推进"两集中、两到位"，推行网上办事，审批流程再造，加强职权运行电子监察等措施，加强行政职权运行过程监管。坚持权责一致，针对保留、取消、下放、转移的行政职权事项，各级政府部门逐项或分类制定事中事后监管细则和行政处罚裁量基准细则，做到每项职权运行都有对应的监管细则。突出强化对权责清单执行情况的监督问责，明确监督问责的主体、流程、措施，细化责任追究条款，把行政责任压实到部门、到岗位、到个人，对不按规定公开运行清单或不按清单履行职权等情形，根据情节轻重，依纪依法追究责任，以严格监督问责推动责任落实"无缝隙"，确保清单制度的权威性和严肃性。

## 四　建立"一系统"动态管理　技术监管权力运行

为持续加强权责清单后续监管，切实增强清单的权威性、时效性，在"两清单、两张图、两办法"的基础上，创新管理方式，建设开发省政府部门权责清单动态管理系统，着力实现对权责清单的动态化调整、常态化监管、规范化运行。省政府部门权责清单全部录入系统，纳入全省"两平台、一张网"运行，与政务服务中心互联互通，管理与办理相衔接，监管与运行相统一，形成对权力运行监督的闭合回路。

进一步转变省政府部门权责清单管理方式，由省政府部门自行公布调整为集中统一发布。对省政府部门行政职权事项及行政审批前置申请材料等进行取消、下放、新增、变更等调整更新后，通过省政府部门权责清单动态管理系统，实时推送到省政务服务平台的行政审批管理系统，使得权责清单中行政职权事项的调整更新，与政务服务中心行政审批系统中的行政职权事项办理及时对接，同步更新，数据实时共享，实现了依托互联网信息化手段监督清单运行，有效督促部门按"单"行权、依"图"用权，有力推进"两清单、两张图"的具体化、精细化管理和科学、规范、统一运行。

充分发挥省政府部门权责清单动态管理系统功能作用，可实时跟踪每一项行政职权事项的办理情况，对行政职权运行情况做出定量定性分析，为深度推进行政审批制度改革工作提供大数据支撑。譬如，可以根据办理时限和

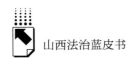

群众反馈，督促指导部门对行政职权流程做进一步优化，提高办事效率；可以根据办理数量和群众意见，对某一项行政职权事项提出取消、下放和调整意见，提高简政放权的精准性；可以根据群众反馈和投诉，对违规问题督促有关部门抓好整改，推动部门依法行政。

## 五 推进"标准化"建设 规范行政职权运行

山西省运用标准化原理、方法和技术，围绕规范行政许可事项管理、流程、服务、受理场所、监督检查，加快推进行政许可标准化建设，全面规范行政许可行为，提高审批效率，改进服务水平。出台了《加快推进省政府部门行政许可标准化建设工作方案》，明确了标准化建设的工作目标、基本原则和实施范围，细化了工作任务，并对相关部门责任分工做了进一步明晰。制定《行政职权事项编码规则》地方标准，规范行政许可事项管理，对包含行政许可事项在内的省政府部门权责清单每一项行政职权事项逐一进行赋码，实施唯一编码管理。结合"一张网"建设，统一规范行政许可事项流程、服务、受理场所、电子监察等。山西省将省国土厅窗口列为试点，总结探索可复制、可推广的审批标准化工作经验。起草了《标准体系总则》《标准体系框架》《标准体系评价》《进驻事项管理规范》《窗口管理规范》《办事指南编写规范》《业务手册编制规范》《一次性告知规范》等13项标准项目。完善配套制度建设，制定出台了《考勤管理办法（试行）》《投诉举报管理办法（试行）》《窗口工作人员服务规范（试行）》《首席代表工作制》《行政审批人员管理制度》《审批事项办理规定》等制度。用好中心监督窗、审批监察系统，督促进驻单位规范审批，倒逼行政许可的规范化、制度化建设。

## 六 开展"一行动" 真正利企便民

山西省针对审批过程中存在的申请材料多、不规范，同一申请材料在各部门重复提交、互为前置的问题，围绕打造"审批最少、流程最优、体制最顺、机制最活、效率最高、服务最好"的"六最"发展环境，将开展减证利企便民专项行动作为全省优化营商环境九大专项行动之一，坚决砍掉各种无谓的证明和手续，最大限度清理减少审批前置申请材料，大幅削减相关证照年审年检和与之挂钩的政府指定培训，切实解决企业和群众办证难、办事难等突出问题，推动行政审批服务提质增效。

专项行动中，对省政府部门权力清单中行政审批等事项（包括行政许可、行政确认和其他权力三类行政职权中具有审批性质的事项）涉及的前置申请材料（政府部门要求申请人提供的各类材料）、年审年检事项（政府部门或者其依法委托的其他组织，对已取得行政审批相关证照后，要求行政相对人进行的定期检查，或者对直接关系公共安全、人身健康、生命财产安全的重要设备、设施、产品、物品进行的定期检验、检测）、政府指定培训（政府部门或者其依法委托的其他组织为核发相关证照、延续相关证照有效期、进行证照年检等，要求行政相对人参加的指定培训）等，通过依法依规清理、信息共享清理、探索试行公开承诺清理、改变管理方式清理等方式，经"一清二报三审"（即部门清理上报、省编办审核、省政府法制办审查、省政府审定），编制并公布了保留的行政审批前置申请材料清单、取消的相关证照年审年检事项清单、保留的相关证照年审年检事项清单、保留的政府指定培训清单这"四清单"。

清理规范后，省级单项行政审批事项办理需提供前置申请材料平均数由原有的 7.1 个压缩到 5.2 个，精简率为 26.7%；行政审批相关证照年审年检事项取消 27 项，精简率为 50%。全省 11 个市中已有 9 个市完成清理规范工作，平均行政审批前置申请材料精简率为 21.6%。对保留的"三清单"，及时纳入政务服务平台运行。今后，清单之外一律不得实施、一律不得作为行政审批的受理条件。

据了解，山西省对行政审批事项涉及的前置申请材料进行全面清理规范在全国省级层面尚属首家，这也是山西省打造"六最"营商环境的创新举措。

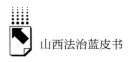

# 七 存在问题与改进方向

权责清单本身是静态的，如何让静态的清单"动"起来、"活"起来、用起来，如何充分发挥权责清单制度在转变政府职能、深化简政放权、推动政府全面正确履职尽责方面的基础性制度作用，是摆在各级政府面前的一道时代新题，需要持续探索创新。

山西省建立以"两清单、两张图、两办法、一系统"为主要内容的具有山西特色的权力运行制约监督体系，以推进"标准化"开展"一行动"深化管理，清单化、法制化、常态化保障改革在阳光下运行的做法，受到中央编办的支持与肯定。山西省权责清单制度的法治化改革，尽管在实践中取得了一些成绩，但也面临着一些问题亟须解决。

一是，改革倒逼与法律约束之间的张力难题。山西省在改革实践中遭遇的问题是，对一些虽有法定依据但不符合全面深化改革要求和经济社会发展需要的行政审批等事项，难以立即取消或调整。对经济社会发展新生事物确实需要实施管理的一些事项，由于法律法规规章依据不足，难以纳入政府部门权责清单统一管理。这些问题虽然表现在地方，但根源在国家相关部委。建议今后持续推动加快法律法规尤其是与之配套的部门规章清理和修订步伐，与此同时，进一步加快地方性法规、政府规章及规范性文件的清理进程。

二是，部门认识和配合工作效率还有待进一步提高。有些部门在行政职权事项取消后，存在"无权也无责"的认识误区。极少数部门在推进改革方面依然存在或担心相关法规政策未修改"不敢放"，或思想认识滞后"不肯放"，或留恋部门利益以现行法律法规为挡箭牌"不愿放"等问题。一些部门行动迟缓、配合不够，主动改革的积极性不强。权责清单的实用性在一定程度上没有完全发挥出来。建议将权力清单制度纳入各级党校、行政学院的培训内容，进一步提高各级各部门（单位）领导干部尤其是主要领导对权力清单制度这一重要基础性制度的认识，切实增强改革意识、使命意识和服务意识。同时将政府部门权责清单执行情况纳入党委政府重点督察和年度考核范围，强化执行情况监督问责。

三是，信息共享还需进一步加快步伐。虽然山西省结合推进"一张网"建设，在推进信息共享方面做了很多工作，但距离真正的全省政务服务"一张网"仍有差距。进一步深化权责清单管理，持续精简行政审批前置申请材料、简化审批环节、优化审批流程、压缩审批时限、提高审批效率，着力强化清单制度的便民性，充分发挥权责清单制度的基础性制度效用，很大程度上与信息共享的程度紧密相关。建议进一步加快全省政务服务"一张网"建设，继续大力推进"互联网＋行政审批"，建立健全跨部门、跨区域、跨行业涉及行政审批事项的信息互通共享机制，推动更大范围、更深层次利企便民。

有鉴于此，山西省将围绕突出清单"实用性"，积极推进权责清单标准化规范化建设，统一规范省、市、县三级政府部门权责清单，实现同一行政职权事项在省、市、县三级的名称、类型、依据、编码等要素基本一致，同层级同一工作部门的行政职权数量基本相近，做到横向可对比、纵向可衔接。积极推动全省范围内行政许可、行政确认等行政职权事项前置申请材料基本统一，助推网上申报办理"一网通办"。结合深化党政机构改革，推动权责清单与"三定"规定有机衔接，在"三定"规定基础上，以权责清单为抓手，梳理和细化部门的主要职责，在横向上明晰部门间职责边界，在纵向上明晰层级间职责边界，把权责清单作为设置机构、配备编制和划分部门间职责的重要依据，推进政府职能精细化管理，使权责清单成为各级机构编制部门管理和改革工作的重要抓手，进一步推动政府部门科学履职，实现机构编制管理的科学化、规范化。积极拓展权责清单应用形式和范围，将权责清单逐步打造成政府部门履职清单，作为政府日常管理、行政执法、政务服务信息化、政务服务大厅及行政审批管理系统的基础，贯穿到政府管理运行的各个环节各个方面，规范和约束政府部门履职行为，力争实现行政职权运行程序上简约、时限上明确、问责上有据，推动权力在阳光下运行。

# B.5
# 山西省推进商事登记"放管服"改革优化营商环境报告

山西省工商局课题组[*]

**摘　要：** 2017年是山西省开展优化营商环境专项行动年，山西省以商事制度改革为重点，以依法行政为主线，大力推进"放管服"改革，积极打造"六最"营商环境。坚持以法治思维和法治方式推进改革创新，强化规则意识和制度保障；推进商事制度改革便利化，构建市场准入事中事后监管新格局，努力创建"六最"营商良好环境；积极建设法治政府，建立和规范以市场主体信用监管为中心的市场监管和行政执法行为，为营商环境提供良好的法治保障；加强法治宣传，营造良好社会氛围。

**关键词：** 营商环境　商事改革　"放管服"　信用监管

2017年是山西省开展优化营商环境专项行动年。山西各级人民政府认真贯彻习近平总书记系列重要讲话精神和治国理政新理念新思想新战略，按照省委"一个指引、两手硬"重大思路和要求，积极落实省委、省政府

---

* 课题组负责人：王亦兵，山西省工商局党组成员、副局长。课题组成员：王敬，山西省工商局法制处处长；段利红，山西省工商局办公室副主任；杨原，山西省工商局法制处副处长；耿志军，山西省工商局监管处副处长；官廉，山西省工商局注册处主任科员。执笔人：王敬，山西省工商局法制处处长。

"1+9"系列文件及全省优化营商环境会议精神,着力营造"审批最少、流程最优、体制最顺、机制最活、效率最高、服务最好"六最营商环境,加强党对改革的领导,全面落实《2017年法治山西建设工作要点》重点工作任务,坚持以法治思维和法治方式推进改革创新,充分发挥法治对改革的引领作用,做到法制先行,优先树立规则意识和制度保障,以商事制度改革为重点,以依法行政为主线,大力推进"放管服"改革,在法治山西的基本框架下着力改善市场准入环境、市场竞争环境和市场消费环境,履行市场监管职责,在打造"六最"营商环境等各方面,取得了一定成效。

## 一 加强领导,为打造"六最"营商
### 环境提供组织保障

自商事制度改革以来,山西省委、省政府高度重视,充分发挥改革推进中的法治引领作用。成立了由分管副省长任组长、47个部门负责同志为成员的商事制度改革领导小组,统筹推进各项改革工作,对企业信用信息共享、公示和年报等工作进行安排部署,根据十八届四中全会提出的"重大改革于法有据"要求,准确把握"改革"与"法治"的辩证统一关系,为"放管服"商事制度改革中的重大行政行为法制审查把关,为商事制度改革工作过程中的疑难问题谋划把脉。各级党政机关主要负责人积极履行推进法治建设第一责任人职责,坚持把推进法治山西建设摆在改革措施布局落实的重要首要位置,确保了商事制度改革工作扎实有序推进。

## 二 围绕"放管服"开展法治攻坚,全力
### 打造"六最"营商环境

2017年5月20日,山西省优化营商环境会议在太原召开。会议要求以法治思维、改革精神、创新办法打造"六最"营商环境,依法依规"减、并、放",并对照"流程最优"要求进行流程再造。全省根据"三对""六

最"的要求，以深化商事制度改革为突破口，积极发挥牵头作用，持续深化"放管服"改革，深入开展"优化营商环境专项行动年"活动。省政府先后制定出台了《山西省公司注册资本登记制度改革试点推进实施方案》《关于加快推进"三证合一"登记制度改革的实施意见》《山西省市场主体住所（经营场所）登记管理办法》《关于加快建立企业信用信息互联互通交换共享机制、推进企业信用体系建设的意见》《关于做好"双告知"工作加强事中事后监管的通知》《关于"先照后证"后加强事中事后监管的实施意见》等文件。围绕各项重点任务开展专项法治攻坚，通过制定配套制度文件，确保国家商事制度改革政策与法治体系相衔接，工商注册实现了高效便利，市场监管迈向"宽进严管"，全省各类市场主体蓬勃发展。截至 2017 年底，山西省实有各类市场主体 208.7 万户，比改革前的 2013 年末增长 55.1%，其中企业数量 52.5 万户，较改革前增长 96.1%，每千人拥有企业数量由 2013 年的 7.8 户提高到 14.2 户。改革同时还促进了山西省高新技术产业、新兴服务业、"互联网＋"等新产业新业态蓬勃发展，在 2017 年新设市场主体中，第三产业市场主体占比达到 88%。

## （一）在"放"上求实效，扎实推进商事登记改革便利化

按照"重大改革要于法有据"的要求，山西法治政府建设坚持法制先行，真正做到让市场"法无禁止即可为"，让行政机关"法无授权不可为"。山西省政府根据国务院的安排部署，开展了影响营商环境的政府规章和规范性文件清理工作。组织各级人民政府和各部门对历年制定的法律依据不充分、增加市场主体和行政相对人义务、限制干预自主经营权、不利于营商便利的规范性文件进行了全面清理。同时加大立法建议和规范性文件的制定合法性审查备案，为商事制度改革提供法制保障。全面推进"多证合一"改革。对涉企证照事项进行了全面梳理汇总，省政府下发了《关于加快推进"多证合一"改革的实施意见》（晋政办发〔2017〕103 号），从 2017 年 9 月 1 日起在山西省全面实施"多证合一"改革，比国务院要求的时限提前 1 个月。截至 2017 年底，共有 57342 家企业领取"多证合一"营业执照。推

进市场主体住所（经营场所）申报登记制改革。印发《山西省人民政府关于印发山西省市场主体住所（经营场所）登记管理办法的通知》（晋政发〔2017〕42号），从2017年9月1日起在全省范围内推行市场主体住所（经营场所）登记申报承诺制，解决了长久以来许多住所由于无法登记造成的虚假地址和无照经营等问题，成为全国第四个在全省推行住所申报登记制改革的省份。推进企业登记全程电子化。2017年6月1日在综改示范区率先启动企业登记全程电子化并颁发了全省首张电子营业执照。到10月20日，全省范围内开通了涵盖所有工商登记业务、适用所有企业类型的全程电子化登记系统，实现了各类型企业的设立、变更、备案、注销等各环节无纸化、无介质全程电子化办理。企业足不出户就能办理营业执照，实现了办理登记"零见面"，登记注册便利化改革取得新突破，2017年，山西省共有558家企业通过全程电子化登记领取营业执照。启动名称自主申报改革试点。从2017年12月20日起，在山西转型综改示范区和示范区晋中开发区开展企业名称自主申报改革试点，试点范围内各类市场主体（除外商投资企业）登记，不涉及前置审批和无须国家工商总局预先核准企业名称的，都可以通过企业名称自主申报系统进行申报。截止到2017年底，共有501户企业通过名称自主申报系统申报了企业名称。实施企业简易注销登记改革。2017年3月1日，在全省全面启动企业简易注销登记改革，对未开业企业、无债权债务企业实行简易注销登记，截至2017年，共有5911家企业完成简易注销登记。开展"证照分离"改革试点。下发了《山西省人民政府关于印发山西省推进"证照分离"改革试点总体方案的通知》（晋政发〔2017〕58号），决定从2017年12月21日到2018年12月21日，在山西转型综改示范区等5个国家级高新（经济）技术开发区实施"证照分离"改革试点。

## （二）在"管"上求创新，着力构建事中事后监管新格局

随着商事制度改革深入推进，市场主体井喷式增长，经营业态日趋复杂，行政执法部门积极创新监管方式，紧紧抓住"信用"这个牛鼻子，探索构建以信用监管为核心的事中事后监管机制，推动形成企业自治、行业自

律、社会监督、政府监管的社会共治新格局。认真抓好信息公示工作。牢固树立"公示即监管"的理念，年检改年报以来，2013~2016年企业年报公示率分别为80.69%、78.23%、90.12%、92.36%，截至2017年底，共有12.2万家企业公示39万条即时信息，有效地反映了企业信用状况，满足了社会公众对企业信息的需求，企业诚信意识和主体责任意识不断增强。全面实施"双随机、一公开"监管。依托国家企业信用信息公示系统（山西），开发建设"双随机"工作平台，建立完善"一单两库一细则"，在扎实开展年报公示信息抽查的基础上，逐渐探索开展了其他业务专项抽查、跨业务条线综合抽查、工商监管事项全覆盖双随机抽查，将随机抽查理念逐步推广到整个市场监管领域。2015年抽查企业9324家，2016年抽查企业15620家，2017年抽查企业19921家，并及时将抽查检查结果通过公示系统向社会公示。同时，部分"三合一""二合一"的县级局，整合工商、食药、质监的随机抽查事项，实施"一次检查、全面体检"，部分县级局探索开展了跨部门"双随机"联合抽查。加强"一张网"的建设和运用。牢固树立"共享即监管"理念，按照山西省政府出台的《国家企业信用信息公示系统（山西）管理暂行办法》，全方位、多渠道归集涉企信息，形成企业全景多维信用画像，降低市场交易风险和社会交易成本。2017年底，国家企业信用信息公示系统（山西）共归集公示全省352万个市场主体的基础信息和政府部门涉企信息数据共计177.6万条，省直应归集信息的42个部门全部参与，实现全覆盖，2015年以来涉企信息归集率达到73.2%。2017年，系统累计访问量接近3000万人次，累计查询量超过500万人次。强化失信联合惩戒和信用约束。全省列入经营异常名录企业8.8万家，累计移出4.9万家，联合限制"老赖"担任公司各类职务2017人次。

### （三）在"服"上求提升，努力创造市场主体营商好环境

充分发挥政府社会管理作用，在优化职能提高服务上下大力气，创造优质高效的发展环境。大力实施商标品牌战略，提升服务发展水平。按照山西省政府提出的大力实施品牌创新战略，增强产品的市场竞争力要求，山西首

次在太原市、长治市工商局设立国家商标局商标注册受理点,便利了商标申请。全省有效注册商标总量达到108969件,中国驰名商标90件,地理标志商标48件。提升窗口服务水平,提高办事效率。工商登记注册力求"简、快、便"。重点抓好《山西省工商(市场监管)登记窗口工作行为规范准则(试行)》及相关工作制度在全省各级工商和市场监管部门的落实,通过建立完善免费帮办、窗口无否决权、一次性告知等制度,不断优化窗口服务、提高工作效能,进一步增强了队伍凝聚力和执行力,打通企业办事的"最后一公里"。

## 三 严格依法行政,为打造"六最"营商 环境提供良好的法治保障

认真开展综合行政执法体制改革,规范执法行为。一是积极支持山西综改示范区发展建设。为保障和促进示范区工商局充分发挥转型综改示范区先行先试优势,依据省人大和省政府的决定,按照"应放尽放、能放则放"的原则,对省市派驻示范区的行政执法机关的执法权限范围予以充分明确,以方便企业为中心,下放足够的行政职权给示范区派驻机关在辖区内行使。二是推行"三项制度"建设。全省推行行政执法公示制度、执法全过程记录制度、重大执法决定法制审核制度等三项制度,各相关行政执法部门制定相关的工作方案,促进严格规范公正文明执法,保障和监督行政机关有效履行职责。三是加强权责清单运行管理。在省政府门户网站公布省政府及其各部门权力清单,并按照《山西省政府部门权责清单动态管理办法》建立了权责清单运行管理机制。四是不断加强市场监管基础性建设。为贯彻落实国务院《"十三五"市场监管规划》,省政府下发了《关于贯彻国务院"十三五"市场监管规划的实施意见》,为充分发挥市场监管在改革发展大局中的重要作用、推动市场监管改革创新提供了行动指南。适应大数据发展趋势,推动"互联网+监管"信息化建设,使市场监管信息化水平不断提高,信息化与业务融合不断深入。充分利用工商和市场监管信息数据,定期发布市

场主体发展分析、消费投诉举报数据分析、网络市场监测预警研究、新设企业活跃度调查分析等，开展开办企业便利度评估研究，为省委、省政府决策提供依据。

## 四 加强法治宣传教育，营造"六最"营商环境良好社会氛围

加强和创新法治宣传教育工作，将社会主义核心价值观融入法治宣传。每年制定《山西省工商局党组中心组年度学法计划表》，将党内法规和《关于进一步把社会主义核心价值观融入法治建设的指导意见》《党政主要负责人履行推进法治建设第一责任人职责规定》等重要文件，以及专业法律法规等纳入学习内容，充分发挥领导干部"关键少数"在推进法治建设中的表率作用。制定并落实《山西省工商行政管理局国家工作人员学法用法制度》，组织开展了学法考试活动。坚持开展讲文化讲道德讲法治的"工商文化大讲堂"活动。制定《山西省工商行政管理局关于加强民法总则学习宣传的实施方案》，利用微信平台，制作民法学习小程序，在全系统并且面向社会开展民法学习竞赛活动。通过学习宣传民法弘扬社会主义核心价值观。大力加强基层法制队伍建设。每年集中资金600多万元用于全系统干部教育培训，2017年共举办各类培训班113期，培训学员2.5万人次。特别注重对法制队伍的培训，连续三年分四期对市、县各级法制工作分管领导、法制机构负责人，以及县区工商与市场监管机关所属的500多个基层工商所法制员700多人进行了全面轮训。认真落实普法责任制。制定了《山西省工商行政管理局实行"谁执法谁普法"普法责任制方案》，形成党组统一领导，分管局长牵头负责，各执法机构负责人组织实施、各尽其责、各司其职、齐抓共管的工作格局。实行"谁执法谁普法"普法责任制，通过广泛宣传和签订承诺等多种渠道，推进商事改革后的信用监管企业年报工作，倡导各类市场主体建立自主申报年报信息，促进守法诚信经营。在2017年推行商事制度改革和"放管服"工作中，特别是在市场主体年报期间，通过宣传相

关的法律法规，市场主体年报率得到很大的提高。

山西省商事制度改革扎实推进，取得了明显成效，但与沿海发达地区相比，目前还存有一定差距，如行政审批便利化程度有待进一步提高，信用监管机制尚未完善，部门联合监管有待加强，各项改革措施能否真正落实到经济实体上还需要深入督察和推动。

针对这些问题，下一步要在统筹抓好各项工作的基础上，积极推进信息化和大数据建设，完善市场监管法律制度体系，同时，继续深入推进商事制度改革，不断加强事中事后监管，务求取得突破。

1. 完善市场监管法律制度体系

推动《山西省消费者权益保护条例》等相关地方性法规规章的立法修法进程。强化执法监督，落实"谁执法谁普法"普法责任制，建立公职律师制度。提高全省商事登记改革和改善营商环境的服务管理水平，提高整体公务人员和领导干部素质，强化软环境建设。

2. 积极推进信息化和大数据建设

进一步推进信息化系统的整合、优化、完善和应用，全面巩固商事制度改革信息化成果。加强"互联网+政务服务"建设，以信息共享促进管理优化，以信息开放促进服务提升。充分发挥公示系统"一网归集、三方使用"的作用。

3. 着力推进商事制度改革向纵深拓展

一是扎实推进"证照分离"改革试点，落实各项措施，及时总结改革成效，适时在全省全面推开。

二是推进注册登记全程电子化和电子营业执照应用。进一步优化技术流程，使身份认证和电子签名更便捷，大力简化申请材料。大力推动电子营业执照的广泛应用，使电子营业执照尽快成为"互联网+"环境下市场主体的唯一网络身份认证和管理标识。

三是加快推进企业名称登记管理改革，确保名称管理工作公平透明，依法有序。

四是稳妥推进规范经营范围登记和强制注销改革试点。围绕经营范围规

范化表述和新兴行业指导目录积极探索，鼓励推动新产业、新业态的发展。稳妥推进完善市场主体退出制度，探索在山西实行强制注销机制的可行性，选择部分县区进行强制注销试点。

4. 着力提升事中事后监管效能

一是深入推进"双随机、一公开"监管。进一步完善"双随机、一公开"操作应用平台，健全制度机制，提升监管规范化、标准化、精准化水平。

二是抓好年报和相关信息公示工作，加强涉企信息归集共享和失信联合惩戒。积极引导市场主体履行年报和信息公示义务，在巩固年报率基础上更加注重年报质量。继续做好行政处罚信息公示工作，确保案件信息依法全面公示，推动建立全省统一的"黑名单"管理规范。

# B.6
# 山西省推进社区矫正制度改革报告

山西省司法厅课题组*

**摘　要：** 社区矫正是我国宽严相济刑罚政策的重要组成部分。2017年，山西省结合自身实际，主要从加强司法行政机关与法院、检察院和公安部门的衔接配合，贯彻落实治本安全观，推动人民警察参与社区矫正工作等方面入手做了一些有益的尝试，较好地破解了阻碍社区矫正进一步发展的部分难题，取得了阶段性的实际效果。

**关键词：** 社区矫正　治本安全观　宽严相济

2017年是中国共产党第十九次全国代表大会的召开之年，也是全国深化司法体制改革取得重要成果的一年。在全国统一的社区矫正法尚未出台、司法部鼓励各地先行先试推进司法行政改革之际，山西省司法厅从社区矫正非监禁刑罚的基本特征入手，依法推动这项工作进行改革创新，取得了积极进展。

## 一　社区矫正制度改革的背景

山西是我国社区矫正工作起步较晚的省份之一，2007年起方在太原、

---

* 课题组负责人：张玉良，山西省司法厅巡视员。课题组成员：张文平，山西省社区矫正处处长；王佳，山西省社区矫正处主任科员；常晋波，山西省社区矫正处主任科员。执笔人：周绍英，山西省社区矫正处主任科员。

晋中部分区县开展试点，2009 年全面试行，2014 年底全面推进。山西省各级司法行政机关将社区矫正作为法定、严肃的刑罚执行活动，严格遵照刑法、刑事诉讼法等相关法律法规开展工作。2012 年 1 月，最高人民法院、最高人民检察院、公安部、司法部联合出台了《社区矫正实施办法》，并以其为中心逐步制定了一系列相关制度。在对基本工作流程、四部门各自职责进行基本明确的同时，也存在法律位阶不高导致约束性不强，具体规定不够详尽导致各部门衔接配合不畅，基础保障不足导致施行起来阻力重重等现实问题。山西省社区矫正工作自试点开展至 2017 年底，累计接收社区服刑人员 93232 人，解除社区矫正 76849 人，目前在矫管理 16383 人，累计重新犯罪 176 人，重新犯罪率不足 0.19%，低于全国平均水平（司法部 2017 年底统计为 0.2%）。和全国一样，上述的法律约束性不强、相关部门之间衔接配合不畅、基础保障不足等问题，也制约着山西社区矫正工作的进一步全面推进。

2014 年 4 月，习近平总书记就社区矫正工作做出重要指示。党的十八届三中、四中全会明确提出要推进社区矫正立法，全国人大则连续两年把社区矫正法列入重点立法计划。各地司法行政机关特别是一线工作人员，将解决这些问题的希望寄托于这部法律。但目前而言，该法的出台仍须假以时日。加之在全国推进司法体制改革的进程中，司法行政改革已经落下了步子。为此，司法部在自上而下推进各项工作改革的同时，鼓励地方积极探索，依法先行改革。正是在这样的背景下，山西省司法厅坚持问题导向，在社区矫正改革方面做了一些大胆尝试，相关的工作成效也在逐步显现。

## 二　社区矫正制度改革的举措与成效

### （一）推广晋中经验，推动落实社区矫正衔接制度改革

以县为单位建设社区矫正中心，统筹开展本区域内的社区矫正工作，是全国社区矫正的重要发展趋势。晋中经验最初产生于晋中市所辖的介休市，

是山西省司法行政机关发挥创新精神，推进社区矫正改革的典型代表。它的主要内容是：由司法行政机关牵头建设社区矫正中心，法院、检察院、公安部门工作人员通过派驻方式进驻中心，加强衔接配合，共同促进社区矫正工作全面开展。其工作模式可以概括为以下三个方面。

1. 在机构建设上，重在联合队建

以县级司法行政机关为主，争取法院、检察院、公安局派驻人员进驻，组建社区矫正中心，明确机构设置、场所建设、工作职责和保障措施等内容，定期联合办公，解决上述四部门沟通配合不畅的问题。中心由 7 人组成，其中司法局 3 人，公安局 2 人，法院、检察院各 1 人，人员相对固定，由司法局领导，因此又被称为"七人一中心"。司法局作为社区矫正工作主体，由分管副局长兼任中心主任，主抓社区矫正工作，通过法、检、公、司联动增进沟通配合，实现联合办公，增强执法能力和执法力量。同时，鼓励按照"队建制"管理模式，成立社区矫正执法大队，负责开展集中性的矫正工作，承担社区矫正服刑人员入矫登记、风险评估、动态监管、考核鉴定、集中教育和承办适用非监禁刑罚社会调查、对社区服刑人员提出司法奖惩建议和收监执行等职责。整合县域内司法所力量，成立社区矫正执法中队，负责社区服刑人员的日常监管，在全县（市、区）范围内形成统一对口的社区矫正工作机构。

2. 场所设置上，重在标准规范

加强基础设施建设，建立具有充足的办公面积和完备的硬件设施的社区矫正中心，是强化社区矫正功能的必要条件。中心根据工作需要，划分为法律咨询、联合办公、刑罚执行和法治教育四大职能区，原则上均设置宣告室、训诫室、培训室、监控室、档案室、阅览室、心理室、信息采集室、审检警务室、安置帮教室十个功能室。硬件配备上达到"十有"，即有阵地标识、有工作制度、有专职人员、有定位系统、有记录系统、有通信工具、有心理测试系统、有基本办公设施、有档案管理设备、有培训教育场所，以此为促进社区矫正刑罚执行走向规范化轨道提供坚实的物质基础。

3. 运行机制上，重在集中联动

进驻中心的法、检、公各部门和司法行政机关通过集中办公、分工合作，建立起多方联动的工作运行机制，着力解决矫正工作中"执法力量薄弱，执法能力不足"等关键问题。一是在衔接配合上，尤其注重入矫环节各部门的工作对接，在法院送达、司法局接收、检察院监督、公安局出警中，确保文书、时效、即时宣告等正确无误，务求在初始环节为矫正管理工作奠定良好基础。二是在管理工作中，通过集中办公及时进行沟通，坚持例会制度，定期通报工作中各项管理情况，核对社区服刑人员人数变动、漏管脱管等数据信息，对个别情况进行讨论研判，研究解决工作中的疑点难点。鼓励与公安部门的社区服刑人员信息互通，借助公安部门"天眼"工程和云平台等技术手段，为失联服刑人员的追查工作提供技术和信息支持。三是在日常工作中，依职权做好工作协作事宜。如在对缓刑人员执行撤销缓刑的过程中，法院在接到其驻中心人员的情况汇报后，立即落实案情，及时下达收监裁定；公安局驻中心人员应及时启动和协调公安内部抓捕机制，沟通辖区派出所、联系特警大队，共同参与整个抓捕和体检程序；作为法律监督机关，检察院全程参与行动并开展执法监督工作；司法局全程做好文书衔接和配合抓捕工作。整个收监工作，从下达收监裁定到执行完毕，仅用 5 天即可完成。

可以看出，晋中经验的主要特点就是部门集中办公，加强基础建设，充分发挥各部门职能作用，有效地破解了法、检、公、司衔接不畅的问题。2017 年的中央政法工作会议，对此给予了充分肯定。

以推广晋中经验为抓手促进社区矫正中心建设，是山西省司法厅 2017 年加强社区矫正改革的重要举措。一是加强调研指导，促进晋中经验提档升级。一年间，相关工作人员先后 5 次到晋中经验的产生地——介休市社区矫正中心调研指导，并带领介休市司法局负责同志到省内外参观学习，进一步提高规范化运行水平。二是组织参观学习，促进晋中经验全省落地。省司法厅指导晋中率先在介休召开了全市社区矫正中心现场推进会。同时组织召开全省推进社区矫正中心建设工作电视电话会议，分批组织各市到介休市社区矫正中心参观学习，推广晋中经验。三是召开现场会议，打造社区矫正三大平台。在全省各地积极推广晋中经验取得重要进展、部分地区推进缓慢，遇到法、检、公部门人员派驻难的瓶颈问题之际，省司法厅适时组织各市司法局主要负责同志召开了现场推进会。各市司法局长到晋中经验的典型代表之一——榆次区社区矫正中心参观学习，要求进一步推广晋中经验，将社区矫正中心建成"三个平台"，即司法行政机关统筹开展社区矫正的工作平台，与法、检、公部门密切衔接配合的工作平台，坚守法治底线维护公平正义的工作平台。

推广晋中经验一年来，社区矫正中心建设成效显著。全省在 2016 年底的基础上，新建中心 46 家，达到 119 家，建成率 100%。各中心整合人员力量，平均为 3 人以上，保障了社区矫正执法需要。在场所面积上，基本都为城市主城区 100 平方米以上，其他县（市、区）150 平方米以上，部分县（市、区）社区矫正中心更是在 400 平方米以上，为开展社区矫正执法提供了坚实的物质基础。此外，在 119 个县（市、区）之外，阳泉市司法局还于 2017 年 5 月在开发区建成了社区矫正中心，成为全省唯一的一个开发区社区矫正中心。

山西省有 10 个市通过市委政法委或法、检、公、司联合发文的形式，要求推广晋中经验。119 个县（市、区）社区矫正中心，已经明确落实晋中经验的为 99 家，占比达到 83.2%。落实率达到 100% 的为晋中、朔州、忻州、吕梁、临汾等 5 市。75 个县（市、区）完成了法、检、公人员派驻工作，占比为 63.0%。18 个县（市、区）实现了法、检、公人员部分派驻，或已确定了派驻人员，但尚未进驻中心办公。派驻率达 100% 的为晋中、忻州 2 市。派驻工作推进较快的还有阳泉、朔州、临汾、运城等市。全省法院部门共为社区矫正中心派驻（含确定派驻）工作人员 77 人，检察院部门派驻工作人员 81 人，公安部门派驻工作人员 154 人，有力地增强了社区矫正执法力量，较好地解决了四部门衔接配合难问题。在推广晋中经验、加强推进中心建设的带动下，全年全省司法行政机关严格开展社区矫正执法工作，累计对社区服刑人员累计提出警告 643 人次，提请治安处罚 35 人次，撤销

缓刑 128 人，撤销假释 1 人，在矫人员重新犯罪 22 人，当年重新犯罪率仅为 0.075%。

### （二）探索监狱戒毒警察参与，增强社区矫正执法力量

人员不足、执法力量薄弱，是社区矫正工作高效推进的主要制约因素之一。北京、黑龙江等兄弟省市探索从监狱、戒毒所抽调干警参与社区矫正工作，是缓解这一问题的有效办法。参考借鉴这一做法，推动山西省监狱戒毒警察参与社区矫正工作，是省司法厅探索社区矫正制度改革的有益探索。2017 年中，省司法厅组织省监狱局、戒毒局和相关基层单位，赴北京、黑龙江实地调研，并结合山西实际起草了《监狱戒毒人民警察挂职参与社区矫正工作实施办法（试行）》，目前正以此为基本框架推动此项工作。该办法规定的主要做法有：

1. 挂职方式参与

监所警察到地方参与社区矫正为挂职方式，既保留其人民警察身份，同时作为社区矫正机构的工作人员，与其他正式身份的工作人员具有同样的执法权限。原则上，为每县配备 1 名监所干警，职务为社区矫正中心副主任；为市级司法行政机关社区矫正机构配备 1 名监所干警，职务为社区矫正科（处、室）副职领导；挂职期限为 2 年。

2. 就近抽调

本着就近原则，从监所向驻地较近的地方抽调人民警察，如位于阳泉市域的监所单位向其所辖 5 县区抽调警力，由晋城市域的监所向晋城市各县（市、区）抽调警力等。受警力所限，挂职限于市、县两级司法局，若在全省推开，共需约 130 名干警。为便于开展工作，提高工作积极性，地方司法行政机关保障其办公条件，协助解决食宿问题，由原单位给予适当的工作生活补助。

3. 双重管理

省、市司法行政机关成立参与社区矫正工作的挂职干警领导机构（仅内部承认），监狱局和戒毒局政治部负责同志参与其中。该领导机构和干警

挂职所在的地方司法局共同对其进行业务指导和考核考评，并将考核结果反馈给干警原单位，以此作为对其进行职务调整和其他事项的依据。

4. 保持身份威慑

虽然挂职干警具有人民警察身份，但受法律规定所限，其在监所内的执法权并不适用于社区服刑人员。挂职干警在参与社区矫正工作中应着警察制服，在开展监督管理、调查评估、日常走访等过程中发挥象征性的威慑作用。尽管如此，对以基层司法所为主要力量、女性工作人员较多的社区矫正队伍而言，提升作用也将十分明显。

鉴于山西省尚无相关经验，加之监狱戒毒单位警力相对不足，司法厅党委决定先行在县区较少、监所单位又较为集中的阳泉市（5 县区）、晋城市（6 县区）以及晋中经验的产生地、工作条件比较成熟的介休市试点，先行开展监狱戒毒人民警察参与社区矫正工作，积累经验，再适时向全省推开。2017 年底，山西省司法厅将完成对抽调干警的业务培训，并组织上岗工作。

## （三）贯彻落实治本安全观，加强教育扶助工作

从底线安全观向治本安全观转变，是司法部针对监狱工作提出的新要求，主要特点是把安全稳定这条"生命线"变成"起跑线"，作为新时期新形势下的工作起点，实现监管、执法、教育、生活等各项工作全面安全稳定，也即是从"不跑人"深化为向社会输出"合格产品"，即守法公民，对进一步全面推进社区矫正同样具有重要的指导意义。在治本安全观的指引下，开展社区矫正将在保证对社区服刑人员监督管理，做到不脱管、不漏管的基础上，加强教育矫正和帮困扶助，从增强悔罪认罪意识、提高法治观念入手，积极预防和减少重新犯罪，使其成为社区矫正机构向社会输出的"合格产品"。

2017 年，山西省司法厅要求市、县两级司法行政机关进一步提高对教育矫正和帮困扶助工作的重视程度，增加工作投入，同时在考核上加大分值，举全系统之力，以开展"提升教育矫治质量、推进社区矫正工作"为

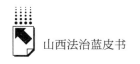

主题，开展了社区矫正教育矫治质量年活动。

各级社区矫正机构深入探索实施教育矫治工作创新，开展集中教育，加强个别教育，注重分段教育与分类教育的结合，合理运用心理矫治教育手段，充分发挥社区服务教育作用。一是提升教育针对性。加强公共道德、法律法规、时事政策等方面的教育，帮助社区服刑人员树立正确的价值观，提高道德修养，增强法制观念，认罪悔罪，自觉遵纪守法。落实社区服刑人员每月参加教育学习时间不少于8小时的规定，确保学习效果。二是增强社区服务效果。根据分类管理分级处遇，合理安排社区服务的内容和方式，注重社区服务的可操作性。落实社区服刑人员每月参加社区服务不少于8小时的规定，培养社区服刑人员正确的劳动观念，帮助他们修复社会关系，更好地融入社会生活。三是创新教育方式方法。坚持集中教育和个别教育相结合的原则，重视运用社会工作的专业理念和技术方法，不断提升教育矫治效果。探索分段教育与分类教育相结合，根据不同矫正阶段的不同特点，探索建立对社区服刑人员进行分段教育的机制，同时根据不同服刑群体、不同刑罚种类开展分类分层教育，增强教育的实效性。普遍开展心理健康教育，对有需要的社区服刑人员进行心理咨询、心理危机干预，帮助他们康复心理，健全人格，提高适应社会的能力。四是建立社区矫正质量评估机制。围绕社区矫正目标，分阶段对社区服刑人员进行评估，根据评估结果及时调整完善矫正方案，增强矫正的针对性和时效性。

省厅层面，组织开展了"一次评查两本书"活动。一次评查即社区服刑人员档案交叉评查工作，分11个组，采取交叉评查的方式进行，太原检查晋城，晋城检查大同，大同检查临汾，临汾检查忻州，忻州检查吕梁，吕梁检查运城，运城检查阳泉，阳泉检查朔州，朔州检查晋中，晋中检查长治，长治检查太原，每组选定三个县（区、市）对社区服刑人员档案进行评查。通过评查，各地对档案内容不全面、不规范和流于形式的问题加强培训督察，整改提高。两本书即收集整理编印了一部全省各地先进工作经验的图书——《社区矫正工作的实践和探索》、一部全省汇集各类典型案例的图书——《社区矫正典型案例汇编》，共计40篇文章、7大类60个案例，既总结了近年来全省开展教育矫治的工作经验，也为各地进一步提高工作水平提供了参考依据。

市县层面，各地严格落实 8 小时学习和 8 小时劳动制度，积极开展教育基地建设，加强工作人员心理教育培训和对社区服刑人员的心理咨询工作，取得了良好效果。运城市利用三个周末对全市 90 余名工作人员进行了心理咨询培训。临汾市各县区通过在街道悬挂横幅、发放宣传材料等形式，宣传普及社区矫正知识。晋中榆次区累计开展社区服刑人员集中教育 11 期，分班编组，准军事化管理，开展警示教育。据不完全统计，截至 2017 年底，各市对工作人员进行心理矫治业务培训 500 余人次，100 余人取得了相应职业资格。全省共组织社区服刑人员开展集中教育超过 13 万人次，个别谈话教育 8 万人次，进行心理辅导近 3 万人次，组织社区服务 12 万人次。落实低保 86 人，落实承包田 2104 人，组织开展技能培训 890 人，指导 1965 人实现了就业就学。

# 三　推进社区矫正制度改革的建议

任何重大改革，都需于法有据，但也意味着需要打破既有的制度和体制约束。在推进社区矫正制度改革当中，同样面临着这些问题。针对目前存在的问题，提出如下建议。

## （一）明确社区矫正中心的法律地位

根据现行法律法规的规定，司法行政机关是社区矫正工作的主管部门，《社区矫正实施办法》等规定中，仅有"社区矫正机构"，不够明确。当前在各级司法行政机关设立的社区矫正局、处、科等，均为内设机构，在法律上不是独立法人，没有相应的执法权。成立社区矫正中心，使其成为独立的执法主体是解决这一问题的有效途径。但目前法律上没有明文规定，山西省乃至全国开展社区矫正中心建设仍然处于探索阶段，需要立法部门适时对此予以明确。

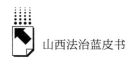

## （二）明确社区矫正工作人员的执法身份

之所以抽调监狱戒毒警察参与社区矫正工作，主要是由于工作人员的尴尬身份。在法律上，执法人员应有法律赋予的执法权限和相应身份，但是目前，社区矫正工作人员仅为具有政法专项编制的公务员。既然社区矫正和监狱矫正同样为刑罚执行工作，承担的都是监管改造犯罪分子的重要职责，就应给予其同样身份。在实际中，工作人员的模糊身份，不利于其有效地开展工作。有些基层的女同志在工作中遇到社区服刑人员不服监管，甚至人身威胁，虽然可以请求公安部门协助，但毕竟属于"事后救济"，县官不如现管，效率不高。建议立法部门充分考虑这一问题，对社区矫正工作人员的执法身份予以明确。

## （三）提高社区矫正工作的社会化参与水平

开展对社区服刑人员的监督管理，保证其不脱管、不漏管，是司法行政机关的基本职责。而对其进行有效的教育矫治和帮困扶助，在目前的条件下，仍是较大的短板。从法律上讲，这部分工作并非传统意义上的刑罚执行。从实际上看，山西省社区服刑人员长期处于1.6万~1.7万人，平均每个县超过134.5人，每个司法所超过11.4人，工作项目多，总量大，工作人员不堪重负。由社会上的专门机构来协助或者通过外包的方式提供专门服务，是提高教育矫治水平的有效办法。但是目前山西省社会组织发展水平不高，尚不具有独立承担该项工作的能力。为此，需要立法部门对由社会机构承担教育矫治和帮困扶助工作予以明确，同时需要相关部门加大对社会组织的扶持力度，加强指导，适度分担司法行政机关的工作压力。

# B.7

# 山西省推进交通运输管理体制改革
# 建设法治交通报告

摘　要： 2017 年是山西省交通运输管理体制改革进程中具有里程碑意义的
一年。山西省交通运输厅统筹推进交通运输法治政府部门建设，
完善交通运输依法行政制度体系，深化"放管服效"改革，推
进严格规范公正文明执法，坚持"重大改革于法有据"，在法治
轨道上推进交通企业与高速公路资产债务重组、投融资体制改
革、交通领域运输侧改革、民航机场管理体制改革、交通运输
综合执法改革等交通运输管理领域的各项改革。

关键词： 交通运输改革　供给侧改革　依法行政　"放管服效"

党的十八大以来，山西省交通运输厅认真贯彻落实省委"一个指引、
两手硬"的重大思路和要求，全面贯彻中央《法治政府部门建设实施纲要
(2015～2020 年)》和省委、省政府推进法治政府建设的决策部署，坚持改
革与法治有机统一，在改革中深化法治建设，以法治建设检验改革成效，推
动和引领交通运输走上健康发展的轨道。

---

\* 课题组负责人：唐晋，山西省交通运输厅副厅长。课题组成员：郭富平，山西省交通运输厅
政策法规处处长；许有志，山西省交通运输厅财务收费管理处处长；苏敏，山西省交通运输
厅行政审批处处长；杨继勇，山西省交通运输厅政策法规处调研员。执笔人：赵丹，山西省
交通运输厅政策法规处主任科员。

# 一 坚持依法深化改革，推动行业创新发展

2017 年是山西省交通运输管理体制改革具有里程碑意义的一年。山西省交通运输厅认真贯彻落实党的十八大及十八届三中、四中、五中、六中全会精神，坚持问题导向、法治引领，坚持"重大改革于法有据"的原则，在法治轨道上全力推进交通运输各项改革取得突破性进展。

## （一）深化交通企业与高速公路资产债务重组改革

经过多年集中建设，山西省高速公路已适度超前经济社会的发展，但债务过大、政企不分、体制落后等问题日益突出，深化改革势在必行。在广泛调研的基础上，省交通运输厅对标发达地区先进经验，按照"属性不变"的原则，整合政府还贷高速公路和交通企业资产，组建山西交通控股集团，推进政企分开，培育市场主体。2017 年 11 月，山西交通控股集团正式挂牌成立。该集团总资产 4000 亿元，形成了综合交通基础设施经营、投资融资、智能交通、交通关联业务经营四大产业板块的布局。作为山西省内重大交通项目的投融资主体，提供交通基础设施公共服务，承担交通基础设施的投融资、建设和运营管理；负责通过投资控股、产业培育、资本运作等方式，推动交通运输产业集聚发展和转型升级；在市场机制不能有效发挥作用的领域，承担省政府赋予的重大交通基础设施项目建设任务。集团的组建，不仅可有效化解政府性债务，而且使省交通运输厅彻底实现了政企分开、事企分开、管办分离，为转换发展动能、加快综合交通运输体系建设打下了坚实基础。

## （二）深化供给侧改革，提升交通运输供给质量

山西省交通运输厅认真贯彻新发展理念，针对山西交通运输区域发展不平衡、高速公路资产闲置严重、物流成本居高不下等突出问题，以法律法规和政策为引领，主动从供给侧发力，不断提升交通运输有效供给能力和服务

质量，努力使深化改革的过程，成为夯实法治基础、推进依法行政的过程。

一是积极探索高速公路差异化收费政策，促进物流业降本增效。山西省交通运输厅认真贯彻中央和省委、省政府、交通运输部促进物流业降本增效的一系列政策措施，2016 年 5 月 20 日至 2017 年 5 月 19 日，在全省政府还贷高速公路实施了为期一年的货车通行费"新三减"优惠政策，不仅降低了物流成本，而且增加了高速公路通行量和通行费总收入，减轻了普通干线公路交通压力。一年为企业减负 17.92 亿元，货车通行量同比增长了 37.1%，货车通行费同比增长 48.86%。在此基础上，从 2017 年 10 月 1 日起，在全国率先推行了高速公路差异化收费政策，对全省政府还贷高速公路收费分别实行了夜间通行打折、递远递减阶梯打折、ETC 叠加优惠、客运班车包缴分时段差异化收费等降费措施，山西省"三减两免""新三减"政策受到了国务院督察组的充分肯定。2017 年 9 月，山西省高速公路差异化收费政策受到国务院和省政府通报表扬。

二是打好交通脱贫攻坚战，不断增加贫困地区和农村交通运输有效供给能力。山西省农村公路建设起步早、标准低，加之超限超载运输严重，后期养护跟不上，缺桥少涵、路面狭窄、油返沙、安全防护措施不全等问题严重，直接影响了农民生产生活。针对这些问题，山西省交通运输厅提出并实施了"四好"农村路建设"三年千亿"工程，计划今后 3 年投资 1000 亿元，建设改造农村公路 6 万公里。这一工程已纳入省委《关于深入学习贯彻习总书记在深度贫困地区脱贫攻坚座谈会上重要讲话精神的实施意见》，全省 11 个地级市全部完成了建设规划的编制工作，并上马了一批重大项目。2017 年全省"四好"农村公路建设完成 7900 公里，是年度任务 3500 公里的两倍还多；完成投资 135.5 亿元，为年度投资计划 90 亿元的 150.6%，农村公路建设投资首次突破百亿元大关。

三是加强公共服务能力建设，着力推进城乡公共交通服务均等化。全面贯彻中央一号文件精神，认真实施《山西省城市公共客运条例》，继续推进城市公交优先发展，加强城市公交基础设施建设和运力投放，不断完善城市综合交通体系。全省新增公交车辆 391 标台，总运力达到 13341 标台；共享

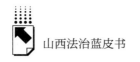

单车、公共自行车、网约车有序发展，太原 2 号地铁线建设进展顺利，大同城市地铁系统开工建设。深入推进农村客运公交化改革，引导有条件的地区发展城乡公交、镇村公交，推动城乡交通基本公共服务一体化、均等化、法治化，平定、平顺两县被部列入全国首批城乡客运一体化试点县。

### （三）推进投融资体制改革，转换发展动能

预算法的修订、国务院 2014 年 43 号文件的施行，使交通运输发展原有动能下降，长期以来形成的贷款修路、收费还贷发展方式难以为继。针对这些问题，山西省交通运输厅积极深化投融资体制改革，改进政府投资方式，放宽市场准入，充分发挥市场配置资源的决定性作用。一是健全市场规则，降低市场门槛。山西省交通运输厅结合市场调研情况，修订了《山西省交通运输厅经营性公路建设项目投资人招标投标管理办法》，取消了针对投资人资格的"注册资本一亿元人民币以上"条件，并将投标企业资产负债率由小于 65% 调整为小于 80% 。二是进一步开放市场，在多年推行 BOT 方式的基础上，选择 5 个国高网项目和 1 个省高网项目，采用政府和社会资本合作（PPP）模式试点。这些程序完成后，开展投资人招标，有 3 个国高网项目的可研报告和初步实施方案通过交通运输部审核，交通运输部已出具了项目核准意见，明确了中央车购税补助资金上限额度。三是深化高速公路建设事权改革。山西省政府印发了《关于加快高速公路建设的意见》，打破对交通建设资源垄断格局，向市县下放管理权，实行国高网省建、省高网市建。2016、2017 年连续两年，山西省高速公路建设社会投资超过了政府投资，2017 年全省新开工高速公路项目主要是市县负责的省高网项目。

### （四）推进民航机场管理体制改革

长久以来，山西省民航机场实行政企不分的体制，省民航机场管理与民航机场集团两块牌子、一套人马。2017 年省政府领导在广泛调研的基础上，做出了推进民航机场管理政企分开改革的决定。按照省政府决策部署，在省编办大力支持下，省民航机场管理职能从民航机场集团剥离出来，划归山西

省交通运输厅管理，省交通运输厅增挂省民航机场管理局牌子，厅机关增设两个民航管理处室，具体行使民航机场行业管理职能，山西省构建大交通管理体制又迈出了重要一步。

### （五）积极推进交通运输综合执法改革

山西省交通运输厅认真贯彻落实中央和省委、省政府关于行政性事业单位和综合执法体制改革的要求，把推进事业单位、综合执法和高速公路管理体制改革结合起来，统筹考虑机构、职能、人员配备，提出了交通运输综合行政执法体制改革方案，较好地指导了市县交通运输综合执法改革，全省11个地级市交通运输综合执法改革方案均被省政府批复，晋中、长治、临汾市县两级综合执法机构已经组建运行，运城市正在按照中央关于承担行政管理职能事业单位改革要求，推进综合执法管理机构改革和行政管理职能调整。省级交通运输综合执法改革方案正在进一步深化之中，2018将全面启动改革。

## 二　深入推进交通运输法治部门建设，为交通运输发展提供法制保障

### （一）切实加强对交通运输法治政府部门建设的领导

山西省交通运输厅党组把法治政府部门建设摆到更加重要的位置，列为"十三五"发展规划的重要任务之一，认真学习贯彻中共中央、国务院《法治政府建设实施纲要（2015～2020年）》（简称《纲要》）、《中共山西省委关于贯彻落实党的十八届四中全会精神推进法治山西建设的实施意见》、《山西省人民政府关于加快推进法治政府建设的实施意见》等文件精神，切实加强对法治政府部门建设的领导。

一是调整了厅法治政府部门建设领导组。制定出台了《关于加快推进交通运输法治政府部门建设的实施意见》，以《纲要》为指针，提出了交通运输法治政府部门建设的指导思想、总体目标、重点任务和保障措施。

二是认真落实党政主要负责人法治建设第一责任人职责。山西省交通运输厅认真贯彻《中共中央办公厅国务院办公厅关于印发〈党政主要负责人履行推进法治建设第一责任人职责规定〉的通知》，充分发挥各级党委（党组）在推进法治建设中的领导核心作用，将党政主要负责人履行推进法治建设第一责任人职责情况纳入政绩考核指标体系，要求各级党政主要负责人自觉运用法治思维和法治方式深化改革、推动发展、化解矛盾、维护稳定，加快推进法治交通建设。

三是健全落实领导干部带头学法用法制度。山西省交通运输厅认真落实领导班子中心组学法制度，将法制学习纳入厅党组中心组学习计划及领导班子、领导干部年度述职之中，厅领导带头尊法学法用法守法，提高依法行政能力。2017 年初，山西省交通运输厅制订了厅党组全年学法普法计划，组织了四次厅领导干部集中学法。各市交通运输部门、厅直属单位领导班子均举办了两期以上法治专题讲座，各级领导班子和领导干部坚持学习必学法、述职必述法、行政必依法，推动了法治政府部门建设的不断深入。

## （二）完善交通运输依法行政制度体系

一是完善交通运输制度体系。山西省交通运输行业地方性法规体系包括 5 部条例和 4 部政府规章，根据省人民政府 2017 年立法计划，修订公布了《山西省水上交通安全管理办法》。同时按照"放管服效"改革要求，对《山西省道路货物运输源头治理超限超载暂行办法》等 3 部政府规章进行了清理。二是加强规范性文件审查。2017 年山西省交通运输厅出台了《经营性公路建设项目投资人招标投标管理办法》等 16 份规范性文件，这些文件均按规定由法制工作机构进行了合法性、适当性和协调性审查，重要的规范性文件还组织专家进行了论证，经省政府法制办统一审查后公布实施。

## （三）深化"放管服"改革

山西省交通运输厅坚持把"放管服"改革作为转变政府职能、优化营商环境、激发市场活力的重大举措，按照国务院深化"放管服"改革和省政府打造"六最"（审批最少、流程最优、体制最顺、机制最活、效率最高、服务最优）营商环境的要求，综合运用行政、科技、法律手段，进一步提高"放"的质量、"管"的成果、"服"的效能，有效激发市场活力。

一是在放权上加力度。2017 年以来，根据国家法律法规调整和国家、省改革情况，取消了 2 项行政审批，部分下放了 1 项行政审批，并将对保留的 36 项行政审批前置申请材料进行了集中清理，由原来的 368 件精简为 244 件，减少了 33.69%。在公布权力、责任"两个清单"的基础上，依法编制并在门户网站公布了交通运输行政检查、行政处罚及收费目录"三个清单"，进一步规范了权力运行。

二是在监管上转方式。大力推广"双随机一公开"监管机制，制定了《"双随机一公开"工作方案》及《一单两库一细则》，公路建设从业单位从业资格及经营行为、交通运输企业安全生产标准化达标、公路工程质量安全监督等 9 项事项全部纳入"双随机"检查范围。目前正在完善"双随机一公开"实施细则，进一步提高"双随机"方式的操作性、实用性，努力使"双随机"成为事中事后监管的主要方式。积极推进"信用交通省"创建工作，公路、水运建设市场，道路运输市场，交通质量监督等 3 个信用评价系统已投入使用，并实现与山西省信用信息共享平台信息数据互联互通，全行业统一的信用信息平台和信用信息服务网站正在建设之中。在治超等领域建立了守信激励和失信惩戒机制，及时转发了国务院有关部门《联合惩戒合作备忘录》，对失信企业协同监管、联合惩戒，推动行业诚信发展。

三是在服务上求实效。实施"互联网＋政务服务"行动，积极推进行政审批网上办理和并联审批，将 36 项行政审批统一纳入省政务中心集中管理，努力实现行政审批"一号申请，一窗办理，一网通办"。大力推行"互联网＋交通政务服务"，季度超限运输许可和交通投资项目审批实现了网上受理、网上办理，跨省大件运输许可实现了并联许可、全国联网。积极推进远程许可，在全国 11 个市和 2 个出省口增设了 13 个路政服务大厅，并在超限运输车辆较多的路段设立超限运输办证点 5 个，实行就近办理、分级许可。在山西省大型重工企业太重集团、阳煤化工分别设立了超限运输办证

点，根据企业运输需要，定期上门服务，现场许可。认真落实"多证合一、证照分离"改革要求，建立了"多证合一"改革项目清单，并利用行政审批信息系统与工商、税务主管部门建立了网上推送、即时认领、限时办结的行政审批工作流程，变群众跑腿为网络传输，大大提高了行政审批效率，受到群众广泛好评。

### （四）坚持严格规范公正文明执法

第一，完善行政执法程序。根据国务院办公厅和山西省政府法制办关于推行行政执法公示制度执法全过程记录制度重大执法决定法制审核制度试点工作相关规定，确定山西省运管局为开展《推行重大执法决定法制审核制度》试点单位，目前省运管局已制定了《关于推行重大执法决定法制审核工制度工作方案》，探索总结可复制可推广的经验做法，为全系统提供参考范例。第二，扎实开展交通运输行政执法评议考核。根据交通运输部办公厅《关于组织开展 2017 年全国交通运输行政执法评议考核工作的通知》（交办法函〔2017〕）精神，省交通运输厅积极组织开展 2017 年全省交通运输行政执法评议考核工作，委托省交通执法局分批进驻各执法单位开展评议考核，以 11 个地级市交通运输局、省公路局、省运管局、省高管局、省海事局、省质监局为主要评议对象，以路政、运政、治超、海事、质监 5 个执法门类为评议重点内容，从实地考评检查、执法人员考试、执法案卷评查 3 个方面全面开展考评，进一步摸清了交通运输执法机构与队伍，为深化执法体制改革奠定了基础。

### （五）积极推行法律顾问制度

山西省交通运输厅从 2008 年开始就建立了法律顾问制度，并连续 9 年外聘法律顾问对重大行政决策开展合法性审查。2017 年，法律顾问审查各类行政合同和行政决策事项 70 余件，参与合同谈判 10 多次，重点对程序、依据的合法性、公平性进行审查，有针对性地提出意见 200 余条，为厅党组依法决策降低法律风险提供了有力的法律支持。代理委托涉讼案件 3 件，其中行政诉讼2件，涉及刑事案件受害人财产执行案件1件。此外，省交通运输厅所属的省公路局、省交通执法局、省道路运输管理局、省高速公路管理局4个依法承担行政职能的事业单位也都建立了法律顾问制度。

## 三　贯彻落实党的十九大精神，深化交通运输法治建设

党的十九大开辟了马克思主义中国化的新境界，宣告中国特色社会主义进入新时代，开启了社会主义现代化建设的新征程。省交通运输厅认真贯彻落实党的十九大精神，坚持将"综改"与"供改"作为交通运输工作主线，将法治与改革作为推动发展的"两翼"，奋力开启建设交通强国山西新征程。

第一，坚持从生产力和生产关系两个层面同时发力，全面推进经济体制改革，进一步转变发展方式、转换发展功能。党的十九大提出：加快完善社会主义市场经济体制，推进国家治理能力和治理体系现代化。强调经济体制改革必须以完善产权制度和要素市场化配置为重点，实现产权有效激励、要素自由流动、价格反应灵活、竞争公平有序、企业优胜劣汰。当前，山西交通运输经济体制改革严重落后，全面深化改革的任务十分艰巨。要进一步强化"改革决不能落后"的意识，加快推进经济体制改革：一是全力支持实体经济发展。支持山西交通控股集团做优做大做强，把山西交控集团打造成为国内一流、具有国际竞争力的现代化交通企业集团，在重大交通项目投资建设中发挥主体作用。二是深化"放管服效"改革，转变政府职能。着力加强和改进政府监管与服务工作。近几年"放管服效"改革的重点放在了简政放权上，而与之相适应的监管体制、服务体系正处于重构之中，尚未形成与新时代相适应的思想观念、思维定式、体制机制和方式方法，要进一步深化改革，从微观的企业管理中解脱出来，集中力量加强宏观调控和行业管理，着力在推行"双随机一公开"监管方式、加强市信用体系建设、建立"互联网＋"政务服务体系上做深做实，推动政府监管服务方式创新，进一

步释放市场潜力和社会活力。三是深化投融资体制改革，更好发挥政府作用，使市场在交通资源配置中发挥决定性作用。当前，山西省交通建设项目尤其是具有一定市场化潜力的收费公路项目大都投资大、效益差，市场吸引力不强，仅靠项目本身难以实现市场化配置，必须更好地发挥政府作用，大力推广 PPP 模式，引导社会资本进入交通基础设施领域创业发展，这是今后推进重大交通项目建设的主要方式。四是深入研究推进交通运输管理体制改革，更好地发挥基层组织作用，服务基层群众。山西省交通运输管理体制具有鲜明的条块分割特点，高速公路、国道省道实行省以下以条为主的管理体制，其他事权实行以块为主的管理体制，这种体制一度（尤其是在市场经济尚不发达时期）对于集中全行业技术、人才、资金等资源，推进高速公路等重大项目建设发挥了十分重要的作用。但随着市场经济不断发育成熟，交通资源短缺时代基本结束，交通发展的工作重点由以建设为主转为建养管运并重，广大人民群众对美好生活的交通运输需求重点逐步转移到了管理服务上来。行业发展主要矛盾的变化、行业管理工作重点的转移，要求在管理体制上做出相应的调整，特别是要坚决打破高速公路、国道省道条管体制，把"条"的优势与"块"的特长有机结合起来，积极探索条块结合管理体制，在改革成效的比较中选择适合新时代山西交通运输发展的先进体制。五是积极推进事业单位及执法体制改革，立足于现行行政管理体制，把具有行政管理职能的事业单位改革、交通综合执法体制改革及推进政事分开有机统一起来，构建交通综合执法体制，完善交通部门内部组织架构，实现政府职能与机构设置相统一，提高行政效能。

第二，坚持改革与法治双轮驱动，更加注重把改革的经验转化为制度成果和行业治理能力。党的十九大报告指出，"必须坚持和完善中国特色社会主义制度，不断推进国家治理体系和治理能力现代化，坚决破除一切不合时宜的思想观念和体制机制弊端，突破利益固化的樊篱，吸收人类文明有益成果，构建系统完备、科学规范、运行有效的制度体系，充分发挥我国社会主义制度优越性"。当前，山西省交通运输改革积极推进，但就"改革抓改革"、"一改就了"的现象比较突出，改革的成果没有持续下去，改革的成效未能完全发挥出来。把推进改革与制度创新统筹起来，认真总结改革经验，及时将改革成效、有效做法上升为制度成果和标准规范，转化为政策导向和治理能力，推动改革与法治双管齐下、双轮驱动，取得更加稳定、长效的成果。当前和今后一个时期，要注重总结和应用投融资体制改革、交通企事业单位改革、综合执法改革、综合交通管理体制改革等成果，健全完善收费公路管理、安全生产管理、交通建设项目投资人招标、执法监督管理等方面的制度与标准规范，推动行业管理转型、治理能力提升，朝着行业治理能力和治理体系现代化的目标坚实迈进。

# 专题报告

**Special Reports**

# B.8
# 山西省社会治安综合治理报告

山西省委政法委课题组*

摘　要：　社会治安综合治理是从根本上预防和治理违法犯罪、化解不安定因素、维护社会治安持续稳定的一项系统工程。2017年，山西省综治工作按照省委"维护大局稳定、创造良好环境"的重大要求，以提升人民群众安全感和满意度为目标，坚持专项治理与系统治理、依法治理、综合治理、源头治理相结合，全面深化平安山西建设，有力地维护了全省大局的持续稳定，为确保经济社会转型发展发挥了重要作用。未来山西省将围绕建设平安山西这一主线，将社会治安综合治理工作推向新的阶段。

　*　课题负责人：苗伟，山西省委政法委副书记、山西省综治办主任。课题组成员：阎鹏展，山西省委政法委综治三处副处长。执笔人：杨威，山西省委政法委综治三处主任科员。

**关键词：** 社会治安综合治理　纠纷化解　平安山西

社会治安综合治理，是在党委、政府统一领导下，在充分发挥政法部门特别是公安机关作用的同时，组织和依靠各部门、各单位和民众的力量，综合运用政治的、经济的、行政的、法律的、文化的、教育的等多种手段，通过加强打击、防范、教育、管理、建设、改造等方面的工作，实现从根本上预防和治理违法犯罪，化解不安定因素，维护社会治安持续稳定的一项系统工程。2017 年，山西省综治工作按照省委"维护大局稳定、创造良好环境"的重大要求，以提升人民群众安全感和满意度为目标，坚持专项治理与系统治理、依法治理、综合治理、源头治理相结合，全面深化平安山西建设，有力地维护了全省大局的持续稳定，为确保经济社会转型发展发挥了重要作用。

# 一　举措与成效

## （一）强化统筹协调，推动综治责任制落地见效

一是强化组织领导。山西省委、省政府高度重视综治和平安建设工作，省委第十一届三次、四次、五次全会均对加强社会治安综合治理和维护社会稳定工作、履行好首都"护城河"重大政治责任做出重要部署。各级党委、政府把综治工作作为"一把手"工程，纳入经济社会发展总体规划，全面推进本地平安建设，切实担负起了促一方发展、保一方平安的政治责任。

二是强化部署推动。山西省委办公厅、省政府办公厅印发了《关于2017 年加强社会治安综合治理维护社会稳定工作的意见》，对全年 6 大类 37个综治维稳工作重点做出具体安排。省综治委制订出台了《2017 年平安山西建设行动计划》，列出重点任务清单，确定了 43 个重点建设项目，明确了时间表、路径图、责任单位和工作措施；先后召开 3 次工作会议、8 次座谈会、6 次视频推进调度会、12 次专题协调会，确保将各项工作任务落细落

小落到实处。

三是强化责任落实。为进一步推动综治领导责任制落实到位，山西省综治委制定了综治督察、挂牌督办和重点管理、实绩档案、综治审查、一票否决等 5 个具体制度规定，形成了"1＋5"综治责任制度体系。各级各部门层层签订责任书，将工作责任落实到基层，落实到具体单位，构筑覆盖全面的综治责任网络。

四是强化部门责任。为充分发挥省直单位"系统抓、抓系统"职能作用，山西省综治办组织协调主管部门、驻地综治部门，采取"边考评、边指导"的方法，对省直和中央驻晋单位 2016、2017 年度综治工作进行了考评。2017 年将省直单位法治稳定工作纳入省委省政府目标管理考评范畴，赋分分值在百分制中占到 7 分。通过考核进一步提高了各单位参与平安建设的积极性，强化了各单位"大综治""大平安"的理念。

## （二）强化源头治理，努力把矛盾风险化解在萌芽状态

一是健全完善矛盾纠纷多元化解体系。全面推进矛盾纠纷多元化解体系建设，努力构建矛盾纠纷排查化解新格局。为积极推进三级调解中心规范化建设，省综治办制定出台了《关于全省矛盾纠纷调解中心（室）规范化建设的实施方案》，对各级调解中心建设标准和运行流程进行全面规范。在全省总结推广社会稳定风险评估"1＋5＋1"机制，积极探索完善社会稳定风险评估工作的量化标准。

二是推动重点领域矛盾纠纷依法有序化解。为持续规范推进以征地拆迁、村矿（村企）矛盾、劳动关系、医患关系、交通事故、环境污染、教育、旅游、婚姻家庭、保险等领域为重点的矛盾纠纷排查化解工作，山西省综治办会同省卫计委、省环保厅、省人社厅等部门先后出台了《山西省医疗纠纷预防与处理办法》《山西省环保领域矛盾纠纷集中排查化解工作方案》《关于进一步加强劳动人事争议仲裁完善多元处理机制的意见》等规范性文件，妥善化解国有土地房屋征收与补偿矛盾纠纷 1378 件、集体土地征地拆迁矛盾纠纷 2457 件、村矿（村企）矛盾纠纷 55 件、劳动关系矛盾纠

纷 5819 件、环境污染矛盾纠纷 793 件、医患关系矛盾纠纷 3130 件、交通事故矛盾纠纷 11972 件、婚姻家庭矛盾纠纷 1736 件，各类矛盾纠纷化解率都在 90% 以上，取得良好社会效果。

三是有效开展重点上访问题治理。山西省委办公厅、省政府办公厅印发《关于开展"重点信访问题源头化解"专项行动实施方案》。省综治办积极参与重点信访问题源头化解专项行动，成立工作专班，开展专项督导，对集访人数较多、工作进展缓慢、预警稳控不力的县区实施挂牌督办。认真实行周对接、月分析、点对点通报机制，扎实做好到北京非接待场所上访治理工作。

四是有力推进命案防控工作。山西省深入开展命案"零发案"县（市、区）、刑事案件"零发案"社区（村）创建活动。在深度调研的基础上完成了对全省 2017 年以来命案情况及防范对策的情况报告。特别是针对一次死亡 3 人以上的命案，逐一分析案发原因，提出具体措施，约谈市、县领导，实施挂牌督办。山西省公安厅实行月通报、直接上案、专家会诊等制度，并每月向全省通报侦破命案进展情况，狠抓命案侦破防范工作。

## （三）完善防控体系，确保社会治安大局持续稳定

一是深化严打专项斗争。针对影响社会治安的突出违法犯罪问题，采取加强明察暗访、发动群众检举揭发、进行集中分析研判等方式确定工作重点，深入查找其产生原因和规律特点，组织开展各种专项打击，始终保持对各类违法犯罪活动的严打高压态势。召开全省深化打黑除恶电视电话会议，对全面深化打黑除恶专项斗争做出安排部署，突出重点，集中力量，强化督导，强力推进，打黑除恶专项斗争取得明显成效。

二是扎实开展安全稳定风险隐患大排查大整治活动。山西省综治委制定出台了《关于在全省开展安全稳定风险隐患大排查大整治活动的实施方案》，召开了专门推进会议。各级各部门坚持围绕"实、严、细、快、狠、早"六字方针，对影响社会治安大局的各类风险隐患现状进行全面摸底，并分析原因，对症施策，进一步消除隐患、堵塞漏洞、精细管理和健全机

制。晋中市建立半月排查报告、部门定期对比、条块交叉督办、重点任务交办、进度跟踪通报"五项机制"。2017年，山西全省共排查各类风险隐患365925个，整治352837个，将大量风险隐患消除在萌芽状态。

三是扎实推进"雪亮工程"建设。山西省综治委成立了全省公共安全视频监控建设联网应用协调领导组，制定了推进公共安全视频监控建设联网应用"雪亮工程"的指导意见，召开了全省"雪亮工程"建设现场推进会，并将其纳入全省综治（平安建设）工作考评体系，扎实推进全省"雪亮工程"建设深入开展。建设完成了"山西省公共安全视频监控综合管理服务平台"，实现了10个市级平台与省级平台的联网对接。截至2017年底，全省累计建设公共安全视频监控摄像机224万余台，省级"雪亮工程"综治共享平台依托省综治中心已完成建设任务。

四是着力加强流动人口和特殊人群服务管理。制定出台《山西省推动非户籍人口在城市落户的实施方案》，深入推进户籍制度改革，先后开展无户口人员登记户口、流动人口风险隐患排查整治、跨省身份证异地办理等专项活动，推动流动人口服务管理工作水平整体提升。开展严重精神障碍患者救治救助工作，推动各地严格按照"应治尽治、应管尽管、应收尽收"的标准，对重性精神病监护人实施不低于1200元的"以奖代补"政策。在全省统一运行社区矫正智能管理系统，为社区服刑人员佩戴电子腕带，实行视频监控和点名查验，不断提高监管的信息化水平。

### （四）加强专项治理，提升维护公共安全的能力水平

一是加强危爆物品管理。全面强化对民爆物品的安全管理，建立民爆物品安全检查整治工作联席会议制度，制定《集中开展危爆物品大排查大整治专项行动工作方案》，通过采取"深查缴、除祸患，严清网、控人头，打团伙、捣窝点，截渠道、强联控，堵流入、促合作"等五项举措，在全省深入开展缉枪治爆专项行动。对工作任务重、易发生问题的地市予以挂牌督办整治。

二是加强寄递物流管理。为严格落实收寄验视、实名收寄、过机安检

"三个100%"，山西省综治办会同邮政、公安等部门召开 X 光安检机财政补贴落地工作督促会，推进 X 光安检机配置，基本实现了省、市、较大县的分拨中心 X 光安检机全覆盖。建立寄递物流行业安全监管常态化机制，认真落实清理整顿、规范管理、责任追究等措施，做到打非治违、明察暗访、通报约谈、警示教育四个"不间断"。

三是加强道路消防安全管理。持续开展公交客运单位、运营车辆的安全大检查，对排查发现交通事故多发路段，下发隐患整改通知，对重大隐患路段进行挂牌督办。以"构建消防安全预防控制体系、完善消防安全隐患排查治理机制"为重点，持续开展消防安全专项整顿。

### （五）夯实基层基础，筑牢平安建设根基

一是着力推进综治中心标准化建设。山西省综治办制定出台了《关于在全省开展综治中心标准化建设年活动的方案》，以"综治办 + 综治信息系统 + N"模式为着力点，以创建综治中心示范单位为抓手，全面推动全省各级综治中心标准化建设。组织召开全省综治中心标准化建设视频调度推进会，通过视频连线和播放专题片的方式，为全省各级综治中心建设提供样板，有力促进全省综治中心标准化建设的规范化水平。

二是推动基层社会服务管理体系高效运行。为进一步提高社会服务管理体系精细化水平，山西省综治办组织相关人员开展深度调研督导，起草了《山西省网格化服务管理规定》。同时，严格实行日巡察、周分析、定期通报制度，对运行较差的地方进行通报批评、挂牌督办，对信息系统利用率偏低、上报事件数量少、无效信息多等问题提出专门工作建议。2017 年，山西全省综治信息系统累计受理各类事件 3746203 件，累计处置 3164152 件，处置率达 84.46%。

三是强化各级综治队伍建设。加强乡镇（街道）综治专抓副职配备，积极开展乡村两级及基层单位综治机构规范化建设，着力解决制约基层综治工作的队伍建设问题。山西各地采取落实编制、部门工作人员入驻、政府购买服务等方式，充实综治中心工作队伍，推动综治中心实

体化运行。

四是全力推进综治信息化建设。深入推进综治视联网建设，山西市、县两级已经实现综治视联网全覆盖。进一步完善全省综治信息系统，对综治基层基础、网格化服务管理、事件上报处置、矛盾纠纷排查化解、统计分析、考核评价等业务模块进行了全面升级改造，并开发了面向广大群众的"平安山西"手机 APP 和微信公众平台等移动端应用。

五是深入开展基层平安创建活动。进一步延伸平安建设触角、拓宽平安建设领域，深入开展了平安乡镇（街道）、平安社区（村）、平安家庭、平安单位创建活动。山西省人社厅、省综治委召开了全省社会治安综合治理表彰大会，对 120 个先进集体、130 名先进工作者进行了表彰。

## 二　经验与思考

思考和分析山西省 2017 年综治工作情况及近年来创新社会治理的具体做法与取得的成绩，或可总结七点基本经验。

### （一）把平安建设放在经济社会发展大局中统筹推进

山西省各级党委、政府高度重视平安建设，坚持围绕中心、服务大局，找准切入点和突破口，着力解决影响稳定的突出问题、影响发展的突出问题、影响群众安全感的突出问题，保障全省转型综改试验区建设，努力做好经济新常态下的服务工作，促进经济社会平稳较快发展。实践证明，只有自觉履行第一责任，主动服务第一要务，把平安建设置于全省工作大局之中来研究谋划，才能使平安建设的成效更多更直接地体现在服务发展、保障民生上。

### （二）切实维护民众合法权益

山西省聚焦人民群众反映强烈的突出问题，加强社会治安综合治理、深化平安建设，大力实施"六六创安"工程，即以健全经常性"严打"机制为目标，全力打好"六场硬仗"；以构建立体化治安防控体系为目标，全面实施"六网覆盖"工程；以维护社会稳定为目标，妥善化解"六大领域"矛盾纠纷；以提升服务管理水平为目标，大力加强"六类人群"服务管理；以解决影响社会治安突出问题为目标，深入开展"六项整治"；以提升平安建设能力和水平为目标，深入开展以"六安联创"为重点的基层平安建设。"六六创安"作为重要载体和抓手，每一个"六"关注的都是群众反映的热点，保障的都是群众的利益，既体现了"问题导向"，又体现了"需求导向"，既顺应了时代要求，又符合群众愿望，得到社会各界的好评，取得良好的社会效果。

### （三）着眼解决影响社会和谐稳定的源头性问题

山西省将综治工作的重心从治标转向治本，从事后救急转向源头治理，在建立健全立体化治安防控体系建设的同时，全面落实社会稳定风险评估机制，构建矛盾纠纷多元调解体系，着力加强特殊人群服务管理，不断强化公共安全管理，加强基层社会服务管理体系建设，努力从源头上预防影响社会稳定问题的发生，有效提高了全省平安建设的水平和能力。实践证明，只有始终坚持源头治理、预防为主、标本兼治、重在治本，才能有效防止和减少各类矛盾纠纷以及案（事）件的发生，把握工作的主动权。

### （四）切实加强基层基础建设

近年来，山西省狠抓基层基础建设，在不断加大基层综合服务管理平台建设并推动其高效运行的同时，大力加强综治组织自身建设，先后下发了关于加强乡镇（街道）综治专抓副职、综治专干的配备和推动综治工作相关经费落实的文件，规范了乡村两级及基层单位综治机构建设，织就了一张遍布城乡、纵横交错的综治网络。同时，大力加强基层综治干部业务培训，努力提升综治干部的综合素质，为基层开展平安建设提供了保障。实践证明，只有夯实基础，做实基层，才能以一个个"小"单元的平安促进全省"大"平安，才能巩固平安建设的根基。

## （五）倡导改革创新

山西各地在省综治委的大力倡导下，注重把握规律和特点，结合当地实际，创造性地开展工作。如：阳泉市推进以立体化架构、网格化布警、实战化平台、扁平化指挥、随警化保障为核心的"五化"社会治安防控体系，并在全市着力打造平安志愿服务工作"一村（社区）一项目""一单位一品牌"；晋城市通过打造手机短信宣传预警平台、小区警情播报平台、街面电子显示平台、公共复杂场所预警提示平台等，构筑全方位社会治安防控"大宣传"格局；左权、永济、清徐、尖草坪区、阳城、阳高、沁源等县区在多元调解体系建设方面积极探索，通过"一卡流转"、专家巡回、设立调解"点将台"、建立联动调解室等措施，创造性地开展矛盾纠纷调解；灵石县通过公交车"3G智能管理调度监控系统"，利用3G网络、无线通信等信息技术提升公共交通工具防控水平。实践证明，只有不断开拓创新，把握规律性，才能有效解决平安建设出现的新情况、新问题，才能推动平安建设不断取得新的发展。

## （六）注重长效机制建设

山西在加强综治工作中，注重在不断总结经验的基础上建章立制，将好的做法用制度的形式予以固化，健全长效工作机制。山西省综治委先后印发了《省级平安县（市、区）创建标准及命名办法》《关于进一步加强矛盾纠纷大调解工作的意见》等若干重要文件，把解决现实问题同加强长远建设紧密结合，具有较强的指导性和规范性，对于长效机制的建设发挥着重要作用。

## （七）充分发挥综治工作各种优势

山西省大力发挥综治机构的牵头推动优势，在专项工作中形成齐抓共管格局，比如，协调维稳、公安、国安、信访、防范办等部门建立了社会治安形势分析研判机制，协调邮政、公安、交通、海关、工商、铁路、民航等部门建立邮件、寄递安全管理工作机制，等等；大力发挥综合治理的制度优势，充分运用通报批评、诫勉谈话、黄牌警告、挂牌督办、处分建议、一票否决等综治手段，推动平安建设各项任务落到实处；充分发挥综治工作"专群结合、依靠群众"的机制优势，积极建设平安志愿者、巡防队、保安、网格员等群防群治队伍，通过激发群众的参与热情来弥补警力不足的现实。实践证明，面对日益繁重的任务，只有发挥综治工作优势，才能较好地将各项工作落到实处。

## 三　问题与展望

近年来，山西省社会治安综治工作成效明显，但面临的困难与存在的问题同样不容忽视。

党的十九大指出，经过长期努力，中国特色社会主义进入了新时代。相应地讲，社会治安综合治理工作也迈入了新的发展阶段。当前，面临的国际形势波谲云诡，周边环境敏感复杂，改革发展稳定任务艰巨繁重，各种风险挑战扑面而来，社会治安综合治理工作面临严峻压力。突出表现在：一是政治安全领域呈现新动向。以美国为首的西方反华势力和境内外敌对势力不甘心看到一个强大的社会主义中国快速崛起，千方百计地进行渗透、颠覆、破坏活动。他们以网络新媒体为工具，企图消解我国主流意识形态、插手我国社会矛盾和特点问题，甚至煽动"草根运动"，策动"颜色革命""推墙运动""街头政治"。二是维护社会稳定增加新难度。当前，涉众型、风险型经济案件频发，新型网络传销、非法集资、黑社会性质的高利贷和金融操控、关联交易等经济犯罪极易向社会领域传导，潜在隐患不少；部分军队退役人员、涉众型经济案件受损人员等特定利益群体规模性非法聚集事件时有发生，市场风险向信访稳定领域集聚，个案单体风险极易升级为行业性风险，局部风险极易演变为全局性风险。三是公共安全工作面临新考验。刑事案件高发态势仍没有从根本上改变，犯罪的动态化、团伙化、专业化、智能化特点更加明显，传统安全因素与非传统安全因素相互交织，暴力恐怖的现

实威胁依然突出,新型工业化、城镇化进程中安全隐患大量存在,新技术、新业态发展中潜伏的风险逐步显露,给维护公共安全带来了新考验。四是网络安全风险增添新变量。西方反华势力利用新技术、新平台,加大对我意识形态领域的渗透力度,互联网已成为意识形态斗争的主战场;网络谣言和虚假信息传播问题仍然突出,网络舆论生态分化极化现象不容忽视;各类犯罪加速向网络蔓延,网络黄赌毒、盗窃、诈骗、传销、贩枪、传授治爆技术、盗取公民个人信息等违法犯罪行为增多,产业化、链条化特点明显,网络犯罪已成为第一大犯罪类型,未来绝大多数犯罪都可能借助网络实施;我国互联网核心技术受制于人,基础设施、信息数据安全防护一旦发生问题,轻则导致失密泄密、丢失数据,重则可能引发金融紊乱、供电中断、交通瘫痪。五是社会结构变动伴生新课题。社会利益关系日趋复杂,解决利益矛盾的难度增大;社会阶层结构分化,部分群众间摩擦增多;就业方式、生活方式多样化,社会自组织日趋增多,原有的社会规范和管理手段逐渐弱化;社会思想观念更加多样,凝聚共识的难度增大;人员的流动性、业态的多样性、行为的复杂性不断增强,违法犯罪的空间不断扩展、链条不断延长。六是群众需求多样提出新要求。进入新时代,人民群众对安全稳定的社会环境充满了新期待:不仅期盼人身、财产安全,而且期盼信息、环境安全;不再满足于现实的、一时的安全,而是期盼更有预期、更可持续的安全;不仅要求自身人身权、财产权不受侵犯,而且期盼个人尊严得到足够尊重、人格权得到有效保护;不仅要求公共服务高质量、诉求与回应不同步的情况下,一些社会成员焦虑心态突出,一些人因生活失意、利益受损而怨气累积,个别人甚至铤而走险、采取极端方式报复社会。

2018 年,山西省社会治安综合治理工作要以习近平新时代中国特色社会主义思想为指导,认真贯彻落实习近平总书记在会见全国社会治安综合治理表彰大会代表时的重要讲话精神,深入学习贯彻党的十九大和十九届二中、三中全会精神,按照中央政法工作会议、全国综治办主任会议、省委十一届五次全会和省委政法工作会议的部署,增强"四个意识",坚定"四个自信",坚持"三个一以贯之",坚持党对社会治安综合治理工作的绝对领导，坚持以人民为中心的发展思想，坚持稳中求进工作总基调，紧紧围绕建设更高水平平安山西这一主线，重点做好几个方面的工作：

一是以扫黑除恶专项斗争为重点严厉打击各类违法犯罪，有针对性地组织开展打击整治专项行动，根据社会治安形势加大涉众型犯罪、涉黑涉恶犯罪、电信诈骗、涉毒犯罪的打击预防力度，积极预防刑事案件特别是命案的发生；二是持续加强社会治安重点整治，健全完善排查整治工作制度，进一步引深社会治安风险隐患大排查大整治专项行动，彻底整治一些地方存在的治安突出问题；三是深入推进社会治安防控体系建设，重点推进"雪亮工程"建设深入开展；四是继续抓好矛盾纠纷多元化解工作，规范矛盾纠纷调解联动机制和对接机制，严防"民转刑"案件发生；五是积极引入社会力量参与特殊人群管理，进一步提升做好特殊人群的服务管理工作的能力和水平；六是深入开展平安乡村、平安景区、平安校园、平安医院等多种形式的基层平安建设活动；七是积极推动社会治安综合治理工作创新，充分运用新办法新手段解决社会治理难题；八是持续加强综治基层基础，开展综治中心标准化建设，推动平安山西建设持续、科学发展；九是以学习推广新时代枫桥经验为契机，大力加强基层社会治理创新，打造共建共治共享的社会治理格局。

# B.9
# 山西省推进司法公正公开报告

山西省高级人民法院课题组[*]

**摘　　要：** 公平正义是政法工作的生命线，司法机关是维护社会公平正义的最后一道防线。2017年，山西省各级法院牢记维护社会公平正义的职责使命，把握司法为民、公正司法的工作主线，突出政治建院、改革强院、科技兴院，深化司法体制改革，推进司法公开、司法公平、司法公正，促进全省法院以审判执行为中心的各项工作"上水平、创一流"。

**关键词：** 司法体制改革　审判执行　司法公正　司法公开

　　习近平总书记指出："促进社会公平正义是政法工作的核心价值追求。公平正义是政法工作的生命线，司法机关是维护社会公平正义的最后一道防线。政法战线要肩扛公正天平、手持正义之剑，以实际行动维护社会公平正义，让人民群众切实感受到公平正义就在身边。"2017年，山西省各级法院认真学习贯彻习近平新时代中国特色社会主义思想和党的十九大精神，紧紧围绕"让人民群众在每一个司法案件中感受到公平正义"的目标，认真落实山西省委"一个指引、两手硬"重大思路和要求，对标对表省委提出的以审判为中心的各项工作"上水平、创一流"目标，突出政治建院、改革

---

　　* 课题组负责人：刘冀民，山西省高级人民法院党组副书记、副院长。课题组成员：李瑞荣，山西省高级人民法院副巡视员、研究室主任；高峰，山西省高级人民法院研究室副主任；刘泳，山西省高级人民法院研究室主任科员；白婕，山西省高级人民法院研究室副主任科员。执笔人：白婕，山西省高级人民法院研究室副主任科员。

强院、科技兴院，切实践行司法为民、公正司法工作主线，奋发有为、拼搏进取，在法官减少 2933 名、案件新增 40349 件的情况下，化旧案、结新案，人均结案达 130.64 件，同比上升 103.68%，审理周期减少 52.7 天，全年受理各类案件 431054 件，审执结 403802 件，结案率取得历史性突破，达93.68%，同期名次前移 23 个位次，跃升为全国法院第 3 名，执结案件116425 件，执结率 91.77%，创历史新高。庭审直播 24865 场，居全国法院第 6 名；省高院庭审直播 489 场，在全国高级法院中排第 2 名，交出了一份合格的答卷。

# 一 坚持惩治与保障并重，依法打击违法犯罪

2017 年，山西法院认真贯彻落实党的刑事政策，充分发挥刑事审判职能作用，依法受理各类刑事案件 41205 件，审结 39616 件，实现了打击犯罪与保障人权的统一。

## （一）全面强化科学的刑事司法理念

2017 年 9 月 21 日，山西高院召开全省法院刑事审判工作会议，明确提出刑事司法"八大理念"：惩罚犯罪与保障人权并重理念，罪刑法定、证据裁判、疑罪从无和正当程序理念，非法证据排除理念，谦抑、审慎、善意理念，实体公正与程序公正并重、兼顾效率理念，依法独立公正行使审判权理念，以审判为中心理念，法律效果、政治效果和社会效果有机统一理念。三级法院在刑事审判中不断强化"八大理念"，贯穿到审判委员会研究案件、法官专业委员会讨论案件、合议庭审判案件全过程，单纯就案办案、机械办案现象得到有效遏制，在确保法律效果的同时，保障了同政治效果、社会效果的有机统一。审判的"12·13"王文军滥用职权过失致河南民工死亡案，内蒙古自治区政协原副主席赵黎平故意杀人、受贿、非法持有枪支、弹药、非法储存爆炸物案等重大敏感案件，没有引发舆论炒作，受害人满意、社会满意、上级满意。

### （二）全力维护经济社会稳定发展

依法惩处危害国家安全、公共安全和社会治安犯罪，审结故意杀人、抢劫、盗窃、涉枪涉爆、黑恶势力等犯罪案件 4656 件；依法惩处毒品犯罪，加大对走私、制造、大宗贩卖毒品等源头性犯罪打击力度，审结案件 2193件；加强对妇女、未成年人的刑事司法保护，审结强奸、拐卖、猥亵妇女儿童等犯罪案件 485 件，有力地维护了社会安全稳定。加大涉众型经济犯罪审判力度，审结内幕交易、集资诈骗、非法吸收公众存款、非法传销等犯罪案件 444 件，保护投资者合法权益；依法审结坑害投资商、创业者和破坏市场经济秩序的商业贿赂、虚假出资、合同诈骗、串通投标、非法经营、强揽工程等犯罪案件 437 件，净化全省招商引资环境；依法严惩危害食品药品安全、制售假冒伪劣商品等犯罪案件 366 件，切实保障人民群众生命财产安全；依法惩处电信网络诈骗犯罪，维护市场经济秩序。

### （三）严惩贪污贿赂犯罪

山西法院积极运用法律反腐利剑全力净化政治生态，共审结一审贪污、贿赂、渎职犯罪案件 618 件，判处犯罪分子 737 人，形成和保持打击贪腐行为的高压态势。加大对行贿犯罪惩治力度，共审结案件 154 件，判处犯罪分子 93 人，其中审理企业行贿犯罪案件 50 案，判处犯罪分子 37 人，缓刑和免于刑事处罚 15人。坚决惩处贪污、挪用扶贫资金等犯罪行为，为脱贫攻坚提供司法服务。

### （四）加强人权司法保障

依法对情节轻微的初犯、偶犯、未成年犯等适用缓刑、管制、免予刑事处罚，对判处缓刑等非监禁刑的犯罪人员辅以社区矫正，有效发挥刑罚的教育、感化、挽救功能，对 3874 名被告人判处缓刑、管制、单处罚金等非监禁刑。严格贯彻无罪推定、疑罪从无原则，坚守防范冤假错案底线，对定罪证据不足的案件，依法宣告被告人无罪。加强审判监督，保障当事人申诉权，再审改判刑事案件 42 件。

## 二 坚持平等保护各类主体，公平维护合法权益

山西法院贯彻落实习近平总书记视察山西重要讲话精神，认真践行新发展理念，坚持平等保护原则，依法履行民商事审判职能，公平保护各类主体合法权益。

### （一）依法保障民生权益

2017年山西各级法院共受理民事一审案件204932件，审结192220件，加强人身权益保护、劳动者权益保护、消费者权益保护和医患合法权益等保护。召开全省法院家事审判改革推进会，在46个中基层法院中积极开展改革试点，探索建立家事案件冷静期、心理测评干预、案后跟踪回访制度，创新预防化解家庭矛盾机制。三级法院审结婚姻家庭案件46264件，保障未成年人、妇女、老年人、残疾人等合法权益。深化司法拥军工作，定期开展"送法进军营"活动，依法审理涉军维权案件，维护军人军属的合法权益。

### （二）依法优化营商环境

2017年，山西省高院先后出台了《关于全省法院服务保障优化营商环境的指导意见》《关于加强金融审判工作的指导意见》，依法审结一审商事案件142767件，同比增长3.82%。省高院成立破产案件审判庭，建成全省法院破产重整案件信息平台，依法审理企业清算、破产案件，全国最大民营企业吕梁联盛集团破产重组取得重大进展，妥善推动"僵尸企业"清理处置，扶持帮助一批企业渡过难关。坚持平等保护各类主体合法权益，依法化解买卖、租赁、承揽等合同纠纷，依法审理涉及民间借贷、金融借款、融资租赁等案件，妥善化解农村、农业发展纠纷和维护农民合法权益，积极推进知识产权审判"三合一"改革，充分发挥司法平等保护作用。加大环境保护审判力度，推进企业保护资源环境，建设生态文明。

### （三）大力推进矛盾纠纷多元化解

山西法院积极学习"眉山经验""潍坊经验""马鞍山经验"，坚持调判结合、诉调对接，引导当事人选择人民调解、商事调解、行政调解、仲裁等非诉方式化解矛盾，98个中、基层法院建立征地拆迁、劳动争议、交通事故、村矿（企）矛盾、医患纠纷、环境污染"六大领域"诉调对接联调机制，建立司法所、法律服务所、工会组织、妇联、村居委会、街道办及医院医患中心等为主体的特邀调解组织936个，设立1560个法官驻社区工作站、联系点，吸纳特邀调解员2754人。全省法院通过多元化纠纷解决方式分流案件7300余件，适用小额诉讼程序审结案件同比增加91.93%，适用简易程序审结案件同比上升112.64%，减轻当事人诉累，着力提高司法效率。

## 三　坚持依法化解"官民"矛盾，促进政府依法行政

山西法院全面推进行政诉讼法实施，积极推进行政诉讼管辖制度改革，依法化解"官民"矛盾，切实保护公民、法人和其他组织诉权，监督行政机关依法行政，助力法治山西建设。

### （一）积极推进行政争议实质性解决

山西法院全面实施行政案件集中管辖、异地审理，受理行政案件10432件，审结9791件，审查各类非诉行政执行案件2665件，有效消除行政诉讼原告对公正司法的合理怀疑。坚持合法性审查原则，依法对行政机关经济调控、市场监管、公共服务、社会管理等行政行为进行司法审查，对于行为合法、程序正当的行政行为依法支持，对于违法或者显失公正的行政行为，依法判决撤销、确认违法或无效、变更、重新作出行政行为。健全国家赔偿案件审判机制，共审结国家赔偿案件40件，决定赔偿金额670.53万元。

### （二）切实保护行政相对人合法权益

山西法院依法审结涉及土地资源、城建拆迁、治安管理、劳动和社会保障等与民生密切相关的行政案件 1635 件，占全部一审行政案件的 37.96%。坚持依法裁判和协调化解相结合，以撤诉方式审结一审行政案件 764 件，占全部一审行政案件的 38.1%，保护了原告利益诉求。各级法院积极回应群众关切，依法妥善审理新类型行政案件，切实加大对行政相对人的人身财产权、受教育权、劳动权、知情权以及公平竞争、信息公开、环境资源、社会救济等方面权益的保护力度，努力满足人民群众日益增长的多元司法需求。

### （三）监督支持行政机关依法行政

山西法院不断加大对行政权的司法监督力度，对行政机关违反法定程序的行为依法确认违法，造成损失的依法判决赔偿。认真做好非诉行政案件审查和执行工作，支持合法行政行为，保护人民群众合法权益，裁定不予执行案件占行政机关申请法院强制执行案件总数的 8.43%，裁定不予受理 514 件，占 15.11%。向行政机关负责人送达出庭应诉通知书时，一些县、市长积极出庭应诉。持续发布行政审判白皮书，落实与行政机关联席会议制度，召开行政机关案件协调会，发出司法建议书，促进司法与行政良性互动。

## 四　坚持倾力解决执行难，坚决维护胜诉权益

山西法院大力落实省委出台的《关于进一步支持人民法院解决执行难的意见》，依靠党委、政府倾力解决执行难，坚决维护胜诉权益。

### （一）协调推进"基本解决执行难"工作联动

积极争取山西省委、省委政法委对执行工作的领导和支持，省委省政府主要领导对执行工作专门做出批示，省委政法委组织"基本解决执行难"联席会议 37 个成员单位和三级法院召开"基本解决执行难"工作推进会，

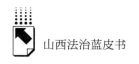
省高院先后召开三级法院视频会、督办会，与12个中院院长签订了《"基本解决执行难"目标管理责任状》，组织开展"执行攻坚跨年大行动"，全年受理各类执行案件126860件，执结116425件，同比分别上升11.93%和37.47%，执行到位金额172.89亿元，最高法院领导充分肯定了山西法院的做法。大力开展"涉企合同执行难"整治专项行动，执结涉企合同纠纷案件7211件，执行到位金额31.79亿元。积极开展涉金融执行专项行动，执结案件2935件，执行到位金额7.67亿元。

### （二）大力推进网络查控和信用惩戒

加强各级法院执行指挥中心建设，中央政法委领导和最高法院领导通过全国法院远程执行指挥系统观看了朔州中院涉民生案件的执行现场，给予充分肯定。目前，山西法院网络查控和联合惩戒系统已建成运行，135个法院与最高法院执行查控系统全部联网，最高法院"总对总"网络执行查控系统与全国3400多家银行以及公安部、交通运输部、国家工商总局、中国人民银行等单位实现联网，可以查询到被执行人全国范围内的存款、车辆、证券、网络资金等14类16项信息。三级法院加强联合惩戒，网络查控系统直接查询176家银行失信被执行人的银行信息，查询金额2062.1亿元，冻结金额23.35亿元，扣划金额2.2亿元。全省各联动部门利用"点对点"专网连接对失信被执行人名单信息自动比对、自动拦截、自动监督、自动惩戒，促使被执行人主动履行义务。

### （三）全面推进执行规范化管理

山西高院先后出台了《关于建立执行案件监督约谈机制的若干规定》《关于中级人民法院协同执行基层人民法院执行实施案件的实施细则》等规范性文件，规范全省法院执行工作。三级法院统一安装使用执行案件流程信息管理系统，做到执行立案、执行查控、财产处置、款物分配、结案审批等37个节点信息准确录入，确保执行案件流程管理系统数据准确、全程留痕。通过执行指挥中心加强对个案精准管理，对长期未结案件实行专项督办，对各级法院执结率、执行到位率、失信公开值等指标实行月通报，督促执行工作有序推进。推行网络司法拍卖，网拍 4405 次，成交金额 9.02 亿元。

# 五　坚持推进司法改革，着力提升司法公信

山西法院坚决贯彻落实党中央和省委部署，坚定不移、蹄疾步稳推进司法改革，确保改革提升审判质效、司法公信。

## （一）深入推进以司法责任制为核心的司法体制改革

山西省法院遴选员额法官 3091 名，选任法官助理 1905 名，聘用书记员 2256 名，组建审判团队 967 个，司法人员分类管理改革基本到位。省高院出台了《实施员额制和落实审判责任制的指导意见》等 11 项制度，积极探索建立新型审判权运行机制，确保合议庭、法官办案主体地位。入额法官一线办案率为 100%，院庭长审理案件 98468 件，占全部案件数的 22.79%，"让审理者裁判，由裁判者负责"的新型审判权运行落实到位。坚持放权与监督相结合，明确审判组织权限和法官职责，制定法官和其他人员权力清单，实现权责明晰、管理有序、监督留痕。全省法院积极实行书记员政府购买、劳务派遣的管理模式和员额法官退出机制等做法得到最高法院的充分肯定。

## （二）大力开展以审判为中心的刑事诉讼制度改革

山西法院积极推进以审判为中心的刑事诉讼制度改革，同省检察院、省公安厅、省司法厅联合出台 15 项以审判为中心的刑事诉讼制度改革规范性文件下发全省实施。大力推进庭审实质化改革试点，确定 12 项重点改革项目，出台改革试点方案，分别由省高院 4 个刑庭庭长、12 个副庭长领项推进，11 个中院、34 个基层法院顺利试点。在太原中院、迎泽区和万柏林区法院开展了刑事案件庭前会议规程、非法证据排除规程、法庭调查规程"三项规程"试点，司法证明实质化、控辩对抗实质化、依法裁判实质化得到进一步落实，侦查人员、证人、鉴定人出庭作证率明显提升，当庭宣判刑

事一审案件 3493 件，当庭宣判率为 14.66%。目前，两项改革在全省法院全面展开，在全国法院推进以审判为中心的刑事诉讼制度改革工作座谈会上，最高法院领导肯定山西省此项改革走在全国法院前列。

### （三）稳妥推进涉法涉诉信访改革

山西法院坚决把涉诉信访纳入法治轨道解决，严格按照"诉访分离"妥善化解涉诉信访事项。实行律师代理申诉制度，省高院信访窗口率先在政法机关启动律师驻法院值班和参与化解、代理申诉涉诉信访案件，开展法律咨询、答疑释惑、辨法析理，目前已有 400 余名上访人员得到律师帮助，形成了党委政府、法院、律师和社会合力化解涉诉信访案件的格局。省高院会同省检察院、省公安厅、省司法厅等部门定期召开联席会议，全面完善院长批转群众来信办理制度，落实信访来信的分类、转办、督办、回复等规定，及时解决律师代理申诉案件问题和当事人反映的热点难点问题，全省法院救助涉诉信访困难人员 1417 人 2203 万元。大力推进网上申诉和视频接访工作，当事人在网上查询咨询、递交材料、预约接谈，远程视频直接接谈各地群众申诉案件 13 件。

### （四）坚持司法公开全覆盖

山西法院进一步深化司法公开，不断拓展司法公开的广度和深度，着力构建开放、动态、透明、便民的阳光司法机制，促进公正高效司法。三级法院诉讼服务中心全面提档升级，135 个法院全部开通诉讼服务网、12368 诉讼服务热线，实现网上立案、网上缴费、网上质证、网上庭审、网上送达等功能。推进诉讼服务电子化，设置电子公告屏、触摸查询机、庭审自助服务一体机、虚拟导诉机、自助立案缴费一体机、智能中转柜等，实现了窗口传统服务与网上信息服务的无缝对接，为当事人查阅电子卷宗、法律法规、网上阅卷提供便利，做到"让数据多跑路、让群众少跑腿"。大力推进审判流程公开，依托办案系统，通过诉讼服务中心随时查询立案、分案、排期、审限变更、结案等审判流程信息，全省法院公开案件 355157 件，公开审判流程信息 4111 万余项，推送短信 170129 条。大力推进庭审活动公开，全省法院建成 645 个科技法庭，强化科技法庭应用，推进庭审同步录音录像和庭审直播，省高院被评为"优秀直播法院"，居全国高级法院第 2 名。大力推进执行工作公开，当事人可在网上便捷查询执行案件办理情况、未结案件被执行人信息和失信被执行人名单等内容。大力推进裁判文书公开，依法应公开的生效裁判文书全部在中国裁判文书网公开，公开裁判文书 412587 篇。同时，新建减刑假释平台，积极落实最高法院减刑、假释、暂予监外执行工作"五个一律"要求，全流程推行减刑、假释公开，办理减刑假释案件 7738件，做到件件公开透明。

# 六　问题与展望

客观来看，山西法院在发挥审判职能方面还存在一些问题和困难：人民群众日益增长的司法需求与人民法院工作发展不平衡、保障群众权益不充分之间的矛盾还需要下大力气解决；深化司法体制综合配套改革还需加快推进，法官单独职务序列管理不完善、省以下法院人财物统一管理衔接不畅、新型审判权运行管理监督机制不健全等问题亟待解决；审判执行质效与全国先进法院相比差距明显，不注重均衡结案；解决执行难的合力没有形成，执行力量和执行能力不足，消极执行、选择性执行等问题仍在一定范围内存在；一些法官业务能力不适应新时代审判工作的新要求，办案的法律效果、政治效果、社会效果有机统一不够；有的法院人案矛盾十分突出，法官助理、法警配置普遍不足，基层法院法官断档问题严重，智慧法院建设投入不足。这些问题，在一定程度上影响了全省法院助力法治山西建设作用的更好发挥。

2018 年，山西法院将认真学习贯彻习近平新时代中国特色社会主义思想和党的十九大精神，按照省委部署，充分发挥审判职能，实现以审判执行为中心的各项工作在全国法院"保十争三、跨入第一方阵"的目标，努力让人民群众在每一个司法案件中感受到公平正义。具体做到"七个坚持"：

一是坚持打造新时代过硬法官队伍，用习近平新时代中国特色社会主义思想和党的十九大精神武装头脑，抓班子带队伍，树牢"四个意识"，做到信念过硬、政治过硬、责任过硬、能力过硬、作风过硬，坚决拥戴核心、维护核心、紧跟核心，建设一支信念坚定、执法为民、敢于担当、清正廉洁的人民法院队伍。二是坚持公正司法，忠实履行宪法法律赋予的职责，公正高效地办好每一起案件，切实履行服务山西经济社会发展、维护社会大局稳定、促进社会公平正义、保障人民安居乐业的职责使命。三是坚持全力打赢"基本解决执行难"这场硬仗，紧紧依靠党委领导，进一步优化执行工作机制，严格规范执行行为，运用信息化手段对执行工作实现扁平化、集约化、可视化管理，构建信用惩戒大格局，加大对失信被执行人的联合惩戒，确保2018年底前兑现"基本解决执行难"庄严承诺。四是坚持改革创新，深化司法体制综合配套改革，落实司法责任制，全面推进以审判为中心的诉讼制度改革，积极推进内设机构改革，优化法院内部管理机制，有效解决审判执行工作中面临的困难和问题，向改革要公正、要效率、要公信。五是坚持构建新型审判权运行管理监督机制，通过制定权力责任清单、推进类案类判、完善专业法官会议等措施，保证法官公正司法、廉洁司法。六是坚持推进信息化建设，围绕"全业务网上办理、全流程依法公开、全方位智能服务"，积极拓展信息化建设应用，提升审判质量效率，提供高效便捷诉讼服务，强化审判管理监督，全力推进信息化建设转型升级，进一步提升司法为民、公正司法的能力水平。七是坚持践行司法为民，围绕以人民为中心的发展思想，发挥好新时代人民法院的职能作用，依法关注人民最关心最直接最现实的利益问题，更好地满足人民群众多元司法需求，让人民群众有更多获得感。

# B.10
# 山西省生态保护法治建设报告

山西省环境保护厅课题组 *

**摘　要：** 生态文明建设是中国特色社会主义事业的重要内容，关系人民福祉和民族未来。2017年，山西省围绕中央和省委省政府的重大思路和要求，以改善环境质量为目标，不断加大环境保护执法力度，完善环境保护法规和制度建设，深化环境保护行政审批制度改革，建立排污许可核心管理制度，强化环境保护法治宣传和培训，推行法律顾问制度，为山西省生态文明建设提供了有力的法治保障。

**关键词：** 生态文明　法治建设　环境保护执法

山西省作为煤炭资源大省，在环境生态方面曾经付出过沉重代价。自山西省第十一次党代会以来，山西省环保系统深入学习贯彻习近平总书记关于生态文明建设和环境保护重要论述，坚决贯彻落实省委省政府决策部署，以改善环境质量为核心，坚持问题导向、目标导向、创新导向，不断加大环境保护执法力度，完善环境保护法规和制度建设，深化环境保护行政审批制度改革，建立排污许可核心管理制度，强化环境保护法治宣传和培训，推行法律顾问制度，为山西省生态文明建设提供了有力的法治保障。

---

\* 课题组负责人：张继平，山西省环境保护厅副厅长。课题组成员：钱永俭，山西省环境保护厅政策法规处处长；蔡玉洁，山西省环境保护厅政策法规处副处长。执笔人：蔡玉洁，山西省环境保护厅政策法规处副处长。

# 一 生态保护法治建设推进的背景

山西省生态保护法治建设的推进依托于全省生态文明建设快步前进的背景，同时为生态文明建设提供了有力的法治保障。

近一年来，山西省围绕中央和省委省政府的重大思路和要求，以改善环境质量为目标，不断加大环境监管执法力度和环境保护督察力度，生态文明建设和环境保护工作取得了显著成效。一是落实三个"十条"，打响了全省污染治理攻坚战：抓住"控煤、治污、管车、降尘"四个关键环节，采取超常措施，深入贯彻落实"大气十条"；实施饮用水、地表水、地下水、污废水、黑臭水"五水同治"举措，严格落实"河长制"，强力推进"水十条"落实；以全省土壤污染状况详查和推进污染地块修复试点为重点，全面落实"土壤十条"。二是督企与督政相结合，监管执法日趋严格。大力推进省级环保督察，深入开展铁腕治污专项行动和强化督察，严查四类典型案件，无论是查处案件数量还是罚款金额数量均排在全国前列，在推动各级党委政府履职和工业企业守法方面发挥了很好的作用。三是突出环保顶层设计，初步建立了符合山西实际的生态环保领域"四梁八柱"性质的改革体系。制定并提请省委省政府出台了《山西省环境保护工作职责规定（试行）》《山西省环境保护督察实施方案（试行）》《山西省生态环境监测网络建设工作方案》《山西省控制污染物排放许可制实施计划》《山西省党政领导干部生态环境损害责任追究实施细则》等文件，为山西生态文明建设奠定了良好基础。

# 二 生态保护法治建设工作的主要举措

## （一）奠定环境保护的制度基石

《山西省环境保护条例（修订案）》（以下简称修订案）已于 2016 年

12月8日经省第十二届人大常委会第三十二次会议审议通过，自2017年3月1日起施行。这是《山西省环境保护条例》施行近20年来首次修订。修订案按照中央和山西省委、省政府坚持绿色发展、改善生态环境质量的总体要求，以环境保护法为依据，结合本省近年来对大气、水、土壤、固废污染进行防治的实践，对上位法进行补充细化，增强环境执法实践指导性，主要突出了"四个强化"：一是强化责任追究，体现从严管理；二是强化源头治理，体现协同管控；三是强化综合施策，突出防治重点；四是强化制度建设，增强实践指导。修订案的施行，为推进环境保护监管机制转变、积极探索山西省环境保护发展新道路奠定了法治基石。

针对此前规范性文件的制定与审查不尽规范的问题，山西省环境保护厅制定了《规范性文件制定与审查办法》，严格了规范性文件起草、审查、备案和发布程序，明确了规范性文件制定原则、禁止涉及事项、审查程序等，为提高规范性文件管理质量提供了依据。同时对环境保护"放管服效"改革涉及的规范性文件集中进行了清理，按照"放管服效"改革要求，结合环境保护工作实际，共废止了19件规范性文件。制定了《山西省环境保护厅关于印发"推进行政执法公示制度执法全过程记录制度重大执法决定法制审核制度"工作方案》，强化科技、装备在环境保护行政执法中的应用，加强执法音频、视频等执法装备的配备和使用。

此外，建立了环境保护部门与司法机关沟通机制。山西省环保厅与山西省高级人民法院联合下发《山西省高级人民法院与山西省环境保护厅司法审判与行政执法协调工作机制的意见（试行）》，建立了环境司法审判与行政执法沟通会商机制、信息共享机制、交流机制、衔接机制，为多元化解决环境资源纠纷奠定了坚实基础。

## （二）推进环保法治政府建设

全面推进《山西省环保厅贯彻落实法治政府建设实施纲要（2015～2020年）的实施方案》各项工作任务的开展，从依法全面履行政府职能、完善依法行政制度体系、推进行政决策科学民主法治化、坚持严格规范公正

文明执法、依法有效化解社会矛盾纠纷、提高环境保护工作人员法治思维和依法行政能力等方面，制定年度工作要点，统筹兼顾，突出重点，制定更为具体的落实措施，明确时间进度安排和可检验的成果形式。强化考核评价。把法治建设成效作为衡量各市环保部门、厅机关各处室、直属各单位工作实绩的重要内容。

### （三）加大环境保护执法力度

山西省各级环保部门深入贯彻落实环保法律法规，严格环境监管执法，保持铁腕治污高压态势。一是全面推进铁腕治污。省环保厅认真贯彻落实省委省政府领导指示要求，全面安排部署铁腕治污专项行动，采取厅领导包片，厅机关处长和直属单位"一把手"包市的方式，组成 11 个督察组进驻各市开展督察，比照环保部强化督察的做法，对各市开展了为期 9 个月的驻市检查和交叉检查。二是推进省级环保督察全覆盖。在 2016 年对 4 个市开展省级环保督察取得一定成效后，2017 年又对其余 7 个市开展了全面督察，实现了省级环保督察全覆盖。三是开展专项治理工作。针对中央环保督察进驻期间群众反映集中的环境问题，按照省委常委会议和省政府常务会议审议通过的《山西省取缔散"乱污"企业实施方案》和《山西省工业企业违法排污整治方案》，部署安排专项治理任务，全力推进问题整改。2017 年全省共下达行政处罚决定 5502 件，罚没款数额总计 58001.43 万元，共查处四类环境违法典型案件共计 1851 件，其中按日计罚案件 52 件，处罚 8983.3 万元，查封扣押案件 528 件，限产停产案件 800 件，移送拘留案件 433 件，涉嫌污染犯罪移送 38 件。全省环境行政处罚金额首次突破 4 亿元。与 2016 年同期相比，全省下达行政处罚决定总数增长 60.6%，罚没金额增长 120.24%，四类环境违法典型案件增长 114.73%，实现行政处罚案件和四类环境违法典型案件查办数量和查办质量跨越式提升。

### （四）深化行政审批制度改革和信息公开

严格执行环境保护权力清单，依据"行政职权运行流程图"规范权力运行环节，优化审批办事流程。实行环境保护权力清单动态管理，随时调整清单内容并向社会公布。制定了《贯彻落实商事制度改革实施方案》，积极构建以信用为核心的环境保护事中事后监管机制，维护公平竞争的市场秩序。

严格落实环境信息公开制度，积极主动公开本部门相关信息，重点做好区域环境质量状况、环境执法信息和突发环境事件信息公开。2017 年山西省环保厅官网共发布各类环境管理类信息 4209 条、文件类信息 437 条、动态类信息 328 条，信息公开的力度和效果稳步上升。同时，严格落实年度《环境信访工作要点》，进一步完善环保 12369 举报管理平台，不断畅通信访渠道，及时处理初信初访，2017 年全省环保系统受理信访举报 13917 件，总体呈逐年增加趋势，全部信访案件及时办理，环境信访形势总体稳定，未发生群体性环境信访事件。

### （五）确立排污许可证环境管理核心制度

将排污许可制确立为固定污染源环境管理的核心制度，建立精简高效、衔接顺畅的固定污染源环境管理制度体系，衔接环境影响评价制度、融合总量控制制度、为环境税收、环境统计、排污权交易等工作提供统一的污染物排放数据，减少重复申报，减少企事业单位负担。

实行排污许可管理的排污单位必须持证排污、按证排污，不得无证排污。按照自证守法的原则，开展排污情况自行监测，并按照规定向社会公开企业排污情况。环境保护部门按照"属地监管"和"谁核发、谁监管"原则，负责对本行政区域内排污单位履行排污许可证情况实施监督管理。建立排污单位社会诚信档案，将不按证排污等环境违法行为载入社会诚信档案。将排污许可证作为企业守法、部门执法、社会监督的依据。

按照国家统一部署和实现要求，分步骤实现固定污染源排污许可全覆盖。目前山西省共核发国家统一编码的排污许可证 539 张，其中涉及火电行业 137 张、钢铁行业 18 张、造纸行业 41 张、水泥行业 133 张。

## （六）建立环境保护法律顾问制度

建立和完善了法律顾问制度，聘用两家律师事务所为环保厅法律顾问单位，主要参与环保厅法律法规规章草案的制定、办理重大复杂行政复议和应诉案件、民事法律合同的审查和订立等工作。近两年，环保厅行政复议、诉讼案件数量呈上升趋势，案件呈现当事人维权意识明显增强、维权能力显著提高、群体性案件增多、案情复杂类型多样等特点，专职律师的加入，使案件处理更加规范化、效率化、专业化，真正实现定纷止争、案结事了的办案目标，避免矛盾纠纷的升级或沉积。同时拟建立环境法制专家库，选聘专业水平高、公信力强、社会形象良好的专家学者或者法律工作者为专家库专家，更好地为环境保护法制建设发挥积极作用。

## （七）强化环境保护普法宣传培训

山西省环保厅把提高全系统干部职工的法律素质作为干部教育培训的重要内容，有计划地开展领导干部集体学法工作。购买并发放了民法、大气污染防治法、水污染防治法、建设项目环境保护管理条例、山西省环境保护条例等法律法规条文释义书籍，组织了环境保护法律普法考试。考核执法人员近200人次。积极参加各类法律专业知识培训，2017年共培训环境保护相关人员100余人次。

山西省环保厅在全省范围内组织开展了环境法治宣传。"6·5"世界环境日与山西省高级人民法院、山西省生态环境损害鉴定中心联合开展环境公益诉讼咨询活动；开展"绿色读书月"活动，举办"走进汾河环境文学新书首发式"；在太原市美术馆举办了"晋善晋美　生态山西"摄影比赛；组织了"提高环境法治思维能力和舆情应对"培训班。针对普法宣传教育对象的不同需要，在"4·22"地球日、"6·5"世界环境日、"9·16"国际保护臭氧层日、"12·4"宪法日，积极开展各项宣传活动，走向街头，与群众近距离接触，面对面接受群众环境问题咨询和对环境违法行为的举报。

# 三　生态保护法治建设工作展望

## （一）加强环境保护重点领域立法

以环境质量改善、保障和服务民生为目标，以大气污染防治、水污染防治、土壤污染防治为重点，围绕排污许可核心管理制度，制定和完善相关地方性法规和政府规章，进一步架构合理规范的地方环境保护法规体系。2018年启动《山西省大气污染防治条例》修订工作和《汾河水库饮用水源地生态环境保护补偿办法》制定工作。

## （二）强化重大行政决策、重大执法决定和规范性文件的法制审核工作

认真贯彻落实《山西省重大行政决策合法性审查办法》，结合工作实际，制定出台《山西省环保厅重大行政决策合法性审查办法》，全面建立机关内部重大决策合法性审查机制，未经合法性审查或审查不合法的重大决策，不得提交厅务会议讨论。制定出台《山西省环保厅重大行政执法决定法制审核制度》，实行重大执法决定法制审核制度，未经法制审核或者审核未通过的，不得做出决定。严格执行《山西省环保厅规范性文件制定与审查办法》，实行规范性文件统一登记、统一编号、统一公布制度，严格落实合法性审查制度。根据全面深化改革、经济发展需要，依据上位法立改废情况，及时做好规范性文件清理工作。对规范性文件实行目录和文本动态化、信息化管理，根据规范性文件立改废情况及时做出调整并向社会公布。

## （三）规范环保行政执法工作

全面落实行政执法责任制，结合已建立的权力清单、责任清单，按照"梳理执法依据、分解执法职权、明确执法责任"的要求，严格确定执法机构、执法岗位、执法人员的执法责任，实行动态管理，并向社会公布。规范

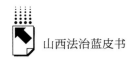

行政处罚裁量权，严格执行《山西省环保厅行政处罚基准制度和裁量标准（2016）》，根据法律法规规章立改废情况及时更新和公布。加强行政执法人员资格管理，严格执行《山西省行政执法证件管理办法》，实行行政执法人员持证上岗和资格管理制度，未经执法资格考试合格，不颁发行政执法证。

### （四）提高环境保护工作人员法治思维和依法行政能力

完善和落实领导干部学法制度，开展行政执法人员通用法律知识、专业法律知识、新颁布法律法规专题培训。组织开展以案释法、旁听庭审、警示教育等方式，创新学法形式。按照《环境法治宣传教育第七个五年规划（2016～2020年）》的要求，突出学习宣传宪法，系统学习宣传中国特色社会主义法律体系，大力学习宣传环保法律法规，促进依法行政。

### （五）开展环保政策研究

认真贯彻落实山西省委、省政府《关于贯彻落实国务院支持山西省进一步深化改革促进资源型经济转型发展意见行动计划》，研究制定《试行生态环境损害赔偿制度实施方案》和《开展环境污染强制责任保险试点工作实施方案》。同时，加快环保信用体系建设，建立完善环保信用评价、失信惩戒管理制度。

# B.11

# 山西省安全生产法治建设报告

山西省安全生产监督管理局课题组 *

**摘　要：** 2017 年，山西省致力于为逐步实现振兴崛起创造良好稳定的安全生产环境，通过加强对安全生产工作的组织领导，健全完善安全生产法规规章和规范标准，规范安全生产行政行为，深化安全生产专项整治，构建风险管控和隐患排查治理双重预防机制，组织开展安全生产大检查，严肃生产安全事故调查处理，开展安全生产法制宣传教育活动，推进安全生产领域改革发展，推进安全生产依法治理进程。安全生产法治化水平的提升，助推山西安全生产形势持续稳定好转，呈现出"两个双下降，一个有效遏制"的态势。

**关键词：** 安全生产　法治建设　监管执法　专项治理

作为煤炭资源大省，山西省的安全生产工作居于特殊的重要和关键地位。防止和减少生产安全事故，一直是山西省安全生产工作的着眼点。2017年，山西省各级各有关部门认真贯彻落实习近平总书记关于安全生产工作的重要指示批示精神，以党的十八届三中、四中、五中、六中全会和党的十九大精神以及省第十一次党代会精神为指导，按照省委、省政府关于"法治

---

＊ 课题组负责人：薛军正，山西省安全生产监督管理局党组书记、局长。课题组成员：王天庆，山西省安全生产监督管理局党组成员、副局长；刘建红，山西省安全生产监督管理局政策法规处处长。执笔人：刘英池，山西省安全生产监督管理局政策法规处工作人员。

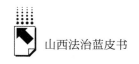

山西"建设的要求，严守不发生重大生产安全事故的底线，大力推进安全生产依法治理，促进了全省安全生产形势持续稳定好转。

# 一 推进安全生产依法治理进程

中共中央十八届四中全会对依法治国做出全面部署，并明确要求深入推进依法治理，加快建设法治政府。《中共中央国务院关于推进安全生产领域改革发展的意见》亦明确提出大力弘扬社会主义法治精神，运用法治思维和法治方式，提高安全生产法治化水平。山西省在推进安全生产法治建设方面，结合本省特点重点部署了如下几项工作。

## （一）加强对安全生产工作的组织领导

山西省委、省政府高度重视安全生产工作，省委主要领导提出"要坚决守住不发生重大生产安全事故底线"，省政府主要领导要求以铁的担当尽责、铁的手腕治患、铁的心肠问责、铁的办法治本，狠抓安全生产。省政府连续9年以一号文件安排部署安全生产工作，每季度都召开安委会会议，研判形势，部署工作。为加强安全生产工作，山西省委省政府领导带头落实安全生产党政同责的规定，省长亲自担任省政府安委会主任，全省11个市、119个县（市、区）政府全部由主要负责人担任同级安委会主任，强化了安全生产领导责任，在全省扎实推进安全生产挂牌责任制，编制了权力清单和责任清单，做到了日常照单监管、失职照单追责，狠抓部门监管责任落实；推动企业健全全员安全生产责任制，落实企业安全生产主体责任。

## （二）推进安全生产领域改革发展

2016年12月9日，中共中央、国务院《关于推进安全生产领域改革发展的意见》向社会公开发布后，山西省委省政府高度重视，要求以深化安全生产领域改革发展为契机，用改革的精神与办法，解决安全生产领域存在的突出问题，把安全生产的基础打实夯实；2017年9月14日，山西省委全面深化改革领导小组审议通过了《关于推进安全生产领域改革发展的实施意见》（简称《实施意见》），10 月 10 日中共山西省委印发文件，山西省在国家 53 项重点改革措施的基础上，细化提出了 79 项重点改革任务，为推进安全生产工作提供了政策依据和行动指南。同时，按照《实施意见》部署，积极推进安全生产领域改革发展工作，省政府已明确省市县三级安全监管部门为政府工作部门和行政执法机构，省政府第 167 次常务会议研究决定，调整省属五大煤炭集团公司所属煤矿安全监管体制，进一步理顺了煤矿分级属地监管职责。

### （三）健全完善安全生产法规规章和规范标准

近年来，山西省陆续出台了《山西省实施〈中华人民共和国道路交通安全法〉办法（修正）》《山西省高速公路管理条例（修订）》《山西省城市公共客运条例》《山西省煤炭管理条例（修订）》等地方性法规。特别是修订《山西省安全生产条例》（以下简称《条例》），2013 年就将修订该条例纳入五年立法规划，省政府连续两年把修订条例作为重点工作写入一号文件，责成省安监局牵头组织专人起草《条例（修订草案）》。2016 年 7 月 13 日，省政府常务会议研究通过《条例（修订草案）》，进入省人大常委会立法程序。2016 年 12 月 8 日，省第十二届人大常委会第三十二次会议审议通过《条例（修订草案）》，于 2017 年 3 月 1 日正式实施。《条例》修订颁布后，山西省立改废并重，先后制定、修订了《山西省实施〈校车安全管理条例〉办法》《山西省水上交通安全管理办法》，废止了《山西省煤矿安全生产监督管理规定》《山西省农业机械安全监督管理办法》等政府规章，制定了《山西省化工园区风险评估导则》《职业病危险因素检测规范》《高速公路交通安全设施设计指南》《公路工程施工安全检查评价规程》等地方性安全生产标准，出台了《煤矿复产复建验收管理办法》《山西省推进安全生产和职业健康一体化监管执法工作实施方案》等规范性文件。

### （四）着力规范安全生产行政行为

一是健全重大行政决策机制。制定出台《重大事项集体决策制度》，明

确了安全生产重大事项决定程序，即严格执行公众参与、专家论证、风险评估、合法性审查和集体讨论决定程序，提高了重大决策的科学化、民主化、规范化水平。二是认真开展规范性文件审查备案和清理工作。坚持把法规、规章和规范性文件一致性审查和备案作为加强法治建设的一项重要内容，按照《关于建立法规、规章和规范性文件备案审查衔接联动机制的实施意见》要求，依法设置了严格立项、合法审核、集体讨论、报送审查、公布实施"五个程序"，进一步严肃了与安全生产有关的法规、规章和规范性文件审查备案工作。同时，加强对涉及安全生产的政府规章和规范性文件清理。近年来，先后五次对省政府制定的涉及安全生产的规范性文件进行了梳理，其中2016、2017年共梳理出115份文件，决定废止失效90份，保留25份。三是严格规范行政执法行为。在全省安全生产监管监察部门推行计划执法，编制年度安全生产监督检查计划，明确了重点监管对象、检查内容、检查频次和执法措施，实现了计划执法监管对象全覆盖。按照省政府办公厅《关于进一步规范行政执法工作的意见》和国家相关部委关于加强安全生产执法工作的通知要求，进一步完善配套制度，规范执法程序，特别是细化量化了安全生产行政自由裁量标准，规范了裁量的范围、种类和幅度，有效杜绝了罚款乱、乱罚款现象。四是不断加大执法监督力度。通过向行政相对人发放廉政监督卡、廉政监督公众号二维码、廉政举报电话等，加强对监管执法人员的廉政监督。通过推广使用移动执法终端、配备使用执法记录仪、组织开展执法案卷评查和实行重大行政处罚备案等方式，加强对监管执法人员执法过程、执法规范和适用法律的监督。建立并落实安全生产行政执法责任追究机制，明确了实施追究的范围、应当承担的责任、追究的方式和程序，进一步强化了监管执法人员的事业心和责任感，有效杜绝了执法人员不履行、违法履行或者不当履行行政执法职责等过错执法行为。及时在门户网站或通过微信公众号公开行政处罚情况、安全生产工作动态，主动接受社会各界对安全生产工作的监督。省人大执法检查组深入大同、忻州、晋城、临汾等地，组织开展了《安全生产法》《山西省安全生产条例》实施情况执法检查，积极发挥人大对安全生产工作的监督作用。

### （五）持续深化安全生产专项整治

根据国务院安委会和山西省委、省政府的决策部署，在煤矿、道路交通、化工和危险化学品、金属非金属矿山、建筑施工和市政运营以及消防安全等重点行业领域开展了安全生产专项整治。煤炭行业，全面组织开展了"安全体检"专项行动和减人提效工作，对 413 座煤矿和 126 家煤矿上级公司进行了体检，全省 11 座单班超千人矿井已实现单班入井人数控制在 900 人以内的目标。道路交通行业，开展了公路安全生命防护工程建设，完成建设里程 4705 公里；制定了《山西省危险化学品道路运输安全综合治理实施方案》，对全省 245 户危货运输企业、5695 辆危货运输车辆进行了安全挂牌监管。危险化学品行业，扎实推进危险化学品安全综合治理工作，建立了危险化学品企业档案数据库，将全省 361 户取得危险化学品安全生产许可证的企业全部纳入"一张图一张表"动态管理。此外，非煤矿山、建筑施工、消防、油气长输管道等行业领域的专项整治也深入开展。2017 年初省政府确定的煤矿专用排瓦斯巷整改、煤矿老空水治理和安全距离不足的军工企业搬迁等三项重点整治任务中，煤矿专用排瓦斯巷整改工作已全部完成；正常生产和建设的 733 座煤矿，编制完成了防治水分区论证报告；长治火工区搬迁已经完成，太原火工区搬迁已完成选址。

### （六）积极构建风险管控和隐患排查治理双重预防机制

制定下发了《关于落实遏制重特大事故工作指南全面加强安全生产源头管控和安全准入工作的实施意见》，在煤矿、非煤矿山、危险化学品、建筑施工等重点行业领域开展遏制重特大事故工作，积极构建安全风险管控和隐患排查治理双重预防机制。在安全生产风险管控方面，全省所有生产经营单位全面开展安全风险排查辨识，按照风险程度、发展态势和可能造成的危害程度，实行分级管控，从人防、物防、技防方面进行严格管控。在隐患排查治理方面，制定出台了事故隐患排查治理制度、重大隐患挂牌督办制度等制度方案，严格落实"班组日查、车间周查、厂矿月查、集团公司季查"

措施，加强隐患排查治理，推动企业健全落实隐患排查治理体系，实现隐患上报、整改、验收、销号闭环管理。特别是对于重大隐患，严格实行挂牌督办、专人负责、跟踪落实。

### （七）扎实组织开展安全生产大检查

组织开展了为期一个月（6月10日至7月10日）的安全生产大排查大整治专项行动和为期四个月（7月初至10月底）的安全生产大检查。全省共排查事故隐患42万余条，挂牌督办重大隐患160条，关闭取缔企业879家，行政处罚1.13亿元，260人因工作不力被问责。两次行动中，省政府安委会均派出11个由厅级干部带队的督察组，深入各市进行不间断督察；分管副省长带领省有关部门负责同志对各市和11个督查组的工作情况进行了巡察督导，促进了大排查大整治专项行动和安全生产大检查工作的深入开展。特别是在全国安全生产大检查期间，坚持问题导向，建立了问题整改清单、挂牌督办清单、追责问责清单和"黑名单"清单，并将"四个清单"落实和整改工作纳入省政府"13710"平台进行督办，有效推进了问题整改和责任落实。

### （八）严肃生产安全事故调查处理

坚持"四不放过"原则，严格事故调查处理，严肃责任追究，特别是对典型事故和瞒报、谎报、迟报事故的，一律实行提级调查。2017年，山西省共查处各类生产安全事故97起，给予党纪政纪处分379人，移送追究刑事责任39人。

### （九）大力开展安全生产法制宣传教育活动

2017年2月，山西省人大财经委会同省政府安委办、省政府法制办联合召开视频会议，对即将正式实施的《山西省安全生产条例》的实施贯彻做出专题部署。在第16个安全生产月活动期间，组织开展了安全生产宣传咨询日、"两法一条例"知识竞赛、事故警示教育"三送五进"等9项活动。此外，还组织开展了"安全科技活动周""职业病防治法宣传周""安全生产法宣传周"等法制宣传活动，积极动员社会公众广泛参与和关注安全生产。

## 二 安全生产工作成效

党的十八大以来，山西省各级有关部门全面贯彻习近平总书记关于安全生产工作的重要指示批示精神，认真落实党中央、国务院和省委、省政府关于安全生产工作的决策部署，提升安全生产法治化水平，推动山西安全生产形势持续稳定好转，呈现"两个双下降，一个有效遏制"态势。

一是事故总起数和死亡人数"双下降"。由 2013 年的 13699 起、2327 人下降到 2017 年的 1326 起、1215 人，下降幅度分别为 90.3%、47.79%。

二是较大事故起数和死亡人数"双下降"。由 2013 年的 45 起、165 人下降到 2017 年的 21 起、83 人，分别下降 53.33%、49.7%。

三是重特大事故得到有效遏制。近 5 年来，共发生 5 起重大以上事故，其中 4 起重大事故，1 起特别重大事故。较上一个五年（2008～2012 年）的共计 27 起重特大事故明显减少，重特大事故得到有效遏制（见表 1）。

表 1　近 5 年来山西省重特大事故情况

| 事故日期 | 事故企业 | 事故类型 | 死亡人数（人） |
|---|---|---|---|
| 2013 年 9 月 28 日 | 焦煤汾西正升煤业公司 | 煤矿重大透水事故 | 10 |
| 2014 年 3 月 1 日 | 晋济高速公路岩后隧道 | 特别重大危化品道路交通事故 | 40 |
| 2015 年 4 月 19 日 | 同煤集团姜家湾煤矿 | 煤矿重大透水事故 | 21 |
| 2016 年 3 月 23 日 | 同煤集团同生公司安平矿 | 煤矿重大顶板垮落事故 | 20 |
| 2017 年 1 月 17 日 | 朔州中煤担水沟煤业有限公司 | 煤矿重大透水事故 | 10 |

## 三 存在的主要问题

尽管山西省在推进安全生产法治建设方面做了富有成效的工作，但实践

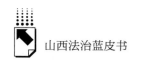

中仍然存在一些问题，制约了安全生产法治建设工作的顺利开展，主要体现在如下几个方面。

### （一）法律法规体系还不健全

《中共中央国务院关于推进安全生产领域改革发展的意见》出台后，一些配套法律法规还未及时出台，对依法行政形成制约，还有一些法律法规已不再适应市场经济发展的需要，急需尽快修改和完善。如在高危行业强制推行安全生产责任保险制度，虽然政策上已有明确要求，但法律还未做相应修订，在推动和执行上缺乏法律依据。

### （二）基层安全监管执法能力严重不足

一是基层安监执法队伍力量单薄。目前大多数县（区）安全生产监管机构的监管执法人员严重不足，处于超负荷运转的状态。特别是在乡镇等基层安全监管站所，面对量大面广的监管任务，更显力不从心，加之安全监管工作风险大、危险大、责任大，导致基层安全监管人员心理压力过大，甚至个别人员萌生调离安全生产工作岗位的想法。二是基层执法装备缺乏，配备严重不足。乡镇（街道）一级问题尤为突出。三是缺乏专业的监管执法人员。基层安全监管人员缺乏经历或经验，对安全生产法律法规不熟悉、不掌握，不会检查、不会使用执法文书，不能提出合理化建议，造成安全生产行政执法手段严格不起来也落实不下去。

### （三）企业从业人员安全生产法治观念和意识还需进一步加强

山西省经过长期努力，近年来各级领导和监管部门抓安全生产的法治意识和法治观念明显增强，但从发生的生产安全事故看，几乎100%都是企业有法不依、有章不循、有禁不止，甚至采取欺瞒、造假等手段违法违规进行生产经营造成的。究其原因，主要是企业从业人员特别是企业负责人安全生产法治观念和法治意识淡薄，不能严格按照法律法规和标准规范进行作业、组织生产。

# 四 推进安全生产法治建设构想

党的十九大提出了"树立安全发展理念，弘扬生命至上、安全第一的思想，健全公共安全体系，完善安全生产责任制，坚决遏制重特大安全事故，提升防灾减灾救灾能力"的要求，这是抓好当前和今后一段时期安全生产工作的"总纲"。全省各级各有关部门将以此为方向和宗旨，认真贯彻落实习近平总书记关于安全生产工作的重要指示批示精神，按照《中共中央国务院关于推进安全生产领域改革发展的意见》（简称《意见》）和《中共山西省委山西省人民政府关于推进安全生产领域改革发展的实施意见》（简称《实施意见》）的部署，大力加强安全生产法治建设，为推动全省安全生产持续稳定好转，实现转型发展、振兴崛起和富民强省做出积极贡献。

## （一）扎实推进安全生产领域改革发展工作

以习近平中国特色社会主义思想为指导，紧密结合中共中央《意见》和山西省委《实施意见》要求，以坚定的政治自觉、攻坚克难的精神和强烈的责任担当，统筹推进安全生产领域改革发展，把各项任务举措落到实处。一是按照改革部署，深化安全监管监察体制改革，优化安全生产监管工作机制，积极推动市县完善开发区、工业园区、旅游区等功能区安全机构建设，明确和落实监管责任；二是建立完善巡察检察制度，加大巡察问责力度，督促党委政府落实领导责任，部门落实监管责任，企业落实主体责任；三是强化安全生产社会化治理，研究制定相应的制度措施，加强社会化服务体系建设，落实安全生产举报奖励制度，推动安全生产群防群治；四是在矿山、危险化学品、道路交通、建筑施工、金属冶炼等高危行业领域强制推行安全生产责任保险，推动保险机构参与事故防范。

## （二）加大安全生产法制宣传力度

积极宣传党的十九大关于安全生产工作的新理念新思想新部署新要求，

广泛宣传《安全生产法》《职业病防治法》《山西省安全生产条例》等法律法规，组织开展安全生产宣传教育"七进"、安全生产月、三晋安全行、青年安全示范岗等专题活动，提高全社会"发展绝不能以牺牲安全为代价"的红线意识，加强安全文化建设，使安全理念深入人心。

### （三）进一步健全安全生产法规标准体系

按照国家立法修订计划及山西省人大立法计划，坚持"立改废"并举，加快《山西省煤炭管理条例》等地方性法规和政府规章的修订完善。推动设区的市加强安全生产地方性法规建设，进一步规范企业生产经营建设和安全管理。加强山西省安全生产地方性标准建设，支持企业制定高于国家、行业和地方标准的安全生产标准。同时，结合山西省安全生产工作实际，制定一系列安全生产规范性文件，进一步健全完善安全生产依法治理机制，推进企业实现安全生产。

### （四）进一步加强安全生产执法能力建设

借安全监管系统统一制式服装和标志标识之机，组织开展对安全监管执法人员的业务培训和作风培养，进一步提高各级安全监管执法人员规范化执法的能力和水平。落实国家关于安全监管执法人员的录用标准，提高专业监管执法人员比例。开展安全生产执法信息化建设，推进与相关部门和企业的互联互通，实现资源共享。推进按照标准落实各类保障措施。

### （五）不断加大安全生产执法检查力度

认真按照执法计划和要求开展执法检查。坚持问题导向和目标导向，组织开展安全生产专项整治和"打非治违"专项行动。落实安全生产问题隐患整改清单、重大隐患领导挂牌督办清单、追责问责清单、安全生产失信行为联合惩戒和"黑名单"清单，推进执法检查查出问题的整改落实。严格落实停产整顿、关闭取缔、上限处罚、追究法律责任"四个一律"执法措施，依法运用查封、扣押等强制手段，推动企业严格履行法定责任。

## （六）进一步严格安全生产执法监督

建立执法公示、执法全过程记录、执法决定法制审核、执法情况统计分析等制度，并据此加大执法监督力度，采取专项督察、跟踪检查、案卷评查等形式，监督指导监管执法人员执法行为。通过公布举报电话、发放执法监督卡、专题询问回访等方式，主动接受执法检查对象的监督。注重发挥人大对安全生产工作的监督促进作用和政协对安全生产工作的民主监督作用，自觉接受人大、政协系统对执法检查工作的监督。

# B.12
# 山西省保障民生法治建设报告

山西省人力资源和社会保障厅课题组*

**摘　要：** 保障和改善民生，是各级政府工作的出发点和落脚点。2017
年，山西省以"关键少数"为抓手，以制度建设为契机，开
创了人社系统改革创新的新局面；公正文明规范执法，开展
执法监督和法治宣传，营造了民生领域的法治新气象。同时，
山西省的民生法治建设在制度和机制的建设和执行等方面还
存在一些问题，下一步将针对性地予以解决，以推进法治人
社建设和民生法治建设。

**关键词：** 民生法治　简政放权　法律顾问

民生问题，事关广大民众的切身利益。党的十八届三中全会对全面
深化改革做出了总体部署，习近平同志强调，全面深化改革必须"以促
进社会公平正义、增进人民福祉为出发点和落脚点"，"紧紧依靠人民推
动改革"，"推进任何一项重大改革，都要站在人民立场上把握和处理好
涉及改革的重大问题，都要从人民利益出发谋划改革思路、制定改革举

---

\* 课题组负责人：贺德孝，山西省人力资源和社会保障厅副厅长。课题组成员：师广卫，山西
省人力资源和社会保障厅办公室主任；郝宏，山西省人力资源和社会保障厅政研室主任；王
红跃，山西省人力资源和社会保障厅法规处副处长；王俊杰，山西省人力资源和社会保障厅
办公室副主任；宋世伟，山西省人力资源和社会保障厅法规处主任科员；王勇，山西省人力
资源和社会保障厅政研室主任科员。执笔人：王红跃，山西省人力资源和社会保障厅法规处
副处长。

措"。近年来，在经济下行压力加大、财政收入增速下降的情况下，山西省坚定地把保障和改善民生摆在突出位置，推进民生建设，民生建设亮点频现。尤其是党的十八届四中全会以来，山西省深入贯彻落实中央和省委省政府关于全面推进依法治国、加快推进依法行政的各项重大决议，积极推进民生领域的法治，以"关键少数"为抓手，以制度建设为总揽，以规范管理为核心，开展规范性文件的合法性审查、执法（监督）和普法宣传，法治人社建设取得一定成效，有力地推动了民生工程的发展。

# 一 法治人社建设的举措与成效

## （一）以"关键少数"为抓手，为法治人社建设工作提供保障

各级领导干部在推进依法治国、构建法治政府中肩负着重要责任，全面依法治国方略必须抓住领导干部这个"关键少数"，法治人社建设亦是如此。山西省人力资源和社会保障厅（以下简称人社厅）的领导班子历来重视法治建设。

一是党政主要责任人认真履行推进法治建设第一责任人职责。按照中共中央办公厅、国务院办公厅发布的《党政主要负责人履行推进法治建设第一责任人职责规定》，成立了由省人社厅长任组长的依法行政领导组，设立了由律师、法学教授等 10 名法律专家组成的依法行政专家顾问库，为人力资源和社会保障领域的依法行政提供了重要保障。

二是贯彻落实中央全面深化改革领导小组审议通过的《关于完善国家工作人员学法用法制度的意见》和山西省制定的《关于强化我省国家工作人员学法用法制度的实施意见》，建立完善了党组（党委）中心组学法、领导干部法律考试、领导班子和领导干部年度述法等制度，有力地提高了领导干部运用法治思维和法治方式的能力。

三是根据法治山西建设要求，结合人社工作实际，制定了人社领域法治

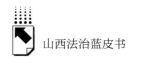

建设工作要点，要点紧紧围绕人社事业发展目标任务，扎实推进依法治理，努力为全省人社事业营造良好的法治环境。

## （二）以制度建设为契机，开创人社系统改革创新新局面

法治是良法之治，良法之治需要良好的制度。2016 年 6 月以来，山西省人社厅密集推出了 54 项重大改革举措，通过《关于 2017 年度全省机关事业单位人员结构化调整的指导意见》《关于进一步改进和加强事业单位公开招聘工作的意见》《机关事业单位人员流动试行办法》等制度的建设、落实，革除了一批陈规陋习，全新的机制体制进一步形成。其中劳务输出"员工制"改革、人才发展体制机制改革、农村建档立卡贫困人口医疗保障帮扶制度等正在向全国第一方阵迈进。

1. 人才队伍建设方面，共推出20项改革

一是在人才管理体制方面，推行机关事业单位人员总量调控结构优化、公务员招录机制、事业单位公开招聘制度和人才流动制度改革，鼓励企业技术人员到高校从事科研教学工作、支持高校科研院所专业技术人员离岗创业。二是在人才评价机制方面，推行人才评价制度、职称评聘分离、人才荣誉制度改革。三是在人才引进方面，推行人才引进制度、使用空编引进高层次人才、实行人才"绿卡"、人才多元投入方式、实施人才培养"三个工程"和"三个计划"、财政专项投入等改革。四是在人才激励方面，推行针对人才密集型单位的人才薪酬激励制度、开发区人事薪酬制度、公立医院薪酬制度、科研收益分配制度改革。五是在就业供给侧结构性改革方面，推行以人力资源市场需求为导向的"服务产品"结构性改革，通过市场需求倒逼各类高校完善人才培养模式。

2. 人事管理方面，共推出11项改革

主要内容包括：一是推行军转干部安置改革。将军转干部计划安置改为量化考核积分选岗。二是机关事业单位开展工人技术等级岗位考核培训方式改革、事业单位岗位设置聘用管理改革、机关事业单位工资审核改革。从2017 年起人社部门不再组织任何形式的集中培训，将事业单位岗位聘用认

定权限下放至主管部门和省直事业单位,工资审批表由省人社厅审核盖章改为主管部门审核盖章入档。三是薪酬方面开展法官、检察官和司法辅助人员工资制度改革试点和实施人民警察职业保障制度改革。四是将非省管干部中的高级专家延退,由原来的省政府审批改为由省直主管部门和各市人社局审批。

3. 社会保障方面,共推出12项改革

一是养老保险方面推动机关事业单位养老保险制度改革和企业养老保险参保人员退休审核改革。机关事业养老保险方面相继出台了8个配套文件,将全省170万人全部纳入新制度管理。企业养老保险方面行政部门不再审核退休,由经办机构直接办理领取基本养老金手续。二是医疗保险方面先后开展城乡居民医保制度并轨、完善城乡居民医疗保险制度、医保支付方式改革、异地就医直接结算、医疗保险经办服务模式改革、生育保险和基本医疗保险合并实施试点、建立农村建档立卡贫困人员医疗保障帮扶制度、建立"三医"联动机制等。通过以上改革医保制度更加公平,待遇水平大幅提升,经办服务更加方便快捷,"看病难""看病贵"问题得到有效缓解,尤其是医疗保障帮扶制度通过实施"三保险""三救助",基本解决全省287万建档立卡贫困人口因病致贫返贫等"支出型贫困"问题。三是全面启动全民参保登记计划和实施"两降三补"政策。各项社会保险参保覆盖率为95%以上。通过落实阶段性降低社会保险费率政策,2016年分别减轻企业养老、失业保险缴费负担17亿元、13亿元。

4. 培训就业方面,共推出4项改革

一是针对农村贫困劳动力方面先后开展劳务输出"员工制"改革、免费职业培训、实施"人人持证、技能社会"工程等三项改革,依托输出地劳务公司,建立灵活务实的劳动关系和稳定持续的社保关系,实现稳定就业、稳定脱贫,通过实施免费职业培训,帮助他们掌握一技之长,促进更高质量就业。二是矿区职工分流安置改革。支持山西焦煤集团等煤炭企业成立劳务公司,搭建统一的劳动力资源信息服务平台,引导转岗分流人员及职工子女走出矿区、走向市场、走向社会,通过劳务输出实现就业。三是实施高校毕业生就业质量提升工程,全面落实就业创业扶持政策,建立需求导向的

学科专业和招生计划动态调整机制，实施5万名离校两年以上未就业高校毕业生免费职业技能培训，对"零就业"家庭等困难高校毕业生，通过政府购买公益性岗位实行托底安置。

### （三）开展规范性文件的合法性审查及清理工作，维护法制统一

党的十八届四中全会明确提出"加强备案审查制度和能力建设，把所有规范性文件纳入备案审查范围，依法撤销和纠正违宪违法的规范性文件"。合法有效的规范性文件对于维护法制统一，保护公民、法人和其他组织的合法权益，促进依法行政具有重要意义。2017年，山西省人社厅加大了规范性文件的合法性审查力度，对出台的二十余件规范性文件，如《关于2017年度全省机关事业单位人员结构化调整的指导意见》《关于进一步改进和加强事业单位公开招聘工作的意见》《关于加强新形势下引进外国人才工作的实施意见》等都进行了合法性审查，基本实现了合法性审查的全覆盖。同时，按照《关于做好"放管服效"改革涉及的规章、规范性文件清理工作的通知》和《关于进一步做好深化改革涉及的法规、规章、规范性文件清理工作的补充通知》的精神，山西省人社厅专门印发了《关于做好"放管服效"改革涉及的规章、规范性文件清理工作的实施方案》和《关于进一步做好改革涉及的法规、规章和规范性文件清理工作的补充通知》。经认真梳理，对中华人民共和国成立以来至2017年8月的1007件规范性文件提出了初步清理意见。其中，中华人民共和国成立以来至2000年需要保留的规范性文件共140件；2001～2017年8月的867件规范性文件中，由山西省人社厅起草以省委、省政府及两办名义颁布的文件共107件，建议保留91件，废止9件，失效7件。由山西省人社厅制定并以其名义发布的规范性文件760件，决定保留638件，废止66件，失效56件，目前有关清理意见已报省政府办公厅。

### （四）开展执法监督工作，推进公正文明规范执法

法治既需良法，又需善治。2017年，省人社厅积极开展了公正文明执

法和执法监督工作。

一是进一步健全权力运行的制约和监督体系，完善了以"三重一大"决策机制、监督管理机制、严惩滥用权力机制为重点的制度体系。积极开展了"双公示"工作，召开了"双公示"工作任务部署会，制定了《省人社厅"双公示"工作任务分工方案》和《省人社厅"双公示"实施办法》，编制了省人社厅"双公示"工作目录，其中行政许可9项，行政处罚27项。建立了"双公示"总台账，台账按照要求进行了连续编号，并与网上"双公示"内容一一对应，"双公示"工作的长效机制基本建立。同时，为贯彻落实《国务院关于印发2016年推进简政放权放管结合优化服务改革工作要点的通知》和《国务院办公厅关于推广随机抽查规范事中事后监管的通知》的要求，积极开展了"双随机一公开"工作，制定了随机抽查事项清单，明确了抽查依据28个，抽查内容98个，制度化的社会公布机制已逐渐形成。

二是根据《山西省人民政府法制办公室关于推行行政执法公示制度执法全过程记录制度重大执法决定法制审核制度的通知》（晋政法字〔2017〕84号）的文件精神，结合实际，制定了《山西省人力资源和社会保障厅关于推行行政执法公示制度执法全过程记录制度重大执法决定法制审核制度的实施方案》，在行政审批领域和劳动保障监察领域开展此项工作。该项工作的开展进一步推动了行政执法工作依法有序、科学规范、便捷高效开展，全面提升了执法能力和执法公信力。

三是依法高效化解纠纷，建立了法规、信访、监察、仲裁、维权中心等多部门联动机制。联动机制中，在依法处理、维护公平，高效便捷、服务为先，立足实际、改革创新等原则指导下，建立了整合接待窗口、统一接待，公示职责、推行首问负责，定期召开联席会议，建立应急沟通机制，建立疑难复杂案件会商会办等制度。通过联动，形成了统一领导、部门协调、渠道畅通、各负其责、标本兼治、及时高效的矛盾纠纷处理机制，进一步维护了用人单位和劳动者的合法权益。

四是依法处理行政争议案件。2017年，共受理行政复议案件25件，行

政诉讼 38 件。面对行政争议案件尤其是行政诉讼案件持续增加的形势，依法依规严格审查下级机关的具体行政行为。对于事实清楚、依据正确、证据充分、程序合法的予以维持，对下级机关明显存在错误的案件坚决予以撤销，对发现行政执法过程中存在的一些普遍性和倾向性问题及时反馈给相关部门，有力地促进了行政行为的规范化。

### （五）简政放权，深入推进放管服工作和行政审批制度改革

1. 放管服工作方面

2014 年以来，国务院分七批共取消了 434 项职业资格许可和认定事项429 项，山西省政府以晋政发〔2014〕34 号，晋政发〔2015〕8 号、16 号、40 号，晋政发〔2016〕7 号、13 号、49 号，晋政发〔2017〕12 号八个文件，对国务院七批公布取消的职业资格许可和认定事项全部落实。省人社厅还认真清理了省内自行设定的职业资格。经在全省摸底排查发现，省直各部门、各市自行设置开展的职业资格认定有 13 项，2016 年已责成原设置、实施的省直部门或市全部予以取消。2017 年上半年，省人社厅组织开展了减少职业资格许可和认定工作"回头看"，通过全面自查、重点督察、强化社会监督、建立问责机制、加强宣传引导等措施，确保前期取消、清理工作落实到位。7 月 20 日，按照省审改办通知要求，经认真研究，对权力清单中的 4 项行政职权事项（社会保险证年检、外国人来晋工作许可、省级社会保险参保登记、中高级专业技术职务评审委员会的设立调整及评委库成员调整审批）提出了取消、下放等调整意见。

2. 审批制度方面

按照《山西省人民政府关于规范省政府部门行政审批行为改进行政审批有关工作的实施意见》（晋政发〔2015〕15 号）等文件要求，印发了《山西省人力资源和社会保障厅关于进一步规范行政审批行为改进基本公共服务工作的决定》（晋人社厅发〔2016〕80 号），明确了本厅权力清单中行政许可类、行政确认类、其他类共三类 17 项行政审批事项，全部由行政审批管理处在省政务服务中心窗口统一受理、集中办理。同时，省人社厅把

"审批流程最优、审批环节最少、审批材料最简、审批时间最短"作为努力的方向，出台了《山西省人力资源和社会保障厅阳光行政实施办法》，修订完善了审批事项运行流程图，编制了服务指南，明确了审批材料、审批依据、审批时限、收费依据和标准，取消了不必要的申报材料和办理环节。此外，省人社厅还实行"窗口受理、限时办结、结果告知、一站式服务"的运行模式，推行审批标准化和网上办理，健全了"网上受理、协同办理、网上反馈"的全流程网上运行机制，为行政相对人提供便捷高效的服务。按照省"减证便民"行动要求，进一步精简了审批事项和审批事项前置申报材料10%以上。

### （六）开展普法和法治宣传，培育法治氛围

一是认真组织实施山西省人社系统"七五"普法规划。确定了"七五"普法宣传教育活动的指导思想和主要目标，明确了重点工作任务，提出了工作步骤和具体要求。积极开展法律六进，推动领导干部学法、用法，面向群众开展人社领域法律法规和政策宣传。

二是为提高领导干部运用法治思维和法治方式依法行政的能力，建立完善了党组（党委）中心组学法制度，制订了党组中心组2017年度学法计划，并邀请山西大学法学院彭云业教授进行了《推进依法行政构建法治政府》专题讲座。

三是根据中共中央办公厅、国务院办公厅印发的《关于实行国家机关"谁执法谁普法"普法责任制的意见》和省依法普法治理办公室印发的《关于报送落实〈关于实行国家机关"谁执法谁普法"普法责任制的意见〉方案的通知》要求，制定了《山西省人力资源和社会保障厅落实〈关于实行国家机关"谁执法谁普法"普法责任制的意见〉的方案》，进一步推进了普法依法治理工作的开展。

除上述普法活动之外，山西省人社厅还积极组织安排人社系统干部参加了省政府法制办举办的"提升依法行政能力暨法治政府建设"专题培训班八期。积极参与了省普法办组织的"七五普法骨干培训班"和省委法治办

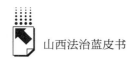

组织的"贯彻党的十九大精神、提升法治建设能力"培训；积极参加了省普法办组织的"宪法宣传日活动"，并向前来咨询的群众发放了大量宣传资料。

### （七）落实法律顾问制度和公职律师制度

普遍建立法律顾问制度和公职律师制度对于切实提高人力资源和社会保障行政部门运用法治思维和法治方式管理人力资源和社会保障事务的能力意义重大，对此，山西省人社厅高度重视，专门召开了党组会议予以部署。根据党组的安排，2017 年 5 月，省人社厅在门户网站向社会公告了法律顾问遴选条件，在内网向全厅公布了公职律师遴选条件，开始接受个人报名。其后，遵循公开、公正、竞争、择优的原则，聘请了权守昭、帅月贵两位律师为本厅法律顾问，为本厅 6 名干部颁发了公职律师证书。同时，为更有效地开展法律顾问工作，使该项工作步入规范化轨道，经与两名法律顾问深入沟通，省人社厅拟定了《山西省人力资源和社会保障厅法律顾问和公职律师管理办法》。该文件以其上位依据为根基，在充分借鉴部分省市经验的基础上形成，共 7 章 31 条。具体内容包括法律顾问和公职律师的工作职责、遴选聘任、权利和义务、薪酬制度、工作机制、日常管理等等。

## 二　存在的问题

山西省的法治人社建设虽然取得了一些成绩，但离国家的要求还有较大差距。具体表现在以下几个方面。在规章制度制定层面，不及时制定规章制度和随意制定规章制度的行为仍然存在，规章制度的质量还有待提高，有些制度的可操作性仍有待增强。在规范性文件的合法性审查方面，有关规范性文件的审查程序、结果运用以及备案机制仍需健全。在执法方面，一些地方和业务领域还不同程度地存在着有法不依、执法不严、违法不究、不作为、乱作为现象，公正文明执法的水平仍有待提升。在执法监督方面，事中事后监管亟须加强，行政复议和行政应诉案多人少的矛盾更加凸显。在法治宣传教育方面，普法的理念、内容、方式方法还不适应新的形势，社会公众对人社法律法规的知晓度还不高，另外，一些工作人员依法行政的能力还有待提高等等。凡此种种，都需要引起高度重视，并切实加以解决。

产生上述问题的原因是多方面的，概而言之，主要有：第一，"关键少数"对法治重视程度的引领作用尚未完全发挥。实践中，主要领导对法治的重视程度越来越高，但部分同志不重视法治的现象仍存在，重视法治的氛围仍未形成，还需要主要领导更好地发挥引领作用。第二，大部分同志虽然遵法崇法，但其法治基础理论薄弱，实践中还需加强法治理论学习。

## 三　下一步工作思路

针对目前存在的一些问题，下一步拟持续以制度建设为契机，深入开拓人社系统改革创新新局面。同时，立足人社系统法制工作基础，深入推进法治人社建设。

在规范性文件制定层面，修改、完善现有的规范性文件制定程序和备案管理机制，减少不及时制定规范性文件和随意制定规范性文件的行为发生，提升规范性文件的质量，增强其可操作性。在规范性文件的合法性审查方面，建立规范性文件的合法性审查机制，加大合法性审查力度，同时根据全面深化改革和上位法的立改废情况，及时做好规范性文件的清理、修改工作。

在执法（监督）层面，积极提升执法水平，大力倡导公正文明执法，坚决杜绝有法不依、执法不严、违法不究、不作为、乱作为现象。同时，加大执法监督检查力度，尤其加强事中事后监管。深入推进公示制度、执法全过程记录制度、重大行政执法决定法治审核制度，进一步架构权力运行的法治化轨道。完善行政复议机制，积极推进证据制度、调处机制、听证制度在行政复议案件中的运用，提升行政复议程序的科学化水平，增强行政复议的专业化、透明度和公信力。

在普法层面，积极改进普法的理念、内容、方式方法，使其适应新形势

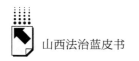

新时代的要求。同时，加大普法宣传力度，根据受众不同，树立分层、分行业普法理念，增强人社系统普法的针对性和实用性，扩大劳动人事法律法规的知晓面和影响力。

除上述几个方面之外，还应充分发挥政府法律顾问和公职律师在制定重大行政决策、推进依法行政中的参谋、助手作用。建立权力清单的动态调整机制，将条件成熟的事项逐步纳入山西省政府政务中心。完善行政决策机制，继续促进行政决策的科学化、民主化、法治化水平。

# B.13
# 山西省加强税收法治建设 构建
# 税收共治格局报告

山西省国家税务局课题组*

**摘 要：** 税收制度是国家治理体系的重要内容。2017 年，山西省国税
系统深入贯彻落实国务院"简政放权、放管结合、优化服
务"的要求，按照省委省政府"全力打造最优营商环境"和
税务总局"深化改革、注重集成，扎实推进税收现代化"的
部署，围绕"带好队、收好税、造环境、促转型"，积极构
造惠民优商的税收政策环境、打造为民务实的税收治理环境、
塑造便民快捷的税收服务环境、营造亲民公正的税收法治环
境，通过推行法律顾问和公职律师制度，深化"放管服效"
改革，推进税企协同共治，在构建税收共治格局方面积极探
索，加快实现税收治理体系和治理能力现代化，进一步增强
税收在国家治理中的基础性、支柱性、保障性作用。

**关键词：** 税收共治 法治 "放管服效"

2015 年出台的《深化国税、地税征管体制改革方案》要求建立与国家

---

\* 课题组负责人：胡军，山西省国税局党组书记、局长。课题组成员：牛新文，山西省国税局
党组成员、副局长；董树盛，山西省国税局政策法规处处长；韩海金，山西省国税局政策法
规处副处长；康世炳，山西省国税局政策法规处主任科员。执笔人：康世炳，山西省国税局
政策法规处主任科员。

治理体系和治理能力现代化相匹配的现代税收征管体制，明确要求"以营造良好税收工作环境为重点，统筹税务部门与涉税各方力量，构建税收共治格局，形成全社会协税护税、综合治税的强大合力"。2017年12月6日，山西省省长签署第255号省人民政府令，公布《山西省税收保障办法》，该办法自2018年1月1日起施行。这是山西省首部涉及税收保障的地方政府规章，标志着"法治山西"在税收领域的落实，为加强部门联动，促进信息共享，推进税收共治提供了法制保障。

## 一　各级国税机关全面配置法律顾问

根据党中央国务院关于推行法律顾问和公职律师制度的安排部署，山西省国税局出台《进一步完善省局局长法律顾问办公室工作机制深入推进依法治税的实施意见》（以下简称《实施意见》），突出"服务、保障、监督"三项职能，锻造"局长法律顾问、派驻法律顾问、法律服务团队"三支队伍，使法律顾问和公职律师成为服务依法决策的参谋助手、保障税收改革的法治"篱笆"和监督行政执法的"第三只眼"。

### （一）团队化和专业化

山西省国税局在全面总结局长法律顾问办公室成立以来工作经验的基础上，创新思路，细化举措，进一步明晰职能定位，优化运行机制。《实施意见》确立"积极构建以省局局长法律顾问办公室为统领，省局局长法律顾问、派驻各市局法律顾问和省局公职律师法律服务团队为抓手的推进依法治税工作格局，着力打造团队化、专业化的依法治税领导机制和推进机制"的总目标。省局局长法律顾问办公室于2015年成立。它作为省局办理涉税法律事务的专门机构，负责统揽和推进全省国税系统依法治税和法治建设工作，统一管理、统筹使用法律顾问、公职律师、法规干部、法律人才库人员等法治人才，研究法律问题，提出法律意见，提供法律服务，协助省局局长履行推进法治税务建设第一责任人职责，组织开展省局机关和全省国税系统的法律事务工作。在此基础上，2017年局长法律顾问办公室共组织法律顾问和公职律师，参与日常法律事务及各项文件法治审核150余次，出具法律审核意见6次，针对60余份外部协议提出了法律意见。

## （二）法律服务、法治保障、法律监督

《实施意见》明确，围绕"法律服务、法治保障、法律监督"三项工作职能，切实发挥省局局长法律顾问办公室整合系统法治资源、促进依法决策、规范制度执行、防范法律风险的积极作用，最大限度地便利纳税人、最大限度地规范税务人。局长法律顾问办公室向各市局派驻法律顾问，协助所驻市局推进依法治税制度体制机制建设，提供法律服务指导等。派驻法律顾问根据工作需要，可列席参加涉及法律事务的市局局长办公会、局务会议、局长例会等会议；对所驻市局重大行政决策、重大行政许可、重大行政处罚等事项进行法律风险评估和合法性审核，出具法律意见，实施法治审核，开展法律监督，对省局局长法律顾问办公室负责并报告工作。同时，《实施意见》要求局长法律顾问办公室，要积极组建公职律师法律服务专业团队，将全省国税系统公职律师按照专业背景、工作岗位、年龄结构划分为综合团队、普法团队、税法团队、民事团队、行政团队、刑事团队、涉外团队等专业性工作团队，并根据各市局公职律师人数分布情况，确定了5个地域性工作团队，形成结构合理、优势互补、运转高效的法律服务保障机制，发挥专业特长，凝聚工作合力，实现上下联动、专业应对、项目管理、团队作战，为全省国税系统重大涉法事项提供精准高效的法律服务。

## （三）下派一级，用好法律监督

派驻法律顾问作为省局局长法律顾问办公室派驻各市局的进行法律监督的"第三只眼"，在所派驻市局专职从事有关法律事务工作，研究法律问题，提出法律意见，提供法律服务，对税收改革、税收执法、行政管理从法理上、法律上严格审查把关，开展法律监督，对省局局长法律顾问办公室负责并报告工作。切实扎紧法治"篱笆"，防止权力任性。其余法治人才资源

采取分散管理、因事而联的方式，仍承担所在单位的日常工作，根据省局局长法律顾问办公室的安排，通过集中办公、专门会议、专题研讨、案例分析等灵活的工作开展方式，做到专兼结合，本职工作和顾问工作两兼顾。

### （四）分级应对，实现跨地域、分专业协作配合

对工作中涉及的重大、复杂、疑难涉法事项，山西省各级国税机关均可向省局局长法律顾问办公室申请专项援助，做到日常法律事务工作由所在单位法规干部、公职律师等法治人才具体负责，重大涉法事项由省局组织力量进行专项应对，既发挥基层单位主动性和积极性，又发挥服务团队的工作优势，最大限度地整合法律资源，实现分级应对，互为补充，横向到边，纵向到底，法律服务保障监督全覆盖。2017 年省局局长法律顾问办公室安排临汾、运城 2 个区 5 名公职律师组成法律服务工作组，赴运城市局处理重大涉税案件，实现了公职律师跨地域、分专业协作配合。

## 二　深化"放管服效"改革，优化税收法治环境

在"放管服效"改革中，山西省国税局精准把握在转型发展中的新使命、新定位和新要求，主动"对表对标对接"，按照国务院 42 号文件要求，围绕省委省政府工作部署，实化细化税务系统深化"放管服"改革、优化税收环境系列任务清单，积极推进征管体制机制改革集成、国税地税资源融合集成，优化税收服务要素集成，在政策、管理、服务、执法等方面提出具体措施，发挥国税、地税联合优势，推动服务深度融合、执法适度整合、信息高度聚合，着力解决现行税收征管体制中存在的突出和深层次问题。其中，山西省国税局以精心、精细、精准、精确的"四精"标准，深化税务部门"放管服"改革，优化税收环境，真正让纳税人缴"明白税、便捷税、公平税"，采取了以下具体措施。

一是简化许可程序。如果税务机关已掌握或者可以通过政府信息共享获取的相关证照、批准文书等信息，就不再需要纳税人重复提供。首先，纳税

人在申请办理税务行政许可业务时，不再需要提供"经办人身份证件""代理人身份证件"复印件，改为由税务机关当场查验证件原件。其次是压缩办税时限。即将"对纳税人延期申报的核准""非居民企业选择由其主要机构场所汇总缴纳企业所得税"事项由原来的 20 个工作日压缩到 5 个工作日；将"对纳税人变更纳税定额的核准"事项由原来的 20 个工作日压缩到 15 个工作日；将"对纳税人延期申报的核准"事项由限时办结调整为即时办结；将已经税务机关实名认证，现场采集法定代表人（业主、负责人）实名信息的纳税人，申请办理不超过 10 万元的"增值税专用发票（增值税税控系统）最高开票限额审批"事项，调整为由主管国税机关即时办结。

二是改革发票管理制度。逐步取消增值税专用发票最高开票限额事前调查、实地查验，依据纳税人生产经营需要赋予最高开票限额；精简发票办理，全面推行发票线上申领、线下配送，在办税服务厅、银行网点以及街道社区设置发票自助机，方便纳税人领取发票。运城市万荣县国税局为方便果农开票，开通了首家"流动办税服务厅"，在果品销售旺季，到收购现场为果农开具免税发票。把纳税服务送到了偏远山村，送到了果园地头，送到了集贸市场，打通了优化服务的"最后一公里"。"流动办税服务厅"的设立，除时间成本外，按一户果农往返县城代开发票一次开支 20 元估算，仅路费一项，就可以为 2600 余户果农降低成本 5 万余元。

三是在纳税服务方面，将增值税普通发票核定事项、普通发票核定调整、延期申报核准、跨县（区）迁出、非正常户解除等 5 项业务由限时办结改为即时办结；整合办税资源，推进国税局、地税局共建办税服务厅，将同一区域内的国税、地税办税服务厅统一设置为功能完全相同的多个国税地税联合办税服务厅，实行"国税、地税涉税事项一人通办"模式，实现办税场所同质化。推行税收优惠备案网上勾选制度，不再要求纳税人向税务机关报送备案资料，备案资料纳税人留存。利用金融机构、邮政网点等渠道，延伸办税服务网点，真正实现让纳税人"就近跑""家门口办税"。积极开展"24 小时自助办税服务厅"建设，纳税人可以 7×24 小时办理"发票领购""发票认证"等业务。选取纳税人集中、交通便利的地点，设立 6 个 24

小时自助办税终端，为纳税人提供全天候服务。推行"一人两业务、一机两系统、一屏两界面"国税地税联合办税模式，解决了纳税人在不同窗口分别排队办理国税地税业务的问题。一系列纳税服务新举措，切实降低了纳税人的制度性交易成本，深化了税收"放管服"改革，推进了供给侧结构性改革向纵深发展。

四是在征收管理上，除税收法律、行政法规、总局规范性文件规定审核、审批项目外，省、市两级国税机关不再保留任何涉税审核、审批事项；简化清税注销程序，对纳税人省内跨县（区）迁移的，迁出地主管国税机关不再进行清税检查。

五是在转换职能方面，全面推行实名办税，将实名办税系统身份信息与网上服务平台、核心征管系统互联互通，对非正常户、涉嫌虚开增值税发票高风险纳税人进行提示提醒、风险预警、业务阻断，防范涉税风险；强化风险管理资源配置，将各市直属机构职能转换为从事大企业、重点税源企业的风险管理事项和法制事务事项；强化税收风险任务统筹管理，对没有明确疑点纳税人指向的风险管理项目，不再向下推送，切实做到"无风险不打扰"。

六是在税收执法方面，推行"首违不罚"，对法律、法规、规章规定可以给予行政处罚的违法行为，纳税人首次违反且具有主动配合税务机关调查、取证，主动消除或者减轻违法行为危害后果等情节轻微情形，并在税务机关发现前主动改正的或者在税务机关责令限期改正的期限内改正的，不予行政处罚。对纳税人违反税收日常管理的同一违法行为，国税局、地税局只处罚一次。

## 三 推进税企共治，建立互信互利双赢关系

在以往的税收征管实践中，过度注重发挥征税人的作用，注重强调通过征、管、查等手段严格执法，促进纳税人遵从税法，而忽视了发挥纳税人的作用，没有形成征纳双方的良性互动。山西社会各界对建立新型税企关系呼声强烈。一方面，企业纳税的遵从度差异较大。山西省内大型企业集团主要

集中在煤、焦、冶、电等能源行业，按照 2016 年度税收统计数据，煤炭及黑色、有色采掘业实现税收 714.21 亿元，占全省国税收入的 2/3。这些大型企业集团分支机构多、业务分布广，在办理税收业务时，需要面对不同层级、不同区域的主管税务机关，导致常常产生管理方式、服务手段、政策执行统一度等方面的区别和差异，增加了税企双方协作沟通的成本和难度。另一方面，许多纳税人迫切希望税务部门能够加强税收政策辅导解释，希望能够进一步优化办税流程、简化办税程序，切实降低企业办税成本和与税务机关的沟通成本。

针对这些问题，山西省国税局初步建立了税企协同共治工作机制。该工作机制的主要内容如下：加强政策确定性管理，做好税收政策解释；按照纳税人的不同类型，有针对性的提供"个性化、差异化、团队化和集成化"服务，不断健全和完善税企协调、宣传辅导、税企争议处理、政策执行反馈等相关机制；融合"两个监督"，抓好双方双向风险内控管理，分行业建立税企双方共同参与的内控管理团队，企业控制和防范税法遵从风险，税务部门控制和防范执法风险和廉政风险。

山西建投集团在全国乃至国外有上千个工程项目，以往按照"先税后票、以票控税"的税收管理方式，企业每到工程款结算的高峰期，就会面临开具发票的难题。针对该企业的具体问题，税务部门量体裁衣，精准施策，按照双方签署的《税收共治合作协议》，在税企双方严格执行税法的基础上，赋予企业自主确定发票领用数量及开票限额的权限。同时，优化发票领用方式，实现"网上申领、线下配送"，极大方便了企业办税、大幅降低了办税成本，通过测算，每年可为企业节约开支百万元以上，有效释放了政策红利，激发了市场活力。

### （一）税企合作，推进税企共治

2017 年山西省国税局以常态化税企高层对话为平台，先后与 15 家大型企业集团高层召开 3 次税企高层对话会，就税企合作、优化服务、支持大企业转型发展等事项进行交流，建立税企合作关系。在严格遵循《税收征管

法》、保持纳税人权利和义务不变的基础上，省国税局与大企业集团本着互信互利、共治共享共赢的理念，共同签署《税收遵从合作备忘录》和《税收共治合作协议》，确立涉税问题收集、解决、反馈和监督机制，明确税企双方在税收共治中的权利和义务。

### （二）规范执法，营造公平公正的营商环境

为完善税企高层互通的争议处理机制和政策执行反馈机制，省国税局各业务部门协同响应企业诉求，统一执行尺度、统一处罚标准、统一处理意见，实现税收政策执行的确定性、统一性和规范性，维护了法律政策的统一，促进了税法遵从，保护了纳税人合法权益。

### （三）融合"两个监督"，防范企业风险

抓住风险内控机制调查的有利契机，召开企业管理层座谈会，从税务管理与服务的角度与企业高层就加强税务战略合规性、落实税务风险控制权责等内部环境建设的规划建议进行深入交流。税企双方共同组建内控管理团队，围绕企业运营规律和行业特点，梳理细化涉税风险防控重点，建立相应的控制制度和防控流程，健全完善内控机制。在此基础上，实行动态管理，根据政策调整及时更新维护风险防控方法和指南。通过税企双方共同防控，有效降低企业税务风险。

### （四）推进"四大工程"，优化纳税服务，不断优化营商环境

一是服务个性化，即瞄准企业个性化需求，例如积极帮助山西建工集团解决了其各级分公司作为分包方直接与客户进行签约、开票、结算的问题。二是服务差异化，即紧紧围绕国企国资改革、"一带一路"建设、助力民营经济发展等热点问题，开展税企座谈与政策宣讲，分别解决不同受众企业群体关注的焦点、难点问题。三是服务团队化，即在大企业较为集中的太原市成立风险中心（大企业）太原工作部，分行业设立大企业纳税服务项目团队，一对一对接税务总局千户集团驻晋企业和省属列名大企业。四是服务集

成化，即建成集"税务辅导、税务热点、我要查询"三大功能区、十四个子菜单于一体的"大企业纳税服务平台"，初步实现纳税人在一个 App 上完成"查政策、看辅导、防风险、做申报"四大功能，基本适应大企业"准确、完备、及时、便捷"的涉税处理需求。

### （五）党建"双向互通"，税企携手共赢，为企业发展增添动力

积极探索税企党建共创共建，通过与国有大型企业的党支部结对共建，定期开展党员联谊、帮贫扶困等活动，联合推进"两学一做"学习教育常态化，进一步强化党建与税收工作深度统一，实现税企党建工作的有机融合，促进双向监督制约机制的建立和强化，共同构筑反腐防线。

总之，2017 年以来，省国税局深入推进税企共治，与山西建投集团、山西国新能源集团签订了《税收共治合作协议》，组建了 6 个大企业个性化服务团队，建立了"税收共治合作涉税事项协调会议"制度，开发上线了山西建投集团网上集成化办税平台，研究解决了大企业反馈的各类涉税问题 60 余项，组织举办税企对话会及政策宣讲会 5 次，收益企业 100 余户，持续加强风险防控，为 7 个集团企业及其 61 户成员单位进行了涉税数据分析，帮助化解税收风险 32 个，优化了税收营商环境，在打造共治共享共赢的税收治理新格局方面迈出了坚实步伐。

## 四　坚持德法相融，推进税收善治共治

2017 年，山西省国税局出台了《关于进一步把道德融入税收法治建设的实施意见》，强化道德对税收法治建设的支撑作用和滋养作用，既发挥法治的规范与强制作用，又发挥道德的教化和固本作用，实现税收善治和共治。

### （一）坚持四个融入，使崇德尚法润入人心

一是把社会主义核心价值观融入税收法治建设。自觉承担起培育和践行社会主义核心价值观的责任，积极运用法治思维和法治方式，推动以"三

个倡导"为主要内容的社会主义核心价值观建设。二是把中华优秀传统文化融入税收法治建设。深入挖掘和自觉汲取中华优秀传统文化中的法治思想资源，把中华优秀法治思想作为加强税收法治建设的思想资源和精神动力，切实做好继承和弘扬。三是把社会主义法治精神融入税收法治建设。通过强化法治意识，使法治精神浸润人心，使法治内化为人们的自觉意识，增强全社会厉行法治的积极性和主动性。四是把公务员职业道德建设融入税收法治建设。将公务员职业道德的培育贯穿税收法治建设全过程，将知与行、自律与他律、示范与引领有机结合，全面提升全省国税干部的职业道德水平。

## （二）创新方式方法，以道德滋养法治建设

一是提升税务人员法治理念。通过组织法治讲座、法治论坛、法治研讨等，利用国家宪法日、宪法宣誓、法律颁布实施纪念日等推进经常性学法，提高税务干部运用法治思维和法治方式解决问题的能力。二是抓好税收法治文化建设。把税收法治融入税务文化、广泛开展创建税收法治文化基地等税收法治文化建设活动。将家庭家风建设融入税收法治建设中，引导广大国税干部讲道德、守规矩、重家风。三是严格规范公正文明执法。坚持用社会主义法治理论指导税收法治实践，积极试点行政执法三项制度，探索柔性执法、说理式执法等非强制性执法手段，实现执法要求与执法形式相统一、执法效果与社会效果相统一。四是加强纳税信用体系建设。拓宽纳税信用评价结果应用范围，对纳税人实施分类别、差异化、精准化的税收管理与纳税服务。落实好"黑名单"制度，发挥多部门联合惩戒措施"组合拳"的威力。

## （三）落实工作责任，筑依法治税道德根基

一是加强组织领导，精心谋划部署。将道德融入税收法治建设工作作为省级法治创建示范点建设和法治基地创建活动重要内容，纳入绩效管理，强化督察考核，明确具体贯彻落实措施，实化、细化、分解各项工作任务。二是树立法治理念，提升法治素养。牢固树立社会主义法治理念，完善学法用

法制度，认真学习宪法及法律法规，做成文法律的自觉尊崇者、模范遵守者、坚定捍卫者。三是践行社会公德、涵养职业道德。践行和弘扬社会公德、职业道德、家庭美德等社会主义道德，从内心深处信仰、敬畏、尊崇法律，做到崇德向善、尊法守法，增强税收法治的道德底蕴，筑牢依法治税的道德根基。

# 五　开展省级法治创建示范点建设，让依法治税蔚然成风

2017年山西省委法治建设领导小组选择"一市、三县（区）、一企、一校、一行政执法单位"七个省级示范点开展法治创建，省国税局被确定为"一行政执法单位"省级法治创建示范点，省国税局从以下方面积极推进行政执法单位法治创建示范点建设工作。

## （一）上下联动，注重创建实效

按照山西省委法治建设领导小组《关于开展法治创建示范点建设的指导意见》，省国税局结合实际，制定印发了开展法治创建示范点建设的具体方案，明确了工作目标，细化了工作要求，落实了工作责任，突出8大类40项重点创建任务。省市县三级国税部门按照工作方案，上下联动，共同推进。

## （二）以点带面，突出示范引领

山西省国税局根据法治工作基础、地域分布情况，在全省选择16个基层国税局作为全省国税系统法治创建示范点，在规范重大决策、试点行政执法三项制度、创新事中事后监管、推动德治与法治相结合等工作方面，先行先试，先行突破，探索可复制、可推广的经验做法。蒲县国税局作为示范点，在推动德法相融方面积极作为，建立了"明德铸魂、崇法善治"的法治品牌，有效发挥了示范引领作用。

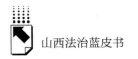
### （三）聚焦问题，破解工作难题

把解决问题作为深化创建的重点，围绕行政管理、业务管理、税收执法等方面的突出问题，聚焦纳税人关心关注的热点难点问题，用实招、出硬招，通过开展法治创建增强干部法治思维、提升干部执法水平、规范税收执法行为，营造亲民公正的税收法治环境，促进税法遵从和税收共治。

# B.14
# 山西省深化科技管理改革 提高
# 科技治理能力报告

**摘　要：** 2017 年，为落实科教兴国战略、加快建设法治政府，山西省
　　　　　科技厅把依法行政理念贯穿于深化科技管理改革、提高科技
　　　　　治理能力工作中。山西省科技系统通过持续完善科技创新改
　　　　　革政策制度，制定科技计划管理改革相关配套制度，完善科
　　　　　技管理运行保障政策体系，不断推进科技管理体制机制改革，
　　　　　以解决问题为牵引，大力提高科技治理能力水平，为打造风
　　　　　清气正的科技管理生态、大力提高透明高效的科技治理能力
　　　　　奠定了坚实的基础。

**关键词：** 科技管理改革　科技治理能力　科技政策

　　近年来，山西省科技厅把依法行政理念贯穿于深化科技管理改革、提高
科技治理能力工作中。针对科技系统存在的权力运行制度体系不健全、科研
项目碎片化与重复立项、科研项目"重立项、轻管理"、科研经费"重物轻
人"以及科技立项透明度不高等问题，山西省科技系统通过持续完善科技

* 课题组负责人：张克军，山西省科技厅党组成员、副厅长。课题组成员：宋黄俊，山西省科
技厅政策法规处处长；杨先锋，山西省科技厅政策法规处副处长；吴玉祥，山西省科技厅政
策法规处处长；杨静，山西省科技厅政策法规处主任科员；张淑芳，山西省科技厅政策法规
处；刘冬，山西省科技厅政策法规处。执笔人：许超，山西省科技厅政策法规处；王永胜，
山西省科技厅政策法规处。

创新改革政策制度，制定科技计划管理改革相关配套制度，完善科技管理运行保障政策体系，不断推进科技管理体制机制改革。在规范权力运行制度体系、加强科技项目立项管理、建立统一的科技计划管理平台、完善科技计划项目全过程管理以及解决人为因素干扰、提高透明度等方面，取得了具体成效。为打造风清气正的科技管理生态、大力提高透明高效的科技治理能力奠定了坚实的基础。

## 一　改革科技管理体制，激发科技创新动力

### （一）科技创新改革

1. 强化创新驱动顶层政策设计

一是制定了《山西省科技创新促进条例》（简称《条例》）。该《条例》由山西省十二届人大常委会第四十一次会议审议通过，并于 2017 年 12 月 1 日起正式实施，共 8 章 37 条，在突出政府引导功能、强化企业主体作用、加强平台与服务体系建设等方面均提出了新的规定，并且把创新制度、成果转化引导、科技计划项目管理改革等具有山西特色的政策措施上升为法规条文，为全省创新驱动、转型发展提供坚实的科技支撑。二是省委、省政府出台了《山西省关于贯彻落实〈国家创新驱动发展战略纲要〉的实施方案》，落实了科技政策创新、新兴产业创新发展、传统产业创新提质等"十大创新行动"。三是制定出台了以增加知识价值为导向分配政策的 14 个配套落实文件，集中打造鼓励创新的最优政策环境，激发科技人员创新创业的积极性和创造性，提高科技人员科技创新的成就感和成果转化收益分享的获得感。四是制定出台《山西省支持科技创新若干政策》，在引导企业加大研发投入、开展重大关键技术攻关、支持科技成果转化产业化、推进高新技术产业开发区建设等 9 个方面，采取奖励、后补助、股权投资等方式，提升全省科技能力建设。五是制定了《关于深化山西省省级财政科技计划（专项、基金等）管理改革的方案》，通过改革管理体制、统筹

科技资源，解决了科技资源配置"碎片化"和科技项目重复立项等问题，使科技工作更加聚焦全省重大战略任务。六是制定了《山西省推进县域创新驱动发展的实施意见》《山西省全面推进知识产权强省建设行动方案》，支持县域开展以科技创新为核心的全面创新，实现县域经济社会协调发展。七是全面贯彻落实省委十一届二次全会各项部署和《山西省"十三五"科技创新规划》，即在考核评价层面设立了区域创新驱动考核指标体系，推动科技创新为转型升级服务。

2. 制定科技计划管理改革相关配套制度

山西省科技厅出台了《山西省科技计划管理办法》"1+7"制度体系、《山西省科技计划科技报告管理暂行办法》、《山西省科技奖励办法》及《实施细则》等，对科研项目从申报、形式审查、评审、立项、过程管理，到结题验收、成果鉴定、评奖都做出详细的规定，特别是对重大科技专项，明确至少每半年检查一次进展情况，项目到期后及时进行结题验收，并按照《山西省科技计划科技报告管理暂行办法》对项目执行情况进行公开报告，进一步强化过程管理，实现项目实施过程全环节、全流程的监管。该部门还制定了《山西省科研项目经费和科技活动经费管理办法》和《〈山西省科研项目经费和科技活动经费管理办法（试行）〉补充规定》，进一步创新科研资金使用和管理方式，促进形成充满活力的科技管理和运行机制，激发了广大科研人员创新创业积极性。

3. 完善科技管理运行保障政策体系

山西省科技厅新建和修订了科技管理运行的三大类53项制度。一是落实"两个责任"的相关制度，包括《中共山西省科学技术厅党组、山西省纪委驻省科技厅纪检组关于落实全面从严治党主体责任和监督责任实施办法（试行）》《中共山西省科学技术厅党组工作规则》等。二是建立健全厅内部控制和日常管理的其他制度，包括《山西省科技厅机关及直属单位内部控制暂行办法》《山西省科技厅国有资产管理暂行办法》《山西省科技厅机关处级干部选拔任用工作程序》《山西省科技厅政府信息公开规定》等。

### （二）持续推进科技管理体制改革

**1. 严格落实重大行政决策程序**

山西省科技厅研究制定了《山西省科学技术厅关于落实〈关于健全重大行政决策机制的意见〉实施细则》，明确规定了决策动议、公众参与、专家论证、风险评估、合法性审查、集体讨论决定和执行与后评估"七步法"的具体操作流程和办法。此外，《山西省科技重大专项管理办法》《山西省科技厅党组关于加强山西省科技重大专项组织管理工作的实施意见》这两份重要文件将科技重大专项由煤基领域拓展至战略性新兴产业领域，加强了对科技重大专项的组织领导。

**2. 持续推进科技计划管理体制改革**

一是省级科技计划管理联席会议负责项目立项的决策，把计划的组织执行权下放到第三方专业项目管理机构，实现了决策、执行和监督的分离。二是建成科技计划管理信息平台、科技资源开发共享管理服务平台、科技成果转化和知识产权交易服务平台、科技报告服务系统、高新技术企业管理服务平台等五大平台并成功运行，实现科技管理与服务的线上线下无缝对接。三是编制了科技计划的评审细则，由第三方专业机构组织项目评审，邀请财务专家审核项目，评审结果报厅际联席会审定，严格规范了科研项目立项和管理等各项权力流程的运行。特别是通过制度建设，解决了在科研项目立项评审中，如何引导企业成为创新主体、促进科技成果转化等问题，引导企业和高校重视科研能力建设等问题。

**3. 依法行政，推进行政审批制度改革**

一是根据《中共山西省委办公厅山西省人民政府办公厅关于推行各级政府部门权力清单制度的实施意见》，山西省科技厅严格按照"法无授权不可为"的原则，对各项科技行政权力的运行依据、运行标准和要求进行深入研究，制定完成了省科技厅权力清单24项。根据省政府的安排部署，省科技厅全面梳理了行政审批事项，共总结了3项行政许可事项，即实验动物许可证核发、实验动物出口审批和实验动物工作单位从国外进口试验动物原种登记单位指定。二是全面编制权力事项运行流程。即对省科技厅所有权力事项的工作流程进行了重新梳理，编制权力运行流程责任清单，对运行过程中的各环节进行了科学配置和监督。

4. 科学配置，规范权力运行

一是完成了机构设置和职能改革。山西省科技厅按照省编办的正式批复，对机关处室比较重要的职能进行分工和调整，其中资源配置与管理处负责牵头科研项目的管理和资源配置，创新发展与计划成果处负责管理监督科研项目第三方专业机构，政策法规与监督处负责建立科研管理监督体系，对科研管理开展绩效评估。从根本上改变了省科技厅过去由业务处独立负责项目管理，存在自由裁量权较大的情况，充分发挥了多层次监督作用，实现了机关职能由科研管理向创新服务转变。二是山西省科技厅抓好"双随机一公开"工作。即在实验动物许可和专利执法中推行"随机抽取检查对象、随机选派检查人员"的"双随机"抽查和"抽查信息公开"的"一公开"制度，强化对行政许可和行政处罚事项的事中事后监管。

## （三）持续健全科技改革监督评估体系

1. 多层次监督

即各类权力事项实现了多层次、全过程监督。以省级科技计划管理为例，项目申报、立项评审、过程管理、验收评审等环节由第三方专业机构负责实施，省科技厅相关业务处对各专业机构的项目管理进行监督，创新发展与计划成果处对专业机构的管理进行监督，政策法规与监督处负责建立监督体系和绩效评价。

2. 完善监督制度体系

山西省科技厅通过制定《中共山西省科学技术厅党组、山西省纪委驻省科技厅纪检组关于落实全面从严治党主体责任和监督责任实施办法（试行）》，完善厅纪检组按制度程序和细则落实监督工作，实现事前预防、事中监控、事后处置，做到动态防控。

### 3. 注重公开监督

全面修订《山西省科学技术厅政府信息公开规定》，全面完善信息公开目录，明确公开范围、公开内容、公开重点、公开方式，做到应公开全公开，以公开促进公平和公正。一是制定并公开发布了《山西省科技计划（专项、基金等）评审细则及评审表》《山西省科技计划（专项、基金等）项目立项及省科技厅业务管理流程》。该部门公开发布了科研项目从申报到立项各个环节的程序、责任人和完成时限，公开发布了省科技厅所有业务管理流程，包含办理过程各个环节的处理人、责任人，具体内容和完成时限，从而实现了省科技厅所有业务工作全过程公开、全环节公开。二是省科技厅制定下发的文件，全部在外网和内网公开；所有涉及人事任免、考核等通知全面在内网和外网公开；所有重点工作均以工作动态的形式向社会发布；所有涉及评选、推荐、审查等各类事项均在网上公示。特别是在科技计划管理环节，组织在形式审查、专家评审、立项结果三个阶段进行公示，真正做到公开、透明，接受社会监督。

## 二 以解决问题为牵引，大力提高科技治理能力水平

### （一）转变科技厅职能

即科技部门的职能定位由过去的研发管理转向创新服务；从主要面向项目研发单位转为面向包括科研单位在内的各类创新主体；更好运用"服务"履行创新职能，从注重"管"转为主要采取服务方式；更好围绕"全链条"履行创新职能，从更多围绕研发环节拓展为从研发到产业化应用的创新全链条；更好营造"生态"履行创新职能，从具体组织科技活动转为更好营造创新生态环境。在管理模式上，山西省科技厅深化省级财政科技计划（专项、基金等）管理改革，搭建了 15 个厅局参加的统一管理平台，并推行了以下措施。

一是简政放权做"减"的工作，不再直接管理具体项目，而是积极培育和组建第三方项目管理专业机构，充分发挥专家和专业机构在科技计划具体项目管理中的作用。

二是充实完善做"补"的工作，加强战略规划、政策标准、重大攻关、评价监管、体制改革、法治保障等职责。根据全省产业发展布局，编制产业创新链、凝练重大专项；建立科技管理服务的制度体系，并评估完善；加强监督监管，加大对第三方机构的监管和立项项目的监管。

三是强化职能做"加"的工作，建立科技管理信息平台、科技成果转化和知识产权平台、科技资源开放共享管理服务平台、科技报告共享服务平台、高新技术企业管理服务平台强化创新环境营造、资源开放共享、科技服务、科技报告等工作，补上公共创新服务的"短板"。

## （二）健全权力运行制度

既制定落实"两个责任"等从严治党的制度，又完善科技计划管理等行政工作制度；既完善创新团队和平台建设、高新技术企业认定等核心业务工作方面的制度，又补充理论学习、信访维稳、资产管理、档案管理等常规工作方面的制度；既突出对权力运行风险点的控制，又兼顾廉政风险相对较小的地方；既提出省级层面推动科技体制机制改革的方案，又制定厅级层面各类科技计划管理的办法，还明确相关处室、直属单位具体操作、具体监管的全部工作流程。由此山西省科技系统基本实现全方位覆盖、全流程细化，建立横向到边、纵向到底的制度网络体系，初步形成省级科技系统"不能腐"的密实制度"笼子"。

## （三）解决了科技项目重立项轻管理的问题

过去科技系统对项目立项关注较多，而对项目的实施过程关注不够。现在山西省科技厅通过制定《山西省科技计划管理办法》"1＋7"制度体系、《山西省科技计划科技报告管理暂行办法》和《山西省科学技术奖评审工作

规程》等，对科研项目从申报、形式审查、评审、立项、过程管理，到结题验收、成果鉴定、评奖都做出详细的规定，特别是对重大科技专项，明确至少每半年检查一次进展情况，项目到期后及时进行结题验收，并按照《山西省科技计划（专项、基金）科技报告管理暂行办法》对项目执行期间形成的科技报告进行公开，进一步强化过程管理，实现项目实施过程全环节、全流程的及时监管。

### （四）解决了科研经费"重物轻人"的问题

山西省科技厅通过《山西省科研项目经费和科技活动经费管理办法（试行）》和《〈山西省科研项目经费和科技活动经费管理办法（试行）〉补充规定》这两个文件，解决了科研人员创新活力不足，智力劳动与收入分配不完全符合的问题。根据科研活动自身的规律，扩大了劳务费的开支范围。一是关于劳务费开支不设比例限制和绩效支出取消比例限制。二是将劳务费开支范围放宽到整个项目组成员都可以领取劳务补助。三是明确劳务费开支标准，规定科研项目负责人每人每月 3000 元以内，高级职称科研人员每人每月 2000 元以内，中级职称科研人员及其他参与人员每人每月 1500 元以内。四是明确要求项目负责人在确保项目顺利完成的情况，统筹安排劳务费等项目经费支出，并报项目承担单位审批和公示。这些举措在科技项目和资金管理的政策制度方面处于全国先进的水平，最大限度激发科研单位和科技人员的创新积极性。

### （五）排除科技立项中的人为因素，提高透明度

由于过去重点参考同行专家评审，所以科技管理部门对项目立项的自由裁量权比较大。科研人员由于担心项目立项不公正，也热衷于拉关系、跑项目。现在山西省科技厅通过科技计划项目管理改革，把项目立项的决策权交给省级科技计划管理联席会议，把执行权交给第三方项目管理专业机构，通过信息化平台建设，制定和细化管理细则，明确标准，实现各类计划项目评审流程、评审标准、评审专家、立项结果的全过程透

明公开，项目产生、项目立项、项目管理三者分离，可有效去除人为因素、行政化干扰。

### （六）依法行政、高效行政、廉洁行政相统一

按照责权相适、责权一致的原则，通过制定 63 项权力运行责任清单，明确每项工作的名称、类别、内容、行使主体、法律法规依据，将工作细化到具体事项、具体流程、具体环节、具体标准、具体时限以及相关责任领导和责任人，并在网上公开，接受服务对象和社会公众的监督，使办事流程规范化、标准化，做到"法定职责必须为"，实现依法行使权力和高效开展工作的有机统一。

## 三　存在问题及改进方向

尽管山西省科技厅在上述领域取得了一些成绩，但仍然有部分工作需要改进。

一是加强制度落实。科技计划管理新体制的建立和一系列制度的出台，将分散在各部门的财政科研资金集中到统一管理平台，政府各部门不再直接管理具体科技项目。下一步需要各部门加大对新体制的理解和把握，在公开统一的平台上更好地发挥部门的优势，真正形成创新的"大合唱"。

二是完善制度。按照依法行政要求，新完善制定的管理制度需要在实践过程中进一步检验其有效性和可操作性。要组织第三方评估，对项目管理专业机构等进行评估。

三是提高干部队伍素质。山西省科技厅充分认识到其职能正在实现从研发管理到创新服务的转变。下一步应强化服务意识、责任意识和依法行政意识。

四是弥补基层监管作用。目前山西省县级科技管理机构整体处于萎缩状态，职能不健全，与全面实施创新驱动发展战略的落实不相适应，导致审批

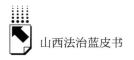

事项监管难以落地，一些科技创新政策在县及县以下部门也存在落不下去、实施不了的难题。随着科技管理新体制的建立，需要权力不断下放和管理向基层延伸。因此，下一步应出台《山西省推进县域创新驱动发展的实施意见》，支持县域开展以科技创新为核心的全面创新，打造发展新引擎、培育发展新动能。

# 区 域 法 治

**Regional Rule of Law**

**B.15**

# 吕梁市行使地方立法权
# 推进科学民主依法立法报告

吕梁市委法治办课题组*

摘　要：　吕梁市作为山西省首批制定地方性法规的设区的市，自2015
　　　　年以来，依法行使地方立法权，围绕提高立法质量的总体目
　　　　标，立足城乡建设与管理、环境保护、历史文化保护中等重
　　　　点领域的立法需求，从加强机构人员、制度建设入手，探索
　　　　立法工作思路，畅通立法工作渠道，保证立法质量，突出地
　　　　方特色，在推进科学立法、民主立法、依法立法方面，初步
　　　　形成了富有特色的"吕梁模式"，实现了地方立法工作的良
　　　　好开局。

* 课题组负责人：李小明，吕梁市委常委、政法委书记、市委秘书长。课题组成员：刘毅，吕
梁市人大法工委主任；王建强，市委法治办专职副主任。执笔人：刘毅，吕梁市人大法工委
主任。

**关键词:** 　地方立法　科学立法　民主立法

　　法律乃治国之利器,良法是善治之前提。提高立法质量是立法工作永恒的主题。党的十九大报告提出"推进科学立法、民主立法、依法立法,以良法促进发展,保障善治",对中国特色社会主义法治尤其是立法工作提出了新要求。吕梁市自 2015 年 11 月被山西省人大赋予地方立法权以来,不断探索、砥砺前行、稳步推进,交出了一份合格的立法"成绩单"。2016 年 7 月制定出台了《吕梁市人民代表大会及其常务委员会立法程序规定》,2017 年 1 月制定出台了《吕梁市柳林泉域水资源保护条例》《吕梁市城市绿化条例》,2017 年 11 月制定出台了《吕梁市非物质文化遗产保护条例》,2017 年 12 月制定出台了《吕梁市扬尘污染防治条例》等五部地方性法规。进入正式立法程序的《吕梁市碛口古镇保护条例》《吕梁市中小学校幼儿园规划建设条例》,已分别经 2017 年 12 月吕梁市人大常委会初次审议和二次审议,实现了地方立法工作的良好开局。

# 一　加强立法保障

　　2015 年,根据修订后的立法法的规定,吕梁市作为设区的市取得了地方立法权。自此,就城乡建设与管理、环境保护、历史文化保护等方面的事项制定地方性法规,成为吕梁市人大及其常委会的一项全新工作。为保障和规范立法工作,确保立法有章可循、有规可依,吕梁市紧紧围绕提高立法质量总体目标,从加强机构人员、制度建设入手,不断探索立法工作思路,畅通立法工作渠道,使立法工作稳步推进。

## (一)坚持立法规划先行

　　立法需求是衡量地方立法的一个重要指标,只有立好项,才能起好步。为顺应地方立法新要求新任务,吕梁市人大常委会在实践中坚持"党的领导、立法为民、突出特色、注重质量、引领推动"的立法理念。在编制五年立法规划中，围绕城乡建设与管理、环境保护、历史文化保护，通过吕梁新闻媒体发布立法项目建议、向市人大代表和市政府及其有关部门征求意见、深入基层调研、召开座谈论证会等方式，征集有效立法建议项目102个。按照"突出重点、急用先立、科学立项"的原则，编制了9个正式项目和10个调研项目的五年立法规划，通过市三届人大常委会第九次主任会议进行了审议，充分发挥了五年立法规划在立法实践工作中的指导作用。

### （二）着力规范立法程序

为保障和规范立法活动，科学有序地做好立法工作，起草制定了《吕梁市人民代表大会及其常务委员立法程序规定》，该规定共8章44条，进一步明确了编制立法规划、法规草案的起草、市人民代表大会立法程序、市人民代表大会常务委员会立法程序、法规案的批准公布、法规解释等内容，特别是对市人大及其常委会的立法程序做了详细规定。建立了常务委员会审议法规案，采取两次审议的制度。如果经两次常务委员会会议审议后，仍有重大问题需要进一步研究的，可经三次会议审议再付表决。建立了法制委员会统一审议制度，法制委员会根据常务委员会组成人员的意见、有关工作委员会的意见和各方面意见，对法规案进行统一审议，提出修改情况的汇报或者审议结果报告及法规修改稿，对重要的不同意见应当在汇报或者审议结果报告中予以说明。建立了暂不付诸表决和终止的制度，规定列入常务委员会会议审议的法规案，因对制定该法规的必要性、可行性等重大问题存在较大意见分歧搁置满两年的，或者因暂不付诸表决经过两年没有再次列入常务委员会会议议程审议的，由主任会议向常务委员会报告，终止该法规案审议。

### （三）扎实推进立法计划

围绕市委市政府中心工作，吕梁市人大常委会根据编制的五年规划，每

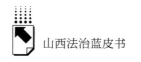

年都要制订当年的立法计划。比如确定《吕梁市柳林泉域水资源保护条例》作为当年的立法计划时，普遍认为泉域水流量严重减少、地表水污染、人为改变河流生态环境等问题，已严重影响到吕梁市区、中阳县和柳林县城供水及六个相关县区部分农村生活用水和工业生产用水，影响了泉域内水生态环境平衡和经济的快速发展。保护柳林泉域水资源迫在眉睫。本着"急用先立"的原则，将该条例列入了当年的立法计划。《吕梁市城市绿化条例》是根据市委市政府提出的建设"生态文明、美丽吕梁"的要求，把解决吕梁城区绿化面积总量不足、发展不够平衡、绿化水平较低、建设工程的绿化配套工程未落实、违反城市总体规划和城市绿地系统规划、随意侵占绿地和改变规划绿地性质的现象比较严重、城市绿化法制建设滞后、管理工作薄弱等存在的问题作为立法的重点。该条例的通过实施使这些问题逐步得到解决，收到了预期的立法效果。

### （四）加强立法能力建设

地方立法权的落地，对吕梁既是机遇又是挑战，如何提升立法质量和立法能力是当前最严峻的挑战。吕梁市人大常委会通过"走出去"的方式，不断提升市人大常委会从事立法工作的整体能力和水平。2017年6月，市人大常委会组织市人大常委会组成人员、部分市人大代表及立法联系点工作人员赴西北政法大学进行了为期5天的法治思维与地方立法能力提升专题培训。

## 二　坚持科学立法

科学立法的核心在于尊重和体现客观规律。在立法实践中，吕梁市人大常委会所制定的法规专业性强、影响面广，其中很多规范涉及重大利益调整，在立法条文表述上的简单变化都可能有重大影响，可以说牵一发而动全身。为了使立法更加科学合理，制定的法规接地气，突出地方特色，吕梁市人大努力从三个方面探索实践。

### （一）坚持以问题为导向，立足解决实际问题

吕梁市人大常委会始终坚持以人民为中心，从客观实际出发，立群众关注之法。立法实践中，《吕梁市城市绿化条例》的制定，较好地解决了长期困扰园林绿化主管部门的绿化规划、绿化工程审批许可、绿化缺建费收取、绿化用地标准设置等问题。《吕梁市非物质文化遗产保护条例》的制定，重点破解了吕梁市非物质文化遗产保护中存在的"政府在非物质文化遗产保护中主体作用发挥不够、社会对非物质文化遗产保护认知不足及盲目性保护、非物质文化遗产保护社会参与机制不够健全"等问题。

### （二）秉持科学的态度，重视专家意见

吕梁市人大在每部法规二审表决前，都要就一审修改稿书面征求山西省人大法工委的意见，并邀请山西大学法学院、太原理工大学法学院以及省直相关部门的专家、学者，就修改过程中遇到的立法难点和困惑交流探讨，充分听取吸纳专家的意见，对有关条文进行补充、修改、完善，确保规范内容、科学合理、切实可行。在修改《吕梁市扬尘污染防治条例（草案）》时，根据山西省环保厅专家的意见，对草案的立法架构进行了调整，对道路扬尘污染防治措施进行了修改，强化了防治措施，要求在高速公路出口、城区过境路段、工业园区道路等重要路段和路口安装防尘智能监控设施。在制定《吕梁市柳林泉域水资源保护条例》过程中，先后组织了三次专家论证会，就如何遏制柳林泉出水量减少、防止污染泉域岩溶地下水、关井压采、水质保护、污染源控制等重大问题进行了论证。在此期间，组织召开条例起草修改工作协调会 10 次，进行实地调研 8 次。

### （三）坚持求真务实，推进精细化立法

在立法过程中，吕梁市人大秉持少一些原则性、宏观性的条款，多一些细化、量化的规定，少一些宣示性和号召性的条款，多一些实质性、具体性的规定的宗旨，能具体的尽量具体，能明确的尽量明确。比如制定《吕梁

市非物质文化遗产保护条例》时，始终坚持与上位法规定不重复的制定原则，避免追求大而全、小而全的常规立法形式，摒弃重复立法、层层转抄的做法，有几条就立几条、管用几条就定几条，有的放矢地对关键条款进行深入研究论证并加以修改完善。《吕梁市扬尘污染防治条例（草案）》修改时，对《中华人民共和国大气污染防治法》规定的建筑施工、物料堆场、裸露地面等方面的扬尘污染防治措施进行了细化，明确了监管主体和具体的防治责任单位，切实增强了法规的可操作性和执行性。在对《吕梁市柳林泉域水资源保护条例》的修改中，充分把握了上位法的立法要义和立法精神，注重与上位法相衔接，立足吕梁的客观实际，对涉及解决泉域水资源保护的条款充分论证，尽量具体，十分注重该条例在具体实施过程中可操作、真管用、接地气。该条例具体规定了泉域水资源的规划、保护、管理，细化了泉域水资源保护的范围，提出对泉域水资源保护实行分级保护，在不同的保护范围内，提出了相应的禁止行为。条例实施一年多以来，水利主管部门加大对泉域保护区范围的巡察力度，关闭水井 11 眼；督促泉域范围内 35 户企业开展了项目对柳林泉域水环境影响评价，加强了用水户的节水、护水意识；实施完成了三川河柳林泉域段河道整治和保护项目，提高了柳林泉域泉口的出流量。

## 三　推进民主立法

民主立法的核心在于为了人民、依靠人民。为了使立法"充分反映民意，广泛集中民智"，吕梁市人大在立法实践中特别注重"兼听以集思广益，沟通以增进共识"。

### （一）广泛征求公众的意见

在每部法规草案提请市人大常委会第一次审议后，均及时通过《吕梁日报》、吕梁人大网站将法规草案向社会予以公布，同时，向市政府有关部门、各区（县）市人大常委会等征求意见，最大限度地让社会公众关注立法、参与立法。两年来，采取《吕梁日报》公告等方式将法规初审草案及时向社会公开征求意见 4 次，深入县（市、区）立法调研 30 多次，与市直相关部门书面征求意见及座谈 40 多次。特别是《碛口古镇保护条例（草案)》征求意见过程得到了市政协办公厅和临县人民政府的高度重视。市政协接到征求意见函后，专门召集市政协委员进行了讨论，整理意见建议 30 多条，及时予以反馈。临县人民政府针对《吕梁市碛口古镇保护条例（草案)》内容专门召开了政府常务会，在政府法律顾问的参与下，逐条进行了研讨，书面提出了 20 多条修改意见。

### （二）充分发挥人大代表的作用

人大代表来自人民，能够集中体现社会公众的利益诉求。在制定《吕梁市扬尘污染防治条例》的过程中，先后邀请了数位省、市、县人大代表，听取他们对法规草案的修改意见和建议，取得了较好的效果。《吕梁市扬尘污染防治条例》突出强调了扬尘污染防治应当遵循"政府主导、部门监管、公众参与、排污担责"的原则。按照"党政同责、一岗双责"的要求，建立了联席会议、信息共享、资金投入的保障机制，建立了应对重污染天气防治的应急机制，建立了责任考核、挂牌督办、约谈等工作约束机制，各级政府的主体职责得到充分发挥，扬尘污染违法成本低的局面得到有效扭转。该条例充分考虑吕梁经济社会发展的实际，用强制的方法切实解决扬尘污染防治中存在的突出问题，对建筑工地或者贮存易产生扬尘的物料未采取有效措施防治扬尘污染的，可以按日连续处罚，加大了对扬尘污染防治处罚的震慑力。使全社会的环保意识、生态意识得到增强，形成了人人参与、全民行动、爱护生态环境、保护环境质量的良好社会氛围。

### （三）注重听取利益相关方面的意见

如在制定《吕梁市非物质文化遗产保护条例》过程中，邀请国家级、省级、市级、县级的传承人，采取组织召开座谈会的形式，充分听取和吸纳他们的意见，对《吕梁市非物质文化遗产保护条例（草案)》进行了全面修

改，将制定本级非物质文化遗产代表性项目及其保护单位、代表性传承人的认定办法，由"市、县文化主管部门制定实施"修改为由"市、县文化主管部门制定，报市、县人民政府批准公布后实施"。

### （四）充分发挥基层立法联系点的作用

为了满足人民群众充分参与立法的需要，扩大公众参与立法的范围，畅通公众有序参与立法的渠道。以便及时了解、掌握、征求、吸收基层对立法活动的意见建议。吕梁市人大常委会建立了20个基层立法联系点，明确了基层立法联系点的主要任务，建立了工作机制，通过电话、网络、微信等媒体，采取走访交流、座谈调研等方式，广泛听取了基层组织和群众对法规草案的修改意见，以及对立法工作的其他意见和建议。

## 四　问题和困难

立法工作涉及领域广、专业性强、技术要求高、参与部门多、经历时间长的工作。要做好立法工作，必须找准短板，正视立法存在的问题。近年来，吕梁虽然在立法工作中取得了一定的成效，但仍存在不少困难和不足。一是对立法工作认识不足。部分市人大常委会组成人员认为基层立法没有必要，不能正确对待立法工作在基层法治建设中的推动作用。在审议过程中，责任心不强、审议不够充分的问题仍然存在。二是人大主导立法工作还存在一些薄弱环节。立法过程中，过于依赖政府及政府组成部门。人大代表、社会公众提出的立法项目数量较少。取得立法权后，召开了两次人民代表大会，但没有一件立法议案。法规草案绝大部分是由政府部门起草，仅《吕梁市碛口古镇保护条例（草案）》由法工委直接牵头起草。法规立项、论证、草案表决通过前的评估等科学立法工作还未形成常态化机制，征询调研、协商参与等民主立法的深度和实效有待加强。三是社会公众参与立法的意识有待进一步加强。法规草案初审后，经新闻媒体向社会广泛征求意见，主动向人大反映和提出的意见和建议数量很少。四是立法队伍建设有待进一步加强。没有建立起常委会组成人员常态化的培训机制，常委会组成人员培训次数较少。涉及城建、环保、历史文化等政府部门的法制人员，立法素质也有待提高，特别是市人大立法工作专职机构不健全，人员短缺，立法力量亟须加强。五是法规草案质量有待提高。目前制定的地方性法规绝大多数是行政法规，法规草案的提出主体主要是吕梁市人民政府，法规草案主要由相关的政府部门负责起草，由政府法制办负责审查把关。一些法规草案在一定程度上存在质量不高、内容不完善、格式不规范、突出部门利益等问题。从制定的法规看，多数都在人大常委会审议期间进行了大量的修改。六是吕梁市人大法制委在进行统一审议中，对法规草案充分研究、讨论、调研等还不够深入。七是由于人大常委会会议期间审议法规案的时间较短，在充分发挥常委会组成人员审议法规草案的作用方面也存在一些需要改进的问题。

# 五　经验和启示

## （一）始终坚持党对立法工作的领导

每部法规草案通过前，都要以市人大常委会党组名义向市委报告法规草案的制定情况。2017 年 10 月 12 日，吕梁市人大向市委常委会汇报《吕梁市扬尘污染防治条例（草案）》的制定情况，市委认真研究后认为，条例的制定是市人大常委会落实习总书记生态文明建设重要指示精神的具体体现，吕梁市制定该条例非常必要和及时，也使党的主张通过立法成为大家普遍遵守的规范。

## （二）始终坚持科学立法、民主立法、依法立法

吕梁市建立了立法专家咨询库制度，每部条例的制定，都要多次邀请省级、市级有关专家学者，就重大问题进行研讨论证。坚持开门立法，深入基层，多次调研，广泛征询基层群众和人大代表的意见和建议，特别是用

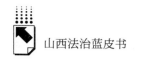

书面函件向市政协委员和社会有关人士发函征求意见，确保了每部条例的立法质量。

### （三）始终坚持正确处理人大主导立法与政府起草法规草案的关系

人大主导立法，不是不考虑政府工作的客观实际。让政府起草，不等于就存在部门利益化的问题。在修改审议过程中，坚持以问题为导向，一切从客观实际出发，对涉及重大的政治、经济、社会等问题，以及减损公民权利、增设公民义务等问题，从严对接上位法的规定，不突破、不缩减，本着实事求是，科学严谨的态度，将市政府提交的法规草案认真加以修改，确保制定的每部条例与上位法高度统一。

### （四）切实发挥人大及常委会在立法中的主导作用

要从立项、起草、审议等几个关键环节入手，建立健全人大主导立法工作机制，建立立法后评估工作常态化机制。通过立法工作机制创新，为市人大发挥立法工作主导作用提供持续、坚实、有效的保障。

### （五）突出地方特色，提高立法质量

在立项选题上，严守立法事项范围，围绕地方法治建设实际，着重在城乡建设和社会治理、生态文明促进、民生事业和公共服务保障等设区的市改革发展的重点特色领域选题立项，法规要"小而精""精而准"，善于做小题目、大文章。在法规条款内容上尽量做到具体明确，具有可操作性，法规内容要实际管用，并准确反映客观规律，体现人民意愿。

### （六）加强完善重点领域的立法项目

注重把握立法法规定的地方立法权限和范围，做到精准立项，坚持服从服务于中心和大局，突出重点、急用先立，充分考虑经济社会发展对立法的需求，妥善处理数量和质量、前瞻性和可操作性的关系。重点

围绕民生领域、绿色发展领域等方面立法，制定《吕梁市城市中小学校幼儿园规划建设条例》，优先发展教育，调配优势资源，实现均衡教育，充分发挥地方立法的引领和保障作用。通过地方立法，助推绿色低碳优势项目建设，推动经济可持续发展，为推进法治吕梁建设发挥重要的作用。

# B.16
# 临汾市以法治创建为引领
# 全面推进法治示范市建设报告

临汾市委法治办课题组*

摘　要：　2017年，被山西省确立为全省唯一的创建法治示范市后，临汾市通过统筹协调、督促指导、调研考核，全面开展创建法治示范市工作，通过典型示范带动、三基建设推动、六有目标驱动、项目攻坚拉动、法治文化互动的工作思路，推进实现各创建示范单位达成有组织、有内容、有氛围、有效果、有考核、有特色的工作目标。在市委法治建设领导小组统筹领导下，临汾市强化人大监督、坚持依法行政、推进公正司法、深化法治社会建设、推进行业组织法治创建、突出法治文化品牌创建、开展法治专项攻坚，取得了一些进展和突破，法治创建的引领示范作用逐步显现。

关键词：　法治建设　法治示范市　法治文化

## 一　创建法治示范市的背景、思路及目标

### （一）创建法治示范市的开展背景

为全面深入推进法治山西建设，经山西省委法治建设领导小组研究决

---

* 课题组负责人：张宁红，临汾市委政法委副书记、市委法治办主任。课题组成员：王新辉，临汾市委法治办专职副主任；史一杰，临汾市委法治办科员。执笔人：史一杰，临汾市委法治办科员。

定，自2017年起在全省有重点、分阶段推进法治创建工作，确定了"一市、三县（市、区）、一企、一校、一行政执法单位"作为省级法治创建示范点，实现引领示范、以点带面，全面提升法治建设水平。临汾市委历来高度重视法治建设，特别是近年来，市县两级率先在全省构建起较为完善的法治建设组织领导和工作机构，理顺了法治建设的领导体制和推进机制；在强化法治建设考核、创新法治宣传载体等方面创新思路、大胆实践，助推临汾市经济社会发展呈现良好势头，法治成为各项工作创新发展的内在动力。基于此，临汾被省委法治建设领导小组确定为全省唯一的市级法治创建示范点。

### （二）创建法治示范市的推进思路

临汾市以开展法治创建为新的契机，通过抓好选树示范点、加强"三基"建设、完善法治考核三个关键，促进法治临汾建设整体提质增效。

1. 着力选树示范典型品牌，突出引领作用

在推进创建法治示范市工作中，注重创建法治特色品牌，发现甄选一批典型，树立培养一批品牌，总结推广一批经验，带动全市法治工作迈向更高水平。

2. 着力加强"三基"建设，提升工作能力

各县（市、区）着眼法治工作有领导、有编制、有队伍，完善工作机制，夯实基础工作，全面提升各项法治工作水平。各创建示范点单位选齐配强法治工作队伍，强化法治教育培训工作，着力提升法治工作能力，为全面创建法治示范市奠定坚实基础。

3. 着力完善考核体系，发挥激励功能

继续完善全市法治考核体系，实现对全市各级党政机关、市县企事业单位的引领化、精准化、模块化、全景化考核。突出对法治创建工作的考核，探索法治创建示范点单位的精细化考核内容，引领各考核单位以法治创建为载体推进日常工作。

### （三）创建法治示范市主要内容

为推进创建法治示范市工作，临汾市委法治建设领导小组研究制定了

《临汾市创建法治示范市实施方案》及《临汾市创建法治示范市工作任务清单》，确定了强化人大监督、坚持依法行政、推进公正司法、深化法治社会建设、推进行业组织法治创建、突出法治文化品牌创建、开展法治专项攻坚等7大工作领域共85项工作任务。

一是强化人大监督工作，包括强化重点领域立法、充分发挥人大监督职能2项内容。二是坚持依法行政工作，包括健全权力运行机制、推进执法规范化建设、加强行政执法与刑事司法衔接工作3方面内容。三是推进公正司法工作，重点是推动基层政法单位执法司法规范化建设。四是深化法治社会建设，包括落实"谁执法谁普法"责任制、做好法律服务工作、深入开展法治宣传教育、把社会主义核心价值观融入法治建设4方面内容。五是推进行业组织法治创建工作，包括积极开展"依法治企"、"依法治医"、"依法治校"工作、构建法治整体工作运行体系、强化夯实法治"三基"工作、积极探索基层治理法治化6方面内容。六是突出法治文化品牌创建工作。包括探索研究皋陶法治文化、深入挖掘晋国法治文化、继承发扬荀子法治文化、广泛宣传霍州署衙廉政文化、汇总梳理彭真法制思想5大抓手。七是开展法治专项攻坚，包括推进脱贫攻坚工作法治保障工作、支持法院解决执行难、推进环境治理法治化工作3大法治攻坚任务。以上创建工作任务由市、县（市、区）、乡、村（社区）四级，共27个示范点单位及18类实施单位共同承担。

按照以点带面的创建工作思路，临汾市在创建方案中设计了示范点单位及实施单位两类主体。其中，示范点单位承担率先在本行业本领域总结法治工作经验，树立法治创建典范的任务，是市委法治办重点推进和指导的单位。实施单位是同类法治领域内的其他相关主体单位，与示范点单位具有相似性、可复制性，是中长期普遍推广法治创建工作经验的主体。两类主体的设计既考虑了创建工作的阶段性发展要求，也兼顾了统筹布局、达到由点及面引领示范的目标。

## （四）创建法治示范市的主要目标

临汾市着力通过有重点、分阶段推进创建工作，实现引领示范、以点带面，达到有组织、有内容、有氛围、有效果、有考核、有特色"六有"目标，全面提升法治建设水平。

一是有组织。通过创建法治示范市工作，建立健全法治建设领导小组推进机制，成立由单位主要负责人担任组长的法治建设领导小组，由专门部门承担领导小组办公室工作，由熟悉法治建设的骨干负责具体创建工作。通过建立联络员制度，定期向市委法治办报送工作信息。各县（市、区）委法治建设领导小组通过法治创建工作，不断完善领导机制，推进机构编制工作，强化法治工作队伍建设。构建由政法委书记统筹法治建设领导小组常务工作，由法治办主任具体把握工作方向和要求，由专职副主任负责抓好落实的领导体系。构建县（市、区）、乡（镇）、村（社区）三级法治工作队伍，实现法治建设网格化管理，确保法治建设工作在各级各单位有领导主抓、有部门负责、有人员承办，实现法治建设工作点线面全覆盖。

二是有内容。以创建活动为契机，把法治创建融入日常工作当中。严格落实《临汾市创建法治示范市实施方案》和《临汾市创建法治示范市工作任务清单》，按照两份文件的部署，落实法律监督、依法行政、公正司法、法治社会建设、行业组织法治创建、法治文化品牌创建、法治专项攻坚 7 大领域各项要求。

三是有氛围。通过营造浓厚创建法治示范市氛围，提高参与创建工作的主动性、积极性。认真总结法治创建经验，及时做好宣传推广，培养树立一批先进单位和典型经验。充分利用网络、广播、报刊、橱窗、临街电子屏等宣传阵地，通过多种形式开展宣传活动，着力推动创建活动普及深入。

四是有效果。注重通过创建工作增强法治实效，切实完善立法工作、强化人大监督；切实推进依法行政，规范权力运行；切实推进公正司法，维护公平正义；切实深化法治社会建设，增强全社会学法用法意识；切实推动基层民主政治建设，提升社会各项事业的法治化管理水平；切实统筹法治文化建设，创建法治文化品牌；切实推进法治专项攻坚，研究解决转型综改、社会治理等方面的突出问题，提升法治创建工作水平。

五是有考核。继续完善全市法治考核体系，强化日常考核与年度目标责

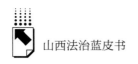

任制考核相结合，完善县对乡镇、县直单位，乡镇对村的考核指标内容。探索以三账管理法推进考核工作，即年初建立工作要点台账，年中督察检查台账，年底考核评价台账，通过台账工作实现对法治建设的常态化管理。

六是有特色。临汾市选择了 27 个创建示范点单位，这些单位都是在法治建设相关领域有突出成绩和典型特色的集体，共承担 7 大领域 25 类创建工作内容。工作中各创建示范单位充分发掘示范点的职能优势，明确在全市创建工作中的角色定位，把自己摆进创建示范市的工作大局中，注重提炼经验，总结创建特色积极探索既有典型特色又能复制推广的法治临汾工作经验。

## 二 推进创建法治示范市的主要工作举措

临汾市高度重视省级法治创建示范点的发展机遇，在被确定为省级示范点后的第三天，临汾市委常委会议就对创建法治示范市相关工作进行了专题研究和精心安排。市委法治办也组织了专题考察调研，赴兄弟省市学习考察。较早完成了创建工作方案及任务清单，率先在全省召开法治创建动员大会。在创建法治示范市动员大会上，市委法治建设领导小组全体成员、17个县（市、区）党政主要负责人及政法委书记悉数参加，体现了临汾市委对法治创建的高度重视和先行先试的责任担当。为深入开展法治创建工作，临汾市多措并举、用好政策、抓住关键，在充分调查研究、尊重客观规律的基础上，通过以下 6 项举措深入推进法治创建工作。

### （一）领导高度重视，统筹部署推进

2017 年 7 月 18 日，临汾市召开创建法治示范市动员大会，市委法治建设领导小组主要领导全部出席了会议。各县（市、区）委书记、政法委书记、法治办主任，各法治创建示范点单位主要领导都参加了会议。市级动员大会后，市委法治办又专项督导了 17 个县（市、区）的法治创建工作，各县（市、区）在 8 月底之前陆续召开了法治创建动员大会，各地党政主要

负责人均高度重视法治创建工作，参照市级动员大会的模式，迅速落实市委精神，召开动员大会、制定创建方案、落实任务清单，全市上下汇聚形成浓厚的法治创建氛围。

## （二）注重学习培训，印制资料汇编

2017 年，在中国政法大学和临汾市委党校举办了两次法治创建专题培训班，约 200 名法治工作骨干参加了培训。编印了《法治建设重要资料汇编》，将党中央、国务院及省委法治建设领导小组、市委法治建设领导小组印发的 13 份法治建设重要文件进行汇编，发放至各县（市、区）委法治办、各法治创建示范单位、法治建设领导小组成员单位，为深入推进法治创建提供智力、政策支持。各县（市、区）积极对标，结合本地实际，编印法治建设重要资料汇编，强化了中央、省、市法治建设各项要求的落地见效，为深入开展法治创建工作奠定坚实基础。

## （三）注重考察调研，指导基层工作

为承担起全省法治创建示范点工作，在全省起到引领示范作用，临汾市委法治办立足对标一流，考察了广东省中山市法治建设情况，在法治创建工作上取经学习。2017 年以来，市委法治办深入开展调研，遍及全市 17 个县（市、区），总数超过 70 余次。先后对依法治企、依法治医、依法行政工作涉及的 25 个法治示范点单位、8 个县（市、区）情况开展专题调研，初步掌握了市行政审批中心、市水利局、市人民医院等创建单位的创建情况，提出了下一步工作安排部署。通过调研，还发现了蒲县国税局、翼城南唐乡晓史村、洪洞县大槐树镇秦壁村等一批工作典型，并有针对性地指导这些地区和部门深入推进法治建设工作。

## （四）注重提升法治获得感，专项推进法治攻坚

临汾市以法治创建工作为抓手，运用法治思维和法治方式，着力破解经济社会发展中党委政府重视的、人民群众关切的、社会关注的重大难题，下

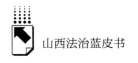

大力气深入推进脱贫攻坚法治保障、环境治理法治化、基本解决执行难等法治攻坚工作。

针对脱贫攻坚法治保障工作，将永和县桑壁镇作为脱贫攻坚法治保障示范点单位，将所有贫困县委法治办作为实施单位。在对桑壁镇进行专题调研工作后，提出了法治保障脱贫工作"五化"探索思路，即法治培训常态化、法律服务便捷化、组织运行正常化、重大决策民主化、"三务"运行公开化难点问题。针对"基本解决执行难"工作难点问题，临汾市委法治建设领导小组印发了《临汾市贯彻〈关于进一步支持人民法院解决执行难的意见〉实施办法》，建立了专项联席会议制度，确定了20多家执行联动单位，进一步构建了全社会支持解决执行难的大格局，全力打好基本解决执行难这场攻坚战。

针对依法处理医疗纠纷问题，临汾市委办牵头在市人民医院召集公安、司法、医疗卫生等相关部门，召开了"预防和处理医疗纠纷座谈会"，探索建立"防医闹"联动工作机制，推进依法治医工作深入开展。

### （五）注重宣传推广，推动引领示范

临汾市不断营造浓厚法治氛围，注重发挥法治广场、法治街道等传统宣传阵地作用，利用普法短剧、法治微电影、普法广场舞以及微信公众号、网站、电视栏目等多种方式开展法治宣传。培育发挥彭真故居纪念馆、霍州署衙、洪洞华夏司法博物馆等法治教育基地的优势资源，丰富了法治创建载体。开通了"法治平阳"微信公众平台，及时将全市法治建设重大会议、重点部署、重要动态进行发布，为宣传法治创建工作提供了坚强后盾。在认真总结各地各部门经验的基础上，2017年通过明电转发市县经验2篇，总结重要工作动态19篇，在"法治平阳"微信公众平台推送信息56篇。将大宁县落实法治责任制率先推出法治"一票否决"工作、市水利局以"一覆盖两推进三加强"将工作纳入法治轨道及市行政审批管理中心加快标准化体系建设、提升依法行政水平等典型经验向全市进行推广，充分发挥了法治创建单位的引领示范作用。临汾市还组织17个县（市、区）完成了县委

书记谈法治建设署名文章的撰写工作，并以专题形式刊发于"法治平阳"微信公众号，向全社会宣传，对推广宣传法治临汾建设取得了良好的政治、社会效果。

### （六）注重督促履职，通报督察并举

为促进各县（市、区）法治机构尽快落实人员编制，在市委法治建设领导小组领导的大力推动下，市委法治办开展多次专项督导工作，并对开展工作不力的县（市、区）主要领导，以市委法治建设领导小组名义发出《关于改进工作的建议函》，进行数次通报，督促各县（市、区）尽快落实。目前全市已基本实现了有领导、有编制、有队伍的"三有"工作目标，为推进法治临汾建设奠定坚实的队伍基础。在对党政主要负责人履职情况专项督察工作中，特别将推进法治创建工作情况作为主要内容，强化了党政主要负责人推进法治创建工作的第一责任人职责的意识。督察工作结束后，对各县（市、区）党政主要负责人履行法治建设第一责任人情况进行了资料汇编，较为完整地展示了全市法治建设第一责任人履职情况。

## 三 以创建工作为引领，推进法治临汾建设的主要成果

通过开展法治创建工作，临汾市法治建设呈现出三个特点，即更加突出在党委的指导下统筹开展法治工作，更加突出明确本部门的法治定位，更加突出对本领域的法治示范引领。各级各领域法治工作部门以创建法治示范市为契机，在各领域各行业创造出了一些典型工作经验。

### （一）人大立法工作开启新征程

强化完善了党委领导立法的工作机制，市人大及其常委会在立法工作中的主导作用更加凸显。健全完善了各项立法工作制度，《临汾市禁止燃放烟花爆竹规定》《临汾市非物质文化遗产保护管理办法》等4部法规全面实

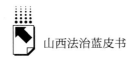

施，标志着地方人大立法开启新征程。

坚持立法工作服务全市中心大局，突出重点领域立法。比如针对 2017 年初临汾市大气环境质量严重恶化、二氧化硫严重超标、多时段出现爆表的现象，将制定《临汾市燃煤污染防治规定》纳入了 2017 年立法计划。在立法项目选择上，把突出临汾特色、体现临汾需求作为立足点。临汾市作为帝尧古都，历史悠久，文物资源、旅游资源十分丰富，国家级和省级非物质文化遗产项目多达 135 个，位居全省前列；现有各级文物保护单位 8691 处，其中，国家级 28 处，省级 67 处，旅游资源得天独厚，市委已将文化旅游作为战略性支柱产业强力打造。围绕这一特色，将《临汾市旅游资源保护和开发办法》《临汾市非物质文化遗产保护管理办法》纳入 2017 年立法计划。其中，《临汾市旅游资源条例保护和开发办法》受到了国家旅游局的高度重视，该项目被认为走在了全国前列，并被纳入 2017 年国家旅游局地方旅游立法课题进行指导。

在法治创建示范点工作上，乡宁县人大把加强制度建设作为推进人大工作深入开展的一项根本性工作来抓，组织专题询问，开展执法检查，强化干部任职监督工作。吉县人大围绕提高人大代表法治素养，夯实履职基础，搭建多样活动平台，激发代表履职热情，取得良好的工作效果。

## （二）法治政府建设进入新阶段

修订完善了《临汾市人民政府重大行政决策程序规定》《临汾市人民政府健全重大行政决策机制的实施细则》，出台了《关于在全市推行法律顾问制度和公职律师公司律师制度的实施意见》《关于在全市推行政府法律顾问制度的意见》《加快推进法治政府建设实施意见》。"放管服"改革持续推进，政府法律顾问制度普遍建立，食品安全、环境保护等重点领域行政执法成效明显，依法行政进入"快车道"，法治政府建设展现出前所未有的"加速度"。

在法治创建示范点工作上，尧都区公安局结合执法工作实际，坚持"信息化＋执法规范化建设"工作思路，创新执法管理、规范执法流程，不断深化执法规范化建设。坚持"以公开为常态、不公开为例外"原则,全面推行政务公开,确保行政行为始终在法治的轨道上运行。

### (三)公正司法书写新篇章

狠抓司法体制改革任务的落实,先后召开2次司法体制改革领导小组会议、5次司法体制改革重点工作督促会,确保对中央、省委的部署要求吃透、抓准,形成各级党委政法委牵头,法、检两院具体承办,成员单位协助配合的良好工作格局。目前,法院系统入额法官335人,检察系统入额检察官265人。员额制改革后,办案数量明显增长,入额法官人均办案量达180件;办案效率明显提高,结案率达97.8%;案件质量明显上升,服判率达87%;新型办案团队运行顺畅,刑事案件办结周期由原来的3个月降为一个半月,民事案件由原来的3个月降为2个月。法、检两院结合自身实际,分别制定了落实司法责任制的具体办法和相关配套制度,形成了以员额制法官、检察官为基础,人民陪审员、司法辅助人员为补充的新型办案团队,压缩了管理层,促进了办案资源向一线回归。积极支持配合监察体制改革。制定了《支持配合监察体制改革试点工作办法》《支持配合监察体制改革试点工作联席会议制度》,立足"把握政治方向、协调各方职能、统筹政法工作"等职能定位,积极发挥统筹协调和指导推动作用,顺利完成了检察院有关职能划转和人员转隶工作。全市政法机关配合留置,批捕、起诉、审理工作正在有序进行。

在法治创建示范点工作上,洪洞县人民法院甘亭法庭围绕加强法官队伍建设,转变审判作风,创新司法公开载体,规范审判运行监督机制,全面落实司法责任,实现共建、共治、共享社会治理格局。

### (四)全民守法迈出新步伐

扎实落实"七五"普法规划,以培育法治精神为核心,以创新工作机制为抓手,以普法阵地建设为着力点,认真履职、开拓创新,全力推进社会法治建设,取得了积极的成效。全市10个村(社区)、4个县(市、区)

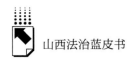

分别被授予全国民主法治示范村（社区）、法治县（市、区）荣誉称号。一年来，全市开展现场法治宣传活动千余场次，发放各种法治宣传资料200万余份，编发普法简报300余期，拍摄普法短剧微视频77部，微信微博推送普法讯息1000余篇。截至2017年11月中旬，全市法律顾问工作实现了全覆盖。

在法治创建示范点工作上，翼城县不断加大青少年法治宣传教育工作力度，通过创新工作方法、细化工作制度、落实工作责任等措施，使得全县青少年法治教育工作逐步制度化、常态化，校园法治文化氛围越来越浓厚。该县《经纬剧场》普法经验，在大型电视政论片《法治中国》中闪亮登场，被誉为"中国普法的缩影"。襄汾县着力将"三化"（普法责任具体化、法治宣传多样化、创新机制精细化）融入普法依法治理和法治建设各项工作中，强力推进，狠抓落实。

## （五）行业组织治理试点工作稳步推进

各行业健全完善法治建设领导机构和工作机制，完善内部议事规则和决策机制，健全重大决策程序制度。坚持将法治与德治相结合，把社会主义核心价值观融入行业法治建设。推进完善法律顾问制度和公司律师制度，健全法律服务体系和法律风险防范机制。大力培育法治文化，提高干部职工法治观念和法律素质，推进行业治理法治化。

### 1. 依法治企创建工作

临汾城投集团注重日常审计工作，请国内知名审计事务所每年对集团进行两次专业审计，财务年报在上海证券交易所网站公开对外披露。注重金融信誉建设，严格履行与各金融机构的融资协议，集团的信用等级一直保持在AA级。注重规章制度建设，结合实际规范完善规章制度。注重法律顾问机制，进行法律服务和把关，对投融资合同协议、项目运作等各方面、各环节进行法律合规性审查。

山西临汾染化（集团）在全公司举办"法治创建征文活动"，遴选优秀作品16篇在《临染报》登载，为法治创建工作营造声势。开展规章制度校审工作，目前已完成规章制度 87 篇，计 16 万余字，其中行政管理、人事劳动工资管理、内部财务管理、销售供应管理共计 40 篇 8.55 万字已于 2018 年 1 月 10 日发布实施。其他制度正在编审中，计划于 2018 年 9 月底发布实施。规范公司经济活动，推动全体员工遵纪守法，为创建法治示范单位奠定基础。

尧都区农商行坚持以"三会一层"为抓手，逐步建立了党委核心领导、股东大会科学决策、董事会战略引领、高管层执行落实、监事会依法监督的公司治理机制，严格自查整改工作，注重履行社会责任。运用法治思维和方式防范化解金融风险，做好不良贷款清收处置工作，推进金融扶贫法治建设。

### 2. 依法治医创建工作

临汾市人民医院不断完善法治建设工作机制，严格党务、院务公开制度，规范投诉管理机制，着力推进治安防控体系建设，大力抓好综合治理。注重全面提升医疗质量安全管理水平，不断完善法律顾问制度，夯实法治宣传教育，依法保障医疗安全，创建"平安医院""无医闹"工作取得重大突破。

### 3. 依法治校创建工作

临汾市一中紧紧围绕办人民满意的教育，以立德树人为目标，以"六个严格"为统领，即严格尊崇党章、严格厉行法治、严格法治决策、严格干部管理、严格育人质量、严格把控舆情，全面依法治校、依法治教，走出了一条"以德育人、以法塑人、以文化人"的法德艺兼修之路。

### 4. 基层治理法治化工作

尧都区韩村采用"三会三公示"工作法及"委托推选村民代表"工作法，建立社区村务公示表决群、监督委员会群、民主交流群 3 个工作群，发挥妇女执委作用，有效化解矛盾，维护社会秩序。

侯马市秦村北社区认真实行民主自治，强化法治宣传教育，狠抓综合治理工作，着力提升法治化管理水平、居民群众的法律素质、社区和谐文明度。

### （六）法治文化品牌创建工作成效显著

法治文化是发挥法治引领和规范作用的重要支撑。临汾市作为人类文明之源、中华文明之源、三晋文明之源的"三源文化名城"，法治文化源远流长。全市着力通过法治创建工作，充分挖掘法治文化资源，推进发展特色法治文化项目，打造精品法治文化品牌。

1. 洪洞皋陶法治文化

皋陶是华夏司法鼻祖，是中国历史上最早的司法官、立法者，提倡以德化民、以德辅政。华夏司法博物馆是在皋陶庙的遗址上修建而成，展出内容主要包括我国历代律法演变史，历代代表性法官的简介及其法学思想，还有中华人民共和国成立前后各个时期颁布的各类法律法规等内容，比较全面地反映了华夏司法文化和历代法律演变过程以及中国特色社会主义司法制度的形成及发展进程。该馆被山西省高级人民法院确定为"法治文化教育基地"以来，已渐渐成为法治文化教育基地和爱国主义教育基地，为普及全民法治教育发挥着越来越重要的作用。

2. 安泽荀子法治文化

安泽县筹备成立了荀子文化研究会，将普法宣传与荀子思想研究有机结合起来，组织开展了荀子法治思想论文征集活动，举办法治书画展、建设荀子法治文化走廊等，建成传统法治文化教育基地。编撰了《后圣荀子》电视剧本，在中小学开设了《荀子》地方课教育。充分利用县电视台、平安创建网和县乡村组四级人民调解组织的宣传优势，用现代的视角和通俗的手法，大力倡导荀子以"礼"为准绳衡量道德，以"法"做制度规范行为，以法入礼、礼法结合的思想精髓。

3. 霍州署衙廉政文化

霍州署衙开发建设了一个以曹端事迹为主要内容的"廉政文化馆"。各展厅从历朝历代廉政法规、廉政楹联，到清官遗风、廉政典故、贪官警示，内容丰富多彩。文化馆还专门设立了当代展厅，集中展示了自新中国成立直至改革开放，中国共产党在开展反腐败斗争中惩办查处的一些大案要案，彰显了法治力量，传播了廉政文化。

4. 彭真民主法制思想

在隆重纪念彭真同志诞辰 115 周年系列活动之际，山西省宪法学会与侯马彭真故居纪念馆共同挂牌成立"彭真民主与法制思想研究会"，并将纪念馆作为山西大学"彭真民主与法制思想研究基地"。此外还举办了"彭真民主与法制思想讲座"。通过彭真纪念馆第二展厅，能够集中展现彭真同志担任全国人大常委会委员长期间，为我国法治建设做出的卓越贡献。

## （七）法治攻坚专项工作深入开展

临汾市高度重视法治建设工作的落地落实，充分利用法治创建契机深入开展各项法治攻坚工作。

1. 狠抓落实，深入推进环境保护工作

临汾市努力闯出环保"临汾品牌"，生态环境治理工作取得了新的成效。2017 年全年重污染天数为 43 天，同比减少 6 天，$SO_2$ 浓度均值为 79μg/m³，同比下降 4.8%。特别是秋冬季大气污染综合治理攻坚行动以来的 10 月 1 日至 12 月 31 日，市区空气质量改善特别明显，综合指数为 8.13，同比下降 39.6%，降幅居全省第一；$SO_2$ 浓度为 69μg/m³，同比下降 67.1%，降幅居全省第一；PM2.5 浓度为 83μg/m³，同比下降 39.0%，降幅居全省第一。进一步厘清了市、县两级党委政府和 53 个市直有关部门的环境保护工作职责，形成了党政重视、部门齐抓共管的"大环保"格局。自上而下建立了组织领导、党政会商、部门协同、区域联动、环保督政、工作调度、预警提示、驻企监管、网格管理、宣传动员等 10 项工作机制。与中国环境科学研究院签订战略合作框架协议，聘请权威专家现场指导，开展大气污染物源解析。特别是制定了《临汾市推进中央环境保护督察整改实施方案》，逐项明确了整改目标、责任单位、整改措施整改时限和具体的整改标准。截至目前，中央环保督察组反馈的 3 大类 15 个问题 33 项整改措施均得到有效落实。按照"全面、系统、精准"治污的工作思路，坚持把有限的财力和精力，投入到污染防治的关键环节和领域，全面实施工业企业深

度治理、燃煤锅炉整治、清洁取暖改造等环保"八大工程"。加强水土污染防治，全面启动饮用水水源地规范化建设、采煤沉陷区治理修复等工程，继续深入抓好汾河、浍河、涝河等主要河流水环境治理，初步建立了河长制工作网格化组织体系，全市地表水考核的 8 个断面，优良水体比例为 12.5%，达到省考核要求。狠抓环保督察问责，制定完善了《环境保护工作职责规定（试行）》《临汾市生态文明建设目标评价考核办法》，推动了环保长效机制建设。对落实环境保护决策部署工作不力、失职渎职的公职人员，依法依纪严肃追责问责。2017 年，因环保突出问题全市已处理相关人员 628 人。持续强化依法治污工作，在全省首次组建了市公安局环境安全保卫支队和市公安交警支队环境监察大队，加大对环境违法行为的打击力度，始终保持严查重处高压态势。2017 年 1~12 月，共立案 538 起，处罚 6716 万元，拘留201 人。同时，坚持运用法治保障全面治污，建立了市县乡村四级环境监管网格，定期不定期明察暗访，推动责任落实；充分发挥"临汾随手拍"微信问政互动平台作用，在全市营造了"共防、共治、共享"的良好氛围。

2. 压实责任，强力推进脱贫攻坚工作

临汾坚持把脱贫攻坚作为重中之重，狠抓问题整改，集中力量攻坚，到2017 年底已完成 204 个贫困村、7.4 万建档立卡贫困人口的减贫任务，实现了侯马市贫困人口全部脱贫，吉县、乡宁、安泽贫困县摘帽。调整加强了脱贫攻坚领导组，成立了 3 个市级脱贫攻坚专项领导小组和 16 个市级脱贫攻坚专业工作小组，均实行"双组长"制。市委、市政府与各县市区签订了脱贫责任书，市县乡三级全部实行责任制"双签"，形成了四级书记抓脱贫的责任体系。坚持抓制度促脱贫，研究制定了《关于在全市农村基层组织中实施"强三基、促改革、促脱贫"的指导意见》，切实发挥农村基层党组织推动农村各项改革、推动脱贫攻坚的战斗堡垒作用。加强督察力度，成立了 6 个督察组，对脱贫攻坚工作开展常态化全面督察，在市县两级建立了部门协同推进机制、社会参与机制、督察巡察倒逼机制，从制度层面保障脱贫攻坚各项任务落实。进一步加大监督执纪问责力度，开展千名纪检干部下基层专项行动，狠抓扶贫领域不正之风和腐败问题专项治理。2017 年 1~12

月，全市查处扶贫领域案件 334 件，处理 334 人，其中党政纪处分 240 人，组织调整或组织处理 94 人，移送检察机关审查起诉 14 人，公开通报曝光 3 批次 13 起典型案例，严厉打击扶贫领域各种犯罪行为，为打赢脱贫攻坚战提供了坚强的法治保障。

3. 统筹合力，强化推动基本解决执行难工作

临汾市着力推动形成"党委领导、政法委协调、人大监督、政府支持、法院主办、部门配合、社会参与"的解决执行难工作大格局。印发了《临汾市贯彻〈关于进一步支持人民法院解决执行难的意见〉实施办法》，明确了各成员单位工作职责。要求各级党政主要负责人要认真履行推进法治建设第一责任人职责，加强对人民法院执行工作的领导，及时研究解决人民法院在执行工作中遇到的困难和问题。强化要求各职能部门加大配合支持力度，形成解决执行难的工作合力。以市委法治建设领导小组名义召开了全市"基本解决执行难"推进会。市委政法委牵头制定了全市执行工作联席会议制度，确定了 20 多家执行联动单位，明确了工作职责和工作要求。2017 年以来，全市两级法院通过采取各种强有力的执行举措，较好地实现了预期目标，全年共新收各类执行案件 15551 件，旧存案件 2581 件，已结案件 14814 件，执结率为 95.26%，执结到位金额近 11 亿余元，同比上升 102%。

## 四 法治示范市创建工作中存在的问题

通过积极开展创建法治示范市工作，法治临汾建设取得了一些成绩，但距离中央、省委的要求，与人民群众的新期待、创建法治示范市标准相比，仍然存在一些问题。

### （一）法治创建意识有待进一步提高

当前全市法治建设发展还不平衡，一些地方和部门对法治建设认识不足、重视不够，认为法治建设是"软任务"，工作抓得不够紧、不够实。各

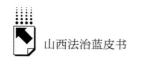

地各部门开展法治创建工作的主动性、能动性不一，法治创建意识有待进一步提高。

### （二）法治创建能力有待进一步加强

法治创建工作的承办人员分为两类。一类是以法治工作为本职的，如各县市区党委法治办，或单位的法治（制）机构；一类是单位的办公室人员兼职。与日益繁重的工作任务相比，法治办机构人员配备呈"倒金字塔"结构，越到基层，人员力量越薄弱，存在着"小马拉大车"和顾此失彼的问题，难以适应法治建设工作的需要。

### （三）法治攻坚工作推进不充分、不平衡

法治建设的价值在于实效性。在推进法治攻坚工作中，基本解决执行难工作取得了较为明显的进展，脱贫攻坚法治保障工作和环境治理法治化工作，在主管部门的牵头下也取得了显著的成绩。但在由法治部门牵头协调各法治攻坚相关部门和进一步将各项工作纳入法治化轨道等方面，做得还不够。

## 五　创建法治示范市工作展望

深化开展创建工作，持续推进法治建设，是实现为临汾市经济社会发展提供坚强法治保障的应有之义。基于 2017 年创建法治示范市工作的开展情况，未来要着重从以下几个方面推进法治创建工作。

### （一）强化对法治创建工作的组织领导

要突出发挥党政主要负责人第一责任人作用，更加主动向党政主要负责人汇报好本地区法治建设工作，获得推动法治临汾建设的更大支持。通过法治建设领导小组会议强化对各项法治工作的安排部署，统筹协调各相关部门对法治建设的工作支持。深化对基层法治工作的资源倾斜，保障基层法治工作者有精力、有能力深化开展法治建设工作。

### （二）扎实推动法治专项攻坚工作

通过制定《2018 年法治临汾建设工作要点》，统筹部署法治建设专项攻坚各项工作。深入相关部门了解基本解决执行难工作、脱贫攻坚法治保障工作、环境治理法治化工作，指导其运用法治思维和法治方式推进工作。强化对法治攻坚工作的督察和考核工作，健全相关联席会议制度，统筹研究解决重大问题。

### （三）深化培训调研、督导考核工作

举办不同层级的法治创建领导干部及工作骨干培训班，扎实开展对全市重点地区和单位的调研工作。组织相关领域领导及工作骨干，就法治创建重点工作外出学习考察。部署 2018 年度目标责任制考核法治建设相关工作，强化对法治创建工作考核部署，开展法治建设第一责任人专项督察和考核，督促法治创建工作深入开展。逐步研究制定全市各行业各领域法治创建考核指标体系，科学考核验收法治创建成果，真正发挥法治创建的引领示范作用。

### （四）抓好典型总结，持续宣传推广

总结、选树全市法治典型经验，运用各类媒体平台进行宣传推广。适时举办全市法治创建表彰大会，总结创建工作经验，为验收通过的示范单位挂牌。着力将示范类单位的典型经验复制推广到各实施单位，通过典型的引领示范作用，以点带面，全面推动法治临汾建设。

# B.17
# 朔州市领导干部任前法律考试制度报告

朔州市委法治办课题组*

**摘　要：** 朔州市将领导干部进行任前法律知识考试作为全面推进依法治市的重要抓手，着力提高考试的规范化和信息化水平，坚持以考促学、考用结合、注重实效、便于操作等原则，有效提升了全市领导干部依法执政、依法决策、依法管理的能力和水平。

**关键词：** 领导干部任前法律考试　考试规范化　考试信息化

## 一　推进领导干部任前法律考试的重要性和必要性

全面依法治国是中国特色社会主义的本质要求和重要保障，是国家治理的一场深刻革命。党的十九大提出，要全面深化依法治国实践。依法治市是依法治国在朔州的具体实践，是一个长期性、系统性的战略工程，需要各级各部门、社会各层面齐抓共管、全面落实才能实现。推进依法治市的一个重要抓手，就是做好领导干部的任前法律知识考试工作，建立一套完整、行之有效的考试制度，更好地推进各项依法治理工作持续开展，深入落实。

---

\* 课题组负责人：王黎明，朔州市委常委、朔州市委政法委书记。课题组成员：杨再梁，朔州市委政法委副书记；赵益华，朔州市委法治办专职副主任。执笔人：夏婧，朔州市委政法委政治部科员。

## （一）领导干部任前法律考试制度是加强依法治市工作的客观要求

当今时代是法治时代，党领导全面推进依法治国，领导干部带头学法尊法守法用法是题中应有之义。领导干部作为推动依法治市的中流砥柱，更要按照建设执政骨干队伍的战略需要，切实提高法治思维和依法办事能力，自觉运用法治思维和法治方式不断深化改革、推动发展、化解矛盾、维护稳定。新的历史条件带来了更多变革的契机，面对新的挑战，各级领导干部肩负着更加重大的责任，承担了更加繁重的任务，面临着更加复杂的情况，新的挑战对领导干部的素质提出了更高的要求，其中高深的法律素养是领导干部必备的素质之一。是否具有法治意识、是否具备法治能力、能否坚持依法办事成为新时代衡量领导干部称职与否的一个重要方面。新的历史条件迫切需要各级领导干部顺应时代要求，做学法尊法守法用法的模范，通过不断的学习和实践，提升自身的法律素质，增强法律意识，提高依法管理经济、依法管理社会事务的水平和驾驭复杂局面的能力，适应时代发展的需要，做优秀的法治型领导干部。近年来，朔州市在干部法治教育上进行了大胆的尝试，在全市积极开展领导干部任前法律知识考试，目的就是充分运用好考试这根"指挥棒"，引导大家主动学习法律知识，切实强化干部的学习意识，进一步增强干部学习的积极性和自觉性，这对于培养法治定力稳、法治意识高、法治思维和依法办事能力强的领导干部，是必不可缺的重要环节。

## （二）领导干部任前法律知识考试制度是推动各项法治任务落地生根的重要抓手

党员干部是全面推进依法治市的重要组织者、推动者、实践者，领导干部的法治素养是建设法治朔州的重要标志之一，领导干部法治水平直接关系权力能否得到正确行使，直接决定依法治市成效。作为对领导干部综合素质、依法行政能力的一次重要检验，领导干部任前法律知识

考试不但客观真实地反映了领导干部学法用法的成效，而且激发和调动了领导干部学法用法的紧迫感和积极性，既加强了社会主义法治建设，确保了法律的严肃性、权威性、公正性，又增强了领导干部的综合素质，提升了领导干部的法治水平，提高了领导干部的工作效率和质量，对推动各项法治任务落实，确保本部门工作目标圆满完成，建设法治朔州有着积极而深远的影响。

## 二 推进领导干部任前法律考试的主要途径

### （一）考试的规范化

为了切实加强拟任领导干部的学法，保证任前法律考试工作顺利进行，1999 年 9 月 21 日中共朔州市委组织部、朔州市人事局、中共朔州市委依法治市领导组办公室联合下发了《关于对市管县（处）级领导干部任前进行法律知识考试的通知》，把拟任领导干部任前考法引入市人大常委会、市委组织部的任命程序中。2005 年，根据新形势的需要，进行了重新修订，以制度化、规范化的方式全面确定了任前法律知识考试制度，将任前法律知识考试作为提高领导干部法律素质的重要方式，把法律知识考试合格作为任命领导干部的一个重要"入口"。根据该考试制度，在朔州市凡需人大常委会任命的干部未经考试，一律不予审议、任命，经市委组织部门任命的干部不参加考试，不得任命。多年来，全市共有 10 多名领导干部因各种原因，造成考试成绩不合格，按规定予以缓任，经补考合格后方得以任命。

朔州市多年坚持该考试的考卷由专人出题、专人监印，确保了试题不泄露。考试中，单人单桌、独立作答。考试时，市人大常委会主任、分管副主任或市委组织部门、市人事局等领导亲自巡考、监考，严格考场秩序。考试后，电视、报纸等媒体予以报道，增强拟任领导干部法律知识考试的社会效应。在考试的全过程，无论是对市政府组成人员，还是市人大常委会委、办负责人，抑或"两院"的拟任人员，都做到一视同仁，考前不说情、监考不放松、阅卷不打人情分。

## （二）考试的信息化

为做好任前法律知识考试工作，提高命题、制卷效率，朔州市投资近万元，从安徽省购进了两套领导干部任职考试专用软件，即时高效地为参考人员命题制卷。在合理编排考试内容的基础上，重点针对拟任领导干部的不同岗位，从部门职能出发，选择考试内容。实践证明，拟任领导干部实行任前法律知识考试，有利于领导干部任前学法、任后守法、工作用法，有利于提高其法律素质，促进其任职后依法行政、公正司法，进而推动所在部门依法办事。

随着网络普及，"无纸化"办公成为趋势。2016 年，朔州市委投资 20 万元建成了领导干部任前法律知识无纸化考试平台，采用计算机答卷，从题库中随机抽取、随机形成试题，提交答卷即时生成成绩。考试内容涉及宪法、地方组织法、监督法、刑法、公务员法、行政许可法、行政诉讼法、合同法等 18 部法律法规知识，侧重对拟任命干部综合素质的检验，对其法律意识、法治意识，运用法律知识综合分析问题、解决问题的能力进行全方位考察，考试成绩同时作为提请任命的重要依据之一。该平台的建立，有助于减少目前在任前考试中存在的一些问题，也能减少传统考试效率低下和人为因素所造成的差错。

2017 年以来，共对 9 批次 175 名拟任领导干部组织了任前法律知识考试，其中有 33 名干部进行了补考。朔州市的此项工作在全省处于领跑位置，有以下三方面特色。一是任前考试工作开展的时间早，从 1998 年开始，至 2017 年已有 19 年。二是任前考试工作的覆盖面全，全市党委、人大任命干部均需经过任前考试，同其他地区相比，更早将党委任命干部纳入考试范围。三是任前考试工作的效果好。特别是 2017 年建成无纸化考试平台以来，参加考试的领导干部对任前考试更加重视，在没有接到考试通知前就主动索要复习资料，加班加点认真学习此项工作，此项工作真正起到了促进领导干部学法的作用。

# 三　推进领导干部任前法律考试取得的成效

## （一）提升了领导干部综合能力

通过推进领导干部任前法律知识考试，全市领导干部依法执政、依法决策、依法管理的能力和水平都有了大幅度的提升。一是提高了领导干部对行政法律文件的执行能力。行政法律文件与行政工作密切相关，对于领导干部来说至关重要，领导干部提高法治思维、实现依法办事的重要前提就是提高行政法律文件执行能力。二是提高了领导干部解决行政纠纷的能力，保证在第一时间解决或处理行政纠纷，进而避免纠纷继续恶化，造成严重后果。这也是考察领导干部是否具备法治思维和法治能力的重要指标。三是提高了领导干部用法言法语解释行政事务的能力。即领导干部无论是向群众解读相关行政行为，还是向有关机关汇报工作，均能够将相关行政行为所涉及的法律文件解释清楚。四是提高了领导干部发现法律问题的能力。法律的滞后性和行政事务的多变性有时会导致某一行政事务没有法律依据，此时尤其需要领导干部发现和提炼法律问题的能力。五是提高领导干部运用法律法规的能力。行政事务涉及范围广，也许会涉及多个法律条文。若出现所涉及的法律条文彼此矛盾的情况，就需要领导干部有能力根据法律、法规以及各种规范性文件中的基本原则明确优先适用哪一个规范。六是提高了领导干部合法、合理运用行政裁量权的能力。鉴于行政事务的复杂多变性，法律是不可能对其进行全方位规定的，常常只做出原则性的规定，此时尤其需要行政主体在自由裁量范围内决定。领导干部只有具备这样的选择和决定能力，才可以保证行政行为最大可能性实现公正公平。

## （二）考试的四个原则

朔州市领导干部任前法律知识考试制度通过多年实践已经确立了以

下四个原则。一是以考促学原则。通过任前法律法规考试，督促领导干部认真学习并真正掌握党和国家有关法律法规条文。二是考用结合原则。切实把领导干部任前法律法规考试的成绩作为任用领导干部的重要条件。三是注重实效原则。科学确定考试内容，合理命制试题，严肃考场纪律，严禁形式主义，确保考试工作取得实际效果。四是便于操作原则。通过制定具体可行的操作方案，缜密考虑和安排布置各环节的具体工作，大大增强可操作性。凡属新提拔任职的领导干部（包括提拔任职的非领导职务或由非领导职务平级改任领导职务的干部）都应参加任前法律法规考试。

### （三）考试制度对于法治建设的积极作用

朔州市认真贯彻党中央和省委关于推进法治建设的决策部署，不断扎实推进领导干部任前法律考试制度。通过这一制度既保证了领导干部坚持法治思维，又给法治朔州打下了坚实基础。近年来朔州市印发了《2017 年法治朔州建设工作要点》，先后制定出台了《全面构建法治社会，推进多层次多领域依法治理的实施意见》《法治朔州建设重要举措工作规划（2015～2020年)》《朔州市法治县（区）、法治单位创建办法》等一系列文件，以创建"平安朔州、法治朔州"为主线，以推进社会矛盾化解、社会治理创新、公正廉洁执法为重点，坚持依法治市与以德治市相结合，坚持普法教育与综合治理并举，推动依法治市工作取得阶段性成效，获得全国社会管理综合治理优秀市、全国"六五"普法中期先进城市等荣誉，法治朔州建设走在全省前列。

## 四　存在的问题

经过多年实践和探索，朔州市已经初步形成了一套比较规范的制度和做法，随着任前法律知识考试制度范围的扩大和考试形式的改变，考试工作中出现的一些新问题亟待解决。

### （一）考试标准的客观性不够

考试标准应针对干部使用的标准来制定，也就是针对领导干部的基本素质特别是能力素质要求和职位特点制定。领导干部任前法律知识考试命题的基本依据，是朔州市委组织部、市人事局、市委依法治市领导组办公室2005年6月联合下发的《关于对市管县（处）级领导干部任前进行法律知识考试的通知》。由于各单位具体工作不同，对干部知识结构和能力结构的要求也不尽相同，因此客观上很难严格按照干部使用标准来统一制定考试标准，主观上也程度不同地存在着"降格以求"的现象。

### （二）考试试题的综合性不够

目前领导干部任前法律知识考试，重点考核领导干部学习掌握宪法、基本法律、社会主义民主法制理论及与新任岗位工作联系紧密的法律、法规等法律知识。虽然对相关法律知识及应用能力的考察已较全面，但这些考察内容只是在一份试卷中按一定的比例拼配在一起，且题目形式多为客观题，更多考核的是应试者的识记能力，这意味着在综合性试题比例和综合应用能力的考查等方面显得不够。领导干部任前法律考试内容仍侧重于专门知识能力素质的考察，未能充分考察应试者理解法律的能力、分析问题的能力，未能清楚考察领导干部在解决实际问题中懂法、用法的能力。

### （三）考务人员计算机水平不足

2016年朔州市创新使用互联网技术，建立了无纸化考试平台。之前的纸质传统考试组织流程周期比较长，命题、制卷、发题、保卷、考试、评卷、登分、公布成绩等各个环节流程较为复杂烦琐，且任何一个环节出现安保问题，都会影响考试的公平公正。而无纸化考试完全克服了以上缺点，使试卷生成、上机考试、自动收卷、网上阅卷、成绩生成一体化，极大缩短了以上周期，不仅节省了时间和人力、物力成本，也提高了试卷传输安全性和考试效率。但无纸化考试的专业性很强，需要考务人员有较高的计算机水平，既要熟悉考试整个流程，又要掌握考试系统的安装、调试、维护及考试过程中的系统运行保障。现有考务人员非专业计算机人员，对于考试中偶有的突发情况应对措施尚不够，能力还不足。同时考试时间只笼统规定为"市委常委会议研究决定任用或者同意提名的一周内"，时间的不确定性和分散性也增加了考务人员的监考难度。

### （四）参考人员操作能力不足

之前任前法律知识考试为纸笔方式，领导干部参加的各种考试多数也是纸笔形式，这导致许多领导干部已经熟悉相关类型的试卷题目，并准备了特定的答题策略。而年纪较大的领导干部大多限于知识储备的不足，对较复杂的电脑应用和信息系统的操作难以适应，对计算机使用不熟练，对新的无纸化考试平台的测试系统不熟悉，这些都影响了考试的顺利进行，也影响了考试成绩。

## 五 推进领导干部任前法律考试的努力方向

在坚持考试制度的四个基本原则的前提下，仍需要完善以下六个方面的工作机制。

一是完善领导机制。对领导干部开展任前法律考试工作是一项系统工程，而建立一个具有权威性的领导机制，是做好这项考试工作的关键。考虑到考试工作需要加强领导，以确保任前考试各项工作落到实处，计划应当成立领导干部任前法律知识考试工作领导小组。

二是完善运作机制。即形成一个统一协调有效的运作机制，在这个运作机制中，各级法治建设工作机构是任前考试工作的牵头机关，要认真发挥牵头作用，代表党委把任前考试工作统筹起来，特别是要发挥组织协调的作用，使相关单位和部门都真正参与其中。

三是完善监督机制。领导干部任前法律考试工作要取得成效，必须增强任前考试工作的公开化、透明化和监督机制。要根据实际需要，制定相关的

制度和监督机制，切实维护任前考试工作的严肃性。领导干部任前法律知识考试工作中，不仅要发挥干部群众的监督作用，还要充分发挥新闻媒体的监督作用。考试过程应全程录像，各类纸媒和网络媒体跟踪报道，相关资料存档备查，确保考试的各个环节都能经得起检验，切实维护任前考试的严肃性。

四是完善保障机制。组织保障方面，要健全各级任前考试工作领导机构，配齐配强工作班子。在经费保障方面，任前考试工作经费能及时到位，从而保障此项工作的正常有效开展。在试题保障方面，考试内容的设计直接关系到考试的效果。考题设计太难会影响干部的正常任用，也违背促进干部学习法律法规知识的初衷；考题太过简单，又会使考试成为形式、走了过场。要把握试题的难易程度，就要在命题工作中做到"必须以领导干部必须具备的法律法规知识为重点，避免出难题；必须以领导干部开展工作必须应用的法律法规知识为重点，避免出怪题；必须以领导干部必须遵守的法律法规知识为重点，避免出偏题；必须以领导干部必须履行的法律法规为重点，避免出歪题"。在"四个必须"的基础上，进一步完善考试方案，规范考试内容和形式，充分结合领导干部的工作实际和岗位实际，逐渐建立完善任前法律知识考试的题库，在实现题目随机抽取组合的同时，改变单一的客观题答题模式，将更多的侧重放在法律知识的主观理解和实际应用上，使领导干部将相关法律知识真正"学懂弄通做实"。

五是完善结果运用机制。强化领导干部依法行政的意识是推行领导干部任前法律知识考试的目的，即"以考促学、以学促用"。当前，大多数领导干部都能在工作岗位上脚踏实地干好本职工作，然而随着法治社会的构建，不断涌现新问题，提出高要求，很多干部存在"心有余而力不足"的问题，在涉及相关专业法律知识方面有时会出现下不了手，推动不了工作等种种情况。这些情况的存在迫切要求把提升领导干部的法律素质纳入干部人事制度考察之中，而将领导干部任前法律考试作为任用领导干部的必经程序，也正是基于这样的考虑。这项制度明确规定"凡是经过组织考察拟提拔的各级领导干部，必须在公示期间参加任前法律知识考试，且考试成绩合格者方能任用。考试成绩不合格或因故缺考的，必须在规定的时间内参加补考，补考仍不合格者，限期内不能提拔任用"。

六是建立后备干部考试机制。领导干部任前法律考试制度现已大力推广，应该在此基础上继续积极探索、建立识别干部素质和能力的有效方法，更进一步实施推行后备干部考试机制。例如，组织素质能力考试，且将考试成绩存入干部管理档案。选任干部时，也要将其素质能力考试成绩与任前法律考试成绩合并计算，增强鉴别干部素质能力的科学性。

党的十九大报告提出："到2035年，我国法治国家、法治政府、法治社会基本建成，各方面制度更加完善，国家治理体系和治理能力现代化基本实现。"这再次表明十九大之后，在国家治理体系和治理能力现代化中，法治将扮演更加重要的角色、发挥更加基础性的作用，法治建设将会掀起新的高潮。中央全面依法治国领导委员会成立，将为全面依法治国，协调推进法治国家、法治政府、法治社会一体建设，提供强有力的组织保障。完善后的领导机构需要更多新鲜的血液，十九大报告指出"要源源不断选拔使用经过实践考验的优秀年轻干部"，而梳理近年来中央层面对培养选拔年轻干部的导向，也显示出日趋严格的趋势。作为新时代的领导干部，在面对新要求提出的新挑战，需要经过更严格的考试制度审核，以满足时代对领导干部素质的要求。

领导干部法律任前考试现尚未在山西省范围内大规模推广，但随着法治社会的逐步完善，人人知法守法用法社会氛围的逐步形成，随着计算机信息技术的快速发展，无纸化考试模式的大规模普及，领导干部的任前法律考试也必将常态化、制度化。

# B.18
# 临猗县建强农村"两会一队"
# 推进法治乡村建设报告

临猗县委法治办课题组 *

摘　要：　平安是老百姓亘古不变的期盼。为全面深入推进法治临猗、平安临猗建设，临猗县委、县政府以"两会一队"为抓手，确立"三三"工作机制，强化了组织、制度和经费保障，构建县、乡、村"联防、互防、自防"三防一体的防控网络体系，全面覆盖全县行政村和社区，实现"秩序好、发案少、群众满意、社会稳定"的治理目标，筑牢了乡村治安的第一道防线。

关键词：　"两会一队"　法治乡村　治保会　民调会　巡逻队

　　临猗县位于晋陕豫黄河金三角地区，国土面积1339平方公里，人口58万，是山西省的农业大县和人口大县。2017年以来，在"平安临猗"建设活动中，该县确立"三三"机制，建立农村"两会一队"。目前，全县375个行政村和19个社区实现了治保会、民调会、治安巡逻队全覆盖，共有农村专职治安巡逻队员2174名，社区巡逻队员1000余名，形成了户户参与义务巡逻的格局。

---

　*　课题组负责人：于鹏飞，临猗县委书记。课题组成员：李明，临猗县委副书记、县长；高力，临猗县委常委、政法委书记。执笔人：谢国强，临猗县委政法委副书记、县委法治办主任；闫志红，临猗县委政法委副书记、综治办主任。

# 一　强化组织、制度和经费的保障

随着经济社会的迅速发展，特别是利益格局的重新调整，一些深层次的社会矛盾不断涌现，推进社会综合治理向纵深发展，必须创新基层社会治理思维。农村治保会、民调会、巡逻队是群防群治的组成部分，是平安建设的重要力量。健全"两会一队"，对于加强县、乡、村"联防、互防、自防"三防一体的防控网络体系，进一步提高管控能力，优化社会治安环境，实现"秩序好、发案少、群众满意、社会稳定"的治理目标，具有十分重要的意义。为了建强"两会一队"，临猗县委、县政府在落实"一村一警""一村一法律顾问"制度的同时，以强化"三个保障"为抓手，不断夯实基层工作基础，筑牢乡村（社区）治安的第一道防线。

一是强化组织保障。临猗县委成立领导组，统筹推进全县"两会一队"工作。政法部门和乡村两级按要求也成立了领导组，落实具体工作。县、乡、村层层签订责任状，传导压力，倒逼责任，实现了全县综治基层组织全覆盖。村委会把"两会一队"职责和经费来源写进村规民约，保障了"两会一队"工作的健康开展。

二是强化制度保障。临猗县制定下发《关于进一步推进"两会一队"建设的实施意见》，把"两会一队"建设列入年度目标责任考核重要内容，与重点工作同安排、同实施、同考核。每季度县综治部门对乡镇综治工作前三名进行表彰，后三名进行通报约谈。该县还不断细化工作举措，明确工作职责，先后制定完善了《综治领导工作职责》《网格长工作职责》《治保会工作职责》《民调会工作职责》《治安巡逻队工作职责》《联动协作制度》等系列制度，确保了"两会一队"建设的制度化和规范化。

三是强化经费保障。长期以来，经费短缺严重制约了农村群防群治工作的开展。对此，临猗县委、县政府自2017年以来专门安排拨付巡逻队专项经费225万元、大调解经费30万元、治保会经费22.5万元，为全县"两会一队"提供了坚实的经费保障。

## 二　打造讲座培训、媒体联动和文化宣传平台

法治宣传是"两会一队"建设的重要基础。临猗县打造"三个平台"，实现了由单一宣传模式向多元宣传模式的转变，增强了干部群众的法治意识，形成了群防群治的浓厚氛围。

一是打造讲座培训平台。临猗县委政法委首次将"依法执政能力"培训列为党校干部培训内容，并定期为领导干部、国家公职人员、基层"两委"干部、"两会一队"成员进行法律知识讲座和培训，先后组织培训民调员 1000 余人次、网格长 2000 余人次、巡逻队员 5000 余人次，发放培训宣传资料 2 万余份，印发《综治干部工作手册》《临猗县矛排工作手册》7000余册。

二是打造媒体联动平台。临猗县为使"两会一队"工作深入人心，在《临猗通讯》上开辟普法专栏，结合在"平安临猗"创建活动中发生的案例进行以案释法，先后刊登案例近 200 个；实施"互联网＋平安临猗"工程，利用手机和互联网开通"两微一网"（即"法治临猗"微博、微信和在政府网站开辟"法律进万家　惠及你我他"平台），发布法治信息，宣传法律法规，普及法律知识。

三是打造文化宣传平台。临猗县在农村和社区醒目位置绘制了法治文化墙 4000 多平方米，设立了法治文化宣传栏 1000 余块，运用"群众演员、本地方言、身边故事、以案说法"的模式创作法治文艺作品 80 多个，拍摄普法短剧 48 部，其中《小松结婚》在腾讯网点击率达 8 万次以上，使得群防群治理念不断深入人心。

## 三　"三个模式"形成长效机制

在实践中，临猗县针对治保会、民调会、治安巡逻队各自的特点，确立了三个科学化运作模式。

一是治保会的"四个一"模式。首先是制订一个好规划，即根据新形势下综治工作的特点，结合村情，制订普法宣传、矛盾调解、治安隐患排查等工作规划，对治保工作进行宏观指导并督促实施。其次是建立一套好制度，即把群防群治工作纳入制度管理轨道，建立健全了村民自治章程、村规民约、村民议事章程、家庭公约等十项制度，形成规范村民行为，强化群防群治工作的制度化体系。再次是构建一个好网络，即进一步健全双层网格化管理。在全村大网格的基础上，根据居民小组、巷道分布等特点划分"小网格"，并规范相应的组织机构、网格职责、制度管理等。治保会主任兼任巡逻队长和全村的网格长，一人多责，联防联动，形成"横向到边，纵向到底"的无死角无缝隙对接，做到了矛盾源头预防、问题就地解决。最后是争当一个好助手，即协助公安、司法等部门搞好本村的重大信息反馈、社区矫正人员帮教、收集社情民意、开展治安隐患排查及"两会一队"协调等各项工作，积极发挥参谋助手作用。

二是民调会的"四化"模式。首先是调解平台制度化，建立"7+1"工作制度。即岗位责任制、例会制度、学习制度、业务登记制度、统计和档案管理制度、以奖代补制度、考评制度和预防化解矛盾纠纷的人民调解工作机制，确保调解工作有章可循、有规可依。其次是调解流程规范化。即在全县民调会推行两表、两书、两记录、一函的"2221"工作流程（人民调解受理登记表、调查记录表，调解申请书、调解协议书，人民调解记录、回访记录，案件结果告知函）。在此基础上，严格流程管理，严格调解标准，提高了调解质量，确保了人民调解的公正性，做到了有案必接、有接必果、有果必公。再次是调解方法多元化。全县调解队伍在实践中总结出釜底抽薪、画饼充饥、草船借箭、各个击破、义利结合、活血顺气、心理调适、依法计算等8套人民调解工作方法。调解队伍处理疑难纠纷中做了以下总结：只有采取确凿的证据，才能破除迷局；只有政策公开，办事公道，才能破除障碍；只有灵活处理，情理说服，才能破除僵局的"三破"经验，为化解矛盾纠纷，维护和谐稳定发

挥了积极作用。其中，临猗一位"全国模范人民调解员"运用调解八法，十几年来化解矛盾纠纷 300 余件，为群众挽回经济损失 120 余万元，预防群体性事件 30 多起。最后是调解机构品牌化。在嵋阳、牛杜、楚侯等乡镇成立的五大品牌调解工作室，以优秀调解员的姓名命名，主要承担本级受理、上级指派的各类矛盾纠纷。品牌调解室成立以来，共受理调解纠纷 550 起。

三是治安巡逻队的"四结合"模式。首先是在运行体制上做到义务巡逻和专业巡逻相结合。每个行政村以巷为单位设立网格，每个网格确定网格长，组织安排两户一组白天和前半夜义务巡逻，晚上特别是后半夜则以治安巡逻队为主承担巡逻任务。通过 APP 定位，实现巡逻位置实时可视，巡逻轨迹一目了然，通知公告一键畅通，快速传递有效调动，跟踪服务及时到位，从而形成由村民防范到治安巡逻的无缝对接。其次在队伍管理上做到行政村管理和派出所管理相结合。巡逻队接受村党支部、村委会领导，业务由乡镇派出所负责管理，严守"五要求、三严禁"，即要求 24 小时全天候巡逻、统一着装佩带器械、巡逻路线覆盖全村各角落、队员依法巡逻、统一签到出巡；严禁队员参与营利性经营活动，收取保护费；严禁对可疑人员打骂、刁难；侵吞、私分查扣的可疑物品，切实有效地提高了管理水平。再次，在经费保障上做到财政补贴和群众捐款相结合。巡逻队经费主要通过"四条途径"解决：一是上级财政拨付一部分；二是从村级经费列支一部分；三是在外人士通过捐款捐物方式捐一部分；四是村集体经济补贴一部分。专项经费的使用和管理遵循公开透明、专款专用、注重实效、厉行节约的原则，为"两会一队"长效运行提供了可靠的经费保障。最后，在工作考评上做到明察暗访和年终考核相结合。对村级治安巡逻工作细化、量化，制定了百分制考核细则。建立巡逻日志，要求一日一登记、一周一汇报、一月一小结。半年和年终，由乡综治办牵头，乡镇派出所具体组织，进行全方位逐项考核。对前三名进行表彰奖励，后三名的对村主干约谈问责，有效提高了全县群防群治的科学化管理水平。

# 四 "两会一队"的主要效果

临猗县"两会一队"建设工作,自开展以来取得了可喜的成绩,推进了法治乡村建设。

一是织严了群防群治的大网。过去农村治安主要依靠派出所干警,如今村村成立"两会一队",治保会事前预警,巡逻队事中排查矛盾问题,民调会事后调处化解,有效加强了城乡"联防、互防、自防"一体的防控网络体系。"两会一队"配合"一村一警",建立了警民共建、群防群治的大网。

二是充分发挥巡逻队的作用。巡逻队通过快速反应、相互策应的运作机制,切实履行治安巡逻职能。万荣县"10·24"特大杀人案发生后,接到犯罪嫌疑人有可能逃往临猗的消息后,临猗县综治办启动应急预案,发动全县2000多名农村治安巡逻队员进行走访排查。当日下午五点左右,孙吉镇南赵村巡逻队员和北赵村网格长均反映见过此人,巡逻队负责人立即将情况上报给镇综治办和派出所。孙吉镇党委和派出所协调指挥,通知各村巡逻队在各村开展全方位搜寻,群众迅速加入巡逻队伍,在全镇严密布控,摸排嫌疑人。案发后14个小时,犯罪嫌疑人就在孙吉镇界内被抓获归案。此次抓捕行动充分显示了综治联防效果的全新姿态。

三是稳定了村民的心理。"两会一队"建立了预防排查治理机制,治保会充分发挥了预警机制。在日常巡逻中,巡逻队员着制服,戴头盔,拿警棍,上岗巡逻,对犯罪分子起到了强大的震慑作用。巡逻队员还同时担任法律政策宣传员、社会治安信息员、矛盾纠纷调解员、安全隐患排查员、农村生产生活安全员等"五员"角色。民调会及时调处化解各种矛盾纠纷,形成"小事不出组,大事不出村,矛盾不上交,事事有人管"的良好格局。2017年4月13日,东张镇樊哲村巡逻员发现一个小孩拿农药瓶玩耍,大人不在身边,赶紧上前制止,并将此事发到村里的微信群,告知监护人看好孩子,以免酿成大祸。这些让群众可知可感的身边事,为乡村治理写下生动的注脚。

四是形成了全民参与的热潮。通过整合巡逻力量，创新防控模式，拓展职能范围，全县实现了巡逻防控全覆盖。引导村干部、志愿者等社会力量，组成义务巡逻队，与专职巡逻队员开展交叉巡逻，构建专群结合的治安防范网络；结合推行"一村一警"，公安驻村干警定期赴村走访调研，带头开展巡逻，排查矛盾纠纷。崇相西村是个城中村，租户较多，人员复杂。49岁的荆某某在村门口摆个水果摊，为人正直爽快，自从做了义务巡逻员，他利用自身优势，紧盯入村的可疑人员。有一次，他发现一个年轻人正在撬电动车电瓶，便主动给巡逻队长打电话，并与巡逻队员一同将小偷扭送到派出所。像这样的义务巡逻员，崇相西村就有100多个。

## 五　不足和展望

临猗县"两会一队"三个模式运行一年多以来，有效提升了全县的群防群治水平。但实践中尚存在三方面不足：一是部分群众对义务巡逻的思想认识还不到位，主动性不强，存在推一推、转一转的现象，不同程度地影响了群防群治效果；二是经费不足问题尚未从根本上得到解决，单一性财政拨款容易使部分干部群众产生"等靠要"思想；三是长效型的工作机制还需要进一步确立，才能促进"两会一队"可持续发展。

面对现状，临猗县委、县政府以习近平新时代中国特色社会主义思想为指导，提高政治站位，克难攻坚，针对性采取应对措施，立足三个强化，不断提升"两会一队"科学化运作水平。

一是多管齐下，强化思想认识。通过多种媒体宣传、组织党员干部登门入户宣传、运用群众喜闻乐见的文艺形式宣传，使群众树立"我为大家巡一天，大家为我巡一年"的思想，把义务巡逻当作义不容辞的责任和义务，提高义务巡逻的积极性。

二是多渠道筹资，强化经费保障。通过稳定财政拨款，发展集体经济，加大村级经费投入，动员受益经济实体和有意愿的群众捐资等办法，逐年增加活动经费，提高保障水平。

　　三是多元化发力，强化长效型建设。通过进一步加强组织领导，建立健全系列制度，纳入年度目标责任制严格督导考核等方法，确保"两会一队"长效运行，保障农村社会长治久安。

　　平安建设事关民生，法治建设任重道远。展望未来，临猗县在跨入新时代的历史征程中，将不断开创"两会一队"群防群治的新局面，筑牢社会治安防控体系建设的人民防线，全面提升人民群众的获得感、幸福感、安全感，为临猗县经济社会发展做出更大的贡献。

# 行政决策和执法

Administrative Decision-making and Law Enforcement

## B.19

## 山西省公安厅深化执法规范化的调研报告

山西省公安厅课题组 *

摘　要：　2017 年，山西省各级公安机关全力推进深化执法规范化建设，着力构建完备的执法制度体系、规范的执法办案体系、系统的执法管理体系、实战的执法培训体系、有力的执法保障体系，在实现执法队伍专业化、执法行为标准化、执法管理系统化、执法流程信息化的道路上取得了显著成效，推动了山西省公安机关执法质量和执法公信力的双提升。

关键词：　执法规范化　执法质量　执法公信力

---

* 课题组负责人：汪凡，山西省公安厅党委副书记、常务副厅长。课题组成员：刘冀山，山西省公安厅法制总队总队长；毕建华，山西省公安厅法制总队调研员；张磊，山西省公安厅法制总队正科级秘书。执笔人：张磊，山西省公安厅法制总队正科级秘书。

公安机关的特殊性质，决定了法治公安建设在整个法治中国建设中具有举足轻重的地位。习近平总书记指出，公安机关要在全面推进依法治国中发挥生力军作用。而执法规范化建设就是公安机关推进法治建设的重要抓手。2016 年 5 月 20 日，习近平总书记主持召开中央全面深化改革领导小组第二十四次会议，审议通过了《关于深化公安执法规范化建设的意见》，同年 8 月 2 日，中办、国办正式印发该意见。这标志着公安执法规范化建设上升到中央全面深化改革的层面予以强力推进。为贯彻落实好中央的决策部署，山西省各级公安机关把 2017 年作为执法规范化建设年，进一步加强组织领导，从提升民警执法能力、完善执法行为标准、强化执法监督管理、推进执法信息化建设、改进行政管理服务、打造规范化建设样板等多角度入手，全面深化执法规范化建设，努力推动全省公安机关法治建设取得新进步、新成效。

# 一 深化执法规范化建设的主要做法和工作成效

## （一）执法规范化的组织保障

为贯彻落实《关于深化公安执法规范化建设的意见》，山西各级公安机关全面加强了对公安执法规范化建设工作的组织领导，全面加大了对执法规范化建设工作的推动落实力度，具体分为以下举措。

一是各级公安机关充分认识到深化公安执法规范化的重要性。2017 年 2 月 28 日山西省委办公厅、省政府办公厅下发了《关于深化全省公安机关执法规范化建设的实施意见》，明确要求把公安执法规范化建设工作纳入本地国民经济发展规划同时加大支持保障力度，为公安机关规范执法创造良好的条件和环境。各市也出台了推进落实本地公安执法规范化建设工作的具体实施方案，形成了党委、政府部署推动并支持保障、各级公安机关具体实施的工作推进格局。

二是公安机关主要负责人作为法治建设第一责任人。山西省公安厅成立了以厅党委书记、厅长任组长的厅法治建设领导小组，全面加强对执法规范

化建设的组织领导和协调推动：多次主持召开党委会，对执法规范化建设推进落实中的重大事项予以专题研究，为全体厅党委成员、各市公安局长和省厅各部门主要负责人组织了一场"围绕以审判为中心的刑事诉讼制度改革，全面深化公安执法规范化建设"的专题讲座，通过培训让主要领导干部深刻理解党中央部署深化公安执法规范化建设工作的目标任务和推进路径，从而推动各级公安机关和各部门主要领导干部更好地履行第一责任人的组织推动职责。此外，山西省公安厅还全面加强对执法规范化建设的督导巡察，成立 7 个督察组，对各市公安机关落实执法规范化建设重点任务情况进行全覆盖式的大督察。

三是将 2017 年作为山西省公安机关执法规范化建设年。山西省公安厅制定了《全省公安机关开展执法规范化建设年活动方案》，主要有两方面工作。第一，全面启动建设年活动。明确要求各级公安机关要通过建设年活动的开展，建立一批执法工作规范，完善一批执法管理机制，整治一批执法突出问题，化解一批涉法涉诉信访案件，推出一批规范执法先进典型。第二，进一步增强民警法治观念，进一步转变民警执法作风，进一步提升民警执法能力，进一步减少执法不严不公问题，进一步提升人民群众对公安执法的满意度。为确保建设年活动中各项工作任务能够顺利落实，山西省公安厅进一步制定了《山西省公安厅贯彻落实〈关于深化全省公安机关执法规范化建设的实施意见〉责任分解方案》，明确了各项工作任务的落实层级、牵头部门、参加部门、落实时限和落实要求，让各市、各部门在工作中更加明确每项任务的范围、程度、方法和目的。

## （二）以民警执法实战需求为导向的强化教育培训

严格规范公正执法要落实到每一名民警的每项执法活动中。民警的理念和能力是公安机关规范执法的关键点。一些重大执法问题之所以发生，究其根源还是民警执法理念和执法能力不足。为此，山西省公安厅具体从以下三个方面来提高民警依法履职能力。

一是着力推动民警牢固树立正确的执法理念。为发挥执法先进典型的引领带动作用，山西省公安厅组织了 13 场公安英模先进事迹报告会。英模们一个个生动感人的执法事迹和执法思想引导和感染广大民警。为顺应以审判为中心的刑事诉讼制度改革要求，为改变民警既有的重打击轻保护、重实体轻程序、重破案轻证据等执法理念，山西省公安厅制作了以审判为中心的诉讼制度改革视频培训光盘，下发到市、县公安机关，促使民警更加注重证据收集，更加注重人权保障，更加注重程序公正。

二是着力提升民警执法实战能力。针对现场执法这一问题领域，山西省公安厅组织全省各级公安机关开展了规范执法视频演示培训：通过模拟现场执法情形等直观生动的视频教学，民警得以全面熟练掌握规范要领，现场处置各类复杂情形的能力和水平得以提升；组织开展警务实战技能模拟训练，围绕现场处置、调查取证、办案区使用、出庭作证、信息化应用以及武器警械使用等方面的实战技能，共组织一线执法民警进行实战技能训练 508 次。

三是全面落实执法资格等级考试制度。根据这一制度，中级执法资格作为担任县级和市（地）级公安机关执法勤务类机构负责人，以及主办侦查员和案件审核人员的必备条件，即未取得执法资格的，不得从事执法工作。2017 年山西省公安厅共组织 19500 余名民警参加了基本和中级执法资格考试，组织 2280 余名民警参加了高级执法资格考试，通过以考促学让民警形成自觉学法、用法的法律思维。

## （三）完善执法行为标准，以标准化促进规范化

山西省公安厅充分认识到规范执法就是要实现执法行为标准化，而标准化的前提是要有科学完备、细化明确的执法制度规范。因此，山西省公安厅制定了多项执法制度，为执法活动的规范开展提供了强有力的指引。然而制度标准的建设绝非一劳永逸，因为执法形势的快速发展变化，使得制度标准建设必须不断更新、与时俱进。为此，山西省各级公安机关围绕出现的新情况、新问题、新要求，进一步加强执法行为标准建设，以更加明确的执法标准引导民警规范执法，具体有以下四个方面的措施。

一是完善现场执法行为标准。遇到不同类型的警情该怎样规范处置，现

场处置过程中碰到特殊情况该如何规范处理，这些问题长期以来困扰基层民警。以往民警处置方式不一、随意性强、不规范，常引发群众不满。为了给民警处置各类警情和特殊情形提供规范指导，山西省公安厅面向基层广泛征集警情处置疑难问题，并针对这些疑难复杂问题，制定《110常见警情接处警规范化手册》和《现场执法疑难问题解答》，细化现场执法流程和行为要求。

二是制定安保工作法律适用指引。山西省公安厅为服务"迎接十九大全警保平安"的十九大安保1＋8行动，编撰了《1＋8行动法律适用指引》，以执法常见多发的违法行为名称和罪名为主线，收集整理了涉及233个违法犯罪行为的100余件法律、法规、规章、司法解释和规范性文件，全面系统地为十九大安保工作提供执法依据支持。

三是制定刑事执法工作系列制度。山西省公安厅围绕大力推进以审判为中心的诉讼制度改革要求，制定出台全省公安机关证据审查工作制度、见证人制度、执法全过程记录制度、旁听庭审制度、证据保管制度、律师执业权利保障制度等系列制度，进一步规范刑事诉讼活动的开展。

四是完善行政执法与刑事执法衔接机制。在食品、药品、环境保护等领域，山西省公安厅制定出台了《山西省食品药品行政执法与刑事司法衔接工作办法实施细则》《山西省办理食品药品案件物证保管处置办法》等制度规范，切实与相关部门建立了信息通报、联席会议、线索移送等协作配合机制，为打击民生领域违法犯罪活动提供了有力保障。

### （四）建立覆盖执法全过程的监督管理体系

严格有力的监督管理是规范执法的重要保障。为此，山西省公安机关进一步加大执法监督管理工作力度，努力建立科学高效、覆盖执法全流程的执法管理体系，具体有以下四方面举措。

一是持续深入推进受立案改革。以往的执法监督都是从受立案之后才开始，这造成了受立案这一源头环节失管、漏管，因此有案不受不立、受案立案不查、违法违规立案是群众反映较多的执法突出问题。为此，山西省公安厅制定出台《山西省公安机关受案立案工作规定》，完善接报案登记制度，并在各级公安机关成立专门的案管机构，配备专门的监督力量，通过对每一个警情和实际受立案情况进行比对，对受立案环节进行全方位监督，及时发现和纠正受立案环节中存在的不规范问题。目前，山西省各市、县公安机关已经实现案管机构全覆盖，对受立案的监督已经成为内部监督工作的新常态。2017 年山西省公安机关案管机构共核查警情 848224 起，下发监督通报16827 期，纠正了一大批受立案环节存在的执法突出问题。

二是全面建立刑事案件"统一审核、统一出口"机制。山西省公安厅制定出台了《山西省公安机关刑事案件统一审核统一出口工作规定》，加强对刑事执法办案重点环节的监督，提高刑事案件质量，严防冤假错案的发生。

三是加强执法质量考评和信访案件评查工作。按照"省考市年度考、市考县阶段考、县考所队一案一考"的模式，山西各级公安机关大力开展执法质量考评工作。2017 年山西省公安厅实地考评了 22 个县级公安机关 44个派出所、77 个执法办案区，现场抽取了警情、行政、刑事案件 154 起，办案区、现场执法视音频资料 1000 余段进行考评；还通过全省公安机关警综平台执法监督系统抽取了 11 地市的 159 个分县局共计 355 起案件进行了网上考评。在大力开展考评工作的基础上，山西省公安厅严格运用考评结果，对考评不合格的单位主要负责人及所在市局的分管领导进行集体约谈，督促整改。同时，山西省公安厅组织开展信访案件评查工作，从群众反映强烈、可能存在执法突出问题或常年反复进京非访的涉法涉诉信访案件中选取11 起进行评查，在评查中共阅卷 17 册，走访信访当事人 11 人，会见案件承办人 11 人，发现执法问题 106 个，通过评查发现和纠正了信访案件中存在的执法问题，推动了信访案件的有效化解。

四是进一步加强法制员队伍建设。山西省公安厅制定出台了《山西省公安机关法制员管理制度》，明确规定法制员对本单位案件享有检查监督权、案件审核权、纠正违法和建议处理权、执法质量考评权。目前，各市公安机关已经按照要求在执法办案部门和派出机构全部设立了法制员，共有专

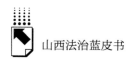

职法制员 452 名，兼职法制员 2945 名，大大增强了执法监督力量，改善了执法监督效果。

五是加强 12389 投诉举报平台建设及案事件核查工作。山西省公安厅利用 12389 这一群众监督平台开展执法监督工作，坚持落实厅领导月值机和市局领导同期值机制度，每季度对平台受理、核查情况进行分析通报，对重点案件、未按时核查完成案件下达督办函进行督办，对核查质量不高、逾期没有完成的案事件，在年度考评中扣除相应分数，切实做到"件件有着落、事事有回音"。2017 年全省公安机关通过 12389 平台共接听群众来电 11835 次，受理举报线索 1276 条。

## （五）推进执法信息化，用信息化促进规范化

山西省公安厅充分认识到信息化与执法的有机融合是规范执法的重要途径，借助信息化手段，既能有力提升执法效率，也能有效保障执法质量，进而推动了以下举措。

一是推进案件源头管控监督系统建设。为推动案管机构监督受立案，为推动受立案监督的信息化，山西省公安厅建设了案件源头管控监督系统，并与 110 接处警系统和执法办案系统对接，实现了 110 接处警信息和受立案信息的自动比对，确保监督工作的效率。

二是建设了案件进度查询系统。为深入推进"阳光司法"工程，提升公安执法透明度和执法公信力，山西省公安厅还组织力量研发上线了案件监督查询系统，案件控告人、被害人、被侵害人或者其家属可以通过山西便民服务在线和山西公安微信公众号查询案件进展信息，从而有力保障了案件相关当事人的知情权和监督权。

三是研发"山西公安法律学习服务 APP"。山西省公安厅充分利用本机关公职律师队伍资源，研发上线了山西公安法律学习服务手机 APP。通过这一平台，基层一线民警随时能够了解公安执法前沿动态，随时进行法律学习和执法练习，随时提出执法问询，把民警日常法律学习和执法疑难解答，从线下搬到了线上，从电脑搬到了手机，民警打开手机即可随时咨询执法问

题，随时接受执法培训，随时查阅法律法规，随时开展考试练习。APP 正式上线运行以来，注册民警数迅速突破 15000 余人，APP 全年答复民警提出的各类执法问题 2700 余条。

### （六）打造"服务型"公安机关

行政管理工作是公安执法活动的一个重要方面，是直接面向群众展现公安机关执法水平和执法形象的重要窗口。2017 年，省公安厅把提升行政管理服务质量和效率作为深化执法规范化建设的重要任务，着力打造"服务型"公安机关。一是推进优化营商环境工作。山西省公安厅制定出台了《关于优化营商环境的实施意见》和《营造"六最"环境行动计划》，推出了 22 项具体行动措施。在此基础上，持续推进企业周边治安环境治理专项行动，坚持一企一策，综合整治，落实一警一卡、一隐患一对策、一案件一专班、一企一警等工作措施，严厉打击影响企业正常生产经营的违法犯罪活动，为企业发展创造良好治安环境，积极推动企业投资项目试行承诺制，实行无审批管理试点工作，主动服务全省经济社会发展。

二是推进"放管服效"改革。山西省公安厅积极推进相对集中行政审批权改革，将厅直各部门的所有省级行政审批事项全部纳入省政务服务平台集中管理。目前，36 项行政审批事项全部进驻省政府政务服务中心，实现了省级公安行政审批"一个平台对外、一个窗口受理、一条龙服务、一站式办结"。实行权责清单动态管理，在去年调整的基础上，今年继续加大省级放权力度，申报取消下放 4 项省级行政审批事项。全面开展减证便民工作，对行政职权中的前置申请材料、年检和培训情况进行了清理，具体梳理行政许可、行政确认、其他类职权中具有审批性质的职权 33 项，清理细化前置申请材料 248 条、年检事项 1 项，培训事项 1 项。此外，山西省公安厅还制定出台了《关于深化治安行政管理"放管服效"改革的意见》，在公安行政审批项目最多的治安系统大力推进"放管服效"工作。

三是深化"互联网 + 公安政务服务"工作。山西省公安厅认真落实《公安部关于进一步推进"互联网 + 公安政务服务"工作的实施意见》，就

进一步扩大网上办理范围，提高网上办理程度，实现政务服务事项"应上尽上、全程在线"进行了部署，努力实现让群众少跑腿、不跑腿也能办成事。继续在网上大力开展各项便民服务业务。2017年山西全省公安机关共利用山西公安便民服务在线网站为群众办结业务4268件，回复群众咨询求助32515件，为群众提供各类查询服务100万余人次，人民群众满意率达到99.2%。

### （七）打造执法规范化建设示范样板

山西省公安厅按照示范引领、典型带动的工作思路，加强示范单位培养创建，着力打造执法规范化建设标杆，以标杆的先进经验引领带动全省执法规范化建设的整体推进。选择运城市公安局盐湖分局作为创建单位，围绕新型执法办案中心建设、以审判为中心的刑事诉讼制度改革、受立案改革和刑事案件"两统一"改革等重点任务，成立专门工作组将其打造成高标准、可复制、可推广的样板单位。现在盐湖分局这一示范单位创建工作取得显著成效，执法"硬件"提档升级、执法"软件"全面更新，执法质量和执法公信力全面提升，得到了公安部法制局的充分肯定。"盐湖经验"打造成熟后，为发挥其示范引领作用，2017年12月15日，山西省公安厅在运城市盐湖区召开全省公安机关深化执法规范化建设现场推进会，大力推广"盐湖经验"。

## 二　深化执法规范化建设面临的问题和困难

2017年山西省公安机关的执法规范化建设取得明显成效。全省各级公安机关接待处理信访事项5571起，信访总量同比下降4.66%；行政案件复议被撤销变更率同比下降0.2个百分点；执法质量考评成绩稳步上升，零分案卷同比减少了1.5个百分点，考评单位不合格率下降了1.8个百分点。虽然如此，但与中办、国办发布的《关于深化公安执法规范化建设的意见》和省委办公厅、省政府办公厅发布的《关于深化全省公安机关执法规范化建设的实施意见》的部署要求相比，与先进省市的执法规范化建设水平相比，山西省公安机关执法规范化仍存在差距，还存在以下几方面问题和困难。

### （一）执法办案场所等执法硬件简陋、信息化程度不足

山西省公安机关虽然已经基本完成了执法办案场所的建设改造工作，但大部分场所只具备执法办案应当具备的基本功能，仍然较为简单，尚未把信息技术与执法办案场所相融合，进而形成运转高效的新型执法办案场所。

### （二）民警执法素质能力建设工作还有不足

虽然山西各级公安机关组织开展了一定数量的执法培训工作，也增强了培训的实战性，但从每个基层民警的角度看，由于基层繁重的工作任务，每年能够得到的脱产训练时间还是很少，系统的岗位训练更是少之又少，工训矛盾依然明显制约民警执法素质能力增长。另外，执法资格考试制度的实施虽然在一定程度上推动了民警学法，但大多数基层民警由于工作任务繁重，基本没有多少业余时间专门学习，执法资格考试结果在一些地方也没有得到严格运用，执法资格考试制度的推动作用还没有完全发挥出来。

### （三）各地执法监督管理工作不平衡、不到位

山西省有些公安机关对执法源头环节的监督管理还不严密，未能做到全面化、实时化，使得源头环节的执法问题仍相对较多。法制员制度、执法管理委员会制度等管理制度还未全面落实，有的作用发挥较好，有的流于形式。在涉案财物管理上，大部分地方还未形成公检法三部门相互协调、有效衔接的管理机制。科学的执法绩效管理体系还没有建立，在鼓励民警多办案、办好案上尚未形成有效的工作机制。

### （四）执法信息化建设相对滞后

与先进省市相比，山西省公安机关执法信息化建设水平还有明显不足。一方面是已建成的各个执法信息系统之间相对独立，还未关联互通。这使得

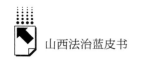
公安机关无法依托信息化手段对执法办案过程进行全要素、全环节的管控。另一方面是各级公安机关对大数据等信息技术运用不足，还未能运用大数据开展执法信息综合研判，未能对各个执法办案环节进行量化分析，也没有实现对执法办案的智能预警、智能指引、智能审查。

### （五）执法规范化的综合保障有不足

执法规范化需要人财物各方面的综合保障，有的地方建设保障不足，一定程度上制约了执法规范化建设的深入推进。其中最为突出的是一线警力不足，基层公安机关的执法警力与当前的执法任务量差距巨大。为缓解执法警力不足的问题，近年虽然各地公安机关相继招录了一批警务辅助人员，但这些人员不是警察，因而不具有执法权。另外，车改后基层公安机关一些警用车辆被收回，导致目前基层单位普遍缺乏警用车辆。有的派出所甚至只有一辆车，出一个警后再有第二个警就无法保证及时赶到现场，可能导致执法不规范，常常引发当事人的不满情绪。

## 三　下一步工作方向

### （一）进一步升级改造执法办案场所

实现全省执法办案场所的精细化、信息化、智能化，补上执法办案场所这一执法基础硬件存在的短板和不足，切实让执法办案场所更加实用、好用、管用。

### （二）落实以审判为中心的诉讼制度改革

一是要尽快推动民警执法理念的转变。要把强化以审判为中心的侦查理念作为首要任务，进一步加大执法理念培训、民警出庭作证、出庭应诉、旁听庭审、案件剖析点评等工作力度，推动民警牢固树立证据意识、程序意识、保障人权意识、服务庭审意识，彻底摒弃"重抓人破案轻证据收集"

"重言辞证据轻客观证据""重办案实体轻办案程序""重打击犯罪轻人权保护"的思想。二是要尽快推动侦查取证能力的提升。紧紧围绕证据收集这一侦查活动的核心，全面建立常见多发案件、重大案件证据标准，并借鉴贵州经验，将证据标准融入办案系统，实现智能化办案指引，精确指导民警侦查取证工作。要大力发展刑事科学技术、技侦、网侦、图侦等专业侦查手段建设，并全力推进各警种合成作战，服务侦查取证工作机制，全面提升获取证据的能力和水平。要大力开展侦查取证、出庭作证等模拟训练，通过反复的实战化练习，不断提升民警收集证据能力。三是要尽快推动质量管控能力的增强。要牢固树立质量为本的意识，深入落实刑事案件"统一入口、统一审核、统一出口、统一监督管理"机制，确保重要执法环节必须经过法制部门严格审核，并统一出口移送检察机关。要大力加强证据审查工作，重点审查证据合法性、规范性、全面性、客观性，确保能够及时发现补正瑕疵证据，排除非法证据，坚决不能让案件"带病"移送到检察机关。要严格落实执法办案责任制，从案件入口到出口，每个执法环节、每个执法岗位的责任要界定清楚，哪个环节出了问题，哪怕是小问题、瑕疵性问题，都要确保责任跟进落实，切实增强民警的责任意识。四是要尽快推动权益保障能力的提高。要更加注意尊重和保障人权，严格履行犯罪嫌疑人权利义务告知要求，做到该告知的全部告知，并对嫌疑人的权利要求及时做出回应。要严格落实法律援助制度，更加注重嫌疑人的申诉辩解和辩护律师的意见，特别是对于无罪、罪轻的辩解和意见，要高度重视，认真核实，不能让这一程序流于形式。要依法保障辩护律师会见、通信等执业权利，积极处理辩护律师的投诉、申诉、控告，切实把刑事侦查工作向更加理性文明的方向推进。

## （三）进一步深化执法管理体系建设

首先，要严格落实执法视音频记录制度，确保应当记录的现场执法活动都能规范记录，办案区执法全过程视音频记录。其次，应该强化执法质量常态化管理，落实好案件审核制度，进一步加大日常执法质量考评力度，推动执法管理委员会作用的充分发挥。尤其需要加强法制员、办

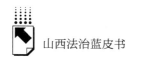

案区监督员"两员"队伍建设和管理，全面提升对执法办案的监督管理水平。再次，应深化"阳光警务"建设，推进生效行政处罚、行政复议文书的公开，以公开促公正，以公开树公信。此外，还应研究建立科学的执法绩效考核机制。

### （四）加强执法信息化建设

山西省公安机关一方面将在拓展执法办案和执法管理信息化建设的基础上，大力推进执法办案各类信息系统和模块之间的互联互通、数据共享，改变各执法信息系统孤立存在，数据不关联，无法实现对执法办案全过程进行综合化、一体化管理的问题。另一方面，还将结合大数据发展趋势，把大数据技术融入执法办案信息系统中，实现运用大数据开展执法信息综合研判，对各个执法办案环节进行量化分析，通过深度运用海量执法信息，强化对执法质量的整体把控和监督管理，有效辅助决策、反哺实战。总之，大力发展智能化的执法办案信息系统，运用智能化技术指引办案、辅助管理，进一步提升执法办案和执法管理的效率和水平。

### （五）大力推动民警执法能力建设

山西省公安机关首先将继续使用直观、形象的执法视频来培训民警。其次，还将开展执法实战化训练，让培训更加贴近实战、服务实战，并总结执法实战经验，让民警在实践中不断积累经验，提升能力。再次，普及手机学法平台，推进民警学法常态化，建立领导干部学法制度，深化执法资格考试制度，加强民警备考训练，严格考试结果运用。

### （六）完善执法标准

在现有基础上，首先将进一步细化民警现场执法活动执法标准，针对处警过程中常发生的棘手问题明确民警的行为标准，提供规范指导，减少民警现场处置行为的随意性。其次，完善行政处罚裁量标准。尤其是重点针对行政处罚裁量幅度大、情节轻重认定模糊的违法行为，细化其裁量规范，压缩民警的自由裁量空间，确保行政处罚的相对公平公正。再次，研究完善办案场所执法活动标准，明确办案场所内执法活动每个环节的规范。

### （七）加强建设工作综合保障

山西省公安机关还将积极争取政府拨款和支持，从而加强人、财、物的综合保障，加大对执法规范化建设的倾斜和投入。在此基础上，进一步加强法制队伍建设，合理配置警力资源，增强法制部门力量，切实把法制队伍做强做精，为执法规范化建设的组织推动和具体落实提供有力保障。

# B.20
# 忻州市公安执法体制改革的"法制+"模式报告

忻州市公安局课题组*

摘　要：　2017年，山西省忻州市公安局根据执法形势的新变化，以"法制+"模式推动执法体系的完善，推进公安执法规范化建设，取得了明显成效。忻州公安的"法制+"执法模式的核心是以法制部门为基础，根据工作任务调整不同部门加入执法管理体系，组成固定管理模块，通过管理模块的科学构建、组合、调整，形成合力，实现对执法工作的集成化、高效化管理。

关键词：　"法制+"　公安执法　执法集成化　执法高效化

党的十八届四中全会审议通过的《中共中央关于全面推进依法治国若干重大问题的决定》明确提出"创新执法体制，完善执法程序"。中共中央、国务院发布的《法治政府建设实施纲要（2015～2020年）》也提出，法治政府建设的主要任务之一是坚持严格规范公正文明执法，建立健全权责统一、权威高效的行政执法体制。公安领域的执法工作涉及各个方面，关乎社会稳定大局，关乎群众切身利益，关乎社会公平正义。随着公安执法体制

* 课题组负责人：杨梅喜，忻州市公安局党委书记、局长。课题组成员：马新文，忻州市公安局副局长。燕翔，忻州市公安局法制支队长。执笔人：张俊禄，忻州市公安局法制支队副支队长。

改革逐步向纵深发展，原有的以法制部门为单一主体的执法管理体制逐渐暴露出一些问题，与群众对公安执法的期待之间呈现出差距，急需改革。特别是自 2016 年 8 月 2 日中办、国办印发《关于深化公安执法规范化建设的意见》以来，忻州市公安局在山西省公安厅和忻州市公安局党委的领导下，贯彻落实中央部署要求，以"创建全省最安全的城市之一、塑造全省最满意的公安队伍之一"为奋斗目标，发扬"不懈努力、顽强拼搏、务实高效、敢于担当"的忻州公安精神，以建设法治公安为目标，根据执法形势的新变化，认真研究，科学谋划，精心组织、重点突破、大胆实践，以"法制＋"模式推动执法管理体系的完善，即在公安执法管理中，以法制部门为基础，同时根据工作任务的不同，加入不同部门并组成固定管理模块，通过管理模块的科学构建、组合、调整，形成合力，实现对执法工作的集成化、高效化管理。忻州市公安局连续五年在省厅综合考评中位列全省前三名，连续五年群众安全感满意度平均增幅位列全省第一名，连续五年获得市目标责任制考核优秀等次。公安部为忻州市公安局记集体三等功一次，省厅为忻州市公安局记集体二等功四次、集体三等功一次，同时忻州市公安局还获"山西省模范单位""山西省五一劳动奖状""2013～2016 全省综治先进集体"等荣誉。特别是 2013 年，忻州市公安局获得了由中组部、中宣部、人社部和国家公务员局共同评选的第八届"人民满意的公务员集体"荣誉称号。忻州公安的"法制＋"管理模式在实践中逐步完善，取得了明显成效，它是地方公安在执法规范化建设中敢于探索和总结的结晶，为公安执法体制改革的推进提供了有益的借鉴。

## 一 以"法制＋政工＋执法警种"的模式推动常态化的执法主体管理体系建设

执法需要由具体的人来开展，执法主体合格是执法规范化、职业化、专业化的前提和保证。抓执法管理，必须从执法主体抓起。公安机关内的不同部门，在执法工作中的角色和任务不同。政工部门是执法主体的分管部门，但缺乏对新时期执法主体要求的实践了解；法制部门对执法主体要求有深入的了解，但缺乏推动执法主体建设的组织能力；各执法警种受日常任务羁绊，很难从整体上对执法主体建设做出规划。针对这种情况，忻州市公安局在工作实践中形成了"法制＋政工＋执法警种"的联动式执法主体管理模式。法制部门根据法律要求和执法规范化建设要求提出执法主体管理目标、具体任务、建设项目并提供师资力量；政工部门充分发挥组织优势牵头部署、监督项目落实；各警种根据工作实际制订本警种执法主体建设计划。2011 年，忻州市公安局适用这一模式创建了年度"千警大轮训"活动机制，这一活动由政治部牵头部署，法制支队提出年度培训目标、培训重点、培训公共科目，各执法警种根据工作实际安排培训时间，在每年年初统一制订覆盖全年的培训计划，工作部署做到了有统有分，协同推进。据不完全统计，从 2014 年 10 月至今，忻州市公安局"千警大轮训"活动共举办各类培训班 30 余期，培训全市公安机关局领导、执法办案单位负责人、民警近 1500 人次、辅警近 3000 人次。针对法制部门在日常执法管理中发现的民警视野窄、执法思路封闭、进取心不强的问题，在忻州市公安局党委的统一部署下，建立了定期举办"警营大讲堂"的机制。2014 年 10 月以来，忻州市公安局共举办"警营大讲堂"11 期，中国人民公安大学王淑合教授、军事专家尹卓、北京师范大学刘翔平教授等先后在"警营大讲堂"为全市民警进行专题讲座，收到了良好效果（见表 1）。

表 1　忻州市公安局举办培训、学习情况统计

| 时间 | 千警大轮训人员数量（人次） | | 警营大讲堂举办次数（期） | 备注 |
|---|---|---|---|---|
| | 民警 | 辅警 | | |
| 2014 年 10～12 月 | 260 | 0 | 2 | 交警业务培训班 |
| 2015 年度 | 430 | 0 | 3 | 派出所所长、刑侦、禁毒、国保、交警等业务培训班 |
| 2016 年度 | 372 | 24 | 3 | 刑侦、刑事技术、经侦、指挥中心、交警等业务培训班 |

| 时间 | 千警大轮训人员数量（人次） | | 警营大讲堂举办次数（期） | 备注 |
|---|---|---|---|---|
| | 民警 | 辅警 | | |
| 2017 年度 | 430 | 2975 | 3 | 局领导、中层负责人合成、宣传、法制、检查站、网安等业务培训班 |
| 总计 | 1492 | 2999 | 11 | |

注：数据统计起止时间为 2014 年 10 月至 2017 年底。

从 2014 年开始，忻州市公安局有计划地选派全市公安机关骨干民警外出学习，提升民警能力。2014 年 10 月以来，先后组织全市公安机关班子成员、市局机关中层干部、技术民警、业务骨干赴中国刑警学院、中国人民公安大学、清华大学、北京大学、中国政法大学观摩、学习或研修，并与中国刑警学院和公安部警犬训练学校建立了长期的教学协作关系，忻州市公安局还组织全市刑侦、刑事技术骨干赴北京、广西等省市进行了交流学习。在这些活动的组织中，法制、政工、各执法警种紧密协作，整体联动管理的优势凸显。在"法制＋"模式的推动下，忻州市公安局执法主体管理能力、水平明显提升，困扰公安机关多年的民警执法不专业、执法不标准、执法不精细、执法不严谨等不规范问题基本解决。

## 二　以"法制＋纪检、督察"的模式推动执法监督管理体系建设

及时、有效的执法监督，是保证公安机关和民警规范执法的重要途径。法制部门作为公安机关内部执法监督的主管部门，在发现执法问题、评定执法质量方面发挥着不可替代的作用，但在落实监督奖惩时缺乏有力的组织权力。为解决由此而引发的执法监督管理不力问题，忻州市公安局以"法制＋纪检、督察"的模式来推动工作的开展。法制部门在执法监督管理中负责建章立制、发现问题：2011 年以来，忻州市公安局法制支队先后制定了

《内部执法监督制度》《重大、复杂、疑难案事件法制部门提前介入制度》《案件审核审批制度》《局长办公会议研究案件制度》《执法巡视制度》《案件评查制度》《执法质量奖惩制度》《执法过错责任追究制度》等八个涉及执法监督管理的制度。以上八个制度全面搭建了公安机关事前、事中、事后监督相结合，日常监督与阶段监督相结合，全面监督与专项监督相结合，监督奖励与监督惩罚相结合的执法监督管理体系。为及时发现全市突出执法问题，忻州市公安局法制支队建立了执法监督网上周通报制度，每周在公安内网市局主页发布《全市公安机关网上办案情况通报》《全市公安机关网上办案质量抽查通报》《全市公安机关网上办案率通报》《全市公安机关办案区同步录音录像数据管理情况抽查通报》《全市公安机关执法记录仪数据抽查通报》五个通报，每月发布《全市公安机关同步录音录像数据管理平台运行情况通报》《全市公安机关执法记录仪管理平台运行情况通报》《全市公安机关办理取保候审监视居住强制措施情况通报》三个通报，对全市的办案数量、办案质量、重点执法规范化建设任务进行全方位检查监督。2014年10月以来，已发布上述通报751期（见表2），发现了一大批执法问题。

表 2　忻州市公安局执法监督网上通报统计

单位：期

| 时间 | 网上办案情况通报（周） | 网上办案质量抽查通报（周） | 网上办案率通报（周） | 办案区同步录音录像数据管理情况抽查通报（周） | 执法记录仪数据抽查通报（周） | 同步录音录像数据管理平台运行情况通报（月） | 执法记录仪管理平台运行情况通报（月） | 办理取保候审监视居住强制措施情况通报（月） |
|---|---|---|---|---|---|---|---|---|
| 2014年10~12月 | 11 | 11 | 11 | 9 | 0 | 3 | 3 | 3 |
| 2015年度 | 42 | 43 | 49 | 39 | 40 | 12 | 12 | 12 |
| 2016年度 | 41 | 37 | 46 | 41 | 41 | 12 | 12 | 11 |
| 2017年度 | 36 | 35 | 40 | 35 | 34 | 12 | 10 | 8 |
| 总计 | 130 | 126 | 146 | 124 | 115 | 39 | 37 | 34 |

注：数据统计起止时间为2014年10月至2017年底。

纪检、督察部门在执法监督管理中负责责任倒查、督促奖惩落实：2015年1月以来，忻州市公安局纪检、督察部门根据法制部门抽查发现的问题，及时跟进监督；对388名存在执法问题的民警进行了离岗集中培训；42名存在轻微执法问题的民警分批到市局接受了跟班作业培训（见表3）。

**表3　忻州市公安局责任倒查情况统计**

单位：人次

| 时间 | 离岗培训民警数量 | 跟班作业民警数量 | 备注 |
|------|------|------|------|
| 2015 年度 | 121 | 12 | |
| 2016 年度 | 184 | 30 | |
| 2017 年度 | 83 | 0 | |
| 总计 | 388 | 42 | |

注：数据统计起止时间为 2015 年 1 月至 2017 年底。

在这种"法制＋"模式的推动下，忻州市公安局执法监督管理的实效明显增强，法制部门的权威得到了进一步认可，全市办案质量明显提高，优质卷宗数量逐年增加。2014 年以来，在各类执法检查监督中共评选出可作为示范案例的优质卷宗 32 卷，奖励办案民警 64 人次，发放奖金 5.2 万元（见表4）。

**表4　忻州市公安局示范案例奖励情况统计**

| 时间 | 优质卷宗数量（卷） | 发放奖金数量（万元） | 奖励办案民警数量（人次） | 备注 |
|------|------|------|------|------|
| 2014 年 10~12 月 | 10 | 1.8 | 20 | 2014 年度十大优质卷宗 |
| 2015 年度 | 10 | 1.3 | 20 | 2015 年度第一、二、四季度优质卷宗 |
| 2016 年度 | 10 | 1.7 | 20 | 2016 年度十大优质卷宗 |
| 2017 年度 | 2 | 0.4 | 4 | 2017 年度第一季度优质卷宗 |
| 总计 | 32 | 5.2 | 64 | |

注：数据统计起止时间为 2014 年 10 月至 2017 年底。

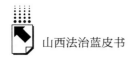
## 三 以"法制+一线民警"的模式推动高效的
## 执法行为管理体系建设

执法规范主要体现于民警的执法行为规范。传统的以书面审核为主的执法行为管理模式不仅具有滞后性,而且不利于审核部门与一线执法民警的良好沟通,成效有限。为解决这一难题,忻州市公安局加大了法制部门深入一线开展现场执法指导的力度。2013 年以来,忻州市公安局法制支队每年组织一次检查督导工作,深入基层对全市公安机关执法规范化建设情况进行检查督导。检查督导组每年抽出近半年的时间对全市基层所队进行逐所队检查,并对发现的问题当面反馈、现场指导、全面登记、逐分县局通报。通过这种"法制+一线民警"的面对面交流指导模式,一线民警对新时期执法行为的要求、标准、工作方法有了明确直观的认识,一些执法问题也被消灭在了初始萌芽状态。据统计,2015 年以来的检查督导中,检查小组共抽查案件 1218 卷,检查办案场所 529 个,发现和纠正 3995 个执法问题,1822 人(次)一线民警接受了检查组的现场执法指导(见表 5)。

**表5　忻州市公安局督导检查情况统计**

| 时间 | 抽查案件(卷) | 检查办案场所(个) | 发现和纠正执法问题(个) | 现场执法指导民警(人次) |
|---|---|---|---|---|
| 2015 年度 | 500 | 179 | 1500 | 781 |
| 2016 年度 | 385 | 181 | 1321 | 420 |
| 2017 年度 | 333 | 169 | 1174 | 621 |
| 总计 | 1218 | 529 | 3995 | 1822 |

注:数据统计起止时间为 2015 年 1 月至 2017 年底。

## 四 以"法制+信通"的模式推动执法管理信息化建设

执法管理信息化是时代发展的新要求,其实质是计算机信息技术与执法管理的有机结合。法制部门因计算机信息技术技能的缺乏，很难独立完成执法管理信息化建设任务。2010 年的网上办案工作推进中，认识到"法制＋信通"模式在执法管理信息化建设中的重要作用，并主动把这种由工作倒逼自发形成的工作模式转为自觉模式予以推广。2013 年底，在"法制＋信通"模式的保障下，忻州市公安局在山西省率先建成了执法记录仪数据集中管理平台和办案区同步录音录像数据集中管理平台，实现了对执法音视频资料的集中管理。平台建成 4 年来，忻州市公安局继续以"法制＋信通"模式保障平台正常运行，成效显著。法制部门建立了平台运行情况周监督通报、月监督通报制度，并将平台数据上传情况纳入年终执法质量考评范围，有效地保障了两个平台的运行成效。信通部门建立了平台定期维护机制，根据平台运行情况及时对平台信道、存储量进行升级维护，为平台运行提供技术支持。截至目前，忻州市公安局两个平台运行情况良好，2014 年 10 月至 2017 年底，执法记录仪数据管理平台共录入数据 127514 条，办案区同步录音录像数据管理平台共录入数据 33806 条（见表 6）。2013 年、2014 年，忻州市公安局还分别建设了忻州市"取保候审监视居住执法监督管理系统""国家赔偿法律文书管理应用系统"，"法制＋信通"模式在两个系统的建设中也发挥了重要作用。

表 6　忻州市公安局数据管理平台信息录入情况统计

单位：条

| 时间 | 执法记录仪数据管理平台共录入数据 | 办案区同步录音录像数据管理平台共录入数据 | 备注 |
|---|---|---|---|
| 2014 年 10～12 月 | 11653 | 3212 | |
| 2015 年度 | 32173 | 9715 | |
| 2016 年度 | 33987 | 10290 | |
| 2017 年度 | 49701 | 10589 | |
| 总计 | 127514 | 33806 | |

注：数据统计起止时间为 2014 年 10 月至 2017 年 12 月。

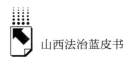

# 五 问题与改进

十九大报告明确指出：全面依法治国是国家治理的一场深刻革命，必须坚持厉行法治，推进科学立法、严格执法、公正司法、全民守法。公安领域的严格执法、规范执法建设是一项基础性、全局性工作。忻州市在公安执法规范化建设方面做了大量工作，取得了不少成绩。但是基于新形势、新问题，以"法制＋"模式推进执法管理体制的改革仍需不断推进。客观来看，目前该管理体系还存在以下问题：一是执法主体方面，民警依法履职能力得到快速提升，但与规范执法要求还有较大差距；二是执法监督方面，基层公安机关执法监督管理职能还履行不到位；三是执法行为方面，制度执行不力问题仍然比较突出；四是执法信息化建设方面，执法信息化建设人才匮乏，技术保障能力和自主研发能力不足。

忻州市公安局将以前述问题为导向，以党的十九大精神为指导，坚持全面依法治国方略，积极践行习近平总书记对公安工作提出的"对党忠诚、服务人民、执法公正、纪律严明"总要求和对法治公安建设的一系列指示要求，全面推进以审判为中心的刑事诉讼制度改革，全面实施忻州市公安局的"2681"强警工程，以贯彻落实山西省"两办"《关于深化全省公安机关执法规范化建设的实施意见》为抓手，结合上级要求，利用一年左右的时间，在实践中深化执法管理体系改革，细化执法规范化要求。为此，忻州市公安局制定了《忻州市公安机关关于进一步推进执法指引执法标准建设的专项工作方案》，作为2018年度全市公安机关法治建设的重点工作项目，同时也是2018年忻州市公安局重点抓好的"9＋7"专项行动中7项综合重点工作之一。忻州市公安局将进一步推进现场执法指引、现场执法标准建设，进一步推进行政执法、行政服务指引与标准建设，进一步推进刑事执法指引、刑事执法标准建设三个方面的内容细化为十项工作任务，按照实战化、标准化、精细化的要求，完善覆盖各个执法岗位、覆盖重要执法环节的执法细则，明确执法标准、执法流程，力争做到执法指引、执法标准覆盖各常见执法环节和事项，以此进一步提高全市执法规范化建设水平，提升公安机关执法形象，在完善公安机关执法管理模式方面，力争取得更大的成效，同时按照山西省公安厅"高标准、严要求、强素质、快节奏、求实效"的总体要求，为实现省公安厅"一年打基础、两年上台阶，三年全国争先进"奋斗目标做出忻州公安的贡献。

# B.21
# 高平市警务机制改革和
# 案件主办侦查员制度报告

高平市公安局法制大队课题组 *

**摘　要：** 高平市公安局作为受立案改革和刑事案件"两统一"两项工作的试点单位，主动适应现代警务改革要求，立足于工作实际，制定《主办侦查员工作制度》，创新执法方式，推进执法权力运行机制改革，对全面提升案件办理质量、促进法治警务建设起到了积极的推动作用。

**关键词：** 警务机制改革　执法方式创新　案件主办侦查员制度

为认真贯彻《关于深化公安执法规范化建设的意见》的精神，按照公安部关于执法权力运行机制改革的部署要求，2015年12月18日，晋城市召开了全市推行受立案改革和刑事案件"两统一"工作电视电话会议。在这次会议上，晋城市公安局确认高平市公安局作为受立案改革和刑事案件"两统一"两项工作的试点单位。在试点工作实践中，高平市公安局主动适应现代警务改革要求，立足于工作实际，制定《主办侦查员工作制度》，创新执法方式，推进执法权力运行机制改革，对全面提升案件办理质量、促进法治警务建设起到了积极的推动作用。

---

　* 课题组负责人：石云峰，晋城市委常委、政法委书记。课题组成员：郜红宁，高平市委常委、政法委书记；苗晋军，高平市政府副市长、公安局局长；张灵武，高平市公安局法制大队大队长。执笔人：张灵武，高平市公安局法制大队大队长。

## 一 《主办侦查员工作制度》出台前的工作情况

质量和时效是侦办案件不可或缺的两大要素，一起案件从受理到办结涉及受理初查、立案、侦查、取证、审讯、制作法律文书、移送起诉等诸多工作环节，任何一个环节稍有疏忽，都将导致执法程序的错误和办案工作上的失误。从以往的侦查办案运行模式来看，在实际执法办案中存在一些弊端。高平市公安局将这些弊端总结为三个方面。

第一，行政管理与办案不分。在以往的办案模式中，各办案单位所有事物都有大队长、中队长管理，案件也由大队长、中队长负责，没有明确主办侦查员，并赋予主办侦查员职权，即便是确定了所谓的"主办民警"，也只是为了办案程序的需要，最终还是由大队长、中队长决定案件的具体走向。即所谓的"主办民警"并没有"主办"的实际职权，无法发挥"主办"作用。

第二，临时指派警力，任务责任不清。以往案件仅仅"挂"在大队、中队上，没有具体到责任民警，造成民警责任不明确，压力小、动力小，制约民警主观能动性的发挥。在具体办案中，往往是大队长、中队长临时指派民警负责办案，出现了"谁有时间谁就去，谁在眼前谁就去"的现象。民警临时介入，不可能有明确统一的办案思路，需要重新了解案情，出现了"让干什么就干什么，让怎么办就怎么办"的情况，民警不能最大限度地发挥自己的能动性。在警力不足的情况下，反而造成了重复劳动、效率低下、警力消耗的局面。

第三，缺乏健全的绩效奖惩制度。由于上述两方面情况的存在，形成了"干多干少一个样、干好干坏一个样、干与不干一样"的"大锅饭"现象。久而久之，民警缺乏主动担当、攻坚克难的积极性，进而导致办案效率和办案质量难于提升。

## 二 《主办侦查员工作制度》的产生及运用

为了充分调动、发挥办案民警的主观能动性、工作积极性，彻底消除在

执法办案过程中存在的等靠派工、"大锅饭"、奖惩不明等现象，高平市公安局紧跟时代步伐，结合工作实际，大胆创新、先行先试，出台了《主办侦查员工作制度》，主要做法如下。

### （一）严把主办侦查员选任条件，择优聘用

为确保主办侦查员质量，高平市公安局严把"准入关"，坚持"四个过硬"的选人用人标准。一是政治过硬。即要求主办侦查员必须具有良好的政治素质，坚持原则，作风正派，纪律严明。二是资历过硬。即主办侦查员必须是参加公安工作满三年以上，有一定的侦办案件工作经验，并通过中级执法资格考试。三是业务过硬。即主办侦查员必须熟悉办案程序和有关法律法规，具有较强的口头表达能力和文字综合能力，能规范制作法律文书和询问、讯问笔录。四是能力过硬。即主办侦查员必须有较强的组织指挥能力和果断决策能力，能够熟练操作计算机进行网上执法办案。

在此基础上，按照"本人申请、所队推荐、专业考核、择优聘用"的原则，对各执法办案单位推荐的民警，通过法制、信通部门组织法律业务知识和计算机考试，政工、纪检等部门政治素养、廉洁自律、职业操守等专门考查，局党委综合全面审查，集中进行公示。最终，从高平市公安局221名执法办案民警选任69名民警为首批主办侦查员，纳入主办侦查员人才库。2017年初，高平市公安局结合工作实际，经对选任的主办侦查员充分考核，重新确定63名主办侦查员。

### （二）明晰主办侦查员职责权限，突出其主办地位

主办侦查员制度的重点在于明确责任到人。责任到人历来是调动工作积极性、强化责任心的法宝。强化民警的责任心，执法办案质量得以提高，公平、公正的执法理念得以切实践行。为此，高平市公安局根据"谁主办、谁负责、谁承办，谁负责"的原则，要求各执法办案单位对每一起案件都要确定一名主办侦查员，具体负责案件立案、侦查、强制措施、移送起诉至

审判结束等全部环节。

（1）在侦查破案方面，明确了主办侦查员主要任务：组织、领导协办侦查员开展侦办案件工作；组织人员开展现场勘察，进行临场分析，得出分析意见；要求刑事技术部门、刑事犯罪情报信息等部门提供帮助和服务；依法使用其他侦查方式或者措施为侦办案件服务；将重大事项或者疑难问题，提请讨论决策。

（2）在案件流程方面，明确了主办侦查员主要任务：负责所办案件的事实、证据、程序、定性、法律手续、量罚适当、法定时限、呈报审批、执行、卷宗交接等任务，保证卷宗材料的真实、完整、合法；对未破案件，要按照办案程序要求，做好相关材料和证据的收集等工作，对案件材料要及时归档。此外，对于取保候审或监视居住期限届满仍无法侦查终结的，主办侦查员要将继续侦查材料连同原材料整理编号并装订成册，由办案单位集中统一保管。

（3）在履行告知方面，主办侦查员必须将案件的侦查或调查情况以及处理结果，在法律规定的范围内，按照程序规定及时告知或答复受害人、控告人，并且对于群众的来访和咨询耐心做好解释工作。

总之，高平市公安局通过以上措施，增强了主办侦查员的责任意识和法律意识，提高了办理案件的主动性和积极性，大大消除在执法办案过程中存在的"派工制""大锅饭"现象。

## （三）强化主办侦查员学习培训，提高办案水平

为适应"以审判为中心的诉讼制度改革"这一新要求，高平市公安局采取多种形式，加强法律和业务培训，进一步提高主办侦查员的证据意识、程序意识和诉讼意识。一是制订主办侦查员学法计划，集中组织常用公安法律法规培训和实战培训，将巡逻执勤、盘问检查、缉捕追逃、调查取证、侦查讯问、现场勘查、处置群体性事件、音视频资料采集等作为重点，先后举办了"办案区规范使用管理""枪支警械使用""常见警情处置预案演练""讯询问笔录、法律文书规范制作""多发性刑事案

件证据规格"等各类警务技能和业务培训班 8 期。二是积极开展网上学法考试、法律知识培训、案例点评、旁听庭审等"四个一"活动，并要求主办侦查员每月参加一次网上在线考试，每月参加一次法律知识培训，每月至少点评一起自己主办的案件，每季度至少参加一次自己主办案件的旁听庭审。法制大队针对执法检查、案件考评、个案监督中发现的问题，深入基层所队"带病问诊"，与一线民警互动交流、释疑解惑，帮助解决实际问题。同时，还邀请检、法两院专家就办案程序、证据收集、适用强制措施等进行专题辅导，有力地提升了主办侦查员的法律素质和执法办案水平。

### （四）健全奖惩机制，激发主办侦查员工作热情

为了突出主办侦查员的主办地位，高平市公安局还建立、完善了《主办侦查员年审制度》《办案质量终身负责制度》《错案责任倒查问责制度》等配套制度，同时还加强对主办侦查员的监督管理。主办侦查员在侦办案件工作中有突出表现，案件质量好，执法水平高，做到了严格、公正、文明、规范执法，维护了司法公平和正义，并符合晋职、晋级、记功、嘉奖条件的，优先予以晋职、晋级、记功、嘉奖。高平市公安局在《主办侦查员工作制度》的基础上，配套出台了《执法办案积分制考核办法》，每个季度由法制大队对主办侦查员从办案数量、办案质量、执法效率与执法效果四个方面进行考评，对主办侦查员的执法办案积分实行全局排名，做到奖优罚劣。根据考核办法的规定，高平市公安局已完成了 2016 年、2017 年对主办侦查员考核工作，通过考核考评更加推动了《主办侦查员工作制度》的有效运行，提升了办案民警执法办案水平，起到了预期的效果。

主办侦查员资格实行年度审核制度，其中规定了五种问责的情形。一是主办的案件因过错被行政复议撤销、行政诉讼败诉、引起国家赔偿或被责令履行法定职责、确认违法等造成不良影响的；二是在侦查活动中，主办侦查员违反法定程序收集固定证据，刑讯逼供或者变相刑讯逼

供；三是发生犯罪嫌疑人逃跑、自杀、自残等严重事故；四是主办的案件被决定不起诉或判决无罪；五是侦查活动中由于严重违法违纪被投诉、举报或媒体曝光，经查证属实。一旦出现以上情形，要严格问责并取消其主办侦查员资格，年度考评不得评优评先，不得立功受奖，不得晋职晋升，一年内不得主办案件，一年期满后重新考核确定。另外，法制大队结合执法质量考评工作，对执法单位和主办侦查员的办案情况开展经常性的执法检查、案件评查，发现问题及时予以纠正，并将考评结果记入单位和主办侦查员执法档案。

# 三 《主办侦查员工作制度》的实际效果

## （一）执法质量普遍提高

通过推行《主办侦查员工作制度》，民警的执法水平显著提高，案件执法质量明显提升，执法公信力和人民满意度明显提升。执法工作中未发生违法违纪问题，未发生刑讯逼供、滥用警械案件，未出现因执法过错被媒体曝光或上级通报批评的问题，无国家赔偿案件、行政诉讼案件，行政复议机关全部维持原具体行政行为，尤其是检察机关通知立案数、追捕数、追诉数以及退查率同比分别下降50%、100%、75%、68.5%。

## （二）侦查员的工作主动性明显增强

《主办侦查员工作制度》实施后，侦查员不再消极等待领导分配工作，而是主动查找案件线索，主动调查取证。主办侦查员对自己负责的案件，充分发挥自身优势，全面掌握案件进展及整体情况，主动承担执法质量责任，保证了案件的快速、高效办结，确保每起做到了案件事实清楚、证据确实充分、程序合法有效，从而显著提高了执法办案效能。

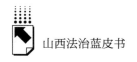

### （三）侦查人员主动学习的氛围日渐浓厚

推行《主办侦查员工作制度》后，主办侦查员通过优化组合，以 2~3 名侦查员为搭档，使一些优秀侦查员的工作能力得到进一步发挥，这也迫使一部分业务能力较差的侦查员主动钻研业务。侦查员的学习由"要我学"变为"我要学"，由领导要求转变，变为侦查员内在的自我转变，使每个侦查员有了自觉学习和做好工作的自发动力，在全局范围内形成"比学赶超"的浓厚氛围。

### （四）办案责任追究机制明显强化

高平市公安局制定的《主办侦查员工作制度》确保了从具体个案的初查开始就明确第一责任人及办案时限，要求主办侦查员对侦办的案件要从初查、侦查到起诉"一竿子到底"地负责，使办案责任明确化，办案流程明晰化，办案效率高效化，严格落实奖惩机制，有效地保证了办案质量。

### （五）得到上级部门的充分肯定

高平市公安局的《主办侦查员工作制度》自推行以来取得了初步成效，得到了山西省公安厅、晋城市公安局的认可，并成功入选为公安部 53 件优秀执法制度之一，获得了公安部的通报表扬。2017 年 11 月在山西省公安厅、晋城市公安局组织的改革创新大赛中，该制度通过层层选拔，在全省公安机关改革创新大赛决赛中获得铜奖。该制度的获奖，充分肯定了高平市公安局主办侦查员制度在执法办案中的可行性，展现了高平公安执法制度创新、执法权力运行机制改革等方面取得的成效，对全面提升案件质量，促进法治警务建设起到了积极的推动作用。

## 四　工作中存在的困难和问题

从实践情况来看，《主办侦查员工作制度》并未彻底给办案民警的工作模式带来脱胎换骨的效果，仍存在以下问题。

一是有些主办侦查员的破案积极性依然不高、主动性不足。主办侦查员在办案中还存在需随时听从单位一把手的指派，往往并不是案件的直接指挥者，无力直接调动协办侦查员开展工作。尤其是激励机制还不健全，不能充分调动主办侦查员的积极性和活力。

二是侦查缺乏科学性和连续性。侦查是一项非常专业的工作，能充分体现侦查员的勘查意识、侦查意识、证据意识和诉讼意识，对各个环节的统一性和连贯性有较高的要求。虽然《主办侦查员工作制度》要求侦查员对案件做到"一查到底"，但因具体操作中侦查员受单位统一调配安排，侦查人员缺乏连续性这一问题依然存在。

三是奖惩机制不健全。在目前运行模式中，虽然高平市公安局法制大队按照《执法办案积分制考核办法》每季度对主办侦查员的办案数量、办案质量、执法效应进行考核，对办案积分高的主办侦查员在全局排名、通报表扬，但缺少实质的奖惩办法，不能真正做到奖优惩劣。

## 五　下一步改进措施

目前，高平市公安局还在不断摸索完善主办侦查员制度的方方面面，现有成果距离上级公安机关的要求还有不小的差距。下一步高平市公安局将借助司法体制改革之机，创新思维，完善机制，大胆实践，扎实推进各项工作，提高刑事侦查办案质量，有效防止和避免冤假错案，努力让人民群众在每一个案件中都能感受到公平正义，具体改进措施有以下几方面。

### （一）进一步健全完善主办侦查员制度机制

一是主办侦查员任用机制方面，由高平市公安局或上级公安机关统一决定任命，避免工作中出现大队、中队的行政干扰。二是执业培训教育方面，出台相应的制度，确保主办侦查员能够定期参加培训。当前科技发展迅速，信息资讯发达，犯罪手法也随之不断翻新，为此，除了自主学习外，还必须

为主办侦查员提供执业培训教育保障，增强对付犯罪的新本领。三是监督管理机制方面，在赋予主办侦查员职权的同时，应出台对应的监督机制，建立健全对主办侦查员的投诉、质询机制，避免主办侦查员权力被滥用。

## （二）进一步完善主办侦查员的职级待遇

将主办侦查员的等级晋升、政治待遇与其主办或协办案件的数量和质量直接挂钩，在执法规范办案的同时重点考察破案攻坚的能力，提高其工作积极性。

## （三）进一步落实奖惩制度

主办侦查员作为案件的第一责任人，既直接指挥案件的侦破工作，也直接负责参战民警的执法质量。案件侦破了，首记主办侦查员的功劳，案件问题出现了，也应当首推主办侦查员的责任。只有将奖励和惩罚直接落实到主办侦查员身上，才能充分调动积极性和责任感，将主办的案件办好。其中高平市公安局将重点改变奖励形式、手段单一的现状。为了调动起主办侦查员的活力，高平市公安局计划借鉴检察官、法官的奖励机制，采用精神奖励和物质奖励相结合的原则对主办侦查员进行奖励，并制定一个标准，让他们不仅在职业上有荣誉感，而且可以获得切实的物质奖励。

# B.22
# 太原市重大行政决策
# 合法性审查制度报告

太原市政府法制办课题组 *

**摘 要：** 重大行政决策合法性审查是对重大行政决策的程序与内容是否合法进行论证的一种行政内部程序与制度。2015年，太原市制定出台了《重大行政决策合法性审查规定》，对重大行政决策事项范围、适用对象、机构职责、启动程序与流程、审查内容、意见效力、责任承担等内容做了具体规定。《太原市重大行政决策合法性审查规定》实施以来，对相关部门进一步规范重大行政决策行为起到了积极作用，有助于维护社会和谐稳定、促进经济快速发展。

**关键词：** 重大行政决策 合法性审查 审查标准

行政决策作为行政机关或行政人员为发挥行政管理职能、处理国家公共事务而进行的决定政策、对策和方案的活动和行为，是政府行政管理活动的首要环节。重大行政决策，就是由行政机关做出、需要耗费大量人财物资源、旨在提供重要公共物品、将会产生重大社会影响的行政决策，内容涵盖市场监管、经济调节、社会管理、公共服务等各个方

---

* 课题组负责人：常跃平，太原市政府法制办党组书记、主任。课题组成员：禹强，太原市政府法制办副主任；韩薇，太原市政府法制办备案审查处处长。执笔人：郭东辉，太原市政府法制办综合处副处长。

面，涉及经济社会发展全局，与公民、法人或其他组织的利益密切相关。因此，做出重大行政决策，必须严格按照推进依法行政、建设法治政府的工作要求，从决策主体、权限、程序、内容等多个方面加以规范，将重大行政决策进行合法性审查，明确决策权的取得必须源于法律，运行必须依据法律，后果必须基于法律，只有这样才能避免出现法外决策、随意决策、非理性决策等问题，有效保障重大行政决策的质量。

回顾我国多年来的行政法制建设实践，对重大行政决策进行合法性审查，已经成为国家推进依法行政工作的一项重要任务。2008年出台的《国务院关于加快市县政府依法行政的决定》指出，"市县政府及其部门做出重大行政决策前要交由法制机构或者组织有关专家进行合法性审查，未经合法性审查或者经审查不合法的，不得做出决策"。2010年出台的《国务院关于加强法治政府建设的意见》明确将合法性审查确定为重大行政决策的一个必经程序，"重大决策事项应当在会前交由法制机构进行合法性审查，未经合法性审查或者经审查不合法的，不能提交会议讨论、作出决策"。党的十八大之后，更是将依法治国战略提升到了一个新的高度。党的十八届四中全会强调，"健全依法决策机制，把公众参与、专家论证、风险评估、合法性审查、集体讨论决定确定为重大行政决策法定程序"，"建立行政机关内部重大决策合法性审查机制，未经合法性审查或经审查不合法的，不得提交讨论"。2015年底，中共中央、国务院印发的《法治政府建设实施纲要（2015～2020年）》做出具体要求，"加强合法性审查。建立行政机关内部重大决策合法性审查机制，未经合法性审查或经审查不合法的，不得提交讨论。建立政府法制机构人员为主体、吸收专家和律师参加的法律顾问队伍，保证法律顾问在制定重大行政决策、推进依法行政中发挥积极作用"。由此可见，合法性审查已经被当作保证重大行政决策合法的关键要素，依靠合法性审查这个必经程序可以最大限度地降低决策风险、避免决策失误，更好地维护最广大人民群众的利益。

# 一 建立健全重大行政决策合法性审查制度的实践

太原市在严格遵守国家和山西省加强重大行政决策合法性审查相关要求的同时，在制度建设上也在进行着不断地探索与实践。2015 年，为贯彻落实党的十八届四中全会精神，进一步健全重大行政决策机制，保障科学民主依法决策，根据山西省政府出台的《关于加快推进法治政府建设的实施意见》、《关于健全重大行政决策机制的意见》和太原市委发布的《关于贯彻落实党的十八届四中全会精神加快推进法治太原建设的实施意见》的相关要求，在总结工作经验的基础上，紧密结合当前实际，制定出台了《太原市重大行政决策合法性审查规定》（简称《规定》）。

该《规定》对重大行政决策事项范围、适用对象、机构职责、启动程序与流程、审查内容、意见效力、责任承担等内容进行了具体规定。重点从四个方面进行简要介绍。

一是关于重大行政决策事项的范围界定。《规定》采用了定义概括方式，明确：重大行政决策是指市政府依照法定职责做出的涉及本市经济社会发展全局，社会涉及面广，与公民、法人或其他组织利益密切相关的政策性、决策性和合同性等重大决定。从多年来的工作实践来看，政府重大合同是合法性审查的重要对象之一，因此，特别将市政府"合同性"的重大决定明确列为重大行政决策项目。

二是关于合法性审查的主体。政府法制机构通常不会涉及部门利益，审查身份相对独立，同时政府法制工作者具有熟悉政府事务与法律规定两方面的知识优势，了解特定重大决策的背景和意图，对行政管理实践也比较熟悉，有能力通过合法性审查发现决策过程中存在的问题，因此确定市政府法制机构负责市政府重大行政决策的合法性审查。在内容上，重点从决策事项是否属于本级政府法定权限、决策程序是否符合相关规定、决策适用的法律依据是否正确、决策内容是否合法等四方面进行审查把关。

三是关于合法性审查的方式。重大行政决策的合法性审查，可以根据决策的实际情况而采取不同的审查方式。太原市确定了以下几种审查方式：书面审查；组织有关单位实地调查研究；通过召开座谈会、论证会、听证会、协调会、发书面征求意见函、在市政府法制网站公开征求意见等形式广泛听取社会各方面的意见；组织法律顾问进行咨询或论证，听取法律顾问的意见和建议。原则上，对于内容较为简单的、争议较小的决策，一般选择书面审查；对于内容复杂、争议较大的决策，在审查时要通过会议讨论的方式来决定，必要时通过召开论证会和听证会等形式进行，或者采取更开放的审查形式，充分利用网络媒体进行意见征询，广泛了解民意。

四是关于合法性审查的意见及其效能。对于法制机构出具的合法性审查意见模式，不同的城市有不同的规定。比如，沈阳市的规定强调审查意见结论，要求市法制办审查重大行政决策方案后，向市政府提出下列审查意见：重大行政决策方案通过合法性审查的，建议提交市政府审议；重大行政决策方案超越政府法定权限，或内容、程序存在重大法律问题，或公众对决策方案存在重大分歧的，建议暂不提交市政府审议。贵阳市的规定强调合法与不合法的依据理由：市政府法制部门向市政府报送的重大行政决策合法性审查意见，应当明确提出合法或者违法、部门合法或者违法、相关意见和建议及其理由、依据；对于决策承办单位不一致的意见，应当在合法性审查意见中予以说明。合法性审查是重大行政决策程序中的重要一环，既不能代替行政决策，更不能超越职权，意见是行政决策的重要前提与依据，故在坚持原则性的同时必须考虑灵活性。为此，市政府法制机构审查重大行政决策方案后，向市政府提出的审查意见应当明确：重大行政决策方案是否合法；重大行政决策方案是否应当修改调整；重大行政决策方案是否存在超越政府法定权限，或者内容、程序是否存在重大法律问题，或者公众对决策方案是否存在重大分歧。同时规定，市政府法制机构出具的重大行政决策方案合法性审查意见是市政府决策的依据。未经合法性审查的或者经审查不合法的，不得提交市政府讨论，并做出决策。

《规定》实施以来，对进一步规范重大行政决策行为起到了十分积极的作用。市政府在做出重大行政决策的过程中，能够严格遵守相关规定，特别是在城市规划、土地利用、基础设施建设、投资项目审批、价格管理等方面，充分应用公众参与、专家论证、风险评估、合法性审查、集体讨论等程序，切实保障了重大行政决策的科学性、民主性和合法性，对维护社会和谐稳定、促进经济快速发展发挥了重要作用。

## 二　加强重大行政决策合法性审查工作的设想

### （一）强化重大行政决策合法性审查的法制建设

目前来看，重大行政决策合法性审查依据的制度规定位阶还比较低，合法性审查工作中出现的一些问题也没有得到彻底有效的解决，比如审查程序不够严谨规范、责任机制不够健全完善等，这些都需要下一步通过加强立法建设来解决，重点要做好两个方面的工作。一是在合法性审查立法的形式上要强调整体和部分相统一。要制定专门的重大行政决策合法性审查法规，包括在国家层面尽快制定出台行政决策与行政决策合法性审查相关法律法规，对重大行政决策合法性审查进行统一、专门、完善的制度规范。省市层级要依据中央立法的规定、原则和精神制定完善各地区的合法性审查规范。二是在合法性审查立法的内容上要注重可操作性。在立法过程中，通过对重大行政决策合法性审查的范围、主体、标准、程序、责任机制等进行明确的界定，相关规定应当摆脱笼统、抽象的定性描述，而进行细化、系统的可操作性说明。尤其如何保障将公众参与、专家论证、风险评估、内部审查、集体讨论等制度化，是合法性审查立法中需要考量的重要任务。

### （二）健全专家学者参加合法性审查机制

重大行政决策合法性审查的主体一般为政府法制工作机构，但必须注意，这并不意味着合法性审查只能由法制机构独立承担。十八届四中全会《决定》和中共中央、国务院印发的《法治政府建设实施纲要（2015～2020年)》均强调，"建立政府法制机构人员为主体、吸收专家和律师参加的法

律顾问队伍，保证法律顾问在制定重大行政决策、推进依法行政中发挥积极作用"。因此，政府法制机构在重大行政决策合法性审查过程中，必须确立主体地位，发挥主力军作用，在必要的时候，特别是重大、疑难、复杂的行政决策事项，可以适时邀请专家学者、实践经验丰富的律师参加合法性审查，积极建言献策，发挥顾问作用。

### （三）完善合法性审查的标准

合法性审查既包括对重大行政决策是否具备程序合法性的考察，也包括对重大行政决策是否具备实质合法性的审视。合法性审查必须明确审查标准，合乎法律性是合法性审查首要的价值标准，根据程序合法性和实质合法性的要求，合法性审查的标准可以细化为：职权标准、程序标准、内容标准和依据标准四部分。职权标准，主要审查在重大行政决策权的行使中是否存在两个主要问题，一是有无决策权限，二是是否超越了决策权限，包括层级越权、职能越权、地域越权和职权滥用等问题。程序标准，主要审查重大行政决策是否符合法定步骤、法定形式和法定时限等，重大行政决策必须遵循正当法律程序。内容标准，主要是审查重大行政决策所设定的权责利划分体系是否明确、具体，是否符合法律、法规的规定，是否符合法定的幅度、范围，是否公正、合理等。依据标准，是衡量行政决策是否具有合法有效的法律条文依据，包括有无法律法规依据、依据的合法性与有效性、适用依据的正确性等方面。

### （四）规范合法性审查的程序

合法性审查必须有法定程序作为依据，并严格遵照法定程序进行。要明确审查流程的基本环节，并将其予以制度化，实现审查程序的规范化设置。这些基本环节，至少应当包括：合法性审查材料的提交、对审查材料的接收和登记、对提交材料的审查、审查机构与决策承办机构意见的沟通和不同意见的处理、合法性审查意见的提出及表现形式、合法性审查意见的提交、合法性审查意见的地位和作用、合法性审查人员的权限和责任、合法性审查的记录和归档等。科学合理、严谨可行的审查程序是保证重大行政决策合法性审查高效、规范、可持续进行的重要基础。

## （五）加强政府法制机构和法制队伍建设

做好重大行政决策合法性审查工作，法制机构和法制队伍建设是重要基础。随着依法治国战略的深入推进，加强基层法制机构建设显得尤为迫切。要高度重视并采取切实措施完善机构设置、明确工作职责、提供履职保障，使法制机构的设置与新时期新形势下法治建设工作的需要相适应。要注重对基层法制工作人员的教育和培训，提高其职业素养和业务水平，保障依法行政工作不断取得新成效。

# B.23
# 晋中市重大决策社会稳定
# 风险评估机制报告

晋中市委法治办课题组*

**摘　要：** 社会稳定风险评估既是公共决策的重要前置程序，也是确保
经济建设与社会稳定之间恰当平衡的重要杠杆。2017 年，山
西省晋中市高度重视重大决策社会稳定风险评估工作制度和
机制建设，坚持防范与化解联动、建设与调处并进、发展与
稳定统筹，探索和创新了以"1 + 5 + 1"为核心的重大决策
社会稳定风险评估工作机制，全面整体推进稳评工作规范化、
科学化、常态化进程，晋中市重大决策社会稳定风险评估工
作取得了显著成效，为山西省重大决策社会稳定风险评估工
作提供了可供复制推广的成功经验。

**关键词：** 重大决策　社会稳定风险评估　公共决策

　　深入开展重大决策社会稳定风险评估工作，对于服务发展、维护稳定具
有重要意义。党的十八大以来，山西省晋中市委、市政府高度重视重大决策
社会稳定风险评估工作，坚持创新举措、提质增效，防控风险、服务发展，
将社会稳定风险评估工作延伸到各个领域，为晋中全面挺进全省第一方阵、
全面建成小康社会，努力打造全省最安全城市创造了安全稳定的社会环境。

---

* 课题组负责人：李圣德，晋中市委政法委副书记、法治办主任。课题组成员：成建英，晋中
市委法治办专职副主任。执笔人：苗夺强，晋中市委政法委研究室副主任。

# 一 晋中市主要做法

## （一）加强领导，创新机制，大力推进重大决策社会稳定风险评估工作规范化

晋中市委、市政府认真贯彻落实全国维稳工作规范化建设会议精神，加强组织领导，创新工作机制，形成统一范式，从源头上预防和化解了大量社会矛盾和不稳定隐患，有力地促进了全市经济社会的持续、稳定发展，形成了一系列具有自身特色的实践做法。

一是领导高度重视。晋中市委、市政府多次召开维稳工作会议，听取维稳工作汇报，主要领导多次做出重要批示指示。全市各级党委常委会议、政府常务会议及单位党组（党委）会议均把社会稳定风险评估作为研究重大决策事项的前置条件、必经程序，并纳入党委决策程序和政府工作规则。重大决策事项在报请党委、政府及单位党组（党委）决策前，由党委办公厅（室）、政府办公厅（室）或单位办公室审核把关，社会稳定风险评估结论要作为决策机关领导班子会议集体讨论重大决策事项的重要依据，对应评估而未评估的重大决策事项一律不提交党委、政府及党组（党委）会议研究。2013 年以来，晋中市县两级党委明确将稳评工作纳入年度综合考评体系，作为评优表彰的重要依据。在晋中市政法综治单位落实市委政法工作会议部署任务的责任分解意见中，明确要求对未履行社会稳定风险评估制度造成严重后果的，实行"一票否决"。晋中市把社会稳定风险评估作为重大决策出台的前置程序和刚性门槛，对决策可能引发的各种风险进行科学预测、综合研判，确定风险等级并制定相应的化解处置预案，纳入《社会体制改革工作实施方案》，进一步推进了重大决策社会稳定风险评估工作规范化建设。

二是创新稳评机制。晋中市委、市政府不断探索社会稳定风险评估新路子，建立健全了"1+5+1"（一个细则、五项制度、一份清单）维稳工作新机制新模式。2014 年 3 月，晋中市在山西省率先制定出台了《晋中市重

大决策社会稳定风险评估细则（试行）》，对全市党政机关开展社会稳定风险评估的事项进行细化，并制作了社会稳定风险评估报告模板及备案表。2015 年 3 月，在山西省率先制定出台了晋中市重大决策社会稳定风险评估登记备案、督促提醒、责任追究、考核评价、报告编制五项制度，形成了党委政府领导、评估主体实施、群众代表参与、专家论证评估、维稳部门督导的稳评工作运行模式。晋中市各县（区、市）结合自身实际均制定了相应的工作细则和五项制度，市直各职能部门结合自身实际制定了相应的稳评工作细则。2016 年 8 月，晋中市在全省率先制定出台了《晋中市重大不稳定问题清单制度（试行）》，将可能影响社会稳定的重大不稳定问题纳入社会稳定风险评估的范围并建立了重大不稳定问题排查化解台账，进一步实现了从被动"保稳定"到主动"创稳定"的转变。

三是统一工作范式。2015 年 7 月，晋中市维稳工作领导小组精心收集了中央、省、市关于重大决策社会稳定风险评估工作的文件、领导批示以及有关制度、措施、意见，汇编成《晋中市重大决策社会稳定风险评估工作手册》，为全市社会稳定风险评估工作的开展提供了系统、科学、规范、有效的方法。晋中市维稳办根据中央、省有关重大决策社会稳定风险评估工作精神，精心组织拍摄了《晋中市重大决策社会稳定风险评估专题教学片——"九步工作法"》。山西省维稳办对《晋中市重大决策社会稳定风险评估工作手册》和《晋中市重大决策社会稳定风险评估专题教学片——"九步工作法"》给予高度评价，认为此书及专题教学片具有很强的科学性、指导性、实践性、操作性，要求各级维稳部门认真参考借鉴。

### （二）突出重点，统筹兼顾，大力推进重大决策社会稳定风险评估工作科学化

晋中全市各级各有关部门紧紧围绕全市改革发展大局，在工作中紧紧盯住涉及群众利益、极易引发社会稳定问题的重大政策、重大项目开展社会稳定风险评估工作；坚持"两个坚决防止"，即在实践中坚决防止决策脱离群众，坚决防止与民争利，努力让人民群众共享重大决策带来的发展成果；坚

持"四结合三跟进",即将重大决策与社会承受程度结合起来,将改善民生与推动经济社会协调发展结合起来,将局部利益与整体利益结合起来,将现实利益与长远利益结合起来,改革推进到哪里,社会稳定风险评估就跟进到哪里,发展推进到哪里,社会稳定风险评估就跟进到哪里,群众利益聚焦在哪里,社会稳定风险评估就跟进到哪里,努力做到不缺位、不滞后,全力推进重大决策社会稳定风险评估工作科学化。

一是强化制度落实。晋中市各级维稳部门按照重大决策社会稳定风险评估"五项制度",在每年 4 月底前,确定评估主体,向维稳办报送拟决策事项的登记材料,填报《重大决策社会稳定风险评估登记表》,明确评估实施主体,办理登记手续,于做出决策 10 个工作日内向维稳办报送社会稳定风险评估报告,办理备案手续。同时,对重大不稳定问题排查化解工作中发现的重大不稳定问题,进行社会稳定风险评估,建立台账,明确任务、责任及防控化解措施等,扎实有效推动稳评工作科学开展。晋中市县两级维稳办对稳评工作不力的,采取口头、书面、会议、约谈等方式对评估主体及其评估活动进行督促提醒。每年年底,晋中市维稳办运用百分制量化考核方式对各县(区、市)及市直维稳成员单位的年度工作进行考核评价。按照"谁主管谁负责、谁评估谁负责、谁决策谁负责"和"属地管理、分级负责"的原则,对评估决策主体、责任主体、实施主体,严格责任追究。

二是突出工作重点。政府在项目实施、政策推行过程中,不可避免地会触及一些群众利益,进而引发矛盾问题。为此,晋中市坚持把握了三个重点。第一,评估机构的权威性。除评估主体外,根据工作需要,组织政法、综治、维稳、法制、信访等部门,有关社会第三方评估组织、专业机构、专家学者,以及决策所涉及群众代表参与评估。为进一步提高重大事项社会稳定风险评估工作的科学性、权威性和公信力,从驻市 11 所高校和市直相关部门遴选从事法律、社会学等专业的专家学者,以及拥有与社会稳定风险评估相关专业背景和实践经验并对该领域有较全面了解的专业人员,建立了晋中市重大事项社会稳定风险评估专家库,现有各方面评估专家 45 人,充分发挥了专家在风险评估论证工作的专业性和权威性。第二,征求意见的广泛

性。坚持重大事项要让广大群众有充分的知情权，并得到大多数群众支持的工作原则，注重征求意见对象的广泛性和代表性。通过向决策所涉及群众讲清决策事项的政策和法律依据、决策事项方案、决策事项可能产生的影响等，让群众更加了解真实情况、表达真实意见。第三，评估过程的互动性。进一步畅通政府与群众沟通互动的渠道，对群众的疑问及时做出解释和说明，对群众提出的意见和建议及时采纳并加以改进。通过风险评估，加强与广大群众的交流互动，达到统一思想认识、促进相互信任、平衡利益关系、化解矛盾风险，最终实现相关工作顺利推进的目的。

三是坚持问题导向。晋中市各级各有关部门按照"评估走在决策前、预防走在实施前、化解走在激化前"的工作思路，将重大决策事项所涉民生问题、社会治安、公共安全、环境影响、资金链问题、干部能力作风、舆论炒作以及其他诱发性问题等 8 类风险系数最高、最容易引发集体上访、群体性事件和极端案（事）件的问题作为必评内容，并严格把握稳评工作的各个环节。第一，严格评估程序。在充分听取意见、全面分析论证、确定风险等级、提出评估报告等方面，研究制定了系统完备、科学严谨的程序规定，做到环环相扣，评估"路径"清晰。第二，抓住关键环节。各级各有关部门在进行重大决策时抓住关键环节，深入了解民意，充分尊重民意，体现群众观点，贯彻群众路线，通过风险评估使重大决策得到广大群众的理解和支持。第三，严格运用评估结论。全市各级党委、政府和各有关部门在运用评估结论时，根据《稳评细则》规定的高、中、低三个风险档次，分别做出相应决策。对确有重大风险隐患的，该叫停的坚决叫停，该暂缓的必须暂缓，该调整的及时调整。坚决杜绝了评是评、干是干的现象发生。第四，对已评事项"强管理"。不定期对已评估事项实行动态管理，全程跟进问效，对不落实稳评意见的，及时纠正；对新发现的问题，督促责任主体落实责任、迅速研究、妥善处理，避免引发矛盾问题。第五，对出现问题事项"严问责"。凡应评未评、不执行稳评意见、不及时解决群众诉求、不落实风险防范措施等，导致发生问题的，逐案倒查责任，严格问责，实行"一票否决"。第六，对完成事项"回头看"。事项完成后，由维稳部门组织专门力量对该事项有关稳评工作情况进行梳理，总结经验，吸取教训，完善措施，改进提升。如晋中市寿阳县引进的某煤电项目，工程浩大，涉及群体面广，在上项目之前认真进行了社会稳定风险评估，对评估中发现的问题及时进行解决，使该项目在实施过程中，未发生一起因污染环境、讨要工程款、拖欠施工工人工资等问题的上访及群体性事件。

四是注重整体推进。健全完善"党委统一领导、政府组织实施、部门具体负责、维稳部门指导考核"的组织领导体制和运行机制，市、县（区、市）、乡镇（街道）三级分别成立了党政主要领导任组长的维护稳定工作领导小组，30 余个市直维稳成员单位建立了专门班子和专职、兼职稳评队伍，为稳评工作提供了有力的组织保障。全面拓展评估范围，由单一的重大工程项目社会稳定风险评估，扩大到做决策、出政策、上项目、搞改革等直接关系人民群众切身利益和社会普遍关注的，涉及面广、容易引发社会稳定问题的重大工程项目建设、重大政策制定、重大改革措施出台，以及其他涉及群众利益且可能对社会稳定有较大影响的重大决策事项都必须进行评估。2017年 3 月 22 日，在寿阳县召开全市社会稳定风险评估推进会，推广寿阳县稳评"1 + 5 + 1"新机制新模式，将社会稳定风险评估工作进一步延伸至县（区、市）直各单位和各乡镇（街道）、村（社区）及社会组织，让广大群众更加了解评估内容，参与评估事项，评判评估结果，实现了对评估工作的分级分层、整体推进。

五是加强动态跟踪。立足事前、事中、事后三个环节，加强对稳评工作的动态跟进。对没有消除的隐患、没有解决的问题，实行跟踪督办，直至隐患消除、问题解决。尤其是突出了群众的全程参与，进一步从制度上明确哪些决策事项必须有群众代表参加评估，最大限度地保障了群众的知情权、参与权和监督权，真正做到了公开决策、民主决策、依法决策。同时，建立了由党委及纪检监察机关、组织人事部门、机关工委、行业主管部门共同参与的监督体系。因未进行风险评估或评估不到位引发群体性事件，或在评估中敷衍应付、弄虚作假，并造成严重后果的，坚决实行"一票否决"。

### （三）强化责任，提升能力，大力推进重大决策社会稳定风险评估工作常态化

2014 年以来，为切实将稳评工作做实做细，晋中市对各县（区、市）和市直相关单位进行分级分类管理，建立专门工作台账，明确风险评估责任单位、参与单位、负责领导、工作要求等有关事项，做到有账可查，对凡列入工作台账的重大决策事项，未经评估不得做出决策。2014 年至 2017 年底，全市共计进行社会稳定风险评估的重大决策事项 897 项，其中，准予实施 754 项，暂缓实施 87 项，不予实施 56 项，切实从源头上预防和化解了大量不稳定隐患和矛盾。

一是强化责任意识。晋中市维稳办多次召集市直相关单位和县（区、市）维稳办就如何进一步增强稳评责任意识、提高稳评工作业务能力进行经验交流，并在全市树立典型，推动稳评持续发展。如寿阳县按照"五个一律"的刚性要求，积极落实稳评主体责任意识和责任担当，突出城镇化建设、项目建设、社会保障等重点领域，创新实施了"1567"工作法，提高了社会稳定风险评估的能力和水平。市交通局把重大事项社会稳定风险评估纳入干部考核、社会治安综合治理年度考核和一票否决实施细则中，严格实行重大决策社会稳定风险评估责任倒查，要求对应评估而未评估、评估不科学、责任落实不到位等原因造成重大不稳定因素和群体性事件的坚决追究相关责任人责任。

二是坚持会训结合。2014 年 5 月 6 日，举办了山西省暨晋中市重大决策社会稳定风险评估工作培训班，邀请中央维稳办领导和江苏省稳评工作专家莅临授课。2015 年 7 月 15 日，在寿阳县召开全市重大决策社会稳定风险评估工作（寿阳）现场推进会，进一步提高了全市重大决策社会稳定风险评估工作能力和水平。2015 年 7 月 17 日、30 日，市维稳办分别组织各县（区、市）和市直相关部门负责重大决策社会稳定风险评估工作专职工作人员，观看《晋中市重大决策社会稳定风险评估专题教学片——"九步工作法"》及《"使命与责任"——寿阳县大力推进重大决策社会稳定风险评估工作纪实片》，印发《工作手册》及《图解与图展》，举办专题讲座。此后，形成了每年定期培训制度，市维稳办多次组织各县（区、市）和市直相关部门负责重大决策社会稳定风险评估工作专职工作人员集中学习，举办专题讲座。

三是树牢发展理念。在实施社会稳定风险评估中，全市坚持树立新发展理念，将社会经济的改革发展与政治的持续稳定结合起来，为经济发展提供稳定的社会环境。如2016年市城区某道路改造项目实施过程中，市委、市政府积极开展社会稳定风险评估，广泛征求各方面意见，针对评估中群众反映的热点难点问题和不同利益诉求，及时完善政策、调整方法，帮扶解决群众生产生活困难，积极帮助企业搬迁重建，尽快恢复生产，保证了工程项目建设顺利推进。

四是注重常态发展。晋中市始终将社会稳定风险评估工作作为前置条件、必经程序、"刚性门槛"，一以贯之地将社会稳定风险评估工作贯穿于各项工作全过程。全市各级各部门认真按照中央和省、市出台的社会稳定风险评估的各项制度要求，结合实际，扎实有效地推进、规范、提升重大决策社会稳定风险评估工作能力和水平。

## 二 风险评估实践中存在的问题

晋中市探索建立重大决策社会稳定风险评估机制，充分预测重大决策的潜在风险，有效预防了重大群体性事件的发生，政府公信力、群众满意度也进一步提高。但在探索实践中，也发现存在一些迫切需要解决的问题。

### （一）风险评估工作的法治化水平较低

晋中市当前重大决策社会稳定风险评估工作，很多是以市委、市政府文件的形式出台的相关规定，一些重大决策在法律程序上还没有明确的规定，与法律法规相比，存在着规范性不强、权威性不够等问题。建议通过国家立法或地方立法的形式将重大决策社会稳定风险评估的概念、原则、范围、程

序、主体、法律责任和处罚措施等明确规定下来。对于决策机构事先不进行风险评估、不按照风险评估报告进行决策，或者评估机构在评估过程中搞形式主义、弄虚作假、提供错误的评估报告，造成决策失误而引发信访突出问题和群体性事件的，要依法追究决策机构、评估机构及其主要负责人和相关责任人员的责任，以此来维护社会稳定风险评估工作的严肃性。

### （二）风险评估存在既当运动员又当裁判员的现象

目前重大决策社会稳定风险评估工作主要由晋中市维稳办承担，作为市委、市政府的一个下设机构，其评估的独立性、中立性和公正性必然会打折扣。虽然也积极推行了第三方评估，但成效并不明显。建议进一步科学确立评估主体，将独立于重大事项决策和实施主体之外、具有中立身份的评估组织确定为评估主体，评估过程由该组织进行独立评估，广泛收集社情民意，将群众意见和专家意见结合，突出科学预测分析，准确地判断风险等级，避免出现"谁决策，谁评估""谁立项，谁评估"。

### （三）领导干部的风险稳评意识尚不到位

当前，广大干部普遍对重大决策社会稳定风险评估工作有了一定的认识，但一些领导干部，尤其是一些关键领导岗位上的领导干部，对这项工作还存在一些模糊的认识：有的认为这就是一种程序，程序"走到了"就行了；有的认为重大决策是党委、政府的事，不能因为少数群众有异议就"否决"，怕影响了大局；更有人认为"社会稳定"没有一个可量化的标准，稳定只能是相对的稳定，没有绝对的稳定，对社会稳定风险评估工作没有必要认真、较真、顶真。建议进一步强化各级领导干部应对社会风险、促进社会公正、化解社会矛盾和稳定是第一责任的意识，提高解决影响社会和谐稳定源头性、根本性、基础性问题的能力。

### （四）社会参与的力量还比较薄弱

社会稳定风险评估的社会认识度还比较低，这一方面是各级党委、政府长期习惯于"关起门来搞稳评"造成的，另一方面，也有社会宣传力度不够，广大人民群众不知晓，参与度不高的原因。建议进一步加大对风险评估程序的社会宣传力度，增加社会对话，加强社会沟通，密切社会联系，把公众参与、专家论证、风险评估、合法性审查和集体讨论决定作为重大行政决策的必经程序，寻求广大群众理解支持，切实维护社会稳定。特别是在重大决策做出前，要充分利用互联网等新媒体资源，广泛征求意见和建议，吸引更多的群众参与，重视并正确运用媒体的力量，力争做到公共政策的客观公正。

## 三　未来展望

党的十九大报告强调，要"增强驾驭风险本领，健全各方面风险防控机制，善于处理各种复杂矛盾，勇于战胜前进道路上的各种艰难险阻，牢牢把握工作主动权"。重大决策社会稳定风险评估机制是风险防控机制中极其重要的内容之一。不难看出，在坚决打好防范化解重大风险、精准脱贫、污染防治三大攻坚战的时代要求下，重大决策社会稳定风险评估工作的重要性正在日益凸显。为更加自觉地防范各种风险，有效维护社会稳定，必须进一步健全党委领导、政府负责、社会协同、公众参与、法治保障的重大决策社会稳定风险评估机制，强化重大公共政策制定者维护社会稳定的责任意识，将影响社会稳定的不和谐因素遏制在萌芽状态，最大限度地化解社会矛盾，形成有效的社会治理、良好的社会秩序，推动形成共建共治共享的社会治理格局。

# 信 访 法 治

## Bringing the Handling of Complaint Letters and Visits under the Rule of Law

# B.24
# 山西省信访法治化建设报告

山西省信访局课题组 *

**摘　要：** 信访工作是一项涉及民主参与、权力救济、纠纷解决、社会治理的综合性、系统性工作。近年来，山西省以法治思维引领信访工作制度改革，以法治方式解决信访矛盾和问题，以法治意识引导群众表达诉求，进一步加快信访法治化建设，坚持在法治的轨道上、法律的框架内行使职权、化解矛盾，着力打造阳光信访、责任信访、法治信访，把信访纳入法治的轨道取得了阶段性成效。

**关键词：** 信访法治化　信访制度改革　阳光信访　责任信访　法治信访

----

\* 课题组负责人：郭泽兵，山西省信访局副局长。课题组成员：周迎春，山西省信访局综合处副处长；尤元龙，山西省信访局综合处（督查室）副主任。执笔人：尤元龙，山西省信访局综合处（督查室）副主任。

中共中央十八届四中全会提出，"把信访纳入法治化轨道，保障合理合法诉求依照法律规定和程序就能得到合理合法的结果"。山西省作为老工业基地，也是欠发达省份，经济发展压力大，民生欠账多，转型成本高，各类社会矛盾和问题大量地、经常地以信访的形式反映出来，信访工作任务繁重而艰巨，加快信访工作制度改革，加强信访法治化建设显得尤为迫切。近年来，山西省各级部门认真贯彻落实中央关于信访工作制度改革的决策部署，严格按照《信访条例》要求，自觉加强信访法治化建设，深入推进信访工作制度改革，着力打造阳光信访、责任信访、法治信访，全省信访总量持续明显下降，信访形势平稳可控，呈现出"一优化、一好转、三提升、多领先"的良好态势。"一优化"，即信访结构逐步优化，省市县三级信访总量呈2:3:5"正金字塔"结构，信访形式呈"信升、网升、访降"特点。"一好转"，即信访秩序明显好转，特别是关键节点和重大活动期间经受住了考验。"三提升"，即信访事项的及时受理率、按期答复率和群众满意率稳步提升。"多领先"，即多项信访工作全国领先，选派优秀青年干部到信访局挂职锻炼、创新群众工作"八法"、引导群众依法逐级走访、创办《民生大接访》节目等，得到中央层面肯定。

## 一　畅通信访渠道，打造"阳光信访"

畅通和拓宽诉求表达渠道，引导群众在法定渠道中表达诉求，是加强信访法治化建设的基础。山西省按照中央关于加快信访工作制度改革要求，不断拓宽信访渠道，致力构建访、信、网、视、电"五位一体"的阳光信访体系。

一是加强基层基础工作。按照"市有大厅、县有中心、乡有办、村有室"的要求，各级加大资金投入，加快建设步伐，全省市、县（市、区）信访接待场所基本实现全覆盖，提升了接待群众、服务群众的承载力。

二是改进办信接访工作。延伸传统信访渠道，开通了市县委书记、市县长热线电话，建成了全省8632个单位互联互通的互联网信访业务办理系统，

省市县三级信访部门全部开通网上投诉受理系统和手机信访平台，完成了省级视频信访平台建设，推行远程视频接访。启动了省级联合接访中心，完善了市县联合接访机制，最大限度地为群众初信初访提供便利。

三是积极推行网上信访。以打造网上信访主渠道为目标，将群众通过来信、来访、网上投诉、视频信访、领导信箱等各种渠道提出的信访事项，全部纳入信访信息系统，信访事项办理过程全部在网上流转，实现了信访形式、工作范围、工作过程"全覆盖"，做到了信访事项网上"可查询、可跟踪、可督办、可评价"目标。与此同时，加强信访基础业务规范化建设，运用互联网思维和信息化手段提高信访事项办理效率，规范工作流程，细化工作规则，建立初信初访群众满意度评价体系，信访群众通过互联网对诉求受理过程、办理结果可进行满意度评价，减少群众"访累"，方便群众反映诉求，提高信访事项处理效率，做到逢信必复、事事必答。

四是创新"开门办信访"。2013 年山西省信访局与山西广播电视台合作创办了直击信访现场的纪实类新闻节目《民生大接访》，把群众信访情况搬上了电视荧屏，把信访问题解决过程"晒"在了公众视线，打造阳光信访工作新平台，在宣传党的政策、普及法律知识、化解矛盾纠纷、推动干部作风转变方面取得了积极的成效。在此基础上，通过"民生大接访"筛选典型信访案件，由挂职干部带案督导，"民生大接访"记者全程参与、全程跟踪、全程监督、全程公开，借助媒体力量和舆论引导作用，推动问题解决。近年来，"民生大接访"共播出节目 800 多期，所涉信访事项 80% 现场达成解决意向或通过跟进监督得到解决，20% 依法导入法定途径或司法渠道解决。

## 二 健全责任体系，推动"事要解决"

山西省突出抓好《信访工作责任制实施办法》的贯彻落实，形成了信访工作从源头做、全过程做、靠大家做的格局和各部门协调配合的强大合力。

一是推进领导干部接访下访。在继续巩固"县委书记大接访"的基础上，建立了省、市、县、乡四级领导干部定期接待群众来访工作制度，按照"属地管理、分级负责"的原则接待群众来访，带动各级党员干部深入基层调查研究、接访下访、化解难题，把大量信访群众吸附在基层、大量信访问题解决在属地。

二是开展积案化解专项活动。严格落实信访工作责任，组织开展了重信重访治理、疑难案件集中交办、信访积案化解年等活动，连续五年持续不断推动"事要解决"，群众反映强烈的3万余件信访突出问题得到化解，2017年又集中开展了"信访突出问题大整治""特殊疑难信访问题集中攻坚""重复进京上访专项治理""重点信访问题源头化解"专项行动，所交办的信访事项90%以上得到化解，一大批多年积累的矛盾和问题得到彻底解决。

三是借助信访"窗口"，从政策层面推动问题解决。对涉及面广、政策性强的军队退役人员、社会劳动保障、农村土地征收征用、采矿沉陷区治理、城镇房屋拆迁、国有企业改制等信访问题，分别由相关省直厅局牵头，成立专门工作组，进行专题调研，提出改进工作的政策建议，较好地落实了信访部门"三项建议权"。沉陷区治理问题的建议在全省经济工作会议上被确定为省政府所办实事之一，治理农民工讨薪类信访问题被省委省政府确定为一项重点专项工作，村务监督委员会的规范被省委组织部列为村委换届工作的重点内容。

## 三 提升规范力度，维护信访秩序

山西省严格依照《信访条例》，对信访人、解决信访问题责任者、信访事项引发者和信访部门的行为进行"四项规范"。

一是规范信访人方面，做到"两手抓"。其中一手是抓依法逐级走访工作，按照国家信访局引导来访人依法逐级走访办法要求，制定出台了具体的操作规程，规范走访秩序和接待流程，层层压实属地责任，不断加大及时就

地解决群众合理诉求力度，群众越级上访明显减少，信访秩序持续好转。群众走访反映的诉求 85% 集中在市县两级，信访明显下行，国家信访局充分肯定了山西省引导群众依法逐级走访工作。另一手是抓违法行为查处，进一步完善在信访活动中违法行为依法处置机制，加强与政法部门的协调联动，对缠访闹访、以访牟利、滋事扰序等行为，严格依法处理。与此同时，严格落实"三到位一处理"要求，把法治教育、道德教化、关心关爱、帮扶救助贯彻信访工作全过程，引导信访群众依法有序表达诉求、理性平和化解矛盾，在解决好实际问题的同时，解决好信访群众的思想问题，实现法律效果和社会效果的有机统一。

二是规范解决信访问题责任者方面，做到"两完善"。完善信访工作考核通报机制，改变以往简单凭信访数量进行考核和过度通报考核的做法，结合实际，科学制定省直重点部门、企业和市级信访工作考核办法。把夯实基层基础建设、推动事要解决以及信访事项办理群众满意度评价等作为考核的重点，引导基层把主要精力用在及时就地解决信访问题上。同时，完善信访工作督察督办机制，实行限期办结制度，实行挂牌督办、带案督导、点对点通报。挂牌督办仍无进展的，启动约谈追究程序。

三是规范信访事项引发者方面，做到"两强化"。强化信访问题源头预防，把落实社会稳定风险评估作为重大决策出台前的"前置程序"和"刚性门槛"，防止"项目上马、群众上访"现象发生，健全了县、乡、村三级信访工作网络，发动群众排查矛盾隐患，主动化解纠纷，力争信访问题在第一时间、第一地点、第一环节，一次性解决到位，防止来信变来访、来访变重访、个访变成集体访。强化信访工作责任倒查，严格按照信访工作责任制实施办法，对因决策不当、不作为、乱作为，引发信访问题或者造成矛盾激化的，严肃追究问责。并建立失职失责典型问题通报制度，公开处理、全程曝光，树立了信访工作失责必问、问责必严的鲜明导向。

四是规范信访部门工作方面，做到"两坚持、两严格"。坚持诉访分离，山西省出台了推进涉法涉诉信访改革做好诉访分离衔接配合的意见、进一步加强协作配合完善涉法涉诉信访导入工作的暂行办法、涉法涉诉信访案件终结后续工作的意见，建立了涉法涉诉信访联席会议工作制度。信访部门对涉法涉诉信访事项不予受理，支持配合政法机关，把涉法涉诉信访事项引导至司法渠道解决，维护司法权威。坚持依法分类处理信访诉求，信访部门将应当通过法定途径解决的信访事项，准确分类转给相关行政机关办理。全省34个省直厅局、11个市、119个县区相应职能部门全部出台依法分类处理信访诉求清单，并开展了相关工作。严格信访业务规范办理，进一步完善了信访登记、受理制度和信访事项三级终结制度，坚持信访事项逐级受理，规范信访登记，不属于信访受理范围的，引导群众通过相应渠道解决诉求。依法终结事项，不再受理。严格信访工作人员责任追究，加强信访干部教育培训，提高综合素质，严格遵守国家信访局提出的"约法三章"，对信访工作中的"拦卡堵截"等问题，严厉查处，追究责任。

## 四　创新信访工作机制，巩固深化改革成果

山西省对近年来信访工作中特色鲜明、管用有效的经验做法进行提升固化，出台了《以法治化为引领进一步深化信访工作制度改革的意见》，完善了初信初访办理、疑难信访问题会商、群众满意度评价、领导干部接访包案、信访督察问责、依法逐级走访等六项制度，形成了"6＋1"制度体系，引领山西信访工作实现了创新发展。

一是创新"阳光信访"机制，发挥"互联网＋信访"的潜力，开展信访业务流程再造，实现信访信息流、业务流和管理流的深度融合，将技术平台优势转化为工作机制优势，做到业务管理制度化、工作流程标准化、方法手段信息化、受理办理法治化，进一步提升了信访工作效能。

二是创新分析研判机制，发挥好信访大数据的技术优势，做好政策研究和人民建议征集工作，及时发现前端治理中带有普遍性、趋势性问题，及时提出改进工作、完善政策的建议，为党委政府科学决策提供参考。

三是创新事要解决机制，综合运用法律、政策、经济、行政等多种手段和教育、调解、疏导等办法，推进多元化纠纷解决机制建设，完善律师、

"两代表一委员"等社会力量参与信访工作机制。忻州市共吸纳 3308 名社会人士参与信访工作，接待处置上千件信访事项，化解率均在 95% 以上，而且没有一例反弹。

四是创新教育稳定机制，对重点群体建立工作预案，做好信访接待、定期沟通、信息通报、教育疏导等工作，确保不发生赴省进京聚集上访。对重点人员逐人逐案建立台账，落实"五包一"教育稳定措施，做到案结心结同步解、不反复。

五是创新预警处置机制，进一步加强信访信息分析研判，做好信息报送和预警，做到急事急报、特事特报、大事快报，重大预警信息直报主要领导、分管领导，及时进行处置，有效防范了各类风险交织叠加、聚集升级。

## 五　落实全面从严治党要求，夯实筑牢信访工作固本堤坝

山西省信访系统高度重视加强党的建设，认真贯彻落实中央和省委的要求，自觉把信念过硬、政治过硬、责任过硬、能力过硬、作风过硬作为根本标准，在全省信访系统深入开展了"走群众路线、解百姓忧难、树信访新风"主题活动，全面加强政治建设、能力建设、作风建设、廉政建设，努力打造对党忠诚可靠、恪守为民之责、善做群众工作的高素质信访干部队伍。

一是加强政治建设。以党的政治建设为统领，全面加强党的领导。一把手履行抓党建第一责任，局领导班子成员坚持"一岗双责"，各支部严格落实"三会一课"制度，协调推进党建、业务工作两促进、两不误，教育引导广大信访干部树牢"四个意识"，坚守政治信仰、站稳政治立场、把准政治方向、强化政治担当，以高度的政治自觉和政治担当办理好每一封来信、接待好每一次来访、处理好每一件投诉，用解决信访问题的实际成效厚植党的执政基础。

二是严格监督管理。认真落实全面从严治党要求，深入学习贯彻《关

于新形势下党内政治生活的若干准则》和《中国共产党党内监督条例》，严明政治纪律和政治规矩，从严落实"两个责任"，完善党风廉政建设责任制，设立专职机关纪委书记，建立了党风廉政建设"三必须十严禁"、对关键岗位进行监督、局领导干部述职述廉等制度，深入开展廉洁从政警示教育活动，定期开展对重要岗位重要人员廉政提醒谈话，坚持挺纪在前，强化日常监督，让广大信访干部都能自觉地在严守纪律规矩中干净干事。修订完善机关财务管理办法和内部管理各项制度，规范流程，完善机制，强化对"四风"的刚性约束，广大信访干部"按原则办事、按规矩用权"意识显著增强。

三是强化作风养成。大力倡导优良的工作作风，建立了省信访局局领导、处（室、中心）干部联系市县工作机制，深入基层蹲点调研、带案下访解剖麻雀，以上率下，带头崇尚实干、狠抓落实。深入开展了"人民满意窗口"创建活动，推动各级信访部门坚持反对"四风"不止步，推动广大信访干部持续转变作风，进一步强化服务意识、提升服务质量，让群众带着疑惑来、带着明白回，带着怨气来、带着满意回。全省信访系统形成了积极作为、干事创业的浓厚氛围，在第八次全国信访工作会议上，山西省3个集体、19名个人获得全国信访系统"两先""六优"荣誉称号。在山西省第四届人民满意公务员集体表彰会上，2名信访干部荣获人民满意公务员称号、2名信访干部记一等功、2个信访工作部门记集体一等功。

总体而言，山西省在加强信访法治化建设方面虽然取得了明显成效，但离中央和省委关于信访工作制度改革的要求、离信访形势发展的需要、离广大群众的期盼还有一定差距。下一步，山西省将以深入学习贯彻党的十九大精神为契机，以习近平新时代中国特色社会主义思想为指导，以加强信访法治化建设为主线，以推动依法及时就地解决群众合法诉求为核心，更加坚定不移地打造阳光信访、责任信访、法治信访，不断提高信访工作的信息化、专业化、法治化水平，积极践行群众路线，更好地维护群众合法权益、促进社会和谐稳定。

# B.25
# 太原市创建"法治诊所"
# 推进信访法治化建设报告

太原市委法治办课题组*

摘　要：　为统筹城乡、区域各类优质法律服务资源，太原市委法治办积极探索创建"法治诊所"工作模式，搭建公共法律服务平台，组织引导法律顾问、驻村（社区）民警、法官、检察官、司法所、联调中心等法律服务人员和心理咨询诊疗人员进驻，参与基层组织的矛盾纠纷化解和涉法事务处理，为基层组织和广大居民提供公益性、均等性、便利性的专业法律服务，逐步提升基层治理法治化水平。"法治诊所建设"已经成为法治太原建设的重要抓手。

关键词：　"法治诊所"　公共法律服务平台　矛盾纠纷化解　基层治理

加强基层法治建设，是深化依法治国实践、提升治理体系和治理能力现代化的必由之路。为深入推进法治太原建设，积极探索新形势下运用法治思维和法治方式深化改革、推动发展、化解矛盾、维护稳定的方法途径，推进

---

\* 课题组负责人：张守斌，太原市委政法委常务副书记、市委法治办主任。课题组成员：冯少华，太原市委法治办专职副主任；周英伦，太原市法学会副秘书长；郭相宏，太原科技大学法学院院长、教授、博士；王亚利，太原科技大学法学院副教授、博士；刘娟，太原科技大学法学院讲师、博士。执笔人：冯少华，太原市委法治办专职副主任。

基层法治服务阵地建设，提升基层社会治理法治化水平，引导广大群众理性表达诉求、依法维护权益，引导基层组织依法执政、依法行政，最大限度地消除不和谐因素，太原市委法治办从 2017 年开始，在全市开展了"法治诊所"创建工作。

# 一 "法治诊所"创建工作的进展

"法治诊所"是太原市委法治办为了推进各级党委、政府和基层组织依法决策、依法行政、有效化解矛盾纠纷、过滤减少信访案件纠纷的创新举措。区别于高校组织法学专业学生提供免费法律咨询的"法律诊所"，"法治诊所"作为法律服务进乡入户的平台，旨在统筹城乡、区域优质法律服务资源，组织引导法律顾问、律师等法律服务人员和心理咨询诊疗人员进驻"法治诊所"，参与基层组织的矛盾纠纷化解和涉法事务处理，将法律服务和心理诊疗服务向乡镇（街道）、社区（村）和家庭延伸，为基层组织和广大居民提供公益性、均等性、便利性的专业法律服务，提升基层治理法治化水平。

太原市委法治办统筹谋划扎实推进，于 2017 年 6 月制定下发了《关于开展"法治诊所"工作的实施意见》，确定以杏花岭区为试点，为全市推广"法治诊所"工作形成模板和范式积累经验。同时，委托太原市法学会将"法治诊所"创建工作作为年度重点立项课题，牵头组织太原科技大学法学院专家教授组成课题组进行专题研究，为扎实有效推进和提升法治诊所效能提供理论支撑。目前，已命名法治诊所 39 家。

## （一）整合法治资源，搭建三级服务平台

在县（市、区）、乡镇（街道）、社区（村）三级，依托本级联调中心，分别建立了三级诊所，在县（市、区）、乡镇（街道）法治建设领导小组的领导下开展工作。各级联调中心主任兼任"法治诊所"负责人，律师

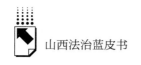
（法律顾问）为"主诊"，心理诊疗师、人民调解员及有关部门人员为"辅诊"，在工作中充分发挥"法律政策宣传员、矛盾纠纷调解员、法律事务协理员、法律诉求引导员"的作用。

1. 社区（村）级法治诊所

在社区（村）联调室建立"一级诊所"，由驻村法律顾问、驻村法官、驻村检察官、驻村民警、人民调解员及网格长、楼院长等基层调解力量组成。负责在社区（村）开展法治宣传、法治培训、法律咨询、矛盾调解、法律援助、法律体检、法治创建、法学研讨等工作，推动社会矛盾依法化解和群众法律需求"一站式"解决，让群众不出社区就能挂上法律服务"专家号"。

对小纠纷、小求助、小申诉、小信访等矛盾纠纷就地化解。应当事人要求，由社区（村）人民调解组织出具调解协议或驻村律师出具法律意见书。村（社区）一级难以化解的矛盾纠纷向"二级诊所"上报。

2. 街道（乡）级法治诊所

在街（乡）联调中心建立"二级诊所"，由街（乡）法律顾问、心理诊疗师及司法所、派出所、工会、妇联、团委相关人员组成。负责为街道（乡）党（工）委依法行政、依法决策、复杂矛盾纠纷化解等工作提供相关法律服务；指导社区（村）"一级诊所"开展工作；应街（乡）、社区和当事人的要求，为有需要的社区（村）群众提供心理咨询、心理诊疗服务；同时在矛盾纠纷化解等工作中，为当事群众提供心理辅导、心理疏导服务。

针对房屋继承、财产归属、家庭婚姻、经济纠纷、涉法涉诉等法律专业问题及"一级诊所"上报纠纷等问题，二级诊所设立了"预约门诊"。应当事人要求，可由矛盾纠纷联调中心出具调解协议或由律师（法律顾问）出具法律意见书；对乡镇（街道）一级难以协调化解的矛盾纠纷向"三级诊所"转递上报。

3. 县（市、区）级法治诊所

在县（市、区）联调中心建立"三级诊所"，由县（市、区）委、政府和相关部门聘请的法律顾问以及法院、检察院、公安分局、工会、妇联、团委、信访局、司法局、卫计局、民政局等部门分管领导组成。负责为县（市、区）委、政府和相关部门依法行政、依法决策、复杂矛盾纠纷化解等工作提供相关法律服务。

对乡镇（街道）"二级诊所"难以化解上交的矛盾纠纷，采取组织相关领域的法律顾问、相关部门负责人和业务骨干集体研究的方式，提出解决方案。

### （二）规范建设服务场所，健全工作制度

市委法治办制定了"法治诊所"建设标准，从软、硬件方面进行规范。已建成的"法治诊所"硬件设施完备，工作制度完善，统一悬挂标牌，印制台账，对出诊时间、出诊方式、工作制度等内容进行公示，统一印制《法治诊所接诊登记簿》《法治诊所联调诊断书》《参与依法治理登记簿》《矛盾纠纷化解登记簿》等台账。目前，各级法治诊所均具备干净、整洁、规范的办公场所，配备电脑、打印机等现代化办公用品。诊所内部设有各种工作制度和工作流程图，设有律师资料公示区，对相关共组人员的职责做出明确标识，建立了较为完备的工作制度。同时，注重对典型案例整理归档，并详细附有当事人陈述、主要证据材料等相关文件。

杏花岭区胜利东社区法治诊所如图1所示；杏花岭街道法治诊所工作人员公示如图2所示；杏花岭街道法治诊所律师胸牌如图3所示。

**图1 杏花岭区胜利东社区法治诊所**

**图2 杏花岭街道法治诊所工作人员公示**

**图3 杏花岭街道法治诊所律师胸牌**

部分法治诊所接诊案例汇总见表1。

**表1 部分法治诊所接诊案例汇总**

| 法治诊所 | 时间 | 案件类型 | 是否信访 | 基本案情 | 主诊法律顾问意见 | 心理服务咨询意见 | 调处结果 |
|---|---|---|---|---|---|---|---|
| 丈子头村/中涧河乡 | 2017年4月22~24日 | 民事纠纷 | 否 | 龙凤花园小区反映物业的停水电问题 | 1.乡政府设法筹措资金恢复水电 2.丈子头村委会向小区业主提要求无法律依据 | | 提请乡/区法律诊所处理 |

续表

| 法治诊所 | 时间 | 案件类型 | 是否信访 | 基本案情 | 主诊法律顾问意见 | 心理服务咨询意见 | 调处结果 |
|---|---|---|---|---|---|---|---|
| 丈子头村/中涧河乡 | 2017年4月23～25日 | 合同纠纷 | 是 | 王某反映龙凤花园一房多买问题 | 1. 司法途径解决 2. 信访人非丈子头村村民,所签房屋购买合同不符合法律规定 | | 提请乡/区级法治诊所处理 |
| 东涧河村/中涧河乡 | 2017年5月5～6日 | 拆迁纠纷 | 是 | 贾某某反映东涧河村拆迁补偿问题 | 1. 司法途径解决 2. 全面收集原始证据 | | 提请乡/区级法治诊所处理 |
| 中涧河乡长沟村 | 2017年5月10日 | 征地补偿纠纷 | 是 | 贺某某反映长沟村征地补偿纠纷问题 | 1. 释明法律依据 2. 提出法律建议 | | 提请乡级法治诊所处理 |
| 中涧河乡瓦窑头村 | 2017年8月6日 | 村集体资金问题 | 否 | 瓦窑头村村民反映占地补偿款未发放 | 建议村委会根据法律规定做出方案,并接受村民监督 | | 提请乡法治诊所处理 |
| 巨轮街道 | 2017年5月8日 | 劳动争议 | 是 | 宝狮制衣厂职工反映未缴纳社会保险 | 1. 司法途径予以解决 2. 向劳动仲裁委提起仲裁 | | 成立该案信访工作领导小组 |
| 巨轮街道 | 2017年5月25日 | 廉租房申请 | 否 | 吴某某向上北关社区申请廉租房 | 当事人户籍不符合城镇居民的要求 | | 放弃申请 |
| 巨轮街道 | 2017年6月30日 | 棚户区改造住房安置纠纷 | 是 | 郭某反映未得到回迁安置问题 | 1. 根据相关法律法规确定诉求的合理性 2. 协调开发商进行协商,协商不成通过司法途径解决 | | 通过协商,开发商合理为其安置回迁房 |
| 巨轮街道 | 2017年7月15日 | 拆迁住房安置纠纷 | 是 | 乔某反映因改造搬迁无住房问题 | 根据相关法律法规确定合理诉求,对不合理诉求进行解释 | | 同意搬迁 |

续表

| 法治诊所 | 时间 | 案件类型 | 是否信访 | 基本案情 | 主诊法律顾问意见 | 心理服务咨询意见 | 调处结果 |
|---|---|---|---|---|---|---|---|
| 巨轮街道 | 2017年7月15日 | 拆迁，继承纠纷 | 是 | 高某某因拆迁继承发生纠纷 | 建议通过司法途径解决 | | 建议通过司法途径解决 |
| 涧河街道 | 2017年5月 | 拆迁纠纷 | 否 | 张某某反映房屋因街道拆迁人员堆放垃圾塌方，原址另建现面临拆迁 | 1. 通过司法途径解决 2. 收集提供证据 3. 当事人应要求街道给其补偿安置 | | 上报区法治诊所处理 |
| 涧河街道涧河社区 | 2017年6月17日 | 家庭纠纷 | 否 | 张某某提出离婚 | 调解 | | 夫妻和解 |
| 涧河街道东岗社区 | 2017年6月23日 | 家庭纠纷 | 否 | 吴某某提出离婚 | 调解 | | 夫妻和解 |
| 涧河街道柏桦苑社区 | 2017年6月15日 | 赡养纠纷 | 否 | 王某某要求赡养母亲，并把母亲工资卡等一并保管 | 调解 | 换位思考 | 达成和解 |
| 涧河街道同乐苑社区 | 2017年3月20日 | 邻里纠纷 | 否 | 张某某不允许邻居加盖二层 | 调解 | | 修改图纸和解 |
| 涧河街道锦绣苑社区 | 2017年8月 | 侵权纠纷 | 否 | 魏某某的狗咬伤刘某某孙女，未支付医药费 | 调解 | | 支付医药费，并看好自己家的狗 |

注：根据调研资料整理。

## （三）针对纠纷解决，探索建立"六诊"模式

探索建立了"六诊"工作模式，一是定期坐诊。县（市、区）级每月、

街（乡）每半月、社区（村）诊所每周由专业法律人员定期"坐诊"，接待群众，提供纠纷调解、法律咨询、法律援助等服务。二是预约就诊。群众遇到亟须解决的法律服务问题时，经居民申请、社区预约，街（乡）、社区（村）法治诊所安排专人提供"一对一"的法律服务，街（乡）法治诊所安排心理诊疗师为有需要的社区（村）群众提供心理咨询、心理诊疗服务；应社区申请，根据工作需要，区、街（乡）法治诊所安排心理诊疗师参与社区（村）法治诊所矛盾纠纷调解工作，为当事人提供心理辅导、心理疏导服务。三是助困巡诊，对老弱病残、特定居民的法律诉求，社区（村）法治诊所应组织专业法律人员及时进行上门巡诊。四是电话听诊，三级"法治诊所"应向群众公开工作人员服务电话，工作日期间随时接听群众电话，解答群众法律咨询。五是定点义诊，三级"法治诊所"定期组织诊所组成人员在人员聚集场所，集中开展综治维稳专题宣传和法律咨询服务。六是集体会诊，对重大、复杂、疑难的矛盾纠纷，分别由县（市、区）、街（乡）、社区（村）三级法治诊所召集相关人员集体"会诊"，共同商讨解决。还采取"定期巡诊"等方式为一级、二级诊所和群众提供更专业、更具针对性、更便捷的"法律服务套餐"。

在法治诊所建设运行过程中律师发挥着重要的"主诊"作用。各级法治诊所都配备专门负责的律师，在解决纠纷方面提供了专业服务。当事人的一些小纠纷，比如典型的邻里纠纷，单纯依靠社区人员的劝说调解可能达不到满意的效果。但在律师介入之后，就能够以独立第三方的身份，从法律专业的角度，为矛盾化解划定法律框架，使当事人对各自的权利义务有明晰的认识，从而对问题化解提出更实效的办法。律师的主诊作用弥补了社区人员专业知识上的欠缺，为基层矛盾化解把握了方向。根据目前运行情况，法治诊所各具特色。法治诊所的设立离不开基础的生活环境。城市社区的环境与乡村不同，人际关系紧密和谐的社区与流动人口较多的社区环境不同，拆迁问题突出的社区与几乎不涉及城中村改造的社区环境不同，而不同的基础环境给予法治诊所可资利用的资源各不相同。例如杏花岭胜利东街社区是一个熟人社区，居民大多是原晋安厂职工。他们从社区居民中选出德高望重、热

心公益的居民并设立了评理员制度。社区里的很多家庭纠纷、邻里纠纷都是通过社区评理员协调解决，很大程度上减轻了法治诊所律师的工作强度。再比如杨家峪街道东沟村村，村委会成员尤其是村主任在村民中具有很高威望，遇到纠纷时法治诊所在村委成员的带动下协调处理，取得了良好的社会效果。

## 二 "法治诊所"的法律效果与社会效果评析

基层工作量大，内容繁杂。调研组通过对"法治诊所"接诊典型案例的分析，总结出"法治诊所"处理的基层矛盾所具有的四方面特征：多、杂、难、险，即基层矛盾纠纷数量多、类型繁杂、处理起来难度较大、有一定风险性。"法治诊所"工作的开展，提升了基层治理法治化水平，在矛盾纠纷源头化解、依法办事决策、法治宣传教育日常化方面发挥了重要作用。

### （一）着眼化解基层矛盾纠纷，成为疏通社会矛盾的第一道解压阀

对于家庭纠纷、邻里矛盾等小纠纷、小矛盾、小求助案件，法治诊所基本能够在自身能力范围内予以解决。法治诊所在了解案情的同时，疏导当事人的不良情绪，引导当事人的合理诉求，化解矛盾双方的紧张关系；在此基础上，兼顾"情、理、法"各方面的需求，尽最大可能实质性地解决问题、解决纠纷。对于一些案情复杂、超出法治诊所自身能力范围的案件，法治诊所可以通过释明法律关系、提出法律建议、提供法律援助等方式合理引导当事人通过合法途径维护权益。通过法治诊所典型案例的梳理可以发现，大部分的邻里矛盾、家庭矛盾等小纠纷能够圆满化解。法治诊所的设立为民众增加了合法表达诉求的途径，避免问题的扩大化、极端化。现实中，有些较难处理的案件，甚至包括一些涉法涉诉的信访案件，当事人还会回到所在地的法治诊所寻求解决办法。此时，法治诊所在处理问题的能力上可能有所局限，但可以第一时间把握当事人的心理动态和行动方向，能够为相关部门解决问题提供第一手资料。由此可见，无论是面对小纠纷、小矛盾，还是棘手

问题，法治诊所都能够发挥关键作用。全面普及法治诊所必将对整个太原市的法治和社会和谐、稳定发展提供助力。

## （二）促进依法执政、依法行政，成为基层组织依法治理的第一任参谋员

在城镇化进程加快的大背景下，城市建设带来的城中村拆迁、道路拆迁、国企改制、环境治理、小产权房等问题都对基层政府的执政能力提出了挑战。在调研中课题组了解到，目前矛盾比较集中和突出的是在拆迁领域，许多信访案件都与拆迁有直接关系。在解决拆迁领域纠纷的过程中，法治诊所往往打破被动接诊的工作方式，采取联合主动出诊的方式，与民警、司法员、信访工作人员、社工等协调配合处理问题。在事前排查阶段，做好拆迁户和拆迁人员的解释沟通工作，提供合同审查等相关法律服务；拆迁过程中，则按照法律法规政策要求，使拆迁严格遵循法律程序；遇到矛盾突出的案件，相关工作人员需要反复上门劝说解释，付出大量的时间和精力。法治诊所的成立，在此前工作人员配备的基础上，增加了专业的律师和心理咨询师，各有分工、互相配合，形成了合力。

## （三）延伸基层法律公共服务，成为推进公共法律服务"最后一里路"的助推器

目前阶段推进基层公共法律服务的重点，在于提升其公益性、便利性和实效性。在没有成立法治诊所以前，基层公共法律服务主要依靠由上而下的联合行动。在成立法治诊所之后，专业律师能够经常性地在法治诊所工作，为基层公共法律服务提供了长期、稳定的人员配备。法治诊所为乡村社区开展了形式多样的法律咨询、法律讲座活动，有针对性地帮助群众解决生活中的法律问题。比如为老年人讲解如何防止电信诈骗、预防非法集资，为社区群众讲解消费者维权问题，等等。这种普及性的专业法律讲座贴近生活，能够及时解决老百姓生活中的法律问题，能够起到净化社会环境的良好效果。同时在接诊过程中，律师可以"以案说法"，根据案件情况进行普法宣传，

并提供力所能及的法律援助，收效良好。大量的律师在第一线从事基层法律服务，是法治诊所规模效应的体现，也为基层社会治理效能的提升贡献了新的力量。

## 三　现阶段"法治诊所"运行面临的掣肘与挑战

### （一）制度和机制保障尚不完备

法治诊所成立之后，面临着和原有机构间如何协调和整合的问题。比如乡镇、街道设立的二级法治诊所，在处理有关矛盾纠纷时，涉及与联调中心、司法所、综治办、信访等内部机构和部门之间的协调、配合、协助。对此，需要进一步规范统一的运行程序予以保障，以在各部门间形成统一合力，提高行政效率。关于上下级诊所之间的分工与衔接的制度规范，也亟待健全。此外，有些较为复杂的矛盾纠纷需要以"疑难会诊"的方式予以解决，如涉及工商、税务等部门的协助时，由于工商、税务属于垂直管理部门，街道的二级法治诊所难以在自身职权范围内予以协调、获得协助与配合，需要向区级法治诊所上报，依靠区政府的力量统一协调。在目前情况下，加快完善工作制度和规范化流程，建立健全三级诊所纵向工作衔接机制和部门间横向对接联动机制，迫在眉睫。

### （二）人力资源和经费保障尚不充分

一方面，人力资源不足、行政人员配备不足依然是基层治理的瓶颈。乡镇和街道一级"一人所"的情形较为普遍，往往由一名行政人员独力承担起治安、环保、经济、安全、信访、矛盾排查等行政职能。基层这种行政任务与人员数量不成比例、繁杂的治理任务与人员力量有失匹配的情况，很大程度上影响着治理效能。法治诊所的成立，客观上会促使公共法律服务的需求增加，进而对人员的合理配备提出进一步的要求。另一方面，法治诊所有效运行所需的经费也存在较大的缺口。如前文所述，法治诊所的优势之一在于其拥有更专业的队伍，律师、心理咨询师等人员，使面向基层的公共法律服务机制更加专业合理，但这自然也对经费保障提出了更高的要求。人力资源和经费保障的匮乏，势必影响法治诊所机制的长期稳定运行，长此以往，其功能将逐步弱化。

### （三）职责和功能仍显局限

法治诊所目前以矛盾纠纷调处为主要职责，而在推进基层依法治理方面的功能尚未充分发挥。事实上，在社区（村）公共配套服务、车辆停泊管理、规章制度、村规民约的起草中，在社区（村）治安环境、公共设施维护等日常管理事务方面，在城中村改造、违章建筑拆除等涉法事务中，在社区（村）选举过程中，都需要律师给予法律指导和法律意见。立足法治诊所的框架，接下来需要探索，如何使法治诊所充分发挥在依法治理方面的作用，使法律顾问（律师）充分演绎在基层法律服务中的角色。法治诊所职责和功能的拓展，将更好地满足群众日益增长的法律服务需求、满足基层治理对法治的需求，同时将助于提高基层干部的依法行政能力，推动基层民主法治建设。

## 四　未来推进"法治诊所"建设的设想

### （一）科学定位诊所功能，深化各方认识

建设法治诊所的主要目的在于完善基层治理结构，为基层群众提供便捷的公共法律服务，引导群众在法律框架范围内解决问题。目前法治诊所依托联调中心建立，律师（法律顾问）为"主诊"，心理诊疗室、人民调解员及有关人员为"辅诊"。这种组织机制上的完善，其意旨在于以法律思维化解矛盾纠纷，发挥律师在法律问题上的把关作用。

然而，法治诊所对于普通民众和大部分基层工作人员来说，还是一个新生事物。对于普通民众，应加强宣传，增进民众对法治诊所的了解，引导和

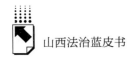

激发他们积极参与。对于基层工作人员，应通过各种方式的培训，进一步深化他们对于法治诊所的角色、功能和重要性的认识。

1. 法治诊所有助于依法化解矛盾纠纷

以往的联调中心（室）往往由街道干部、社区主任等担任，而他们本身又承担着大量的行政任务，不仅时间精力不足，而且缺乏应对复杂、新型的社会矛盾和法律冲突的专业知识和技能。在部分矛盾纠纷中，由于不懂法，可能会采取以侵损一方当事人合法权益的方式去调解，甚至采用"和稀泥"的做法，导致调解效力的缺失，很难使当事人信服。律师能够在释明法律规定的权利义务的前提下，保障当事人合法权益，给出有效率的解决方案。杏花岭区的实践证明，在矛盾纠纷的处理中，律师的第三方地位和专业的法律功底，更能获得群众的认可和信任，一定程度上有助于改变群众信访不信法的状况。

2. 法治诊所的运行有助于实现法律服务与群众需求的实时对接

现实中涉及相邻权、婚姻家庭、物业服务等的一些纠纷往往因为标的额不大、取证困难、诉讼成本高等原因，未能通过法律途径解决，而时间一长就会变成疑难杂症。法治诊所让居民不出社区（村）就能够享受专业的法律服务，促使双方纠纷在法律框架范围内解决，在矛盾激化前将纠纷化解在萌芽状态。与此同时，有助于培养群众法律素养，形成依法表达诉求、依法解决矛盾纠纷的法治观念。

3. 法治诊所复合型的团队组成，具有法律专业能力和综合处理能力，能克服专业律师水土不服的僵局

法治诊所由律师、人民调解员、司法人员及其他有关人员多方参与，可以有效发挥各自专长，能够克服主体单一、专业性有限的不足，使法律服务资源做到优化配置和功能互补。比如，在胜利东街区，形成了具有该社区特色的评理员制度，这在一定程度上，能够沟通国家法与民间社会规范，减少"合法不合情，合情不合法"事件的发生，使矛盾纠纷的处理达到"情、理、法"的统一和融合。

4. 法治诊所具有连接基层和国家机关的纽带作用

通过法治诊所的处理，引导民众通过法定渠道解决争议和矛盾，畅通和规范群众的诉求表达，避免不必要的冲突。对于矛盾纠纷，能够调解的予以调解，不能调解的依法予以分流，将矛盾纠纷导入法律程序，并在个案中提供诉讼代理或者提供法律援助，引导矛盾纠纷在法律框架范围内解决。

## （二）区分矛盾纠纷类型，优化服务资源配置

### 1. 合理配备律师资源

社区（村）对于不同矛盾纠纷处理中律师的作用有不同的需求。对于一些小矛盾、小纠纷、小求助，社区（村）在工作中探索出具有本社区（村）特色且行之有效的矛盾纠纷处理机制。如在胜利东社区，矛盾纠纷多为邻里纠纷、家长里短，很多问题并非涉法事务。社区中选出来的评理员往往凭借其个人威望、生活经验和智慧化解矛盾纠纷，在维护社区和谐方面，起到律师所起不到的作用。而涉及征地补偿、拆迁等问题，则对于律师的作用有更大的需求。法律纠纷比较多的二级诊所，需要更加专业的律师团队，充分发挥律师在依法治理、化解矛盾纠纷方面的特长。因此，需要结合不同诊所的实际需求合理配置律师，实现资源配置的最优化和效益最大化。

### 2. 保障律师"主诊"的质量

首先，对聘任律师资格做适当要求。聘任律师在矛盾纠纷化解中需要发挥"主诊"的作用，这对聘任律师的经验与职业能力等提出了要求。发生于基层的纠纷多为家庭矛盾、邻里纠葛，刚走入社会的年轻律师缺乏生活经验，也缺乏说法与说理能力，因此可以考虑对律师的执业年限做适当的要求，以保证律师"主诊"切实发挥作用。其次，加强与其他律师、律所的团队合作。不同的律师发挥各自特长，解决法治诊所不同类型的矛盾纠纷，有效保证"诊治"质量。再次，对矛盾纠纷进行类型化处理，有效合理配置法律资源。一般非涉法事务的矛盾纠纷，走"普通门诊"，由评理员、司法助理人员等组成诊治团队。而对于涉法事务，走"专家门诊"，由律师在纠纷的处理中发挥主诊作用。通过矛盾纠纷的类型化处理，有效合理地配置

法律资源，提升纠纷处理的灵活性。最后，需要为各级法治诊所探索具有本社区（村）、街道（乡、镇）特色的矛盾处理纠纷机制预留空间，寻求多样化的发展。

### （三）吸纳社会力量参与，整合法律服务资源

"法治诊所"在发挥党政部门聘任律师的作用的同时，可以吸纳其他社会力量参与法治诊所的运行，比如吸纳法学专家、退休法官及检察官等社会力量。高校和研究机构的法学专家作为独立于政府的中立第三方，能够从专业的角度在疏解矛盾方面发挥作用。法治诊所与法学院合作，法学院的师生定期和不定期地提供法律服务，举办法制宣传、法制教育、法律咨询等活动，可实现资源共享、功能互补，同时节约公共支出。而一些退休的法官和检察官等法律工作人员也可以志愿参与到法治诊所的工作中，有效弥补律师资源的不足。

### （四）依托"互联网＋"，提高服务信息化水平

各级法治诊所的信息化程度急需提升，通过互联网的双向交流和互动，实现法律咨询、纠纷的处理等功能。法治诊所信息化建设主要有如下三个方向。首先，实现法治诊所上下级之间的信息共享。在规范卷宗制度的基础上，逐步实现卷宗的电子化，以加快文书流转的效率，增强上下法治诊所的沟通，加快诊治事项的顺畅传递和信息的快捷交换，减少处理环节，降低沟通成本，提高法治诊所的运行效率。其次，从群众的需求出发，法治诊所通过信息化建设，充分利用互联网的双向互动特点，以群众需求为导向，提供更好的更优质的公共法律服务。社区（村）等掌握居民的大量基础性信息，对于涉及不同社区（村）的纠纷，就可以利用互联网实现信息的传递，而不必让民众跑腿，从而实现高效便民，降低维权成本。

### （五）贯彻法律思维，结合道德指引

十九大报告指出，深入挖掘中华优秀传统文化蕴含的思想观念、人文精

神、道德规范，结合时代要求继承创新，让中华文化展现出永久魅力和时代风采。"法治诊所"在实际工作中，墙壁上悬挂着"有理慢慢讲，有话好好说""互相谦让，亲如一家"等道德宣传标语，主诊律师在处理矛盾纠纷时，不仅解析宣讲法律，也注重为当事人讲解相应的人情法理。工作人员不仅运用法律思维解决矛盾，同时注重矛盾化解中的道德指引作用。因此，在法治诊所运行中加入人文精神的引导、道德规范的宣导，打好法治与德治的组合拳，必将使法治诊所发挥的社会效果更加显著和圆满。

### （六）依托反馈评价机制，提升法律服务质量

"法治诊所"是公共法律服务的重要机制，对其运行质量需逐步设立反馈机制和评价机制。例如通过对接受服务者的"双随机"式问访，适时发现民众的服务需求，及时发现存在的问题，建立以公众需求为导向的"法治诊所"服务评价机制和反馈机制，以促进法治诊所法律服务质量的进一步提升。

# B.26
# 阳泉市打造法治信访　依法解决
# 群众诉求报告

阳泉市委法治办课题组*

摘　要： 山西省阳泉市在贯彻落实中央深入推进法治信访的决策部署
　　　　 实践中，把信访工作纳入法治化轨道，打造法治信访，依法
　　　　 解决群众诉求，根除信访乱象，破解信访难题。狠抓信访部
　　　　 门工作、责任主体工作和信访人行为"三个规范"，依法规
　　　　 范信访秩序。坚持诉访分离、事项分类、事责分级"三分原
　　　　 则"，依法解决信访问题，创新无越级上访乡镇（街道）创
　　　　 建、律师参与信访工作、重点群体大走访"三个载体"，有
　　　　 力提升信访工作法治化水平。阳泉市信访量由多到少，信访
　　　　 秩序由乱转治，彻底扭转"小市大信访"的被动局面，信访
　　　　 法治化工作逐步形成自身亮点。

关键词： 法治信访　诉访分离　逐级走访

　　山西省阳泉市是典型的工矿资源型地区和老工业基地，在经济转型发展
过程中，由于利益格局调整、村矿矛盾突出、生态环保欠账等原因，导致信
访存量聚集、信访增量攀升。多年来，阳泉市信访量一直在高位运行，矛盾

---

　　* 课题组负责人：杨自明，阳泉市委常委、政法委书记、市委法治建设领导小组常务副组长。
　　课题组成员：张映涛，阳泉市委政法委副书记、市委法治办主任；梁庆，阳泉市信访局局长。
　　执笔人：宋宝计，阳泉市信访局调研员；赵丽东，阳泉市信访局办公室主任。

交织叠加，占用大量行政资源，影响社会安全稳定，损害党委政府的执政形象和公信力。同时，上访群众围机关、拉条幅、拦车辆、堵马路的现象时有发生，缠访闹访重复访越级访层出不穷，种种信访乱象和顽疾，严重扰乱了社会秩序，损害了阳泉乃至山西的整体形象。"小市大信访"成为阳泉改革发展稳定中亟待解决的难题。

近年来，特别是 2015 年下半年以来，阳泉市把信访工作纳入法治化轨道，打造法治信访，依法解决群众诉求，运用法治思维、法治方式根除信访乱象，破解信访难题。全市信访量由多变少，信访秩序由乱转治，信访工作由全省后进跃居全省前列，彻底扭转了"小市大信访"的被动局面。2016 年，阳泉市被省评为"信访工作整体优秀市"，山西省联席会议在全省推广了阳泉的信访工作经验和做法，阳泉市信访局党支部被山西省委授予"省级先进基层党组织"荣誉称号。2017 年 7 月，阳泉市信访局被人力资源和社会保障部、国家信访局授予"全国信访系统先进集体"荣誉称号，11 月，阳泉市信访局被山西省人力资源和社会保障厅、山西省社会治安综合治理委员会授予"全省社会治安综合治理先进集体"荣誉称号。

# 一 打造法治信访，解决群众诉求的主要做法

阳泉市创新"三个三"工作法，狠抓"三个规范"，坚持"三分原则"，运用"三个载体"，着力打造法治信访，解决群众诉求。

## （一）狠抓"三个规范"，依法维护信访秩序

### 1. 聚焦"事要解决"，规范信访部门工作

严格按照《信访条例》的规定，围绕"了解社情民意、汇集意见建议、分析稳定风险、评估政策得失、排查矛盾隐患、解决合理诉求"的职能定位，规范信访工作流程，不断提高信访工作人员依法办事能力和依法维护群众合法权益能力。坚持把"事要解决"作为信访工作的出发点和落脚点，一手抓专项治理消减存量，一大批陈年积案、疑难复杂信访事项得到有效解

决，群众利益得到有效维护；一手抓及时解决控制增量，高度重视初信初访初网受理办理，及时就地解决群众信访诉求，防止新问题拖成老问题，小问题变成大问题。2017年，阳泉市信访总量下降6.3%，信访事项受理率100%，群众满意率97.43%，重复信访率控制在15%以内，信访增量得到有效控制，排查化解信访重点领域12个、重点群体28个、重点案件364件，信访存量得到消减，稳定风险隐患得以消除。

2. 压实主体责任，规范责任部门工作

一方面，规范依法行政。各级各部门坚持"法无授权不可为、法定职责必须为"，不懈怠推诿，不任性用权，避免不作为、乱作为引发新的信访问题。同时，注重抓好社会稳定风险评估，凡是涉及群众切身利益的重大决策、重要政策、重点工程审批实施前，必须按照"谁主管谁负责、谁决策谁负责、谁审批谁负责"的原则，实施科学周密的稳定风险评估，避免因决策失当引发社会矛盾。另一方面，按照职能及时就地解决信访问题。对群众信访诉求，职能部门及时受理，第一时间、第一地点依法妥善处理。

为确保责任落实，工作落地，阳泉市按照"知责、履责、尽责、追责"的工作要求，建立了"党政同责、一岗双责、齐抓共管、综合治理、失职追责"的信访工作领导责任制，层层传递责任，层层传导压力，层层狠抓落实。一是坚持领导接访责任制。市委书记、市长每季度一次到信访大厅接访；常委、副市长每周一、三、五轮流到信访大厅接访；有重大情况市级领导随时赴现场接访，特殊时节实行"无假日"接访。县区委书记、县区长每周一接访，县区党政领导每周至少一次接访。乡镇、街道每天有一名党政主要领导坐班接访，确保信访群众在市、县、乡三级见得到领导，诉求表达传递到领导。二是坚持领导包案化解责任制。坚持市委常委包县区，副市长、法检"两长"包领域的信访工作责任制，重点疑难信访案件全部由市委常委、副市长和县、乡、村三级领导包案化解，做到真包案、真化解、真教育、真稳控。通过包案责任制的落实，使信访工作压力层层传导，级级压实。三是坚持领导首见接访制。群众到市委、市政府门前上访，第一时间在现场的市委、市政府副秘书长以上领导，无论是否分管，都必须对信访事项进行协调处理，避免上访群众在市委、市政府门前滞留和聚集。对绕道退避、视而不见、推脱敷衍的进行批评通报或严肃问责。四是实行领导一线工作法。敏感节点信访工作和重大信访事项的处置推行"一线工作法"，市级领导亲自坐镇前线办公，做到领导一线指挥，措施一线落实，问题一线解决，群众一线劝返，筑牢"化解、教育、疏导、劝返"四道防线，确保重大活动期间信访维稳任务的圆满完成。

对信访工作中不作为、慢作为、乱作为，以及责任不落实、工作不到位或决策失误、推诿责任，造成问题久拖不决、矛盾激化升级、引发集体越级上访或恶性上访事件的责任人，加大问责力度，拧紧责任螺丝，倒逼工作落实。2017年，因信访工作不力，阳泉市全市共有15个单位或个人被追责。

3. 依法从严治访，规范信访人行为

合法表达诉求是宪法和法律赋予公民的基本权利，也是群众对党和政府的信任，但是群众通过信访方式表达诉求，必须在法治轨道上、法制框架内、法定渠道中进行。

一是畅通和拓宽诉求表达渠道。按照信访职能、职能部门、领导接访"三进中心"的工作要求，山西省阳泉市在市信访服务中心设立信访、公安、检察、法院、人社、国土、规划、住建、国资、民政、律师接待窗口，健全完善"一站式接待，一条龙办理，一揽子解决"的联合接访机制，整合资源、汇聚力量，推动化解复杂信访问题和信访积案，提高依法解决问题的质量和效率。全面推行"阳光信访"。设立市、县两级"网络投诉受理办公室"，全面建设视频信访系统，大力推进信访信息系统深度应用。2017年，阳泉市受理群众网上投诉544件，同比上升56.77%，"网升访降"初见成效，责任单位及时受理率99.08%，比去年同期增长24.08个百分点，按期答复率98.73%，比去年同期增长5.03个百分点，群众满意率97.30%，比去年同期增长3.3个百分点（见图1）。

二是开展《信访条例》等信访法规宣传教育，引导群众依法上访。阳泉市综合运用传统媒体和新媒体手段，广泛深入开展信访法规宣传活动。在抓好实地宣讲、版面宣传、报纸电视报道的基础上，开通微信公众号、头条

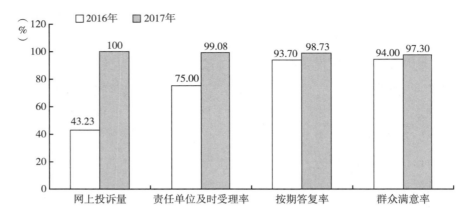

图1 阳泉市 2016、2017 年度网上投诉绩效对比

号、手机官网，定期发布信访动态、领导接访公告，适时推送信访法规、典型案件，充分运用网络信息技术扩大宣传引导的受众面，提高群众知法、尊法、守法、用法的意识，引导群众正确认识信访权利和实现权益的途径。

三是严格依法处置违法信访行为，规范约束信访人行为。《信访条例》第 20 条规定了信访人"六个不得"情形，是目前唯一约束信访人的法律制度。2013 年公安部出台了《关于公安机关处置信访活动中违法犯罪行为适用法律的指导意见》（以下简称《指导意见》），为公安机关处置信访活动中违法犯罪行为提供了重要依据。阳泉市认真落实《信访条例》和《指导意见》，对信访活动中的违法犯罪行为界定进行了细化，对处理信访活动中的违法犯罪行为处置主体进行了明确，对处理精神病人、70 周岁以上老人等特殊信访群体的违法行为进行了规范。2017 年，全市共依法打击处理信访违法行为 125 人次，有效震慑和遏制了缠访闹访行为，维护了信访秩序。

## （二）坚持"三分原则"，依法解决信访问题

当前，大量社会矛盾通过信访渠道反映出来，利益诉求日趋多样复杂。阳泉市坚持运用法治思维和法治方式解决涉及群众切身利益的矛盾和问题。

1. 坚持诉访分离，把涉法涉诉信访纳入法治轨道解决

2014 年，山西省阳泉市开始实行诉访分离制度，逐步建立完善了衔接、

分流、受理、办理、司法救助有机统一的涉法涉诉信访事项处理机制。政法机关作为处理涉法涉诉信访问题的主体，负责涉法涉诉信访事项的受理、处理和终结工作。市信访部门及其他职能部门负责受理处理一般诉求类信访事项，严格贯彻"六不"原则，即厘清诉讼与信访的界限，不受理、不交办、不协调涉法涉诉信访，不干预政法机关依法处理涉法涉诉信访问题的过程和结论，对政法机关依法终结的涉法涉诉信访事项不统计、不通报。同时，积极做好涉法涉诉信访事项引导分流工作，积极支持政法机关依法处理涉法涉诉信访问题，实行诉讼与信访分离。

2. 坚持事项分类，让有权处理信访问题的部门承担起责任

分类处理信访事项，简单地说，就是"谁主管、谁负责"，谁的事谁来办，各司其职，不再把信访工作当一个"筐"，"什么都往里装"。2016 年 6 月，阳泉市出台了《关于通过法定途径分类处理信访投诉请求的指导意见（试行）》，组织 31 个市直重点部门梳理公布了信访投诉请求责任清单。同年 9 月，阳泉市所辖县区重点部门梳理公布了信访投诉请求责任清单。严格实行分类处理信访事项后，各级各部门严格依据《通过法定途径分类处理信访投诉请求责任清单》，对群众信访投诉请求进行认真甄别、合理分流、依法处理，进一步厘清了信访与行政复议、仲裁、诉讼等法定途径的受理范围，使应当通过法定途径解决的事项进入法定渠道，最大限度地"保障合理合法的诉求依照法律规定和程序，就能得到合理合法的结果"。

3. 坚持事责分级，深入推进依法逐级走访

逐级走访就是要贯彻《信访条例》中"属地管理、分级负责"的基本原则。压实有权处理信访问题的部门和基层党委、政府的法定责任，引导群众以理性合法的方式逐级表达诉求，有效减少和规范越级上访，使信访秩序更加规范。同时，按照信访权责界限，构建一级抓一级、层层抓落实的信访工作责任体系。为了落实国家《国家信访局关于进一步规范信访事项受理办理程序引导来访人依法逐级走访的办法》，阳泉市信访局制定了《实施细则》，为全市开展依法逐级走访工作提供了制度支持和工作依据。根据山西省的统一部署，阳泉市从 2014 年 12 月 1 日开始全面推行依法逐级走访制度。

推进依法逐级走访过程中，阳泉市坚持"双向规范"。一方面，规范信访工作行为，另一方面，规范信访人的信访活动，规范信访秩序。阳泉市推行依法逐级走访以来，到市信访总量同比持续下降，到市个体访量相对低位运行，六个县区（含开发区）中有四个县区到市集体访同比下降，且下降幅度较大，县区吸附能力明显增强，信访秩序确有好转，依法逐级走访工作成效显著。阳泉市2017年度四级来访登记占比见图2。

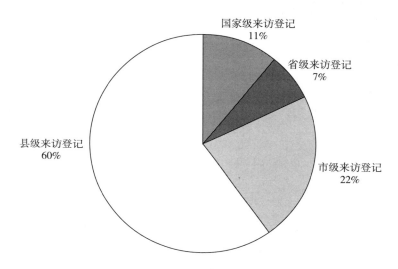

**图2　阳泉市2017年度四级来访登记占比**

## （三）运用三个载体，全面提升信访工作法治化建设水平

1. 以创建无越级上访乡镇（街道）活动为载体，夯实法治信访基层基础

当前，80%以上的信访问题产生在县区以下，"县域治，则天下安"，对信访工作来说也是如此。特别是乡镇（街道）一级，作为信访工作的最基层、最前线，在信访稳定中发挥着巨大的作用。阳泉市注重夯实基层的信访工作基础，充分发挥基层各级组织的作用，尤其是乡镇（街道）作用，精准到人，化解矛盾，理顺情绪，吸附稳定。出台了《学习枫桥经验创建无越级上访乡镇（街道）的实施意见》，全市45个乡镇（街道）按越级上

访量多少划分为重点越级上访、一般越级上访、无越级上访三类，对产生社会影响大、造成严重后果的上访事件，实行综治一票否决。对乡镇（街道）到市赴省进京上访情况，市联席会议实行定期通报和专项通报，年终进行专项考核。2017 年，全市 10 个乡镇（街道）由重点越级上访变为一般越级上访，4 个乡镇（街道）由一般越级上访变为无越级上访，4 个乡镇（街道）保持无越级上访。通过创建活动，把信访工作责任传导至基层，压实在基层，成效体现在基层。

2. 以律师参与信访接待包案化解信访事项为载体，提升法治信访专业化水平

2016 年 6 月，阳泉市信访局、司法局联合出台了《关于律师参与信访接待包案化解信访案件的办法》（阳信字〔2016〕16 号），律师参与接访和化解信访案件工作正式启动。市信访接待大厅设立了律师接访窗口，全市 17 家律师事务所的 33 名律师轮流参与接待（周一、周三、周五，每天 2 名律师值班，周二、周四每天 1 名律师值班）。对疑难信访案件（包括涉法涉诉信访案件），委托律师事务所包案化解或聘请律师代理；对一般疑难信访案件，信访人同意律师代理，由其在律师库自主选择律师，并签订代理协议。如信访人经济困难，由市法律援助中心无偿提供代理服务。对特殊疑难信访案件，由案件当事方向联席会议提出申请，联席会议同意后，进行评估，签订协议。广大律师积极参与信访工作，在受理环节发挥引导作用，在办理环节发挥专业优势，在破解信访难题中发挥参谋作用，在陪同市级领导接访时发挥助手作用，在强化群众法治观念中发挥带动作用，专业释法引导和化解矛盾效果明显。2017 年，全市律师共参与信访接待咨询 900 余次，参与化解决信访案件 58 件，涉及群众 2000 余人；参与领导接待 54 批次，依法化解群体性纠纷 30 余起，充分发挥了律师的专业优势与较高的社会认可度，预防和化解了大量的群众纠纷和社会矛盾，工作成效显著，社会反响良好。

3. 以重点群体大走访为载体，推动信访形势由持续好转向稳定好转转变

2017 年，阳泉市委市政府审时度势，认真分析研判阳泉市信访工作形

势，做出"信访工作进入新的阶段，要重心前移、工作下沉，由被动坐等接访向主动走访、下访转变，广泛深入开展大走访活动，推动信访形势由持续好转向稳定好转、根本好转转变"的决策部署。2月开始，在全市范围内组织了自上而下的"重点群体大走访"活动。各级领导干部认真贯彻市委决策部署，按照"属地管理、分级负责"的原则，立足真情帮扶服务，走村入户宣讲政策法规，了解群众诉求，沟通交流思想，现场解决问题。全市大走访活动中，市、县、乡三级领导干部共走访9355人，汇总、梳理、解决六个大类共951条诉求，做到重点领域、重点群体全覆盖，将一大批矛盾化解在萌芽，问题解决在基层。

## 二 打造法治信访，依法解决群众诉求的绩效

### （一）信访量由多变少，信访形势实现根本好转

2017年，四项核心指标较高峰期大幅下降。阳泉全市信访总量较高峰期降幅达到一半以上，到市信访量降至10年来最低，赴省集体访较高峰期减少7成，进京非正常上访降至高峰期的2%（见图3）。

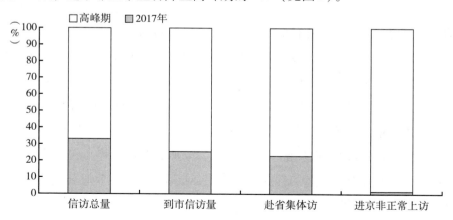

**图3 阳泉市信访工作四项核心指标降幅**

## （二）信访秩序由乱转治，关键节点保障有力

缠访、闹访和赴省进京越级上访、非正常上访频繁的信访乱象得到根治，信访秩序逐步趋于规范。2017 年，全国和省、市重大活动、重要会议期间，均实现了"三个未发生"，有力维护了社会稳定。

## （三）专项治理活动扎实，治旧控新成效明显

阳泉市有效开展了"治理信访突出问题专项行动""解决群众信访诉求规范信访秩序专项治理""重点信访问题源头化解专项行动""信访突出问题大整治"等一系列专项治理活动，对疑难复杂信访问题进行清仓见底的大起底、大排查、大清仓、大整治。2017 年，山西省交办信访事项 4 件、阳泉市自行梳理排查重点信访事项 364 件，全部按期高标准化解，化解率达到 100％，一大批疑难复杂信访案件得到解决。

# 法治宣传与法治文化

## Publicity of the Rule of Law and the Culture of the Rule of Law

## B.27

## 翼城县经纬剧场打造普法宣传教育特色品牌报告

翼城县法治宣传教育课题组*

摘　要： 法治信仰和法治观念，是依法治国的内在动力，也是法治中国的精神支撑。山西翼城县多年来持续将法治宣传教育作为重点工作，组织拍摄具有浓郁地方特色的普法短剧《经纬剧场》，并不断创新升级，将以《经纬剧场》为主要普法载体的"翼城普法模式"推向了全国，实现了普法宣传方式的创新，走出了社会治理的创新路径。翼城普法模式取得的良好

---

*　课题组负责人：赖兴国，翼城县委常委、政法委书记。课题组成员：贾永录，翼城县委政法委副书记、司法局局长；张延生，翼城县委政法委副书记、县委法治办主任；王育梁，翼城县司法局副局长；董红霞，翼城县广播电视中心社交部主任、《经纬剧场》栏目组组长。执笔人：张延生，翼城县委政法委副书记、县委法治办主任。

社会效果，有赖于其长效保障机制的建立，有赖于普法主体强烈的群众观念、责任意识和对地域文化特色的深入挖掘。

**关键词：** 普法　宣传载体　法治文化　经纬剧场

翼城位于山西省临汾市东南隅临汾、运城、晋城三市交界处，为晋先祖开国都城之地，以山形如舒翼之鹏，故名为翼。翼城是古唐国之源头，春秋晋国之故都，具有深厚的文化底蕴以及法治文化传统。历史上著名的"郭偃之法"、"赵盾之法"和范宣子铸"刑书"，就发生在这片土地上。得益于深厚的文化底蕴和人文积淀，翼城县于 2006 年起，开办了具有浓郁地方特色的方言普法电视栏目短剧《经纬剧场》，属全国首创。《经纬剧场》历经十二载兴盛不衰，使法治文化"基因"嵌入百姓脑海，融入百姓生活，走出了一条适应普法依法治理形势发展的新要求、顺应民众对法治认同感和法治获得感的新需求、探索法治宣传教育方法的新实践的特色普法之路。通过探索与实践，将以《经纬剧场》为主要普法形式的翼城法治宣传教育逐步推向全省全国。"翼城普法模式"得到了山西省司法厅的认同，也获得了中央综治办的高度评价，后者指出翼城的做法不仅是法治宣传方式的创新，也是一种社会治理模式的创新。中央电视台拍摄录制的献礼十九大政论片《法治中国》第六集"全民守法"中，报道了翼城开展法治宣传教育工作的典型经验，被誉为"中国普法的缩影"。

## 一　翼城普法模式的历史背景与发展历程

### （一）破解普法困局，开创创新之路

自 1986 年实施第一个五年普法规划以来，翼城普法宣传工作伴随着社会的发展进步，走过了 30 多个年头。30 多年来，法治宣传教育的内容和形式不断丰富和发展，最常用的发传单、摆版面、贴标语、搞咨询、抓考试、

搞竞赛等普法宣传形式在各个时期都曾发挥过积极作用。但进入 21 世纪以来，随着经济社会的发展，人们的多元思维、利益诉求、维权意识、审美情趣都发生了深刻变化，以往机械呆板、枯燥乏味的法治宣传形式，不仅引不起人们的兴趣，更难以满足广大人民群众日益增长的法律需求。而在法治宣传工作中，也遭遇了"部门难协调、人员难组织、经费难筹措"的"三难"问题。这种尴尬的局面，倒逼县委、县政府反思如何破解。法治宣传工作的僵局，主要是由观念的僵化导致的。由于人治观念的影响，加之社会主要把法律当作一种维护社会秩序的工具和手段。要除弊鼎新，开创法治宣传工作新局面，必须适应新形势，更新新理念，创新新思路。全县围绕传播速度快、影响范围广、直观性强的电视媒体做文章，先后在县电视台开办了《与法同行》《法在身边》《百姓说法》等电视法制节目，进行了多次有益的尝试和探索。这些节目尽管都取得了一些成效，但由于表现手法不灵活、选择案例不典型、一些当事人不愿面对镜头、执法司法部门办案人员在现实案例中往往不愿意直接出面等多种原因，节目没有达到预期效果，最终"昙花一现"。为适应人们精神品位的普遍提高带来的新变化，着眼于从根本上解决法治宣传教育"三难"问题，2006 年，在调查研究的基础上，组织协调司法、广电等部门及相关行政执法单位，对全县法治宣传教育资源进行了有效整合和利用，决定由县委政法委和宣传部牵头组织协调，对法制类电视节目进行了大胆创新。本着"短剧故事说法，对号入座引领"的初衷，由司法局、广电局联合创办《经纬剧场》，具体由司法局负责法律导向、内容策划、律师点评，广电局负责剧本编写、节目拍摄等。这一节目最大的特点，就是变教条式讲法为情景化短剧；变真实案例为模拟案例；变当事人为扮演人；变普通话为翼城话，完全由本地群众，特别是农民参与演出，并聘请法律专家针对事件和案例进行法律点评。栏目一开播，就因其内容鲜活、形象直观、寓教于乐而轰动全县，显示了强大的生命力，成为全县群众喜闻乐见的热门剧目。

### （二）在发展中不断完善，在完善中不断提升

《经纬剧场》所取得的巨大成功，很大程度上可归因于栏目主创人员敢

于解放思想，敢于冲破传统观念，敢于利用新型媒体和时代空间，在探索中完善，在创新中发展。创办以来，《经纬剧场》先后多次进行改版和提高。比如《麦"吃"羊》一剧由于律师点评时只讲了给麦田里洒农药防止羊吃麦如何违法，而对羊吃麦的行为没有进行明确的违法定性，节目播出第二天便有村民集体打热线电话与剧组"论战"。剧组只好在重播时加了"编者按"再次释法，但仍有许多群众不满意，要求点评律师站在法律角度谈论羊吃麦的违法性。之后栏目组针对群众的要求，对律师点评做了严格规定，要求既要符合法律规定，又要力求准确全面。又如节目播出过程中有群众提出演员是否应该使用普通话的问题，栏目组对此做了充分调查研究，确定了继续使用乡土语言，同时增加普通话字幕的节目形式。2013 年，《经纬剧场》与央视七套《法制编辑部》联合拍摄了《新娘的谎言》和《复婚疑云》两期节目。通过学习交流，栏目组对《经纬剧场》进行了一次全新改版，尝试提挡升级，使其更加符合人们日益增长的审美需求和"六五"普法的新要求。在开展法治宣传教育的同时，注重法治教育和道德教育相结合，把法治思想和道德观念融入电视和网络等媒体中，实现法治教育和公共道德、廉政教育的相得益彰。如在创建文明和谐县城期间，策划、拍摄了四集系列短剧，积极倡导健康文明的生活方式；为唤起全社会对残疾人的关爱，策划、拍摄了《夕阳独好》《星星的孩子》两期节目，引起了全县观众对残疾人事业的广泛关注；为预防职务犯罪，加强廉政教育，制作了五集预防职务犯罪系列短剧，被省人民检察院在山西全省推广。正是栏目组的不断创新，才成就了《经纬剧场》栏目数年如一日的旺盛生命力。

## （三）适应法治建设新需求，拓展法治宣传新境界

与新形势、新任务相适应，翼城县委县政府把法治建设纳入全县发展总体规划，尤其把法治宣传教育列为法治建设工作的重中之重，要求以《经纬剧场》为主导的法治宣传，引领、推动全县的法治建设。县委政法委、县委宣传部按照县委的要求，多次召开调研会、协调会，实现了《经纬剧场》栏目普法内容、丰富内涵的突破，由向民众宣传法律知识向公权力主

体转移，通过舆论导向，规范公职人员依法履行职责职权。先后组织县公安局、人民法院、住建局、环保局、安监局等多个单位，编播了《代价》《迟到的赔偿金》《房产证》《开绿灯》等 10 部短剧，警示公职人员依法履职，杜绝人情案、金钱案等不正之风。

翼城县的《经纬剧场》，比央视 12 频道的《普法栏目剧》早了整整 5 年。《经纬剧场》秉持"四法"宗旨，坚持"三贴近"原则，贯彻"四化"方针，走出了一条不同于以往任何形式的法治宣传教育新路子。具体地说，就是在法治宣传目标上，确立了"普及法律知识、弘扬法治精神、培育法治理念、引导法治行为"的宗旨；在普法内容上，以发生在百姓身边的典型纠纷、案例或热点话题为题材，力求"贴近基层、贴近群众、贴近生活"；在法治宣传形式上，用群众演员，讲当地方言，以情景再现，请专家点评，注重打造"故事化、典型化、实用化、乡土化"的特色法治文化。每周编排播出一集，从未间断，先后播出法治短剧 576 期，涉及法律法规 336 部，其收视率在县电视台各类栏目中始终高居榜首，成为翼城家喻户晓并辐射周边多个县市的知名法治栏目。该栏目扎根本土，贴近群众，合乎县情，为有效推动全县法治建设，实现弊革风清，促进富民强县提供了强有力的法治保障。群众的喜爱、欢迎、参与，是翼城普法短剧持久生命力的源泉。中央、省、市各级领导多次调研考察，对《经纬剧场》给予高度评价，称之为"翼城普法的特色品牌"。2017 年 3 月，山西省委一位领导到翼城调研，对翼城普法经验给予高度评价，要求在山西全省推广。

## 二 翼城普法模式的长效保障机制

一个良好载体的正常运行，必须依靠一套完整的长效机制来保障。《经纬剧场》普法短剧栏目的创办、发展与突破，涉及政策扶持、资金筹措、剧本编写勘定、节目编排制作、群众参与等多个环节，哪个环节都不容出错。因而，建立一套保障措施，形成长效机制，对于项目持续良好地运行，非常关键。翼城县有效整合全县党政系统和民间各方面资源，形成了县委、县政府领导，政法委、宣传部具体组织协调，司法局、广电局具体策划操作，有关执法司法部门密切配合，干部群众上场演戏，社会各界广泛参与的法治宣传教育长效机制。

### （一）组织领导机制

翼城县委、县政府把《经纬剧场》列为重点法治宣传教育平台予以扶持，责成县委政法委、宣传部牵头，具体解决栏目编剧创作、导演编排、拍摄制作、资金筹措等方面存在的问题。要求各乡镇、各有关单位把配合《经纬剧场》资料采集和节目录制作为一项重点任务，在人力、物力、财力上予以全力支持和充分保障。协调县作家协会，解决编剧问题；协调一些乡镇和村子，建立了 15 个拍摄基地；协调文化部门，解决演员的筛选问题。县普法办通过每月例会制，召集有关部门负责人研究栏目在运作过程中出现的新情况、新问题，及时加以解决。这些都为《经纬剧场》栏目的正常运转提供了坚强的组织保证。

### （二）资金筹措机制

翼城县委、县政府将法治建设经费列入财政预算，并逐年增加，全部及时拨付到位。同时，积极拓展筹资渠道，采取部门投入经费、企业冠名赞助、单位提供场景、群众无偿演出等多种形式，引导和组织社会各界参与和支持《经纬剧场》短剧栏目，从根本上破解了法治宣传教育工作经费不足的难题，形成了政府部门投入、社会力量赞助、电视栏目广告、群众义务演出的法治宣传工作经费保障体系。据统计，每拍摄一集法治短剧，平均需要投资 1.5 万元，截至目前，《经纬剧场》已累计投入资金 750 万元，其中社会投入资金 556 万元，占到 74%。

### （三）部门协调机制

发挥县委政法委组织协调和县委宣传部的引导作用，严格落实"谁执法、谁普法"责任制。充分利用《经纬剧场》这一载体，积极为各执法部

门搭建法治宣传教育平台，增强了各部门法治宣传教育的主动性与积极性。各部门针对与群众密切相关的一些典型事例和案例，主动要求栏目组制作短剧播放。先后有住建、环保、土地、卫生、医药、税务、纪委、检察院、法院、武装部、残联和信用社等50多个单位成为《经纬剧场》法治宣传的主角，宣传普及本部门的法律法规。《法治日报》《中国税务报》《山西法制报》《临汾日报》等主流媒体均在显著位置刊登了《经纬剧场》的经验做法。

### （四）全民参与机制

无论是剧本编创，还是演员选拔使用，都充分体现群众法治宣传教育的主体地位。在演员使用上，坚持以群众演员为主，通过广泛发动，在自愿报名的群众中按要求选拔演员，并指定相关部门干部出演专门角色；在编排剧本方面，从选题编写到审核，都邀请群众参与，设立了专门信箱和电话，安排专人主动接受群众的来信来访，及时收集和掌握群众提供的信息或剧本，与群众共同商量、共同修改、共同策划，并参与拍摄指导。在栏目拍摄方面，专门将拍摄地选在城乡和农村，每次节目开始策划，就先请演员到拍摄地熟悉剧本，进入角色，体验生活，在吃透相关法律法规的前提下，就地进行拍摄。可以说栏目在哪里拍摄，哪里首先就成为一个法治宣传点。自栏目开播以来，报名排队要求义务演出的群众达上万余人，参加演出的群众演员多达6800余人次，特别是在短剧拍摄方向和重点转移的过程中，单位党员干部、政法干警积极参与，自己的事自己演出。先后有21位业余作家自发为栏目无偿编写剧本；50多个行政执法部门主动参与；30多个企业为栏目有偿冠名播出；200多个单位、行政村和家庭免费提供拍摄场所和道具，3家律师事务所和10名专业律师主动要求参与短剧点评，在全县营造了"百家单位联动、千名群众演戏、三十万人学法"的宏大气象。

## 三　翼城普法模式的社会效果

评价普法模式社会效果好坏的简单标准，是群众喜不喜欢、满不满意、有没有认同感和获得感。依据这一标准，可以得出判断：12 年来翼城普法实践取得了实实在在的社会效果。具体体现在以下三个方面。

## （一）翼城普法与社会治理相互作用，成为人们喜闻乐见的地方普法模式

《经纬剧场》短剧以讲故事、讲情理、讲案例、讲法治的形式呈现给观众，在情上感动人，在理上折服人，在法上于法有据，不仅如此，短剧直面对与错，并给出解决问题的办法，达到了社会治理的效果。《经纬剧场》短剧形成了四种社会氛围。

第一种是评理说法有经典。发生在群众身边的土地纠纷、宅基地纠纷、婚姻纠纷、经济纠纷等案件如何解决，《地堰歪了》等短剧说理说法，使老百姓一目了然，不仅懂得了有法可依，而且有经典案例可循、群众可比、民调组织照案例可调。

第二种是规范执法有警示。依法行政、公正司法是法治实践的主要任务，如何规范执法司法人员的行为，除了单位内部业务培训和管理外，有效的警示教育和社会监督形式少之又少，《侥幸的代价》《变味的"爱心煤"》《底线》等短剧，对执法人员起到了警示教育和社会监督的作用。

第三种是风险防范有预告。改革开放以来，每个人都会遇到各种风险，比如政治风险、安全风险、经济风险等，《选举风波》《侥幸的代价》《意外》《一块钱的房产》等短剧，预告广大群众什么能做、什么不能做，增强群众的风险防范意识。

第四种是文明诚信有教材。对社会上出现的各种各样的失信案例，《讨薪》《昧心粮》《借贷风波》等短剧，倡导文明行为、惩戒失信人员，让失信人员无处可藏，起到了良好的效果。

## （二）翼城普法与道德教育相互交融，得到了群众普遍欣赏和认同

12 年来，翼城县精心组织编创涉及道德教育的《母亲泪》《气死婆》

《又到添仓时》《该他了》等短剧150余部，使普法内容丰富多彩，既有法律方面的问题，又有道德层面的内涵，既有倡导文明行为的内容，又有对违背道德行为的惩处，既有观赏性，又有深刻教育意义。

### （三）翼城普法与法治实践有机结合，起到了事半功倍的效果

《经纬剧场》以其富有吸引力和实效性的表现形式，通过深入持久、春风化雨般的法治宣传教育和扎实有效的法治实践，使法治理念逐渐渗透进公众的日常生活、工作和学习中，从而在全县形成了浓厚的法治实践氛围。

一是把法治宣传教育融入优秀法治文化作品创作。由县委宣传部牵头，整合县文明办、县文广新局、县文联、县作协、县法学会、县剧团、县诗书画协会等文化资源，创作优秀法治文化作品，建立一批法治文化村、法治文明单位和法治宣传墙、法治宣传小院等，将法治精神融入各级党委政府、行政机关、自治组织的工作当中，体现到广大人民群众的法治意识当中，运用到执法人员、司法人员的法治理念当中。

二是把法治宣传教育融入形式多样的法治文化活动。组织开展法治文化精品创作，用小说、散文、诗歌、戏剧、书法、美术、摄影等形式，推动法治文化建设；开展丰富多彩的各类法治文化活动、法治知识竞赛活动、《经纬剧场》演职人员明星评选活动、依法治县"明白人"大赛等活动，提高广大群众参与法治翼城建设的积极性；发挥法治文化广场（馆）、法治文化教育基地作用，大力开展社区文化艺术节、广场文化活动和文艺演出下乡活动，推动法治翼城建设上水平上台阶。

三是把法治宣传教育融入现代传媒。翼城政府网、翼城政法网、法治翼城网、翼城微视微信等县内网络平台联网互通，资源共享，增强法治宣传的渗透力，提高新闻媒体舆论监督的影响力，形成法治宣传教育的强大合力。同时，法治建设领导组办公室建立法治建设数据库，把法律法规、法治研究、法治动态、案例素材、编剧创作、作家演员、录制基地、短剧剧目等内容录入数据库，为法治建设提供信息、提供资源、提供资料，展示法治建设取得的成果。

四是把法治宣传教育融入法治创建活动当中。县委法治建设领导组印发了《翼城县法治创建工作县实施方案》和《翼城县法治创建工作任务清单》，提出了 23 类法治创建任务，81 个项目，确定了 23 个法治创建示范单位和 4 个专项攻坚项目，把法治创建工作纳入了各乡镇和各单位目标管理，纳入了全县干部考核评价体系当中，推行了干部述职述廉述法机制。通过开展多层次多形式法治创建活动，以法治县创建活动引领和推进法治翼城建设，以依法行政示范点、公正司法示范点、法治文化示范点和法治型机关、法治型医院、法治型学校、法治型企业等创建活动引领和推进行业法治建设，以乡镇、村（社区）法治创建活动引领和推进基层法治建设，形成党委领导、人大监督、政府实施、各部门齐抓共管、社会各界积极参与的法治翼城建设工作格局。

## 四　翼城模式的经验和启示

翼城普法模式所取得的成效给了法治宣传教育和法治文化建设工作一些启示：要搞好法治宣传教育和法治文化建设，不仅要有一个好载体、好机制，更重要的是要有群众观念、主体意识，要服务全局，要体现地域文化特色。

### （一）坚持群众观念，是保持特色载体旺盛生命力的基础

法治宣传工作和法治建设必须依靠人民群众，充分发挥群众的积极性、主动性和创造性。任何文艺作品和文艺形式，脱离了现实生活，也就丧失了群众基础，只有源于生活才有旺盛的生命力，尤其是法治节目，只有选择发生在群众身边的事去加以演绎，才能变枯燥乏味为津津有味，使观众更加爱看。法治宣传教育不是简单地由一群人向另一群人灌输法律条文，而是群众对法治建设的一种体验和理解、交流与感染。正是翼城《经纬剧场》栏目立足于群众、服务于群众，才有上万群众参与；正是由于始终把广大人民群众放在第一位，才给法治翼城建设注入了勃勃生机。

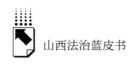

## （二）坚持执法司法部门的主体责任意识，是推动法治建设进程的关键

法治建设是一项宏大的社会系统工程，单靠个别部门的力量是远远不够的。县委《关于贯彻落实党的十八届四中全会和省委、市委意见精神加快推进法治翼城建设的实施意见》中明确规定了三个责任制，也就是严格规范行政执法责任制，主审法官、合议庭、主任检察官办案责任制和严格落实国家机关"谁执法谁普法"的普法责任制，确定了执法司法部门在法治建设中的主体意识和主体责任，其中"一把手"要负总责。因此，翼城紧抓三个责任的落实，把法治宣传教育工作压紧压实，明确法治建设工作是各级各部门的责任，严格执法、公正司法、全民守法是各部门落实法治建设的根本任务，建立述职述廉述法三位一体考核制度，促进领导干部学法、守法、用法、护法。这样才能放大法治宣传工作的效应，《经纬剧场》栏目才能丰富内容起到监督作用，在法治建设的进程当中取得更多的实效。

## （三）坚持法治宣传教育服务全局观念，是促进法治建设的前提

法治宣传教育既是法治建设的重要组成部分，又直接影响着法治建设的进程，具有先导性、基础性、促进性作用。要使法治宣传教育工作在依法治县中发挥建设性作用，就必须树立服务全局的观念，要与党的政策紧密结合起来，保证国家宪法和法律的严格实施，促进党的路线方针政策的贯彻落实。要把解决好民众关心的热点难点问题作为法治宣传教育工作的出发点和落脚点。《变味的"爱心煤"》《选举风波》《又到一年农忙时》《不能吃的苹果》《夕阳独好》《星星的孩子》等短剧，都是紧扣现实需要，从服务全局的角度进行的舆论宣传和法治教育。

## （四）坚持把地域文化和法治文化相结合，是传播法治理念促进法治建设的动力

地域文化独具魅力，先进的法治文化是引领社会走向法治化的动力，两

者的结合将会生发出巨大的感染力。翼城县的《经纬剧场》正是将这两者融为一体，为法治文化的繁荣、传播法治理念起到了有力的推动作用。山西省作协会员、南唐乡晓史村退休老教师赵文台不仅为《经纬剧场》栏目写了多个剧本，还带领晓史村许多群众写诗歌、写小说、写小品，成立了全省村级诗书画协会，晓史村也成为全省闻名的诗词村。县琴剧团吸取《经纬剧场》的精华，创作了多部法治宣传教育剧目，在全县乡村巡回演出。《经纬剧场》栏目不仅吸引了许多业余作家和文学爱好者创作剧本，而且提高了参加演出的群众演员演艺技巧和法律素养。广大群众在观看《经纬剧场》节目后，不仅受到了法治宣传教育，也受到了法治文化的熏陶。

法治宣传教育工作任重而道远。翼城县虽然做了一些探索和尝试，取得了一定成绩，但法治宣传教育是一项长期而复杂的社会系统工程，还需要不断探索和实践。一是抓领导干部"关键少数"。要把法治宣传教育作为干部教育、干部轮训、理论学习的重要内容，更加注重以案说法、以案释法，更加注重实践锻炼、实践学习，推动领导干部赴法院旁听庭审制度化、常态化。二是抓普法宣传的多样化。《经纬剧场》短剧只是普法宣传的一种主要形式，必须以多种普法形式作为补充，关键是要进一步探索和创新普法形式的针对性和时效性，克服形式主义，对执法司法人员要加大力度，进行针对性的法律知识、执法程序、文明执法的培训，对不同的人群进行针对性的考试，对法治宣传氛围的营造要突出公共场所、突出宣传内容，让群众易记易懂。三是抓普法宣传标准化、制度化建设。要按照"谁执法谁普法""谁主管谁普法""谁服务谁普法"的要求，对各部门、各单位实行清单管理，将普法责任真正落到实处。翼城将与时俱进，摸索创新，坚持办好《经纬剧场》这一群众"炕头上的法治讲堂"和"知心的法律之友"，不断提升法治宣传教育质量，增强法治教育功能，促进依法执政、依法行政、公正司法，为建设法治翼城、实现富民强县做出新的、更大的贡献。

# B.28
# 长治市郊区推进法治文化建设
# 提升县区发展软实力报告

长治市郊区区委法治办课题组 *

**摘　要：** 法治文化是法治的灵魂。对于县域发展软实力的提升，法治
文化起着不可替代的作用。山西省长治市郊区对法治文化建
设高度重视，在宏观层面高站位思考、高起点谋划，在微观
层面主动作为、大胆创新，将中华传统文化、社会主义核心
价值观等融入郊区法治文化建设，形成独具特色的"6＋法治
文化"建设模式，迈出郊区大步伐，提供郊区金样板，交出
郊区好答卷，传递郊区正能量，跑出郊区高速度。

**关键词：** 法治文化　县域发展软实力　正能量

　　法治外显于制度规则体系，内生于社会文化土壤，法治工作只有上升到
文化的层次，成为中华传统文化的重要组成部分，渗透根植于人们的血液灵
魂，才能成为群众生活、学习、工作的自觉行动，才能真正发挥提升经济社
会发展软实力的内在动力作用。山西省长治市郊区充分认识到法治文化法治
建设对于其软实力的助推和提升作用，近年来，高度重视法治文化建设，认
真落实"全面依法治国"要求，注重法治文化在经济社会发展中的重要作

　　* 课题组负责人：何庆红，长治市郊区区委常委、政法委书记。课题组成员：李四新，长治市
郊区区委政法委副书记、综治办主任、法治办主任；王杨阳，长治市郊区区委政法委政治处
主任；王玉明，郊区区委法治办科员。执笔人：秦海平，长治市郊区党校常务副校长。

用，积极探索推进法治文化建设新途径，走出了一条富有郊区特色的法治文化建设之路，全面推进了法治郊区建设进程，取得了良好成效。

# 一 "法治文化 +" 郊区模式的亮点

近年来，郊区深谙法治文化助力提升县区软实力的道理，重视法治文化建设，宏观层面高站位思考、高起点谋划，微观层面主动作为、大胆创新，将中华传统文化、社会主义核心价值观等文化与郊区法治文化融合起来，形成了独具特色的"法治文化 +"建设模式，在法治文化助力提升郊区发展软实力上取得了新成效。

## （一）"领导重视 + 法治文化建设"，各部门纵横联动

郊区按照中共中央办公厅、国务院办公厅《党政主要负责人履行推进法治建设第一责任人职责规定》和山西省委、省政府办公厅《山西省贯彻党政主要负责人履行推进法治建设第一责任人职责规定实施办法》的通知，积极发挥党委在推进本地区法治建设中的领导核心作用，将法治建设纳入郊区发展整体规划和年度工作计划，与经济社会发展"一盘棋"同部署、同推进、同督促、同考核、同奖惩，法治文化建设更是被纳入重要议事日程，在区经济社会"十三五"规划中明确提出"加强法治文化建设"，同时在区"七五"普法规划中确定了"法治文化建设成效显著"的工作要求。《2017年法治郊区建设工作要点》中制定了法治文化建设的实施细则，让郊区的法治文化建设变得有章可循，有的放矢，吹响了全区法治文化建设"集结号"。在此基础上，区直各单位、各镇乡基层组织结合自身实际，制定了本单位（部门）法治文化建设实施方案，为郊区法治文化的建设提供了政策的引领与指导。

法治文化建设是一项社会系统工程，其公益性、群众性、社会化、经常化的特点，决定了法治文化建设必须通过不同部门之间责任分担、职责分配和相互协作，不断提高工作的质量和层次。郊区健全了完善法

治文化建设责任机制，成立了法治宣传教育领导组，郊区党委常委会每年召开专题会议，听取法治文化建设情况，听取人大党组、政府党组、政协党组、法院党组、检察院党组的工作汇报，研究解决法治文化建设中的重大问题，为郊区法治文化建设提供了组织保障。郊区探索建立了区法治文化建设联席会议制度，由区法治宣传教育领导小组牵头研究部署法治文化建设的重要事项并组织实施，各相关单位整体联动，既根据单位实际分担法治文化建设任务，又在推进法治文化建设中联席合作：文化、广电、文联等部门负责文化产品的创作、推广、传播，不断提升法治文化的社会影响力；宣传部、党校联手各乡镇政府，在全区122个行政村（社区）开展"法律六进"普法活动，法治文化宣传不留一点死角；教育局协调相关部门选优配强法制副校长，在全区中小学建立法制宣传教育基地，开展丰富的学法与法治实践活动，增强在校生的法治意识；司法局、公安局、检察院发挥自身独特优势，运用"3·15""6·26""11·1""12·4"等重要时间节点，定期开展法制宣传活动，扩大普法覆盖面；财政部门加大法治文化建设财力投入，政府其他部门为法治文化建设活动的开展开设绿色通道、提供有力支持，改变了以往由司法行政机关一家唱独角戏的局面，法治文化建设渠道纵横联通、运行流畅，形成了"党委统一领导，人大、政协监督，政府实施，部门协同推进，人民群众广泛参与"的郊区法治文化建设大格局。

### （二）"地方元素＋法治文化元素"，荟萃创意开展阵地建设

根据《2017年法治郊区建设工作要点》要求，郊区在全区范围内积极开展法治创建示范点，确定了检察院、地税分局、山西漳山发电有限公司、晋能长治热电有限公司、实验中学英雄北路校区、老顶山镇、堠北庄镇、马厂村、王庄村居委等2个行政执法单位、2个企事业单位、1个学校、2个乡镇、2个村（社区）为郊区法治创建示范点，突出各自的亮点、特色，把郊区的地方元素和法治元素有效结合起来，以阵地为点，将多领域不同类型、多层级不同特点的法治文化全面铺开，充分发挥法治文化对经济社会的

引领、支撑作用，递出郊区的法治文化名片。

同时，郊区挖掘本地丰富的旅游文化资源，以"五道五治"工作为契机，依托旅游红色文化品牌、古色文化品牌，创建以"传承红色基因""颂清风倡廉政"为主题的法治教育基地。在全区每一个自然村倡导推行"一约四会"，建设"一墙三榜"（社会主义核心价值观文化墙，善行义举榜、当代乡贤榜、文明家庭榜），用身边的人讲述身边事，用身边事教育身边人，全面展开尊良俗、去低俗、废恶俗的法治文化宣传，使村民在日常生活中逐渐改变不合时宜的旧习俗。依托本地集市、公园、广场、移居新建小区等场所，建设了一批不同规模、各具特色的法治文化公园、法治文化广场、法治文化长廊、法治文化墙等法治文化阵地，涵盖了婚姻家庭、社会治安、道路安全教育、青少年法治教育、劳动法、物权法、"七五"普法等内容，兼具休闲和教育功能，美化了郊区农村环境，增加了郊区美丽颜值，还在提升郊区法治文化品位、提高群众法律意识、规范群众行为等方面都发挥着潜移默化的积极作用。

郊区连续六年在各乡镇（村）坚持倡导推行的法治文化大院创建活动，成效显著。法治文化大院集休闲、学习、教育功能于一身，拥有普法图书角、人民调解室等场所，喷绘了普法标语、漫画墙，配备了本地典型案例法治宣传栏等设施，让民众在休闲娱乐的同时接受法治文化的熏陶，提升法律素质。据村民介绍，自从村里建起了法治文化大院，大伙休闲时有了活动的去处，增进了彼此的交流沟通，法律知识也慢慢积累起来，法律素质提高了，大伙遇事就理智冷静、合法、合理地处理，村里赌博、打架斗殴等不良行为骤减，村风更加文明、和谐。

郊区在法治文化阵地建设上，荟萃各方创意，形成了"地方元素+法治文化元素"的可操作、可复制的创新经验，为法治文化建设提供了"郊区金样板"。

## （三）"社会主义核心价值观+法治文化"，交出"德法合治"

法律是成文的道德，道德是内心的法律。法治与德治，如车之两轮、鸟

之双翼，习近平总书记深刻指出，法律的有效实施有赖于道德支持，道德践行也离不开法律约束。法律难以规范的领域，道德可以发挥作用，而道德无力约束的行为，法律则可以惩戒。由此他得出结论："法治和德治不可分离、不可偏废，国家治理需要法律和道德协同发力。"

为深入贯彻习近平总书记系列重要讲话精神，大力培育和践行社会主义核心价值观，运用法律法规和公共政策向社会传导正确价值取向，根据中共中央办公厅、国务院办公厅印发的《关于进一步把社会主义核心价值观融入法治建设的指导意见》，按照省委、市委的部署要求，郊区从区情出发，把社会主义核心价值观的要求作为基本理念、基本原则贯彻到全区执法、司法、守法等法治建设中去，积极推动社会主义核心价值观和法治建设相融合，用"德法文化"打造出郊区软实力的"青山绿水"。

2017年10月开展的"七进七讲"巡讲活动就是一次社会主义核心价值观和法治文化建设相融合的生动实践。区委宣传部、区文明办借助道德讲堂平台，针对郊区人情积习厚重、规则意识淡薄的情况，开展助人为乐道德模范进社区，讲友善和睦；见义勇为道德模范进军营警营，讲勇敢担当；诚实守信道德模范进企业，讲守信践诺；敬业奉献道德模范进机关，讲爱岗敬业；孝老爱亲道德模范进校园，讲孝道敬老；当代乡贤进农村，讲为人处事；文明家庭进道德讲堂，讲家风家训等"七进七讲"巡讲活动，既在全区弘扬美德善行，又体现了法治要求、突出法治内涵，在发挥道德对人良知的教化引导作用的同时，培养人们的法治信仰、法治观念、规则意识，引导人们自觉履行法定义务、社会责任、家庭责任，德法结合，相辅相成，推动社会主义核心价值观在郊区落地生根，极大增强了法治文化的道德底蕴，助推郊区驶入良法善治的快车道，为全面建成小康社会提供强大的思想保证、价值引领、精神力量、道德滋养，交出"德法合治"的郊区好答卷。

### （四）"文艺活动＋法治文化"，精神享受融入法治熏陶

郊区打破常规送法下乡的做法，转变工作思路，每半年开展一次大规模基层调研，收集群众当前亟须了解的法律法规，整理成"菜单"分发到各

乡镇村，还在网络平台增设了"普法预约窗口"，由群众"点法"，预约需要讲解的法律内容，行政司法部门牵头，联系普法讲师团，通过"法治大篷车""法治集市"等形式，第一时间把群众真正需要的法律知识普及到位。

郊区连年精心设计，持续推出百姓关注、富有时代特征和地方特色的各种传播教育活动，收到了广泛宣传的良好效果。如法律"六进""文化科技卫生下乡"活动，举办"法治郊区"论坛、郊区文化大讲堂，创办农村法制夜校，开展"农村法律明白人"、郊区法治人物评选，开展法律知识竞赛、法治事件解读等群众性法治文化活动，直面百姓关注的法律话题，用丰富的真实的本地案例将法律知识变得不那么枯燥，深入浅出地传播法治理念，培育群众法治思维，形成法治文化宣传常态化、制度化，不断加强法治文化的影响力和渗透力。

在反腐廉政宣传方面，郊区抓住"关键少数"，组织党员领导干部观看《四风之害》《革除毒瘤》等警示教育片，观看优秀廉政剧目《申纪兰》《山村女支书段爱平》，进一步增强广大党员领导干部廉洁从政意识；创作一批廉政文化精品，如《郊区历史文化丛书》之《天籁的捕捉者》，就是以郊区历史上的廉政人物师旷为原型创作的一部精品。2017年7月，郊区举办了《树廉洁文明家风，建幸福和谐家庭》主题讲座，为全区140余名副科级以上女性干部送上一堂生动的警示教育课，通过列举大量鲜活的例子讲解了女性职务犯罪的特点、形态、预防对策以及如何当好廉洁内助等内容，筑牢全区女性领导干部拒腐防变思想道德底线。

郊区在法治文化建设方面，注重提升民众的参与意识，尊重民众的首创精神，开展法治书画摄影展、影视展播、文艺会演、诗歌朗诵、法治知识竞赛等活动，让民众在参与中自我表现、自我教育、自我服务，在参与中增强法制观念，提升法治素质。组建农村（社区）文艺宣传队伍，创作一批乡土气息浓厚的法治文艺作品，把抽象的法律知识口头话、形象化，融入土地、拆迁、婚姻、赡养、选举等与老百姓生活息息相关的法律法规，采用秧歌、戏剧、说书、八音会等民众喜闻乐见的法治文艺活动，利用民间节日、

民俗文化等资源，经常性开展法治文艺进农村（社区）活动，让法治文化与民众生活的结合面更广，契合度更深，扩大法治文化的引导力和影响面，传递法治正能量，为构建和谐郊区营造浓郁的法治氛围。

### （五）"现代传媒＋法治文化传播"，多维立体开拓宣传阵地

2010 年 7 月起，《长治日报（郊区版）》就每周推出一期"法治视窗"专栏，全方位、多角度地介绍郊区法治建设成果，突出亮点，并就人民群众日常生产、生活中涉及的法律问题和社会关注热点、焦点问题，从法律的视角加以介绍解答，促进形成全区群众遇到问题想法律，思考问题用法律，解决问题靠法律的学法守法用法的良好局面。

除了依托报刊，郊区还运用电视、广播、网络等传媒手段，逐步建立起一个多维立体化法治文化传播阵地，极大地拓展了法治文化建设空间。2012年，郊区司法局率先开通了微博，开设了"信息公告""普法依法治理""人民调解""安置帮教""社区矫正""法律援助""律师工作""党风廉政""在线法律咨询"等九大板块，以贴近基层、服务百姓的宣传方式进行法治文化宣传，开辟了法治文化建设网络新阵地，开拓了郊区法治文化建设创新发展新思路。随即全区各单位都在自身网站设置了普法网页，有条件的机关部门、村（社区）开通远程教育，把法治宣传课堂开设在网上，方便广大群众学法。

早在"五五"普法期间，郊区司法局就联手郊区电视台开辟了"与法同行""警示通言"等栏目，以案说法，普及法律知识。"六五""七五"普法宣传期间，郊区广播电视台对郊区各乡镇、区直机关的活动进行了翔实报道，其设置的法制宣传栏目《法治瞭望》已经录制播放了245 期，《危情时刻》48 期，这些法治宣传节目精选了郊区真实法律案例，每一例都发生在群众身边，鲜活生动，通过以案讲法、以案学法，持续不断在培养人们法治理念、法治意识、法治习惯上下功夫，以求实现"用法制止纷争"。2016 年郊区电视台又开办了一档以弘扬社会正能量，以身边人演身边事，反映百姓生活，生动活泼、风趣幽默的微电影

栏目《上党微视》，同时在微信公众号《映像郊区》上发布，每周点击率超过万次。

截至目前，郊区法治文化建设已经形成了微信、微博、微电影、客户端、移动显示屏等多种现代传媒互联互动的立体宣传格局，通过公益广告、手机短信、普法网站、图片、文艺节目、法治短信、法治动漫、微视频等多种形式开展工作，唱响郊区主旋律，讲述郊区好故事，跑出了法治文化建设互联互动的郊区高速度。

### （六）"阳光执法＋法治文化普及"，法治宣传教育融入法治实践

郊区认真贯彻落实"谁执法谁普法"的普法责任制，在执法中积极宣传法治文化，采用"执法＋普法"这一新的工作方式，标本兼治，执法和普法效果都得到了提升。

例如在深入推进的"五道五治"工作中，郊区就较好地运用了"阳光执法＋法治文化普及"的方式。为了啃下拆违治违这块"硬骨头"，郊区从公安、工商、国土、交通、环卫等相关部门抽调80余人组建区综合整治执法队，一方面组织精干力量对全区"八道"范围内的违建、乱堆乱放、无序广告等进行地毯式摸排，分类梳理讨论，制订整改计划，下达整改通知书。另一方面，精心编撰"五道五治"宣传资料印制下发，并就整治工作中涉及的相关法律法规进行大规模宣讲，召开宣传动员座谈会。包村干部、执法人员、村委干部和村骨干积极分子组成动员小组，一户户挨家走访，笑脸面对村民的不满和不解，耐心地说法释疑做工作，赢得了村民的理解和支持。整治工作全面展开后，政府网站开设了在线咨询，对群众反映的问题第一时间派专人解决，执法队多次组织群众代表去整治工作现场观看并实地讲法，郊区电视台开设了"五道五治"整治工作专栏，全程跟进，每日选择一个具有普遍性的典型案例进行现场直播，请当日的执法人员结合此次拆违治违的实情进行充分释法说理，并将执法相关的法律依据、救济途径等告知行政相对人。在执法中，执法队依法依规，程序一步不少走到位，一把尺子

量标准，一个规矩拆到底。一边执法一边普及相关的法律常识，使群众看得清楚，想得明白，使每一栋违建都拆得于法有据，每一户拆违对象感到公开、公正，违建户们从原先的"不愿拆"到"配合拆"，再到"主动拆"，拆出了公序良俗。"五道五治"整治工作从最初的领导干、群众看，到不久就变成群众跟着一起撸起袖子加油干，赢得了民心。"执法＋普法"，让"五道五治"整治工作成为阳光执法的和法治宣传的生动实践，极大提高了法治宣传教育的实际效果，增强了郊区党员干部群众的凝聚力，构建了法治文化建设的郊区新常态。

## 二 郊区法治文化建设的目标与展望

党的十九大报告描绘了"新时代中国特色社会主义"的法治蓝图，这是郊区法治文化建设的重要指引，要深刻领会精神，集中力量进一步加强全区法治文化建设，让法治权威成为民众内心拥护和真诚信仰，为法治郊区提供最坚强支撑，开创郊区繁荣发展、长治久安的新局面。

### （一）重点突出，抓好全民普法教育活动

要以"抓铁留痕，踩石留印"的狠劲和"任尔东南西北风，咬定青山不放松"的韧劲，坚持不懈抓好全民普法教育活动，根植法治思想。

首先，青少年是法治教育的重点对象，须高度注重其法治思维、法治行为的养成教育，要分阶段把握好重点，健全从小学到大学的渐进、科学、合理的法制教育体系，根据不同年龄段的法律需求和认知能力，明确不同阶段学生法治教育的主要内容，让法治思维牢牢根植于脑海，自觉抵御不良思潮的侵蚀。其次，抓好"关键少数"，发挥领导干部在学法、守法、用法、护法方面的示范表率作用，让每一项工作都成为鲜活生动的法律课堂，形成依法行政、依法执政的良好法治环境，不断提升郊区软实力。最后，认真贯彻落实国家机关"谁执法谁普法"的普法责任制，发挥司法行政、宣传、文化、教育等部门在普法教育中的作用，高频率、高质量地在社会开展广泛的

宣传教育活动，引导广大群众自觉做社会主义法治的忠实崇尚者、自觉遵守者、坚定捍卫者。

## （二）借鉴他山之石，打好网络法治文化主动仗

网络是意识形态领域的一个重要阵地，不见硝烟，斗争却异常激烈，法治宣传部门要主动出击，掌握网络法治文化的主动权和话语权，创新宣传方式，不断输出社会主义法治文化观念和法治思维。积极借鉴其他省市网络法治文化的优秀做法，例如"玩转微普法"是浙江省司法厅、普法办法治文化宣传的一个成功经验，利用手机客户端微普法网站，设计了以案说法、原创榜、新媒矩阵、微课堂、玩转积分、精选资讯等几大功能板块，群众所想了解的普法内容应有尽有，每阅读一篇文章或者观看一个视频，都可以获得相应积分，吸引了庞大的微信用户，变被动学法到自愿学法、兴趣学法，春雨般的浸润，唤醒法治的律动。郊区应在现有的传播体系基础上不断创新尝试，积极打造郊区特色产品微普法、微互动、微官网，构建新时代郊区普法新常态。

## （三）大力繁荣法治题材文艺创作

习近平总书记在文艺工作座谈会上指出："优秀的文艺作品就应该像蓝天上的阳光、春季里的清风一样，能够启迪思想、温润心灵、陶冶人生，能够扫除颓废萎靡之风。"要以打造郊区法治文化精品为目标，有效地把法治文化与中华优秀传统文化、社会主义核心价值观融为一体，大力弘扬太行精神、抗大精神、石圪节精神，挖掘故县红色文化、二贤庄侠义文化、潞商文化、农耕文化等资源，引导和鼓励全区拓展法治文化的内涵，推动创作更多更好以社会主义法治建设为主题的文艺作品。在全区范围内组织开展法治文化作品征集活动，征集法治类歌曲、相声、小品、快板、诗歌、书画、手工艺等文艺创作，调动全区创作法治文艺作品的积极性，力争推出一批融合地区文化、反映法治精神、富有生命力、群众喜闻乐见的法治文化精品，依托地缘文化，形成具有郊区特色的法治文化套餐。

### （四）加大法治文化宣传硬件设施投入

要加大财政倾斜支持力度，在区主要工业、农业、商业集团的各大生产基地，从办公场所、生产车间到园区绿地、厂区道路等，设置随处可见的法治宣传园地和宣传栏，让停留或经过的群众在不知不觉中接受法治的熏陶；在全区公交站亭增设法治宣传版面电子屏；在通经郊区各线路的公交车上设立法治宣传"流动阅览室"；在有基础的乡镇（社区）重点打造法治文化一条街；将法治文化阵地建设与休闲场所相结合，在茶馆、酒店、广场、剧院等地建立宣传专栏或画廊；在主要街道、商场等处安装户外电子显示屏，集中播放法制宣传漫画、故事，以案说法，开展法治宣传教育。

### （五）扎扎实实开展多种教育实践活动

法治文化重在建设，贵在落地，要下非常之功、用恒久之力，扎实开展多种教育实践活动，让群众在诸多的实践活动中充分认识到社会主义法治"体现人民利益、反映人民愿望、维护人民权利、增进人民福祉"的优越性；倡导以公益促宣传，建立报刊、电视、广播等大众媒体公益普法制度，组织媒体开辟法治频道、法治专栏，刊播法治专题内容和法治公益宣传广告；建立公益性法治文艺创作、演出补贴制度，引导、鼓励和支持各类社会组织、文化团体、个人开展各类群众性法治文化创作和公益性演出，增加文艺演出、基地活动、竞赛征文、宣传讲座等活动的场次；推动落实法官、检察官、行政执法人员、律师等以案释法制度；完善由"法治惠民"公共法律服务体系，完善法律援助制度，把法律援助纳入政府民生实事工程，健全法律援助网络，建好"12348"法律援助热线，建立覆盖全区的法律援助便民圈，让群众享受到法治郊区带来的安民、富民、惠民的成果。

### （六）培养高素质法治文化建设队伍

营造法治郊区的良好氛围，建设一支实力强大、底蕴丰厚的法治文化工作队伍：建立完善法治专家库，重点打造一支立场坚定、理论功底深厚的高水平法治专家团队，加强法治文化高层人才的调用和培养；加强法治文化建设专兼职工作人员的能力培养，使他们向正规化、专业化、职业化方向发展；加强对法治文化作品的创作与演示的人才培养，鼓励在法治文艺、法治文学等方面有特长的业务人员加强创作；加强对重大法制宣传活动策划人才的培养，充分发挥他们在法治文化建设中的骨干带头作用；创造有利条件，让"小粉红"（网络爱国青年）"小青马"（青年马克思主义者）群体更好更快地成长。党的十八大以来，我国"小粉红""小青马"群体蓬勃兴起，以年轻人特有的方式把党和国家的荣誉与自己紧密联系在一起，成为线上线下、网内网外弘扬正能量的生力军，他们显示出强烈的爱国热情和对现有体制的忠诚，敢于在公开场合和互联网上表达爱党爱国情感。党委、政府要高度重视这两个日益壮大的、年轻的爱国群体，要创造有利条件，从培养爱国情感、砥砺强国志向、付诸报国行动三个环节发力，加大引导、扶持、培育力度，让他们更快更好地成长，以正确"打开方式"爱党爱国爱郊区。

# Abstract

The Annual Report on the Construction of the Rule of Law in Shanxi Province ( The Blue Book of the Rule of Law in Shanxi Province ) No. 1 ( 2018 ), observes, reviews and presents the achievements, current situation and future trend of development of the rule of law in Shanxi Province in such fields as democratic and scientific legislation, construction of law-based government, clean and upright administration of justice, and the building of the culture of the rule of law by taking a series of important CPC Central Committee documents on ruling the country by law in an all-round way as the criteria and empirical study as the main method, and by basing itself on the reality of the Province while having the whole country in view. On this basis, it reflects on the question of how to promote the construction of local rule of law in the hope of providing targeted countermeasure suggestions and intellectual support to the construction of the rule of law in Shanxi Province as well as in the whole country.

The book consists of the following seven parts: General Report; Reform and Development Reports; Special Reports; Regional Rule of Law; Administrative Decision-making and Law Enforcement; Bringing the Handling of Complaint Letters and Visits under the Rule of Law; and Publicity of the Rule of Law and the Culture of the Rule of Law . The General Report reviews the various practices of construction of the rule of law in Shanxi Province in recent years, especially since 2017, including strengthening the leadership of the Provincial Party Committee over the construction of the rule of law, exercising the ruling power by the Provincial Party Committee in accordance with law, building rule of law demonstration sites, tackling difficult problems in the construction of the rule of law, bringing rural governance under the rule of law, exercising local legislative power, building a law-based government, reforming the judicial system, carrying out publicity of the rule of law, and building the rule of law culture, analyzes the problems and challenged faced by the province in these practices, and looks at the prospects of the development of the rule of law in the province in 2018. Reform and development reports introduce the reforms carried out by Shanxi Province in recent years on the law-based administrative management system, the judicial system, mechanisms for the management of power and responsibility lists, mechanisms for delegating administrative power, streamlining the government, strengthening regulation, optimizing services, and raising efficiency in commercial registration, the community correction system, and the transportation management system. Reports on the regional rule of law introduce the good local practices in Shanxi Province relating to the advancement of local legislation, construction of rule of law demonstration cities, and bringing rural governance under the rule of law. Meanwhile, the book also reviews and summarizes the experiences gained by relevant government departments in some selected cities and counties of Shanxi Province in making administrative decision-making more scientific, standardizing administrative law enforcement and bringing it under the rule of law, and innovating methods of rule of law publicity and education and the mode of construction of the rule of law culture.

**Keywords:** Local Rule of Law; Law-based Government; Judicial Reform; Grass-roots Governance; Rule of Law Culture

# Contents

## I    General Report

**Abstract:** Shanxi Province has been implementing the strategy of ruling the province by law for many years and, since 2016, has planned and advanced the construction of the rule of law by placing it in an important global position. In 2017, the Province had brought all undertakings onto the track of the rule of law and made remarkable achievements in the construction of the rule of law: it has established demonstration bases of construction of rule of law, carried out special campaigns aimed at resolving difficult problems in the construction of the rule of law, speeded up the process of bringing rural governance under the rule of law, created bright spots of construction of the rule of law; strengthened the legislation in key fields and in cities divided into districts and given full play to the regulatory, guiding and promotional role of legislation in the construction of the rule of law; advanced the reform of the administrative system and the construction of a law-based government; pushed forward judicial reform to promote judicial fairness and openness; and improved the mechanism for the popularization of law and promoted the universal observance of law. In the future, Shanxi Province will continue to implement the strategic arrangement for the construction of the rule of law made by the CPC at its Nineteenth National Congress, set high aims, make overall planning, create carriers, emphasize responsibilities, and strengthen assessment, so as to create the "Shanxi Mode" of construction of local rule of law in a new era.

**Keywords:** Rule of Law in Shanxi Province; Law-based Government; Judicial Reform; Popularization of Law;

# II Reform and Development Reports

## B. 2 Report on the Reform of the Administrative System and Construction of a Law-Based Government in Shanxi Province

*Project Team of the Legislative Affairs Office of the Government of*

*Shanxi Province* / 029

**Abstract:** The construction of a law-based government is the key to ruling the country by law in a comprehensive way. In 2017, governments at various levels in Shanxi Province and various departments under them had implemented the relevant arrangements made by the Central Government, reinforced organization and leadership, improved institutions, carried out reforms aimed at delegating administrative power, streamlining the government, strengthening regulation, optimizing services, and raising efficiency, promoted law-based, scientific and democratic decision-making, implemented the reform of the administrative approval system, and strengthened administrative supervision, administrative inspection, administrative reconsideration and administrative litigation, thereby making new progresses in guiding, promoting, regulating, and safeguarding the transformation, comprehensive reform and innovation of government functions.

**Keywords:** Law-based Government; Reform of the Administrative System; Administration by Law; Publicity of the Rule of Law

B. 3　　Investigation Report on Pilot Judicial Reforms in

　　　　Shanxi Province

　　　　*Office of the Leading Group on Judicial Reform of Shanxi Province / 039*

　　**Abstract**：Shanxi Province was among the second batch of provinces chosen by the Central Government for pilot judicial reforms in September 2014. Since then, it has implemented in steps and phases the following four pilot judicial reforms in strict accordance with the arrangements made by the Central Government: the improvement of judicial responsibility system, the improvement of the system of classified management of judicial personnel, the establishment and improvement of the system of job security of judicial personnel, and the unified management at the provincial level of personnel, finance and property of local courts and procuratorates below the provincial level. Now the pilot reform has been basically completed and produced partial results.

　　**Keywords**：Pilot Reform on the Judicial System；Judicial Responsibility System；Classified Management of Judicial Personnel；Job Security of Judicial Personnel

B. 4　　Report on Deepening the Management of Power and

　　　　Responsibility Lists and Constructing the System of Check and

　　　　Balance of and Supervision over the Operation of Power in

　　　　Shanxi Province

　　　　*Project Team of the Office of Commission for Public Sector Reform*

　　　　　　　　　　　　*of the Government of Shanxi Province / 052*

　　**Abstract**：The implementation of the system of power and responsibility lists of government organs at various levels is an important reform arrangement made by the CPC Central Committee and the State Council and an effective means of strengthening and expanding the results of such reform measures as delegating administrative power, streamlining the government, strengthening regulation, optimizing services, and raising efficiency. In 2017, the Party Committee and the Government of Shanxi Province had established a power supervision system with the check and balance of and the supervision over the operation of power as the core and "two lists, two charts, two measures and one system" as the key links, standardized management, and ensured the operation in sunshine the system of check and balance of and supervision over power through such measures as power lists, bringing the operation of power under the rule of law, and normalizing the supervision over the operation of power, thereby providing practical experience with Shanxi characteristics for the construction of an honest, efficient, transparent, and open power operation mechanism with legally prescribed powers and responsibilities, scientific functions, and optimized procedures.

**Keywords:** Power and Responsibility Lists; Legally Prescribed Functions and Powers; Operation of Law; Restriction and Supervision

**B. 5**    Report on the Reform of the Commercial Registration System

and Optimization of Business Environment in Shanxi Province

*Project Team of the Industrial and Commercial*

*Bureau of Shanxi Province / 062*

**Abstract:** 2017 was the year of special campaign of optimizing business environment in Shanxi Province, in which the provincial government took the reform of the commercial system as the emphasis of its work and administration by law as the main line, vigorously advanced the reform aimed at delegating administrative power, streamlining the government, strengthening regulation, and optimizing services, and actively created a business environment with minimum examination and approval, optimized procedure, the most streamlined

institutions, most flexible mechanism, highest efficient and best services, promoted reform and innovation with the thinking and method of the rule of law, strengthened the consciousness of rules and institutional safeguards, facilitated the reform of the commercial system, created a new pattern of in-process and *ex post* regulation of market access, actively constructed a law-based government, established a market regulation system centered on the regulation of market entities' credit, regulated administrative law enforcement actions, provided a good rule of law safeguard for business environment, and strengthened publicity of the rule of law

**Keywords**: Business Environment; Commercial Reform; Delegating Administration Power, Strengthening Regulation, and Optimizing Services; Credit Regulation

## B. 6　Report on the Reform of the Community Correction System in Shanxi Province

*Project Team of the Justice Department of Shanxi Province / 071*

**Abstract**: Community correction is an important part of the criminal policy of tempering justice with mercy. In 2017, the Government of Shanxi Province had carried out some useful experiments in community correction in light of the actual conditions in the province by strengthening the cooperation among judicial administration organs, courts, procuratorates and public security organs, implemented the strategy of ensuring public security by dealing with the root causes of crimes, and encouraging the participation by the police, thereby satisfactorily overcoming some obstacles to and achieving actual results in the further development of community correction system.

**Keywords**: Community Correction; Ensuring Public Security by Dealing with Root Causes of Crimes; Criminal Policy of Tempering Justice with Mercy

B. 7　Report on the Reform of Transportation Management System
and Construction of a Law-based Transportation System
in ShanxiProvince

*Project Team of the Transportation Department of Shanxi Province / 081*

**Abstract:** 2017 was a milestone year in the reform of the transportation management system in Shanxi Province, in which the Provincial Department of Transportation had made an overall plan for the construction of a law-based transportation management system, improved the system in accordance with law, deepened the reform aimed at delegating administrative power, streamlining the government, strengthening regulation, optimizing services, and raising efficiency, promoted strict, standardized, fair and civilized law enforcement, adhered to the principle that "all major reforms must be based on law", advanced on the track of the rule of law the reform of various systems, including the system of the asset and debt of transportation enterprises and expressways, the investment and financing system, the transportation-side system, the civil aviation airport management system, and the system of comprehensive law-enforcement in the field of transportation.

**Keywords:** Reform of the Transportation System; Supply-side Feform; Administration by Law; Delegating Administrative Power, Streamlining the Government, Strengthening Regulation, and Optimizing Services

# Ⅲ　Special Reports

B. 8　Report on Comprehensive Management of Public Security
in Shanxi Province

*Project Team of the Political and Legal Affairs Commission of*
*the Party Committee of Shanxi Province / 092*

**Abstract:** Comprehensive management of public security is a system

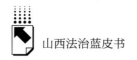
engineering that prevents and controls violations of law, eliminates destabilizing factors, and ensures lasting social stability. In 2017, various organs of the Government of Shanxi Province, in accordance with the demand of "maintaining overall stability and creating good social environment" raised by the Provincial Party Committee, had carried out the comprehensive management of public security by taking the enhancement of people's sense of security and satisfaction as their goals, adhering to the combination of special campaigns, systematic management, management by law, comprehensive management, and management of root causes, and constructed a "Safer Shanxi" in a comprehensive and deep-going way, thereby effectively maintaining the long-term stability of the overall public security situation and playing an important role in ensuring the economic and social transition in the Province. In the future, the Government of Shanxi Province will continue to take the construction of a safer Shanxi as its main task and push the comprehensive management of public security onto a new stage of development.

**Keywords:** Comprehensive Management of Public Security; Dispute Resolution; "Safe Shanxi"

## B. 9　Report on the Promotion of Judicial Fairness and openness in Shanxi Province

*Project Team of the Higher People's Court of Shanxi Province / 104*

**Abstract:** Fairness and justice are the lifeline of judicial work and judicial organs are the last line of defense for social justice. In 2017, people's courts at various levels in Shanxi Province had kept in mind their mission of upholding social justice, adhered to the main line of administration of justice for the people and upholding judicial justice, emphasized political ideology, reform and the application of new technologies, deepened judicial reform, and promoted judicial openness, judicial equality, judicial fairness and judicial justice, thereby pushing the trial- and enforcement-centered judicial work to a higher level.

**Keywords**: Reform of the Judicial System; Trial and Enforcement; Judicial Justice; Judicial Openness

## B. 10 Report on the Construction of the Rule of Law in the Field of Ecological Protection in Shanxi Province

*Project Team of Environmental Protection Department*

*of Shanxi Province / 115*

**Abstract**: The construction of ecological civilization is an important content of the construction of socialism with Chinese characteristics that concerns the welfare of the people and the future of the nation. In 2017, environmental protection organs under the Government of Shanxi Province, in accordance with the important thinking and requirements of the CPC Central Committee, the Central Government, the Provincial Party Committee and the Provincial Government, had taken the improvement of environmental quality as their goal, strengthened law enforcement, regulation and institution building, deepened the reform of administrative approval system, established the core pollutants discharge license management system, intensified the publicity of and training in environmental protection law, and implemented the legal counsel system, thereby providing effective rule of law safeguards for the construction of the ecological civilization in the province.

**Keywords**: Ecological Civilization; Construction of the Rule of Law; Law Enforcement in the Field of Environmental Protection

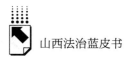山西法治蓝皮书

B. 11　Report on the Construction of the Rule of Law in the
　　　 Field of Production Safety in Shanxi Province

*Project Team of the Safe Production Supervision and Administration*

*Department of Shanxi Province* / 123

**Abstract**：In 2017, the Government of Shanxi Province had focused its work on the creation of a good and stable environment of production safety for the gradual revitalization of the economy in the province. To this end, it had adopted such measures as strengthening the organization of and leadership over production safety work, further improving the relevant rules, regulations and standards, standardizing administrative acts, carrying out special campaigns, constructing the dual prevention mechanism for risk control and potential risk identification and management, organizing general production safety inspections, investigating and dealing with production safety incidents, publicizing production safety laws, and advancing the reform in the field of production safety. The above measures has led to continued improvement of the production safety situation and realized the decrease in the total number of production accidents, the total number of death in production accidents, the number of relatively large production accidents, and the number of death in relatively large production accidents, and effective containment of major and extraordinarily serious accidents.

**Keywords**：Production Safety; Construction of the Rule of law; Regulation and Law Enforcement; Special Campaign

B. 12　Report on the Safeguarding of People's Livelihood in
　　　 Shanxi Province

*Project Team of the Department of Human Resources and*

*Social Security of Shanxi Province* / 134

**Abstract**：Safeguarding and improving the people's livelihood is the starting point as well as the foothold of the work of governments at all levels. In 2017, the Government of Shanxi Province had taken the "key minority" as an important link and institution building as an opportunity to break new ground in the reform and innovation of the human resources and social security system, enforced the law in a fair, civilized and standardized way, and carried out special campaigns of law enforcement supervision and publicity of the rule of law, thereby creating a new atmosphere of the rule of law in the field of the people's livelihood. Meanwhile, some problems still exist in the construction of the rule of law in the field of the people's livelihood, especially with respect to institution building and law enforcement. At the next stage, the Government of Shanxi Province will take targeted measures to solve these problems, so as to further promote the construction of the rule of law in the field of human resources and social security.

**Keywords**: the Rule of Law in People's Iivelihood Areas; Streamlining Government and Delegating Authorities; Legal Counsel System

## B. 13　Report on Strengthening the Construction of the Rule of Law and Creatinga Co-governance Pattern in the Field of Taxation in Shanxi Province

*The Tax Bureau of Shanxi Province* / 145

**Abstract**: Taxation is an important part of the state governance system. In 2017, state taxation organs of Shanxi Province had implemented in a deep-going way the demand of "simplifying administrative procedures, delegating powers, combining delegation and control of power, and optimizing services" made by the State Council, the arrangement of "sparing no effort in creating the best business environment" made by the Provincial Party Committee and the Provincial Government, and the arrangement of "deepening the reform, paying attention to integration, and steadily advancing the modernization of taxation" made by the

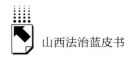

State Administration of Taxation, endeavored to create a good environment of tax policy, tax governance, tax service and tax law beneficial to both the people and enterprises, deepened the reform aimed at "the simplification of administrative procedures, delegation of powers, combination of delegation and control, and optimization of services", advanced collaborative and shared governance by tax agencies and enterprises, actively explored the pattern of shared tax governance, and speeded up the modernization of tax governance system and capacity, thereby further enhancing the fundamental, backbone and safeguarding role of taxation in state governance.

**Keywords**: Shared Tax Governance; the Rule of Law; Simplification of Administrative Procedures, Delegation of Powers, Combination of Delegation and Control, and Optimization of Services

B. 14    Report on Reforming the System of and Enhancing the Capacity for the Administration of Scientific and Technological Undertakings in Shanxi Province

*Project Team of the Department of Science and Technology of Shanxi Province / 157*

**Abstract**: In 2017, the Department of Science and Technology of Shanxi Province, in order to implement the strategy of relying on science and education to rejuvenate the nation and speed up the construction of a law-based government, has incorporated the idea of administration by law into the work of deepening the reform of the system of administration of, and enhancing the capacity for, the governance of scientific and technological undertakings. Various state organs under the Provincial Department of Science and Technology have continuously advanced the reform of institutions of and mechanisms for the administration of scientific and technological undertakings by improving the system of policies on scientific and technological innovation and reform, adopting the supporting mechanisms for the reform of the system of planning and administration of scientific and technological development, and adopting the policies safeguarding the operation of the system of administration of scientific and technological undertakings, taking solution of problems as the motive force, and energetically enhancing the capacity for the administration of scientific and technological undertakings, thereby laying a solid foundation for creating a clean and upright ecology of administration of scientific and technological undertakings and greatly enhancing the capacity for transparent and efficient administration of scientific and technological undertakings.

**Keywords:** Reforming the System of Administration of Scientific and Technological Undertakings; Capacity for the Governance of Scientific and Technological Undertakings; Policy on Scientific and Technological Development

# Ⅳ Regional Rule of Law

B. 15    Report on the Exercise of Local Legislative Power and
Advancement of Scientific, Democratic and Law-based
Legislation by the Government of Luliang City

*Project Team of the Office of the Rule of Law of the*
*Party Committee of Luliang City* / 167

**Abstract:** Since 2015, Luliang City, as one of the first cities divided into districts in Shanxi Province to be granted with the power to adopt local regulations, has actively exercised local legislative power by focusing on the key fields of urban and rural construction and administration, environmental protection, and protection of historical and cultural heritages, strengthening personnel training and institutional building, proceeding from local needs, exploring new thinking of legislative work, unblocking the channels of legislative work, ensuring the quality of legislation, and giving prominence to local characteristics, thereby developing a "Luliang Mode" of local legislation with distinctive local characteristics and making a good start of local legislative work in

the province.

**Keywords**: Local Legislation; Scientific Legislation; Democratic Legislation

**B. 16**  Report on the Comprehensive Construction of Rule of Law Demonstration City by Focusing on the Construction of the Legal System in Linfen City

*Project Team on the Construction of Rule of Law Demonstration*

*City of the Government of Linfen City* / 178

**Abstract**: In 2017, Linfen City, after being selected as the only rule of law demonstration city in Shanxi Province, has carried out the work of constructing the rule of law demonstration city by such means as overall planning and coordination, supervision and guidance, and investigation and assessment, and helped various demonstration units to set well-organized and effective objectives with their own content, atmosphere, effect, assessment, and characteristics by such means as carrying out demonstration and promotion, paying attention to the work at the grassroots level, laying a solid foundation, practicing basic skills, endeavoring to achieve "six goals", tackling difficult problems, and promoting rule of law culture. Under the unified leadership of the Leading Group on the Construction of the Rule of Law of the Municipal Party Committee, Linfen City has strengthened the supervision by people's congresses, adhered to administration by law, promoted judicial justice, emphasized the creation of rule of law cultural brands, carried out special campaigns to tackle difficult problems, and thus made some progresses and breakthroughs in giving full play to the guiding and demonstrative role of the construction of the rule of law.

**Keywords**: Construction of the Rule of Law; Construction of the Rule of Law Demonstration City; Rule of Law Culture

B. 17　Report on the System Whereby Leading Cadres Must Pass Law
Examination Before Their Appointment in Shuozhou City
*Project Team of the Office of the Rule of Law of the Party*
*Committee of Shuozhou City* / 196

**Abstract**: In recent years, the Government of Shuozhou City has taken the system whereby leading cadres must past law examination before their appointment as an important link in the comprehensive implementation of the strategy of ruling the city by law, made special efforts in the standardization and informatization of the examination, and adhered to the principles of encouraging the study of law through examination, combining examination with application, and focusing on actual effect and operability, thereby effectively improving the capacity of leading cadres in the city for administration by law, decision-making by law, and management by law.

**Keywords**: the System Whereby Leading Cadres must Pass Law Examination before Their Appointment; Standardization of Examination; Informatization of Examination

B. 18　Report on the Construction of Rural Rule of Law through
the Strengthening of "Two Committees and One Team"
in Linyi County
*Project Team of the Office of the Rule of Lawof the*
*Party Committee of Linyi County* / 206

**Abstract**: Security is an unchanging aspiration of the people. In order to build Linyi into a safe county under the rule of law, the County Party Committee and the County Government have taken "two committees and one team" (public security committee, dispute resolution committee and public security petrol team) as the key link, established the "three three-levels" (three-level joint

construction, three-level joint responsibility and three-level joint action) work mechanism, strengthened organizational, institutional and financial safeguards, and constructed a three-in-one crime prevention ("joint prevention, mutual prevention and self-prevention") network that covers all administrative villages and urban communities in the county, thereby realizing the governance goal of "good social order, low crime rate, high public satisfaction, and high social stability", and strengthening the first line of defense for rural public security.

**Keywords:** "Two Committees and One Team"; Rural Rule of Law; Public Security Committee; Village Mediation Committee; Patrol Team

# V   Administrative Decision-making and Law Enforcement

B. 19   Investigation Report on the Standardization of Law Enforcement by the Public Security Department of Shanxi Province

*Project Team of the Public Security Department of Shanxi Province* / 214

**Abstract:** In 2017, public security organs at various levels in Shanxi Province had made great efforts in standardizing law enforcement and in constructing a standardized law enforcement case-handling system, a systematic law enforcement administration system, a pragmatic law enforcement training system, and an effective law enforcement safeguarding system, thereby achieving marked results in the professionalization of law enforcement personnel, standardization of law enforcement behavior, systematization of law enforcement administration, and informatization of law enforcement procedure, improving the law enforcement quality and enhancing credibility of public security organs in the Province

**Keywords:** Standardization of Law Enforcement; Law Enforcement Quality; Law Enforcement Credibility

B. 20   The "Legal System +" Mode of Reform of Public Security

Law Enforcement System in Xinzhou City

*Project Team of the Public Security Bureau of Xinzhou City* / 228

**Abstract**: In 2017, the Public Security Bureau of Xinzhou City, in light of the new law enforcement situation in the city, had adopted the "Legal System +" law enforcement mode to improve the law enforcement system and standardize public security law enforcement acts. The core of this law enforcement mode is to take legal departments as the basis, incorporate different departments into the law enforcement management system in light of their respective tasks to form fixed management modules, and to create synergy through the scientific construction, combination and adjustment of different management modules, thereby realizing integrated and efficient management of law enforcement work.

**Keywords**: "Legal System +"; Law Enforcement System of Public Security; Integrated Management of Law Enforcement; Efficient Management of Law Enforcement

B. 21   Report on the Reform of the Policing Mechanism and the

Lead Investigator System in Gaoping City

*Project Team of the Brigade on Legal System of the*

*Public Security Bureau of Gaoping City* / 238

**Abstract**: The Public Security Bureau of Gaoping City, as a unit chosen for the implementation of pilot reform of the case acceptance and filing system and the "two unities" criminal cases handling system, has taken active measures to adapt itself to modern policing, based itself on the actual work, adopted the Working System of Lead Investigators, innovated the law enforcement method, and carried out the reform of the mechanism for the operation of law enforcement power, thereby playing an positive role in comprehensively improving the case-handling

quality and promoting law-based policing.

**Keywords**: Reform of the Policing Mechanism; Law Enforcement Method; the Lead Investigator System

B. 22    Report on the System of Review of the Legality of Major Administrative Decision-making in Taiyuan City

*Project Team of the Legislative Affairs Office of the*

*People's Government of Taiyuan City* / 247

**Abstract**: The review of the legality of major administrative decision-making is an internal administrative system or procedure for demonstrating the lawfulness or the un-lawfulness of the procedure and content of a major administrative decision making. In 2015, the Government of Taiyuan City adopted the Regulations on the Review of the Legality of Major Administrative Decision-making, which contain concrete provisions on such matters as the scope, the applicable targets, the institutional responsibilities, the initiating procedure, the process, as well as the content of the review, the effect of review opinions, and related liabilities. Since their implementation, the Regulations have played a positive role in further standardizing major decision-making by the relevant government departments, upholding social harmony and stability, and promoting economic development in Taiyuan City.

**Keywords**: Major Administrative Decision-making; Review of Legality; Standard of Review

B. 23    Report on the Mechanism for Social Stability Risk Assessment of Major Decision-makings in Jinzhong City

*Project Team of the Legislative Affairs Office of the*

*Party Committee of Jinzhong City* / 254

**Abstract**: Social stability risk assessment is an important pre-procedure of public decision-making as well as an important leverage that keeps a proper balance between economic construction and social stability. In 2017, the Government of Jinzhong City had attached great important to the construction of the institutions of and mechanisms for social stability risk assessment of major decision-makings, adhered to the principle of establishing the linkage between prevention and solution, advancing construction and adjustment, and planning development and stability as a whole, and explored and created a work mechanism with the "1 +5 +1" system as its core, advanced in a comprehensive way the standardized, and scientific and normalized stability risk assessment work, thereby achieving remarkable results and providing replicable successful experience for the social stability risk assessment of major decision-makings in the whole province.

**Keywords**: Major Decision-makings; Risk Assessment of Social Stability; Public Decision-making

# VI Bringing the Handling of Complaint Letters and Visits under the Rule of Law

B. 24 Report on Bringing the Handling of Complaint Letters and Visits under the Rule of Law in Shanxi Province

*Project Team of the Bureau of Letters and Visits of Shanxi Province / 264*

**Abstract**: The handling of complaint letters and visits is a comprehensive and systematic work involving such matters as democratic participation, remedy for the abuse of power, dispute resolution, and social governance. In recent years, the Government of Shanxi Province has endeavored to guide the reform of the system of complaint letters and calls with the rule of law thinking, resolve disputes involved in complaint letters and calls by the rule of law method, enable the people to express their demands by cultivating their rule of law consciousness, and speed up the construction of the rule of law in the field of complaint letters and visits by adhering to the principle of exercising public power and resolving disputes on the track of the rule of law, within the framework of law, and in sunshine,

thereby achieving significant results in bringing the handling of complaint letters and visits under the rule of law.

**Keywords**: Bringing the Handling of Complaint Letters and Visits under the Rule of Law; Reform of the System of Handling Complaint Letters and Visits; Handling Complaint Letters and Visits in Sunshine; Responsibility for Handling Complaint Letters and Visits

B. 25　Report on Establishing "Rule of Law Clinics" and Bringing the Handling of Complaint Letters and Visits under the Rule of Law in Taiyuan City

*Project Team of the Legislative Affairs Office of the*

*Party Committee of Taiyuan City* / 272

**Abstract**: To integrate various high quality legal service resources in urban and rural areas, the Legislative Affairs Office of the Party Committee of Taiyuan City has actively explored the work mode of establishing "rule of law clinics", constructed public legal service platforms, and organized and guided legal counsels, village (community) police, judges, procurators, legal service providers and psychological consultants in judicial offices and joint mediation centers to participate in the resolution of disputes and the handling of legal affairs and to providing *pro bono*, equal, convenient and professional legal services to urban and rural residents at the grassroots level, thereby gradually bringing grassroots governance under the rule of law. Today, the construction of "rule of law clinics" has become an important means of developing the rule of law in Taiyuan City.

**Keywords**: Rule of Law Clinics; Public Legal Service Platforms; Resolution of Disputes; Grassroots Governance

B. 26　Report on the Bringing the Handling of Complaint Letters and Visits under the Rule of Law and Solving the People's Problems in Accordance with Law in Yangquan City

*Project Team of the Legislative Affairs Office of the Party Committee of Yangquan City* / 288

**Abstract**: In implementing the arrangements made by the Central Government for constructing the rule of law in the field of complaint letters and visits, the Government of Yangquan City has endeavored to bring the handling of complaint letters and visits under the rule of law, and deal with the people's complaints in accordance with law, so as to eliminate chaos and solve difficult problems involved in complaint letters and visits. To this end, it has taken a series measures to regulate the behavior of government agencies and personnel responsible for dealing with complaint letters and visits, as well as the behavior of complainants and to maintain the order of complaint in accordance with law, adhered to the principle of "separating letters from visits, categorizing problems involved in the complaints, and classifying responsibilities for such problems", created townships (neighborhoods) in which no complaints are filed beyond appropriate levels, enabled lawyers to participate in the handling of complaint by letters and visits, and carried out extensive visit and interviews of key groups, thereby effectively bringing the handling of complaint letters and visits under the rule of law. As the result of the above measures, the number of complaint letters and visits has gradually decreased, order has been established in the field of complaints letters and visits, the situation of "a small city with a large number of complaint letters and visits" has been completely reversed, and bright spots have emerged one after another in the process of bringing the handling of complaint letters and visits under the rule of law.

**Keywords**: Handling Complaint Letters and Visits in Accordance with Law; Separation of Cases of Litigation from Cases of Complaint Letters and Visits; Carrying out Visits and Interviews Level by Level

# Ⅶ　Publicity of the Rule of Law and the Culture of the Rule of Law

B. 27　Report on Building Unique Brands of Rule of Law Publicity and Education through "Jingwei Theatre" in Yicheng County

*Project Team on the Rule of Law Publicity and Education of*
*the Government of Yicheng County / 298*

**Abstract**：The belief in the idea of the rule of law is the internal motive force of the strategy of ruling the country by law as well as the spiritual support of the development of the rule of law in China. For many years, the Government of Yicheng County of Shanxi Province has taken the rule of law publicity and education as the focus of its work, organized the making and filming of the short play series "Jingwei Theatre" with rich local characteristics and, by continuously innovating and upgrading the short play series, developed an "Yicheng Mode of Popularization of Law" with the short play series as the its main carrier and promoted it throughout the country, thereby innovating the method of rule of law publicity and education and creating a new road to social governance. The good social effect achieved by the rule of law publicity mode of Yicheng City is the result of the establishment of a long-term safeguarding mechanism, the strong mass-line consciousness and sense of responsibility of the subjects of rule of law popularization, as well as their exploration of the characteristics of local culture.

**Keywords**：Popularization of the Rule of Law; Carriers of the Popularization; the Culture of the Rule of Law; Jingwei Theatre

B. 28　Report on Building the Rule of Law Culture and Enhancing Soft Development Power in Rural Suburban Areas of Changzhi City

*Project Team of the Office of Rule of Law , the Party Committee of Suburban Areas of Changzhi City* / 310

**Abstract**: The rule of law culture, as the soul of the rule of law and an important spiritual support and internal motive force of the rule of law society, plays an irreplaceable role in enhancing the soft development power of rural suburban areas. In recent years, the Government of Changzhi City has attached high importance to building the rule of law culture in rural suburban areas, taken a broad and long-term view and made plans with high starting point at the macro level, while adopting active measures and making bold innovations at the micro level for integrating the traditional Chinese culture and socialist core values into the urban rule of law culture, thereby developing a unique "6 + rule of law culture" construction mode, taking a big step forward, providing a golden example, handing in a satisfactory answer sheet, passing a positive energy, and creating a new normal in the construction of suburban rule of law.

**Keywords**: Rule of Law Culture; Soft Development Power of Rural Suburban Areas; Positive Energy

# 权威报告·一手数据·特色资源

# 皮书数据库
## ANNUAL REPORT(YEARBOOK)
## DATABASE

## 当代中国经济与社会发展高端智库平台

### 所获荣誉

- 2016年，入选"'十三五'国家重点电子出版物出版规划骨干工程"
- 2015年，荣获"搜索中国正能量 点赞2015""创新中国科技创新奖"
- 2013年，荣获"中国出版政府奖·网络出版物奖"提名奖
- 连续多年荣获中国数字出版博览会"数字出版·优秀品牌"奖

### 成为会员

通过网址www.pishu.com.cn访问皮书数据库网站或下载皮书数据库APP，进行手机号码验证或邮箱验证即可成为皮书数据库会员。

### 会员福利

- 使用手机号码首次注册的会员，账号自动充值100元体验金，可直接购买和查看数据库内容（仅限PC端）。
- 已注册用户购书后可免费获赠100元皮书数据库充值卡。刮开充值卡涂层获取充值密码，登录并进入"会员中心"—"在线充值"—"充值卡充值"，充值成功后即可购买和查看数据库内容（仅限PC端）。
- 会员福利最终解释权归社会科学文献出版社所有。

社会科学文献出版社 SOCIAL SCIENCES ACADEMIC PRESS (CHINA) 皮书系列
卡号：843924931686
密码：

数据库服务热线：400-008-6695
数据库服务QQ：2475522410
数据库服务邮箱：database@ssap.cn
图书销售热线：010-59367070/7028
图书服务QQ：1265056568
图书服务邮箱：duzhe@ssap.cn

# S 基本子库
## SUB DATABASE

## 中国社会发展数据库（下设 12 个子库）

全面整合国内外中国社会发展研究成果，汇聚独家统计数据、深度分析报告，涉及社会、人口、政治、教育、法律等 12 个领域，为了解中国社会发展动态、跟踪社会核心热点、分析社会发展趋势提供一站式资源搜索和数据分析与挖掘服务。

## 中国经济发展数据库（下设 12 个子库）

基于"皮书系列"中涉及中国经济发展的研究资料构建，内容涵盖宏观经济、农业经济、工业经济、产业经济等 12 个重点经济领域，为实时掌控经济运行态势、把握经济发展规律、洞察经济形势、进行经济决策提供参考和依据。

## 中国行业发展数据库（下设 17 个子库）

以中国国民经济行业分类为依据，覆盖金融业、旅游、医疗卫生、交通运输、能源矿产等 100 多个行业，跟踪分析国民经济相关行业市场运行状况和政策导向，汇集行业发展前沿资讯，为投资、从业及各种经济决策提供理论基础和实践指导。

## 中国区域发展数据库（下设 6 个子库）

对中国特定区域内的经济、社会、文化等领域现状与发展情况进行深度分析和预测，研究层级至县及县以下行政区，涉及地区、区域经济体、城市、农村等不同维度。为地方经济社会宏观态势研究、发展经验研究、案例分析提供数据服务。

## 中国文化传媒数据库（下设 18 个子库）

汇聚文化传媒领域专家观点、热点资讯，梳理国内外中国文化发展相关学术研究成果、一手统计数据，涵盖文化产业、新闻传播、电影娱乐、文学艺术、群众文化等 18 个重点研究领域。为文化传媒研究提供相关数据、研究报告和综合分析服务。

## 世界经济与国际关系数据库（下设 6 个子库）

立足"皮书系列"世界经济、国际关系相关学术资源，整合世界经济、国际政治、世界文化与科技、全球性问题、国际组织与国际法、区域研究 6 大领域研究成果，为世界经济与国际关系研究提供全方位数据分析，为决策和形势研判提供参考。

# 法律声明

# 皮书系列

## 2018年

智库成果出版与传播平台

社会科学文献出版社
SOCIAL SCIENCES ACADEMIC PRESS (CHINA)

# 社长致辞

蓦然回首，皮书的专业化历程已经走过了二十年。20年来从一个出版社的学术产品名称到媒体热词再到智库成果研创及传播平台，皮书以专业化为主线，进行了系列化、市场化、品牌化、数字化、国际化、平台化的运作，实现了跨越式的发展。特别是在党的十八大以后，以习近平总书记为核心的党中央高度重视新型智库建设，皮书也迎来了长足的发展，总品种达到600余种，经过专业评审机制、淘汰机制遴选，目前，每年稳定出版近400个品种。"皮书"已经成为中国新型智库建设的抓手，成为国际国内社会各界快速、便捷地了解真实中国的最佳窗口。

20年孜孜以求，"皮书"始终将自己的研究视野与经济社会发展中的前沿热点问题紧密相连。600个研究领域，3万多位分布于800余个研究机构的专家学者参与了研创写作。皮书数据库中共收录了15万篇专业报告，50余万张数据图表，合计30亿字，每年报告下载量近80万次。皮书为中国学术与社会发展实践的结合提供了一个激荡智力、传播思想的入口，皮书作者们用学术的话语、客观翔实的数据谱写出了中国故事壮丽的篇章。

20年跬步千里，"皮书"始终将自己的发展与时代赋予的使命与责任紧紧相连。每年百余场新闻发布会，10万余次中外媒体报道，中、英、俄、日、韩等12个语种共同出版。皮书所具有的凝聚力正在形成一种无形的力量，吸引着社会各界关注中国的发展，参与中国的发展，它是我们向世界传递中国声音、总结中国经验、争取中国国际话语权最主要的平台。

皮书这一系列成就的取得，得益于中国改革开放的伟大时代，离不开来自中国社会科学院、新闻出版广电总局、全国哲学社会科学规划办公室等主管部门的大力支持和帮助，也离不开皮书研创者和出版者的共同努力。他们与皮书的故事创造了皮书的历史，他们对皮书的拳拳之心将继续谱写皮书的未来！

现在，"皮书"品牌已经进入了快速成长的青壮年时期。全方位进行规范化管理，树立中国的学术出版标准；不断提升皮书的内容质量和影响力，搭建起中国智库产品和智库建设的交流服务平台和国际传播平台；发布各类皮书指数，并使之成为中国指数，让中国智库的声音响彻世界舞台，为人类的发展做出中国的贡献——这是皮书未来发展的图景。作为"皮书"这个概念的提出者，"皮书"从一般图书到系列图书和品牌图书，最终成为智库研究和社会科学应用对策研究的知识服务和成果推广平台这整个过程的操盘者，我相信，这也是每一位皮书人执着追求的目标。

"当代中国正经历着我国历史上最为广泛而深刻的社会变革，也正在进行着人类历史上最为宏大而独特的实践创新。这种前无古人的伟大实践，必将给理论创造、学术繁荣提供强大动力和广阔空间。"

在这个需要思想而且一定能够产生思想的时代，皮书的研创出版一定能创造出新的更大的辉煌！

社会科学文献出版社社长

中国社会学会秘书长

2017年11月

# 社会科学文献出版社简介

社会科学文献出版社（以下简称"社科文献出版社"）成立于1985年，是直属于中国社会科学院的人文社会科学学术出版机构。成立至今，社科文献出版社始终依托中国社会科学院和国内外人文社会科学界丰厚的学术出版和专家学者资源，坚持"创社科经典，出传世文献"的出版理念、"权威、前沿、原创"的产品定位以及学术成果和智库成果出版的专业化、数字化、国际化、市场化的经营道路。

社科文献出版社是中国新闻出版业转型与文化体制改革的先行者。积极探索文化体制改革的先进方向和现代企业经营决策机制，社科文献出版社先后荣获"全国文化体制改革工作先进单位"、中国出版政府奖·先进出版单位奖，中国社会科学院先进集体、全国科普工作先进集体等荣誉称号。多人次荣获"第十届韬奋出版奖""全国新闻出版行业领军人才""数字出版先进人物""北京市新闻出版广电行业领军人才"等称号。

社科文献出版社是中国人文社会科学学术出版的大社名社，也是以皮书为代表的智库成果出版的专业强社。年出版图书2000余种，其中皮书400余种，出版新书字数5.5亿字，承印与发行中国社科院院属期刊72种，先后创立了皮书系列、列国志、中国史话、社科文献学术译库、社科文献学术文库、甲骨文书系等一大批既有学术影响又有市场价值的品牌，确立了在社会学、近代史、苏东问题研究等专业学科及领域出版的领先地位。图书多次荣获中国出版政府奖、"三个一百"原创图书出版工程、"五个'一'工程奖"、"大众喜爱的50种图书"等奖项，在中央国家机关"强素质·做表率"读书活动中，入选图书品种数位居各大出版社之首。

社科文献出版社是中国学术出版规范与标准的倡议者与制定者，代表全国50多家出版社发起实施学术著作出版规范的倡议，承担学术著作规范国家标准的起草工作，率先编撰完成《皮书手册》对皮书品牌进行规范化管理，并在此基础上推出中国版芝加哥手册——《社科文献出版社学术出版手册》。

社科文献出版社是中国数字出版的引领者，拥有皮书数据库、列国志数据库、"一带一路"数据库、减贫数据库、集刊数据库等4大产品线11个数据库产品，机构用户达1300余家，海外用户百余家，荣获"数字出版转型示范单位""新闻出版标准化先进单位""专业数字内容资源知识服务模式试点企业标准化示范单位"等称号。

社科文献出版社是中国学术出版走出去的践行者。社科文献出版社海外图书出版与学术合作业务遍及全球40余个国家和地区，并于2016年成立俄罗斯分社，累计输出图书500余种，涉及近20个语种，累计获得国家社科基金中华学术外译项目资助76种、"丝路书香工程"项目资助60种、中国图书对外推广计划项目资助71种以及经典中国国际出版工程资助28种，被五部委联合认定为"2015-2016年度国家文化出口重点企业"。

如今，社科文献出版社完全靠自身积累拥有固定资产3.6亿元，年收入3亿元，设置了七大出版分社、六大专业部门，成立了皮书研究院和博士后科研工作站，培养了一支近400人的高素质与高效率的编辑、出版、营销和国际推广队伍，为未来成为学术出版的大社、名社、强社，成为文化体制改革与文化企业转型发展的排头兵奠定了坚实的基础。

# 宏 观 经 济 类

## 经济蓝皮书

### 2018年中国经济形势分析与预测

李平 / 主编　2017年12月出版　定价：89.00元

◆　本书为总理基金项目，由著名经济学家李扬领衔，联合中国社会科学院等数十家科研机构、国家部委和高等院校的专家共同撰写，系统分析了2017年的中国经济形势并预测2018年中国经济运行情况。

## 城市蓝皮书

### 中国城市发展报告 No.11

潘家华　单菁菁 / 主编　2018年9月出版　估价：99.00元

◆　本书是由中国社会科学院城市发展与环境研究中心编著的，多角度、全方位地立体展示了中国城市的发展状况，并对中国城市的未来发展提出了许多建议。该书有强烈的时代感，对中国城市发展实践有重要的参考价值。

## 人口与劳动绿皮书

### 中国人口与劳动问题报告 No.19

张车伟 / 主编　2018年10月出版　估价：99.00元

◆　本书为中国社会科学院人口与劳动经济研究所主编的年度报告，对当前中国人口与劳动形势做了比较全面和系统的深入讨论，为研究中国人口与劳动问题提供了一个专业性的视角。

### 中国省域竞争力蓝皮书

#### 中国省域经济综合竞争力发展报告（2017～2018）

李建平　李闽榕　高燕京／主编　2018年5月出版　估价：198.00元

◆　本书融多学科的理论为一体，深入追踪研究了省域经济发展与中国国家竞争力的内在关系，为提升中国省域经济综合竞争力提供有价值的决策依据。

### 金融蓝皮书

#### 中国金融发展报告（2018）

王国刚／主编　2018年6月出版　估价：99.00元

◆　本书由中国社会科学院金融研究所组织编写，概括和分析了2017年中国金融发展和运行中的各方面情况，研讨和评论了2017年发生的主要金融事件，有利于读者了解掌握2017年中国的金融状况，把握2018年中国金融的走势。

# 区 域 经 济 类

### 京津冀蓝皮书

#### 京津冀发展报告（2018）

祝合良　叶堂林　张贵祥／等著　2018年6月出版　估价：99.00元

◆　本书遵循问题导向与目标导向相结合、统计数据分析与大数据分析相结合、纵向分析和长期监测与结构分析和综合监测相结合等原则，对京津冀协同发展新形势与新进展进行测度与评价。

# 社会政法类

## 社会蓝皮书

2018 年中国社会形势分析与预测

李培林　陈光金　张翼 / 主编　2017 年 12 月出版　定价：89.00 元

◆　本书由中国社会科学院社会学研究所组织研究机构专家、高校学者和政府研究人员撰写，聚焦当下社会热点，对 2017 年中国社会发展的各个方面内容进行了权威解读，同时对 2018 年社会形势发展趋势进行了预测。

## 法治蓝皮书

中国法治发展报告 No.16（2018）

李林　田禾 / 主编　2018 年 3 月出版　定价：128.00 元

◆　本年度法治蓝皮书回顾总结了 2017 年度中国法治发展取得的成就和存在的不足，对中国政府、司法、检务透明度进行了跟踪调研，并对 2018 年中国法治发展形势进行了预测和展望。

## 教育蓝皮书

中国教育发展报告（2018）

杨东平 / 主编　2018 年 3 月出版　定价：89.00 元

◆　本书重点关注了 2017 年教育领域的热点，资料翔实，分析有据，既有专题研究，又有实践案例，从多角度对 2017 年教育改革和实践进行了分析和研究。

## 社会体制蓝皮书

中国社会体制改革报告 No.6（2018）

龚维斌 / 主编　2018 年 3 月出版　定价：98.00 元

◆　本书由国家行政学院社会治理研究中心和北京师范大学中国社会管理研究院共同组织编写，主要对 2017 年社会体制改革情况进行回顾和总结，对 2018 年的改革走向进行分析，提出相关政策建议。

## 社会心态蓝皮书

中国社会心态研究报告（2018）

王俊秀　杨宜音 / 主编　2018 年 12 月出版　估价：99.00 元

◆　本书是中国社会科学院社会学研究所社会心理研究中心"社会心态蓝皮书课题组"的年度研究成果，运用社会心理学、社会学、经济学、传播学等多种学科的方法进行了调查和研究，对于目前中国社会心态状况有较广泛和深入的揭示。

## 华侨华人蓝皮书

华侨华人研究报告（2018）

贾益民 / 主编　2017 年 12 月出版　估价：139.00 元

◆　本书关注华侨华人生产与生活的方方面面。华侨华人是中国建设 21 世纪海上丝绸之路的重要中介者、推动者和参与者。本书旨在全面调研华侨华人，提供最新涉侨动态、理论研究成果和政策建议。

## 民族发展蓝皮书

中国民族发展报告（2018）

王延中 / 主编　2018 年 10 月出版　估价：188.00 元

◆　本书从民族学人类学视角，研究近年来少数民族和民族地区的发展情况，展示民族地区经济、政治、文化、社会和生态文明"五位一体"建设取得的辉煌成就和面临的困难挑战，为深刻理解中央民族工作会议精神、加快民族地区全面建成小康社会进程提供了实证材料。

# 产业经济类

## 房地产蓝皮书

### 中国房地产发展报告 No.15（2018）

李春华　王业强 / 主编　2018 年 5 月出版　估价：99.00 元

◆　2018 年《房地产蓝皮书》持续追踪中国房地产市场最新动态，深度剖析市场热点，展望 2018 年发展趋势，积极谋划应对策略。对 2017 年房地产市场的发展态势进行全面、综合的分析。

## 新能源汽车蓝皮书

### 中国新能源汽车产业发展报告（2018）

中国汽车技术研究中心　日产（中国）投资有限公司

东风汽车有限公司 / 编著　2018 年 8 月出版　估价：99.00 元

◆　本书对中国 2017 年新能源汽车产业发展进行了全面系统的分析，并介绍了国外的发展经验。有助于相关机构、行业和社会公众等了解中国新能源汽车产业发展的最新动态，为政府部门出台新能源汽车产业相关政策法规、企业制定相关战略规划，提供必要的借鉴和参考。

# 行业及其他类

## 旅游绿皮书

### 2017 ～ 2018 年中国旅游发展分析与预测

中国社会科学院旅游研究中心 / 编　2018 年 1 月出版　定价：99.00 元

◆　本书从政策、产业、市场、社会等多个角度勾画出 2017 年中国旅游发展全貌，剖析了其中的热点和核心问题，并就未来发展作出预测。

## 民营医院蓝皮书
### 中国民营医院发展报告（2018）

薛晓林 / 主编　2018 年 11 月出版　估价：99.00 元

◆　本书在梳理国家对社会办医的各种利好政策的前提下，对我国民营医疗发展现状、我国民营医院竞争力进行了分析，并结合我国医疗体制改革对民营医院的发展趋势、发展策略、战略规划等方面进行了预估。

## 会展蓝皮书
### 中外会展业动态评估研究报告（2018）

张敏 / 主编　2018 年 12 月出版　估价：99.00 元

◆　本书回顾了 2017 年的会展业发展动态，结合"供给侧改革"、"互联网 +"、"绿色经济"的新形势分析了我国展会的行业现状，并介绍了国外的发展经验，有助于行业和社会了解最新的展会业动态。

## 中国上市公司蓝皮书
### 中国上市公司发展报告（2018）

张平　王宏淼 / 主编　2018 年 9 月出版　估价：99.00 元

◆　本书由中国社会科学院上市公司研究中心组织编写的，着力于全面、真实、客观反映当前中国上市公司财务状况和价值评估的综合性年度报告。本书详尽分析了 2017 年中国上市公司情况，特别是现实中暴露出的制度性、基础性问题，并对资本市场改革进行了探讨。

## 工业和信息化蓝皮书
### 人工智能发展报告（2017 ~ 2018）

尹丽波 / 主编　2018 年 6 月出版　估价：99.00 元

◆　本书国家工业信息安全发展研究中心在对 2017 年全球人工智能技术和产业进行全面跟踪研究基础上形成的研究报告。该报告内容翔实、视角独特，具有较强的产业发展前瞻性和预测性，可为相关主管部门、行业协会、企业等全面了解人工智能发展形势以及进行科学决策提供参考。

# 国际问题与全球治理类

### 世界经济黄皮书

世界经济形势分析与预测

张宇燕 / 主编　2018 年 1 月出版　定价：99.00 元

◆　本书由中国社会科学院世界经济与政治研究所的研究团队撰写，分总论、国别与地区、专题、热点、世界经济统计与预测等五个部分，对 2018 年世界经济形势进行了分析。

### 国际城市蓝皮书

国际城市发展报告（2018）

屠启宇 / 主编　2018 年 2 月出版　定价：89.00 元

◆　本书作者以上海社会科学院从事国际城市研究的学者团队为核心，汇集同济大学、华东师范大学、复旦大学、上海交通大学、南京大学、浙江大学相关城市研究专业学者。立足动态跟踪介绍国际城市发展时间中，最新出现的重大战略、重大理念、重大项目、重大报告和最佳案例。

### 非洲黄皮书

非洲发展报告 No.20（2017 ～ 2018）

张宏明 / 主编　2018 年 7 月出版　估价：99.00 元

◆　本书是由中国社会科学院西亚非洲研究所组织编撰的非洲形势年度报告，比较全面、系统地分析了 2017 年非洲政治形势和热点问题，探讨了非洲经济形势和市场走向，剖析了大国对非洲关系的新动向；此外，还介绍了国内非洲研究的新成果。

# 国别类

### 美国蓝皮书

美国研究报告（2018）

郑秉文　黄平／主编　2018年5月出版　估价：99.00元

◆　本书是由中国社会科学院美国研究所主持完成的研究成果，它回顾了美国2017年的经济、政治形势与外交战略，对美国内政外交发生的重大事件及重要政策进行了较为全面的回顾和梳理。

### 德国蓝皮书

德国发展报告（2018）

郑春荣／主编　2018年6月出版　估价：99.00元

◆　本报告由同济大学德国研究所组织编撰，由该领域的专家学者对德国的政治、经济、社会文化、外交等方面的形势发展情况，进行全面的阐述与分析。

### 俄罗斯黄皮书

俄罗斯发展报告（2018）

李永全／编著　2018年6月出版　估价：99.00元

◆　本书系统介绍了2017年俄罗斯经济政治情况，并对2016年该地区发生的焦点、热点问题进行了分析与回顾；在此基础上，对该地区2018年的发展前景进行了预测。

# 文 化 传 媒 类

### 新媒体蓝皮书

中国新媒体发展报告 No.9（2018）

唐绪军 / 主编　2018 年 6 月出版　估价：99.00 元

◆　本书是由中国社会科学院新闻与传播研究所组织编写的关于新媒体发展的最新年度报告，旨在全面分析中国新媒体的发展现状，解读新媒体的发展趋势，探析新媒体的深刻影响。

### 移动互联网蓝皮书

中国移动互联网发展报告（2018）

余清楚 / 主编　　2018 年 6 月出版　估价：99.00 元

◆　本书着眼于对 2017 年度中国移动互联网的发展情况做深入解析，对未来发展趋势进行预测，力求从不同视角、不同层面全面剖析中国移动互联网发展的现状、年度突破及热点趋势等。

### 文化蓝皮书

中国文化消费需求景气评价报告（2018）

王亚南 / 主编　2018 年 3 月出版　定价：99.00 元

◆　本书首创全国文化发展量化检测评价体系，也是至今全国唯一的文化民生量化检测评价体系，对于检验全国及各地 " 以人民为中心 " 的文化发展具有首创意义。

# 地方发展类

## 北京蓝皮书

### 北京经济发展报告（2017～2018）

杨松/主编　2018年6月出版　估价：99.00元

◆　本书对2017年北京市经济发展的整体形势进行了系统性的分析与回顾，并对2018年经济形势走势进行了预测与研判，聚焦北京市经济社会发展中的全局性、战略性和关键领域的重点问题，运用定量和定性分析相结合的方法，对北京市经济社会发展的现状、问题、成因进行了深入分析，提出了可操作性的对策建议。

## 温州蓝皮书

### 2018年温州经济社会形势分析与预测

蒋儒标　王春光　金浩/主编　2018年6月出版　估价：99.00元

◆　本书是中共温州市委党校和中国社会科学院社会学研究所合作推出的第十一本温州蓝皮书，由来自党校、政府部门、科研机构、高校的专家、学者共同撰写的2017年温州区域发展形势的最新研究成果。

## 黑龙江蓝皮书

### 黑龙江社会发展报告（2018）

王爱丽/主编　2018年1月出版　定价：89.00元

◆　本书以千份随机抽样问卷调查和专题研究为依据，运用社会学理论框架和分析方法，从专家和学者的独特视角，对2017年黑龙江省关系民生的问题进行广泛的调研与分析，并对2017年黑龙江省诸多社会热点和焦点问题进行了有益的探索。这些研究不仅可以为政府部门更加全面深入了解省情、科学制定决策提供智力支持，同时也可以为广大读者认识、了解、关注黑龙江社会发展提供理性思考。

# 宏观经济类

城市蓝皮书
中国城市发展报告（No.11）
著(编)者：潘家华 单菁菁
2018年9月出版 / 估价：99.00元
PSN B-2007-091-1/1

城乡一体化蓝皮书
中国城乡一体化发展报告（2018）
著(编)者：付崇兰
2018年9月出版 / 估价：99.00元
PSN B-2011-226-1/2

城镇化蓝皮书
中国新型城镇化健康发展报告（2018）
著(编)者：张占斌
2018年8月出版 / 估价：99.00元
PSN B-2014-396-1/1

创新蓝皮书
创新型国家建设报告（2018~2019）
著(编)者：詹正茂
2018年12月出版 / 估价：99.00元
PSN B-2009-140-1/1

低碳发展蓝皮书
中国低碳发展报告（2018）
著(编)者：张希良 齐晔
2018年6月出版 / 估价：99.00元
PSN B-2011-223-1/1

低碳经济蓝皮书
中国低碳经济发展报告（2018）
著(编)者：薛进军 赵忠秀
2018年11月出版 / 估价：99.00元
PSN B-2011-194-1/1

发展和改革蓝皮书
中国经济发展和体制改革报告No.9
著(编)者：邹东涛 王再文
2018年1月出版 / 估价：99.00元
PSN B-2008-122-1/1

国家创新蓝皮书
中国创新发展报告（2017）
著(编)者：陈劲 2018年5月出版 / 估价：99.00元
PSN B-2014-370-1/1

金融蓝皮书
中国金融发展报告（2018）
著(编)者：王国刚
2018年6月出版 / 估价：99.00元
PSN B-2004-031-1/7

经济蓝皮书
2018年中国经济形势分析与预测
著(编)者：李平 2017年12月出版 / 定价：89.00元
PSN B-1996-001-1/1

经济蓝皮书春季号
2018年中国经济前景分析
著(编)者：李扬 2018年5月出版 / 估价：99.00元
PSN B-1999-008-1/1

经济蓝皮书夏季号
中国经济增长报告（2017~2018）
著(编)者：李扬 2018年9月出版 / 估价：99.00元
PSN B-2010-176-1/1

农村绿皮书
中国农村经济形势分析与预测（2017~2018）
著(编)者：魏后凯 黄秉信
2018年4月出版 / 定价：99.00元
PSN G-1998-003-1/1

人口与劳动绿皮书
中国人口与劳动问题报告No.19
著(编)者：张车伟 2018年11月出版 / 估价：99.00元
PSN G-2000-012-1/1

新型城镇化蓝皮书
新型城镇化发展报告（2017）
著(编)者：李伟 宋敏
2018年3月出版 / 定价：98.00元
PSN B-2005-038-1/1

中国省域竞争力蓝皮书
中国省域经济综合竞争力发展报告（2016~2017）
著(编)者：李建平 李闽榕
2018年2月出版 / 定价：198.00元
PSN B-2007-088-1/1

中小城市绿皮书
中国中小城市发展报告（2018）
著(编)者：中国城市经济学会中小城市经济发展委员会
中国城镇化促进会中小城市发展委员会
《中国中小城市发展报告》编纂委员会
中小城市发展战略研究院
2018年11月出版 / 估价：128.00元
PSN G-2010-161-1/1

# 区域经济类

**东北蓝皮书**
中国东北地区发展报告（2018）
著(编)者：姜晓秋　2018年11月出版 / 估价：99.00元
PSN B-2006-067-1/1

**金融蓝皮书**
中国金融中心发展报告（2017~2018）
著(编)者：王力 黄育华　2018年11月出版 / 估价：99.00元
PSN B-2011-186-6/7

**京津冀蓝皮书**
京津冀发展报告（2018）
著(编)者：祝合良 叶堂林 张贵祥
2018年6月出版 / 估价：99.00元
PSN B-2012-262-1/1

**西北蓝皮书**
中国西北发展报告（2018）
著(编)者：王福生 马廷旭 董秋生
2018年1月出版 / 定价：99.00元
PSN B-2012-261-1/1

**西部蓝皮书**
中国西部发展报告（2018）
著(编)者：璋勇 任保平　2018年8月出版 / 估价：99.00元
PSN B-2005-039-1/1

**长江经济带产业蓝皮书**
长江经济带产业发展报告（2018）
著(编)者：吴传清　2018年11月出版 / 估价：128.00元
PSN B-2017-666-1/1

**长江经济带蓝皮书**
长江经济带发展报告（2017~2018）
著(编)者：王振　2018年11月出版 / 估价：99.00元
PSN B-2016-575-1/1

**长江中游城市群蓝皮书**
长江中游城市群新型城镇化与产业协同发展报告（2018）
著(编)者：杨刚强　2018年11月出版 / 估价：99.00元
PSN B-2016-578-1/1

**长三角蓝皮书**
2017年创新融合发展的长三角
著(编)者：刘飞跃　2018年5月出版 / 估价：99.00元
PSN B-2005-038-1/1

**长株潭城市群蓝皮书**
长株潭城市群发展报告（2017）
著(编)者：张萍 朱有志　2018年6月出版 / 估价：99.00元
PSN B-2008-109-1/1

**特色小镇蓝皮书**
特色小镇智慧运营报告（2018）：顶层设计与智慧架构标
著(编)者：陈劲　2018年1月出版 / 定价：79.00元
PSN B-2018-692-1/1

**中部竞争力蓝皮书**
中国中部经济社会竞争力报告（2018）
著(编)者：教育部人文社会科学重点研究基地南昌大学中国
中部经济社会发展研究中心
2018年12月出版 / 估价：99.00元
PSN B-2012-276-1/1

**中部蓝皮书**
中国中部地区发展报告（2018）
著(编)者：宋亚平　2018年12月出版 / 估价：99.00元
PSN B-2007-089-1/1

**区域蓝皮书**
中国区域经济发展报告（2017~2018）
著(编)者：赵弘　2018年5月出版 / 估价：99.00元
PSN B-2004-034-1/1

**中三角蓝皮书**
长江中游城市群发展报告（2018）
著(编)者：秦尊文　2018年9月出版 / 估价：99.00元
PSN B-2014-417-1/1

**中原蓝皮书**
中原经济区发展报告（2018）
著(编)者：李英杰　2018年6月出版 / 估价：99.00元
PSN B-2011-192-1/1

**珠三角流通蓝皮书**
珠三角商圈发展研究报告（2018）
著(编)者：王先庆 林至颖　2018年7月出版 / 估价：99.00元
PSN B-2012-292-1/1

# 社会政法类

**北京蓝皮书**
中国社区发展报告（2017~2018）
著(编)者：于燕燕　2018年9月出版 / 估价：99.00元
PSN B-2007-083-5/8

**殡葬绿皮书**
中国殡葬事业发展报告（2017~2018）
著(编)者：李伯森　2018年6月出版 / 估价：158.00元
PSN G-2010-180-1/1

**城市管理蓝皮书**
中国城市管理报告（2017-2018）
著(编)者：刘林 刘承水　2018年5月出版 / 估价：158.00元
PSN B-2013-336-1/1

**城市生活质量蓝皮书**
中国城市生活质量报告（2017）
著(编)者：张连城 张平 杨春学 郎丽华
2017年12月出版 / 估价：89.00元
PSN B-2013-326-1/1

**城市政府能力蓝皮书**
中国城市政府公共服务能力评估报告（2018）
著(编)者：何艳玲　2018年5月出版 / 估价：99.00元
PSN B-2013-338-1/1

**创业蓝皮书**
中国创业发展研究报告（2017～2018）
著(编)者：黄群慧　赵卫星　钟宏武
2018年11月出版 / 估价：99.00元
PSN B-2016-577-1/1

**慈善蓝皮书**
中国慈善发展报告（2018）
著(编)者：杨团　2018年6月出版 / 估价：99.00元
PSN B-2009-142-1/1

**党建蓝皮书**
党的建设研究报告No.2（2018）
著(编)者：崔建民　陈东平　2018年6月出版 / 估价：99.00元
PSN B-2016-523-1/1

**地方法治蓝皮书**
中国地方法治发展报告No.3（2018）
著(编)者：李林　田禾　2018年6月出版 / 估价：118.00元
PSN B-2015-442-1/1

**电子政务蓝皮书**
中国电子政务发展报告（2018）
著(编)者：李季　2018年8月出版 / 估价：99.00元
PSN B-2003-022-1/1

**儿童蓝皮书**
中国儿童参与状况报告（2017）
著(编)者：苑立新　2017年12月出版 / 定价：89.00元
PSN B-2017-682-1/1

**法治蓝皮书**
中国法治发展报告No.16（2018）
著(编)者：李林　田禾　2018年3月出版 / 定价：128.00元
PSN B-2004-027-1/3

**法治蓝皮书**
中国法院信息化发展报告No.2（2018）
著(编)者：李林　田禾　2018年2月出版 / 定价：118.00元
PSN B-2017-604-3/3

**法治政府蓝皮书**
中国法治政府发展报告（2017）
著(编)者：中国政法大学法治政府研究院
2018年3月出版 / 估价：158.00元
PSN B-2015-502-1/2

**法治政府蓝皮书**
中国法治政府评估报告（2018）
著(编)者：中国政法大学法治政府研究院
2018年9月出版 / 估价：168.00元
PSN B-2016-576-2/2

**反腐倡廉蓝皮书**
中国反腐倡廉建设报告No.8
著(编)者：张英伟　2018年12月出版 / 估价：99.00元
PSN B-2012-259-1/1

**扶贫蓝皮书**
中国扶贫开发报告（2018）
著(编)者：李培林　魏后凯　2018年12月出版 / 估价：128.00元
PSN B-2016-599-1/1

**妇女发展蓝皮书**
中国妇女发展报告 No.6
著(编)者：王金玲　2018年9月出版 / 估价：158.00元
PSN B-2006-069-1/1

**妇女教育蓝皮书**
中国妇女教育发展报告 No.3
著(编)者：张李玺　2018年10月出版 / 估价：99.00元
PSN B-2008-121-1/1

**妇女绿皮书**
2018年：中国性别平等与妇女发展报告
著(编)者：谭琳　2018年12月出版 / 估价：99.00元
PSN G-2006-073-1/1

**公共安全蓝皮书**
中国城市公共安全发展报告（2017～2018）
著(编)者：黄育华　杨文明　赵建辉
2018年6月出版 / 估价：99.00元
PSN B-2017-628-1/1

**公共服务蓝皮书**
中国城市基本公共服务力评价（2018）
著(编)者：钟君　刘志昌　吴正杲
2018年12月出版 / 估价：99.00元
PSN B-2011-214-1/1

**公民科学素质蓝皮书**
中国公民科学素质报告（2017～2018）
著(编)者：李群　陈雄　马宗文
2017年12月出版 / 定价：89.00元
PSN B-2014-379-1/1

**公益蓝皮书**
中国公益慈善发展报告（2016）
著(编)者：朱健刚　胡小军　2018年6月出版 / 估价：99.00元
PSN B-2012-283-1/1

**国际人才蓝皮书**
中国国际移民报告（2018）
著(编)者：王辉耀　2018年6月出版 / 估价：99.00元
PSN B-2012-304-3/4

**国际人才蓝皮书**
中国留学发展报告（2018）No.7
著(编)者：王辉耀　苗绿　2018年12月出版 / 估价：99.00元
PSN B-2012-244-2/4

**海洋社会蓝皮书**
中国海洋社会发展报告（2017）
著(编)者：崔凤　宋宁而　2018年3月出版 / 定价：99.00元
PSN B-2015-478-1/1

**行政改革蓝皮书**
中国行政体制改革报告No.7（2018）
著(编)者：魏礼群　2018年6月出版 / 估价：99.00元
PSN B-2011-231-1/1

**华侨华人蓝皮书**
华侨华人研究报告（2017）
著(编)者：张禹东 庄国土　2017年12月出版 / 定价：148.00元
PSN B-2011-204-1/1

**互联网与国家治理蓝皮书**
互联网与国家治理发展报告（2017）
著(编)者：张志安　2018年1月出版 / 定价：98.00元
PSN B-2017-671-1/1

**环境管理蓝皮书**
中国环境管理发展报告（2017）
著(编)者：李金惠　2017年12月出版 / 定价：98.00元
PSN B-2017-678-1/1

**环境竞争力绿皮书**
中国省域环境竞争力发展报告（2018）
著(编)者：李建平 李闽榕 王金南
2018年11月出版 / 估价：198.00元
PSN G-2010-165-1/1

**环境绿皮书**
中国环境发展报告（2017~2018）
著(编)者：李波　2018年6月出版 / 估价：99.00元
PSN G-2006-048-1/1

**家庭蓝皮书**
中国"创建幸福家庭活动"评估报告（2018）
著(编)者：国务院发展研究中心"创建幸福家庭活动评估"课题组
2018年12月出版 / 估价：99.00元
PSN B-2015-508-1/1

**健康城市蓝皮书**
中国健康城市建设研究报告（2018）
著(编)者：王鸿春 盛继洪　2018年12月出版 / 估价：99.00元
PSN B-2016-564-2/2

**健康中国蓝皮书**
社区首诊与健康中国分析报告（2018）
著(编)者：高和荣 杨叔禹 姜杰
2018年6月出版 / 估价：99.00元
PSN B-2017-611-1/1

**教师蓝皮书**
中国中小学教师发展报告（2017）
著(编)者：曾晓东 鱼霞
2018年6月出版 / 估价：99.00元
PSN B-2012-289-1/1

**教育扶贫蓝皮书**
中国教育扶贫报告（2018）
著(编)者：司树杰 王文静 李兴洲
2018年12月出版 / 估价：99.00元
PSN B-2016-590-1/1

**教育蓝皮书**
中国教育发展报告（2018）
著(编)者：杨东平　2018年3月出版 / 定价：89.00元
PSN B-2006-047-1/1

**金融法治建设蓝皮书**
中国金融法治建设年度报告（2015~2016）
著(编)者：朱小黄　2018年6月出版 / 估价：99.00元
PSN B-2017-633-1/1

**京津冀教育蓝皮书**
京津冀教育发展研究报告（2017~2018）
著(编)者：方中雄　2018年6月出版 / 估价：99.00元
PSN B-2017-608-1/1

**就业蓝皮书**
2018年中国本科生就业报告
著(编)者：麦可思研究院　2018年6月出版 / 估价：99.00元
PSN B-2009-146-1/2

**就业蓝皮书**
2018年中国高职高专生就业报告
著(编)者：麦可思研究院　2018年6月出版 / 估价：99.00元
PSN B-2015-472-2/2

**科学教育蓝皮书**
中国科学教育发展报告（2018）
著(编)者：王康友　2018年10月出版 / 估价：99.00元
PSN B-2015-487-1/1

**劳动保障蓝皮书**
中国劳动保障发展报告（2018）
著(编)者：刘燕斌　2018年9月出版 / 估价：158.00元
PSN B-2014-415-1/1

**老龄蓝皮书**
中国老年宜居环境发展报告（2017）
著(编)者：党俊武 周燕珉　2018年6月出版 / 估价：99.00元
PSN B-2013-320-1/1

**连片特困区蓝皮书**
中国连片特困区发展报告（2017~2018）
著(编)者：游俊 冷志明 丁建军
2018年6月出版 / 估价：99.00元
PSN B-2013-321-1/1

**流动儿童蓝皮书**
中国流动儿童教育发展报告（2017）
著(编)者：杨东平　2018年6月出版 / 估价：99.00元
PSN B-2017-600-1/1

**民调蓝皮书**
中国民生调查报告（2018）
著(编)者：谢耘耕　2018年12月出版 / 估价：99.00元
PSN B-2014-398-1/1

**民族发展蓝皮书**
中国民族发展报告（2018）
著(编)者：王延中　2018年10月出版 / 估价：188.00元
PSN B-2006-070-1/1

**女性生活蓝皮书**
中国女性生活状况报告No.12（2018）
著(编)者：高博燕　2018年7月出版 / 估价：99.00元
PSN B-2006-071-1/1

**汽车社会蓝皮书**
中国汽车社会发展报告（2017～2018）
著(编)者：王俊秀　2018年6月出版 / 估价：99.00元
PSN B-2011-224-1/1

**青年蓝皮书**
中国青年发展报告（2018）No.3
著(编)者：廉思　2018年6月出版 / 估价：99.00元
PSN B-2013-333-1/1

**青少年蓝皮书**
中国未成年人互联网运用报告（2017～2018）
著(编)者：季为民　李文革　沈杰
2018年11月出版 / 估价：99.00元
PSN B-2010-156-1/1

**人权蓝皮书**
中国人权事业发展报告No.8（2018）
著(编)者：李君如　2018年9月出版 / 估价：99.00元
PSN B-2011-215-1/1

**社会保障绿皮书**
中国社会保障发展报告No.9（2018）
著(编)者：王延中　2018年6月出版 / 估价：99.00元
PSN G-2001-014-1/1

**社会风险评估蓝皮书**
风险评估与危机预警报告（2017～2018）
著(编)者：唐钧　2018年8月出版 / 估价：99.00元
PSN B-2012-293-1/1

**社会工作蓝皮书**
中国社会工作发展报告（2016~2017）
著(编)者：民政部社会工作研究中心
2018年8月出版 / 估价：99.00元
PSN B-2009-141-1/1

**社会管理蓝皮书**
中国社会管理创新报告No.6
著(编)者：连玉明　2018年11月出版 / 估价：99.00元
PSN B-2012-300-1/1

**社会蓝皮书**
2018年中国社会形势分析与预测
著(编)者：李培林　陈光金　张翼
2017年12月出版 / 定价：89.00元
PSN B-1998-002-1/1

**社会体制蓝皮书**
中国社会体制改革报告No.6（2018）
著(编)者：龚维斌　2018年3月出版 / 定价：98.00元
PSN B-2013-330-1/1

**社会心态蓝皮书**
中国社会心态研究报告（2018）
著(编)者：王俊秀　2018年12月出版 / 估价：99.00元
PSN B-2011-199-1/1

**社会组织蓝皮书**
中国社会组织报告（2017-2018）
著(编)者：黄晓勇　2018年6月出版 / 估价：99.00元
PSN B-2008-118-1/2

**社会组织蓝皮书**
中国社会组织评估发展报告（2018）
著(编)者：徐家良　2018年12月出版 / 估价：99.00元
PSN B-2013-366-2/2

**生态城市绿皮书**
中国生态城市建设发展报告（2018）
著(编)者：刘举科　孙伟平　胡文臻
2018年9月出版 / 估价：158.00元
PSN G-2012-269-1/1

**生态文明绿皮书**
中国省域生态文明建设评价报告（ECI 2018）
著(编)者：严耕　2018年12月出版 / 估价：99.00元
PSN G-2010-170-1/1

**退休生活蓝皮书**
中国城市居民退休生活质量指数报告（2017）
著(编)者：杨一帆　2018年6月出版 / 估价：99.00元
PSN B-2017-618-1/1

**危机管理蓝皮书**
中国危机管理报告（2018）
著(编)者：文学国　范正青
2018年8月出版 / 估价：99.00元
PSN B-2010-171-1/1

**学会蓝皮书**
2018年中国学会发展报告
著(编)者：麦可思研究院　2018年12月出版 / 估价：99.00元
PSN B-2016-597-1/1

**医改蓝皮书**
中国医药卫生体制改革报告（2017～2018）
著(编)者：文学国　房志武
2018年11月出版 / 估价：99.00元
PSN B-2014-432-1/1

**应急管理蓝皮书**
中国应急管理报告（2018）
著(编)者：宋英华　2018年9月出版 / 估价：99.00元
PSN B-2016-562-1/1

**政府绩效评估蓝皮书**
中国地方政府绩效评估报告No.2
著(编)者：贠杰　2018年12月出版 / 估价：99.00元
PSN B-2017-672-1/1

**政治参与蓝皮书**
中国政治参与报告（2018）
著(编)者：房宁　2018年8月出版 / 估价：128.00元
PSN B-2011-200-1/1

**政治文化蓝皮书**
中国政治文化报告（2018）
著(编)者：邢元敏　魏大鹏　龚克
2018年8月出版 / 估价：128.00元
PSN B-2017-615-1/1

**中国传统村落蓝皮书**
中国传统村落保护现状报告（2018）
著(编)者：胡彬彬　李向军　王晓波
2018年12月出版 / 估价：99.00元
PSN B-2017-663-1/1

**17**

中国农村妇女发展蓝皮书
农村流动女性城市生活发展报告（2018）
著(编)者：谢丽华　2018年12月出版 / 估价：99.00元
PSN B-2014-434-1/1

宗教蓝皮书
中国宗教报告（2017）
著(编)者：邱永辉　2018年8月出版 / 估价：99.00元
PSN B-2008-117-1/1

# 产业经济类

保健蓝皮书
中国保健服务产业发展报告 No.2
著(编)者：中国保健协会　　中共中央党校
2018年7月出版 / 估价：198.00元
PSN B-2012-272-3/3

保健蓝皮书
中国保健食品产业发展报告 No.2
著(编)者：中国保健协会
　　　　中国社会科学院食品药品产业发展与监管研究中心
2018年8月出版 / 估价：198.00元
PSN B-2012-271-2/3

保健蓝皮书
中国保健用品产业发展报告 No.2
著(编)者：中国保健协会
　　　　国务院国有资产监督管理委员会研究中心
2018年6月出版 / 估价：198.00元
PSN B-2012-270-1/3

保险蓝皮书
中国保险业竞争力报告（2018）
著(编)者：保监会　2018年12月出版 / 估价：99.00元
PSN B-2013-311-1/1

冰雪蓝皮书
中国冰上运动产业发展报告（2018）
著(编)者：孙承华 杨占武 刘戈 张鸿俊
2018年9月出版 / 估价：99.00元
PSN B-2017-648-3/3

冰雪蓝皮书
中国滑雪产业发展报告（2018）
著(编)者：孙承华 伍斌 魏庆华 张鸿俊
2018年9月出版 / 估价：99.00元
PSN B-2016-559-1/3

餐饮产业蓝皮书
中国餐饮产业发展报告（2018）
著(编)者：邢颖
2018年6月出版 / 估价：99.00元
PSN B-2009-151-1/1

茶业蓝皮书
中国茶产业发展报告（2018）
著(编)者：杨江帆 李闽榕
2018年10月出版 / 估价：99.00元
PSN B-2010-164-1/1

产业安全蓝皮书
中国文化产业安全报告（2018）
著(编)者：北京印刷学院文化产业安全研究院
2018年12月出版 / 估价：99.00元
PSN B-2014-378-12/14

产业安全蓝皮书
中国新媒体产业安全报告（2016～2017）
著(编)者：肖丽　2018年6月出版 / 估价：99.00元
PSN B-2015-500-14/14

产业安全蓝皮书
中国出版传媒产业安全报告（2017～2018）
著(编)者：北京印刷学院文化产业安全研究院
2018年6月出版 / 估价：99.00元
PSN B-2014-384-13/14

产业蓝皮书
中国产业竞争力报告（2018）No.8
著(编)者：张其仔　2018年12月出版 / 估价：168.00元
PSN B-2010-175-1/1

动力电池蓝皮书
中国新能源汽车动力电池产业发展报告（2018）
著(编)者：中国汽车技术研究中心
2018年8月出版 / 估价：99.00元
PSN B-2017-639-1/1

杜仲产业绿皮书
中国杜仲橡胶资源与产业发展报告（2017～2018）
著(编)者：杜红岩 胡文臻 俞锐
2018年6月出版 / 估价：99.00元
PSN G-2013-350-1/1

房地产蓝皮书
中国房地产发展报告No.15（2018）
著(编)者：李春华 王业强
2018年5月出版 / 估价：99.00元
PSN B-2004-028-1/1

服务外包蓝皮书
中国服务外包产业发展报告（2017～2018）
著(编)者：王晓红 刘德军
2018年6月出版 / 估价：99.00元
PSN B-2013-331-2/2

服务外包蓝皮书
中国服务外包竞争力报告（2017～2018）
著(编)者：刘春生 王力 黄育华
2018年12月出版 / 估价：99.00元
PSN B-2011-216-1/2

工业和信息化蓝皮书
世界信息技术产业发展报告（2017～2018）
著(编)者：尹丽波　2018年6月出版 / 估价：99.00元
PSN B-2015-449-2/6

工业和信息化蓝皮书
战略性新兴产业发展报告（2017～2018）
著(编)者：尹丽波　2018年6月出版 / 估价：99.00元
PSN B-2015-450-3/6

海洋经济蓝皮书
中国海洋经济发展报告（2015～2018）
著(编)者：殷克东 高金田 方胜民
2018年3月出版 / 定价：128.00元
PSN B-2018-697-1/1

康养蓝皮书
中国康养产业发展报告（2017）
著(编)者：何莽　2017年12月出版 / 定价：88.00元
PSN B-2017-685-1/1

客车蓝皮书
中国客车产业发展报告（2017～2018）
著(编)者：姚蔚　2018年10月出版 / 估价：99.00元
PSN B-2013-361-1/1

流通蓝皮书
中国商业发展报告（2018～2019）
著(编)者：王雪峰 林诗慧
2018年7月出版 / 估价：99.00元
PSN B-2009-152-1/2

能源蓝皮书
中国能源发展报告（2018）
著(编)者：崔民选 王军生 陈义和
2018年12月出版 / 估价：99.00元
PSN B-2006-049-1/1

农产品流通蓝皮书
中国农产品流通产业发展报告（2017）
著(编)者：贾敬敦 张东科 张玉玺 张鹏毅 周伟
2018年6月出版 / 估价：99.00元
PSN B-2012-288-1/1

汽车工业蓝皮书
中国汽车工业发展年度报告（2018）
著(编)者：中国汽车工业协会
　　　　　中国汽车技术研究中心
　　　　　丰田汽车公司
2018年5月出版 / 估价：168.00元
PSN B-2015-463-1/2

汽车工业蓝皮书
中国汽车零部件产业发展报告（2017～2018）
著(编)者：中国汽车工业协会
　　　　　中国汽车工程研究院深圳市沃特玛电池有限公司
2018年9月出版 / 估价：99.00元
PSN B-2016-515-2/2

汽车蓝皮书
中国汽车产业发展报告（2018）
著(编)者：中国汽车工程学会
　　　　　大众汽车集团（中国）
2018年11月出版 / 估价：99.00元
PSN B-2008-124-1/1

世界茶业蓝皮书
世界茶业发展报告（2018）
著(编)者：李闽榕 冯廷佺
2018年5月出版 / 估价：168.00元
PSN B-2017-619-1/1

世界能源蓝皮书
世界能源发展报告（2018）
著(编)者：黄晓勇　2018年6月出版 / 估价：168.00元
PSN B-2013-349-1/1

石油蓝皮书
中国石油产业发展报告（2018）
著(编)者：中国石油化工集团公司经济技术研究院
　　　　　中国国际石油化工联合有限责任公司
　　　　　中国社会科学院数量经济与技术经济研究所
2018年2月出版 / 定价：98.00元
PSN B-2018-690-1/1

体育蓝皮书
国家体育产业基地发展报告（2016～2017）
著(编)者：李颖川　2018年6月出版 / 估价：168.00元
PSN B-2017-609-5/5

体育蓝皮书
中国体育产业发展报告（2018）
著(编)者：阮伟 钟秉枢
2018年12月出版 / 估价：99.00元
PSN B-2010-179-1/5

文化金融蓝皮书
中国文化金融发展报告（2018）
著(编)者：杨涛 金巍
2018年6月出版 / 估价：99.00元
PSN B-2017-610-1/1

新能源汽车蓝皮书
中国新能源汽车产业发展报告（2018）
著(编)者：中国汽车技术研究中心
　　　　　日产（中国）投资有限公司
　　　　　东风汽车有限公司
2018年8月出版 / 估价：99.00元
PSN B-2013-347-1/1

薏仁米产业蓝皮书
中国薏仁米产业发展报告No.2（2018）
著(编)者：李发耀 石明 秦礼康
2018年8月出版 / 估价：99.00元
PSN B-2017-645-1/1

邮轮绿皮书
中国邮轮产业发展报告（2018）
著(编)者：汪泓　2018年10月出版 / 估价：99.00元
PSN G-2014-419-1/1

智能养老蓝皮书
中国智能养老产业发展报告（2018）
著(编)者：朱勇　2018年10月出版 / 估价：99.00元
PSN B-2015-488-1/1

中国节能汽车蓝皮书
中国节能汽车发展报告（2017～2018）
著(编)者：中国汽车工程研究院股份有限公司
2018年9月出版 / 估价：99.00元
PSN B-2016-565-1/1

中国陶瓷产业蓝皮书
中国陶瓷产业发展报告（2018）
著(编)者：左和平 黄速建
2018年10月出版 / 估价：99.00元
PSN B-2016-573-1/1

装备制造业蓝皮书
中国装备制造业发展报告（2018）
著(编)者：徐东华
2018年12月出版 / 估价：118.00元
PSN B-2015-505-1/1

# 行业及其他类

"三农"互联网金融蓝皮书
中国"三农"互联网金融发展报告（2018）
著(编)者：李勇坚 王弢
2018年8月出版 / 估价：99.00元
PSN B-2016-560-1/1

SUV蓝皮书
中国SUV市场发展报告（2017~2018）
著(编)者：靳军 2018年9月出版 / 估价：99.00元
PSN B-2016-571-1/1

冰雪蓝皮书
中国冬季奥运会发展报告（2018）
著(编)者：孙承华 伍斌 魏庆华 张鸿俊
2018年9月出版 / 估价：99.00元
PSN B-2017-647-2/3

彩票蓝皮书
中国彩票发展报告（2018）
著(编)者：益彩基金 2018年6月出版 / 估价：99.00元
PSN B-2015-462-1/1

测绘地理信息蓝皮书
测绘地理信息供给侧结构性改革研究报告（2018）
著(编)者：库热西·买合苏提
2018年12月出版 / 估价：168.00元
PSN B-2009-145-1/1

产权市场蓝皮书
中国产权市场发展报告（2017）
著(编)者：曹和平
2018年5月出版 / 估价：99.00元
PSN B-2009-147-1/1

城投蓝皮书
中国城投行业发展报告（2018）
著(编)者：华景斌
2018年11月出版 / 估价：300.00元
PSN B-2016-514-1/1

城市轨道交通蓝皮书
中国城市轨道交通运营发展报告（2017~2018）
著(编)者：崔学忠 贾文峥
2018年3月出版 / 定价：89.00元
PSN B-2018-694-1/1

大数据蓝皮书
中国大数据发展报告（No.2）
著(编)者：尹丽明 2018年5月出版 / 估价：99.00元
PSN B-2017-620-1/1

大数据应用蓝皮书
中国大数据应用发展报告No.2（2018）
著(编)者：陈军君 2018年8月出版 / 估价：99.00元
PSN B-2017-644-1/1

对外投资与风险蓝皮书
中国对外直接投资与国家风险报告（2018）
著(编)者：中债资信评估有限责任公司
中国社会科学院世界经济与政治研究所
2018年6月出版 / 估价：189.00元
PSN B-2017-606-1/1

工业和信息化蓝皮书
人工智能发展报告（2017~2018）
著(编)者：尹丽波 2018年6月出版 / 估价：99.00元
PSN B-2015-448-1/6

工业和信息化蓝皮书
世界智能城市发展报告（2017~2018）
著(编)者：尹丽波 2018年6月出版 / 估价：99.00元
PSN B-2017-624-6/6

工业和信息化蓝皮书
世界网络安全发展报告（2017~2018）
著(编)者：尹丽波 2018年6月出版 / 估价：99.00元
PSN B-2015-452-5/6

工业和信息化蓝皮书
世界信息化发展报告（2017~2018）
著(编)者：尹丽波 2018年6月出版 / 估价：99.00元
PSN B-2015-451-4/6

工业设计蓝皮书
中国工业设计发展报告（2018）
著(编)者：王晓红 于炜 张立群 2018年9月出版 / 估价：168.00元
PSN B-2014-420-1/1

公共关系蓝皮书
中国公共关系发展报告（2017）
著(编)者：柳斌杰 2018年1月出版 / 定价：89.00元
PSN B-2016-579-1/1

**公共关系蓝皮书**
中国公共关系发展报告（2018）
著(编)者：柳斌杰　2018年11月出版 / 估价：99.00元
PSN B-2016-579-1/1

**管理蓝皮书**
中国管理发展报告（2018）
著(编)者：张晓东　2018年10月出版 / 估价：99.00元
PSN B-2014-416-1/1

**轨道交通蓝皮书**
中国轨道交通行业发展报告（2017）
著(编)者：仲建华 李闽榕
2017年12月出版 / 定价：98.00元
PSN B-2017-674-1/1

**海关发展蓝皮书**
中国海关发展前沿报告（2018）
著(编)者：干春晖　2018年6月出版 / 估价：99.00元
PSN B-2017-616-1/1

**互联网医疗蓝皮书**
中国互联网健康医疗发展报告（2018）
著(编)者：芮晓武　2018年6月出版 / 估价：99.00元
PSN B-2016-567-1/1

**黄金市场蓝皮书**
中国商业银行黄金业务发展报告（2017~2018）
著(编)者：平安银行　2018年6月出版 / 估价：99.00元
PSN B-2016-524-1/1

**会展蓝皮书**
中外会展业动态评估研究报告（2018）
著(编)者：张敏 任中峰 聂鑫焱 牛盼强
2018年12月出版 / 估价：99.00元
PSN B-2013-327-1/1

**基金会蓝皮书**
中国基金会发展报告（2017~2018）
著(编)者：中国基金会发展报告课题组
2018年6月出版 / 估价：99.00元
PSN B-2013-368-1/1

**基金会绿皮书**
中国基金会发展独立研究报告（2018）
著(编)者：基金会中心网　中央民族大学基金会研究中心
2018年6月出版 / 估价：99.00元
PSN G-2011-213-1/1

**基金会透明度蓝皮书**
中国基金会透明度发展研究报告（2018）
著(编)者：基金会中心网
清华大学廉政与治理研究中心
2018年9月出版 / 估价：99.00元
PSN B-2013-339-1/1

**建筑装饰蓝皮书**
中国建筑装饰行业发展报告（2018）
著(编)者：葛道顺 刘晓一
2018年10月出版 / 估价：198.00元
PSN B-2016-553-1/1

**金融监管蓝皮书**
中国金融监管报告（2018）
著(编)者：胡滨　2018年3月出版 / 定价：98.00元
PSN B-2012-281-1/1

**金融蓝皮书**
中国互联网金融行业分析与评估（2018~2019）
著(编)者：黄国平 伍旭川　2018年12月出版 / 估价：99.00元
PSN B-2016-585-7/7

**金融科技蓝皮书**
中国金融科技发展报告（2018）
著(编)者：李扬 孙国峰　2018年10月出版 / 估价：99.00元
PSN B-2014-374-1/1

**金融信息服务蓝皮书**
中国金融信息服务发展报告（2018）
著(编)者：李平　2018年5月出版 / 估价：99.00元
PSN B-2016-621-1/1

**金蜜蜂企业社会责任蓝皮书**
金蜜蜂中国企业社会责任报告研究（2017）
著(编)者：殷格非 于志宏 管竹笋
2018年1月出版 / 定价：99.00元
PSN B-2018-693-1/1

**京津冀金融蓝皮书**
京津冀金融发展报告（2018）
著(编)者：王爱俭 王璟怡　2018年10月出版 / 估价：99.00元
PSN B-2016-527-1/1

**科普蓝皮书**
国家科普能力发展报告（2018）
著(编)者：王康友　2018年5月出版 / 估价：138.00元
PSN B-2017-632-4/4

**科普蓝皮书**
中国基层科普发展报告（2017~2018）
著(编)者：赵立新 陈玲　2018年9月出版 / 估价：99.00元
PSN B-2016-568-3/4

**科普蓝皮书**
中国科普基础设施发展报告（2017~2018）
著(编)者：任福君　2018年6月出版 / 估价：99.00元
PSN B-2010-174-1/3

**科普蓝皮书**
中国科普人才发展报告（2017~2018）
著(编)者：郑念 任嵘嵘　2018年7月出版 / 估价：99.00元
PSN B-2016-512-2/4

**科普能力蓝皮书**
中国科普能力评价报告（2018~2019）
著(编)者：李富强 李群　2018年8月出版 / 估价：99.00元
PSN B-2016-555-1/1

**临空经济蓝皮书**
中国临空经济发展报告（2018）
著(编)者：连玉明　2018年9月出版 / 估价：99.00元
PSN B-2014-421-1/1

**旅游安全蓝皮书**
中国旅游安全报告（2018）
著(编)者：郑向敏 谢朝武　2018年5月出版 / 估价：158.00元
PSN B-2012-280-1/1

**旅游绿皮书**
2017～2018年中国旅游发展分析与预测
著(编)者：宋瑞　2018年1月出版 / 定价：99.00元
PSN G-2002-018-1/1

**煤炭蓝皮书**
中国煤炭工业发展报告（2018）
著(编)者：岳福斌　2018年12月出版 / 估价：99.00元
PSN B-2008-123-1/1

**民营企业社会责任蓝皮书**
中国民营企业社会责任报告（2018）
著(编)者：中华全国工商业联合会
2018年12月出版 / 估价：99.00元
PSN B-2015-510-1/1

**民营医院蓝皮书**
中国民营医院发展报告（2017）
著(编)者：薛晓林　2017年12月出版 / 定价：89.00元
PSN B-2012-299-1/1

**闽商蓝皮书**
闽商发展报告（2018）
著(编)者：李闽榕 王日根 林琛
2018年12月出版 / 估价：99.00元
PSN B-2012-298-1/1

**农业应对气候变化蓝皮书**
中国农业气象灾害及其灾损评估报告（No.3）
著(编)者：矫梅燕　2018年6月出版 / 估价：118.00元
PSN B-2014-413-1/1

**品牌蓝皮书**
中国品牌战略发展报告（2018）
著(编)者：汪同三　2018年10月出版 / 估价：99.00元
PSN B-2016-580-1/1

**企业扶贫蓝皮书**
中国企业扶贫研究报告（2018）
著(编)者：钟宏武　2018年12月出版 / 估价：99.00元
PSN B-2016-593-1/1

**企业公益蓝皮书**
中国企业公益研究报告（2018）
著(编)者：钟宏武 汪杰 黄晓娟
2018年12月出版 / 估价：99.00元
PSN B-2015-501-1/1

**企业国际化蓝皮书**
中国企业全球化报告（2018）
著(编)者：王辉耀 苗绿　2018年11月出版 / 估价：99.00元
PSN B-2014-427-1/1

**企业蓝皮书**
中国企业绿色发展报告No.2（2018）
著(编)者：李红玉 朱光辉
2018年8月出版 / 估价：99.00元
PSN B-2015-481-2/2

**企业社会责任蓝皮书**
中资企业海外社会责任研究报告（2017～2018）
著(编)者：钟宏武 叶柳红 张蒽
2018年6月出版 / 估价：99.00元
PSN B-2017-603-2/2

**企业社会责任蓝皮书**
中国企业社会责任研究报告（2018）
著(编)者：黄群慧 钟宏武 张蒽 汪杰
2018年11月出版 / 估价：99.00元
PSN B-2009-149-1/2

**汽车安全蓝皮书**
中国汽车安全发展报告（2018）
著(编)者：中国汽车技术研究中心
2018年8月出版 / 估价：99.00元
PSN B-2014-385-1/1

**汽车电子商务蓝皮书**
中国汽车电子商务发展报告（2018）
著(编)者：中华全国工商业联合会汽车经销商商会
　　　　　北方工业大学
　　　　　北京易观智库网络科技有限公司
2018年10月出版 / 估价：158.00元
PSN B-2015-485-1/1

**汽车知识产权蓝皮书**
中国汽车产业知识产权发展报告（2018）
著(编)者：中国汽车工程研究院股份有限公司
　　　　　中国汽车工程学会
　　　　　重庆长安汽车股份有限公司
2018年12月出版 / 估价：99.00元
PSN B-2016-594-1/1

**青少年体育蓝皮书**
中国青少年体育发展报告（2017）
著(编)者：刘扶民 杨桦　2018年6月出版 / 估价：99.00元
PSN B-2015-482-1/1

**区块链蓝皮书**
中国区块链发展报告（2018）
著(编)者：李伟　2018年9月出版 / 估价：99.00元
PSN B-2017-649-1/1

**群众体育蓝皮书**
中国群众体育发展报告（2017）
著(编)者：刘国永 戴健　2018年5月出版 / 估价：99.00元
PSN B-2014-411-1/3

**群众体育蓝皮书**
中国社会体育指导员发展报告（2018）
著(编)者：刘国永 王欢　2018年6月出版 / 估价：99.00元
PSN B-2016-520-3/3

**人力资源蓝皮书**
中国人力资源发展报告（2018）
著(编)者：余兴安　2018年11月出版 / 估价：99.00元
PSN B-2012-287-1/1

**融资租赁蓝皮书**
中国融资租赁业发展报告（2017～2018）
著(编)者：李光荣 王力　2018年8月出版 / 估价：99.00元
PSN B-2015-443-1/1

**商会蓝皮书**
中国商会发展报告No.5（2017）
著(编)者：王钦敏　　2018年7月出版 / 估价：99.00元
PSN B-2008-125-1/1

**商务中心区蓝皮书**
中国商务中心区发展报告No.4（2017~2018）
著(编)者：李国红 单菁菁　　2018年9月出版 / 估价：99.00元
PSN B-2015-444-1/1

**设计产业蓝皮书**
中国创新设计发展报告（2018）
著(编)者：王晓红 张立群 于炜
2018年11月出版 / 估价：99.00元
PSN B-2016-581-2/2

**社会责任管理蓝皮书**
中国上市公司社会责任能力成熟度报告No.4（2018）
著(编)者：肖红军 王晓光 李伟阳
2018年12月出版 / 估价：99.00元
PSN B-2015-507-2/2

**社会责任管理蓝皮书**
中国企业公众透明度报告No.4（2017~2018）
著(编)者：黄速建 熊梦 王晓光 肖红军
2018年6月出版 / 估价：99.00元
PSN B-2015-440-1/2

**食品药品蓝皮书**
食品药品安全与监管政策研究报告（2016~2017）
著(编)者：唐民皓　2018年6月出版 / 估价：99.00元
PSN B-2009-129-1/1

**输血服务蓝皮书**
中国输血行业发展报告（2018）
著(编)者：孙俊　2018年12月出版 / 估价：99.00元
PSN B-2016-582-1/1

**水利风景区蓝皮书**
中国水利风景区发展报告（2018）
著(编)者：董建文 兰思仁
2018年10月出版 / 估价：99.00元
PSN B-2015-480-1/1

**数字经济蓝皮书**
全球数字经济竞争力发展报告（2017）
著(编)者：王振　2017年12月出版 / 定价：79.00元
PSN B-2017-673-1/1

**私募市场蓝皮书**
中国私募股权市场发展报告（2017~2018）
著(编)者：曹和平　2018年12月出版 / 估价：99.00元
PSN B-2010-162-1/1

**碳排放权交易蓝皮书**
中国碳排放权交易报告（2018）
著(编)者：孙永平　2018年11月出版 / 估价：99.00元
PSN B-2017-652-1/1

**碳市场蓝皮书**
中国碳市场报告（2018）
著(编)者：定金彪　2018年11月出版 / 估价：99.00元
PSN B-2014-430-1/1

**体育蓝皮书**
中国公共体育服务发展报告（2018）
著(编)者：戴健　2018年12月出版 / 估价：99.00元
PSN B-2013-367-2/5

**土地市场蓝皮书**
中国农村土地市场发展报告（2017~2018）
著(编)者：李光荣　2018年6月出版 / 估价：99.00元
PSN B-2016-526-1/1

**土地整治蓝皮书**
中国土地整治发展研究报告（No.5）
著(编)者：国土资源部土地整治中心
2018年7月出版 / 估价：99.00元
PSN B-2014-401-1/1

**土地政策蓝皮书**
中国土地政策研究报告（2018）
著(编)者：高延利 张建平 吴次芳
2018年1月出版 / 估价：98.00元
PSN B-2015-506-1/1

**网络空间安全蓝皮书**
中国网络空间安全发展报告（2018）
著(编)者：惠志斌 覃庆玲
2018年11月出版 / 估价：99.00元
PSN B-2015-466-1/1

**文化志愿服务蓝皮书**
中国文化志愿服务发展报告（2018）
著(编)者：张永新 良警宇　2018年11月出版 / 估价：128.00元
PSN B-2016-596-1/1

**西部金融蓝皮书**
中国西部金融发展报告（2017~2018）
著(编)者：李忠民　2018年8月出版 / 估价：99.00元
PSN B-2010-160-1/1

**协会商会蓝皮书**
中国行业协会商会发展报告（2017）
著(编)者：景朝阳 李勇　2018年6月出版 / 估价：99.00元
PSN B-2015-461-1/1

**新三板蓝皮书**
中国新三板市场发展报告（2018）
著(编)者：王力　2018年8月出版 / 估价：99.00元
PSN B-2016-533-1/1

**信托市场蓝皮书**
中国信托业市场报告（2017~2018）
著(编)者：用益金融信托研究院
2018年6月出版 / 估价：198.00元
PSN B-2014-371-1/1

**信息化蓝皮书**
中国信息化形势分析与预测（2017~2018）
著(编)者：周宏仁　2018年8月出版 / 估价：99.00元
PSN B-2010-168-1/1

**信用蓝皮书**
中国信用发展报告（2017~2018）
著(编)者：章政 田侃　2018年6月出版 / 估价：99.00元
PSN B-2013-328-1/1

**23**

**休闲绿皮书**
2017~2018年中国休闲发展报告
著(编)者：宋瑞　　2018年7月出版／估价：99.00元
PSN G-2010-158-1/1

**休闲体育蓝皮书**
中国休闲体育发展报告（2017~2018）
著(编)者：李相如　钟秉枢
2018年10月出版／估价：99.00元
PSN B-2016-516-1/1

**养老金融蓝皮书**
中国养老金融发展报告（2018）
著(编)者：董克用　姚余栋
2018年9月出版／估价：99.00元
PSN B-2016-583-1/1

**遥感监测绿皮书**
中国可持续发展遥感监测报告（2017）
著(编)者：顾行发　汪克强　潘教峰　李闽榕　徐东华　王琦安
2018年6月出版／估价：298.00元
PSN B-2017-629-1/1

**药品流通蓝皮书**
中国药品流通行业发展报告（2013）
著(编)者：佘鲁林　温再兴
2018年7月出版／估价：198.00元
PSN B-2014-429-1/1

**医疗器械蓝皮书**
中国医疗器械行业发展报告（2013）
著(编)者：王宝亭　耿鸿武
2018年10月出版／估价：99.00元
PSN B-2017-661-1/1

**医院蓝皮书**
中国医院竞争力报告（2017~2018）
著(编)者：庄一强　　2018年3月出版／定价：108.00元
PSN B-2016-528-1/1

**瑜伽蓝皮书**
中国瑜伽业发展报告（2017~2018）
著(编)者：张永建　徐华锋　朱泰余
2018年6月出版／估价：198.00元
PSN B-2017-625-1/1

**债券市场蓝皮书**
中国债券市场发展报告（2017~2018）
著(编)者：杨农　　2018年10月出版／估价：99.00元
PSN B-2016-572-1/1

**志愿服务蓝皮书**
中国志愿服务发展报告（2018）
著(编)者：中国志愿服务联合会
2018年11月出版／估价：99.00元
PSN B-2017-664-1/1

**中国上市公司蓝皮书**
中国上市公司发展报告（2018）
著(编)者：张鹏　张平　黄胤英
2018年9月出版／估价：99.00元
PSN B-2014-414-1/1

**中国新三板蓝皮书**
中国新三板创新与发展报告（2018）
著(编)者：刘平安　闻召林
2018年8月出版／估价：158.00元
PSN B-2017-638-1/1

**中国汽车品牌蓝皮书**
中国乘用车品牌发展报告（2017）
著(编)者：《中国汽车报》社有限公司
　　　　　博世（中国）投资有限公司
　　　　　中国汽车技术研究中心数据资源中心
2018年1月出版／定价：89.00元
PSN B-2017-679-1/1

**中医文化蓝皮书**
北京中医药文化传播发展报告（2018）
著(编)者：毛嘉陵　　2018年6月出版／估价：99.00元
PSN B-2015-468-1/2

**中医文化蓝皮书**
中国中医药文化传播发展报告（2018）
著(编)者：毛嘉陵　　2018年7月出版／估价：99.00元
PSN B-2016-584-2/2

**中医药蓝皮书**
北京中医药知识产权发展报告No.2
著(编)者：汪洪　屠志涛　　2018年6月出版／估价：168.00元
PSN B-2017-602-1/1

**资本市场蓝皮书**
中国场外交易市场发展报告（2016~2017）
著(编)者：高峦　　2018年6月出版／估价：99.00元
PSN B-2009-153-1/1

**资产管理蓝皮书**
中国资产管理行业发展报告（2018）
著(编)者：郑智　　2018年7月出版／估价：99.00元
PSN B-2014-407-2/2

**资产证券化蓝皮书**
中国资产证券化发展报告（2018）
著(编)者：沈炳熙　曹彤　李哲平
2018年4月出版／定价：98.00元
PSN B-2017-660-1/1

**自贸区蓝皮书**
中国自贸区发展报告（2018）
著(编)者：王力　黄育华
2018年6月出版／估价：99.00元
PSN B-2016-558-1/1

# 国际问题与全球治理类

**"一带一路"跨境通道蓝皮书**
"一带一路"跨境通道建设研究报（2017~2018）
著(编)者：余鑫 张秋生　2018年1月出版 / 定价：89.00元
PSN B-2016-557-1/1

**"一带一路"蓝皮书**
"一带一路"建设发展报告（2018）
著(编)者：李永全　2018年3月出版 / 定价：98.00元
PSN B-2016-552-1/1

**"一带一路"投资安全蓝皮书**
中国"一带一路"投资与安全研究报告（2018）
著(编)者：邹统钎 梁昊光　2018年4月出版 / 定价：98.00元
PSN B-2017-612-1/1

**"一带一路"文化交流蓝皮书**
中阿文化交流发展报告（2017）
著(编)者：王辉　2017年12月出版 / 定价：89.00元
PSN B-2017-655-1/1

**G20国家创新竞争力黄皮书**
二十国集团（G20）国家创新竞争力发展报告（2017~2018）
著(编)者：李建平 李闽榕 赵新力 周天勇
2018年7月出版 / 估价：168.00元
PSN Y-2011-229-1/1

**阿拉伯黄皮书**
阿拉伯发展报告（2016~2017）
著(编)者：罗林　2018年6月出版 / 估价：99.00元
PSN Y-2014-381-1/1

**北部湾蓝皮书**
泛北部湾合作发展报告（2017~2018）
著(编)者：吕余生　2018年12月出版 / 估价：99.00元
PSN B-2008-114-1/1

**北极蓝皮书**
北极地区发展报告（2017）
著(编)者：刘惠荣　2018年7月出版 / 估价：99.00元
PSN B-2017-634-1/1

**大洋洲蓝皮书**
大洋洲发展报告（2017~2018）
著(编)者：喻常森　2018年10月出版 / 估价：99.00元
PSN B-2013-341-1/1

**东北亚区域合作蓝皮书**
2017年"一带一路"倡议与东北亚区域合作
著(编)者：刘亚政 金美花
2018年5月出版 / 估价：99.00元
PSN B-2017-631-1/1

**东盟黄皮书**
东盟发展报告（2017）
著(编)者：杨静林 庄国土　2018年6月出版 / 估价：99.00元
PSN Y-2012-303-1/1

**东南亚蓝皮书**
东南亚地区发展报告（2017~2018）
著(编)者：王勤　2018年12月出版 / 估价：99.00元
PSN B-2012-240-1/1

**非洲黄皮书**
非洲发展报告No.20（2017~2018）
著(编)者：张宏明　2018年7月出版 / 估价：99.00元
PSN Y-2012-239-1/1

**非传统安全蓝皮书**
中国非传统安全研究报告（2017~2018）
著(编)者：潇枫 罗中枢　2018年8月出版 / 估价：99.00元
PSN B-2012-273-1/1

**国际安全蓝皮书**
中国国际安全研究报告（2018）
著(编)者：刘慧　2018年7月出版 / 估价：99.00元
PSN B-2016-521-1/1

**国际城市蓝皮书**
国际城市发展报告（2018）
著(编)者：屠启宇　2018年2月出版 / 定价：89.00元
PSN B-2012-260-1/1

**国际形势黄皮书**
全球政治与安全报告（2018）
著(编)者：张宇燕　2018年1月出版 / 定价：99.00元
PSN Y-2001-016-1/1

**公共外交蓝皮书**
中国公共外交发展报告（2018）
著(编)者：赵启正 雷蔚真　2018年6月出版 / 估价：99.00元
PSN B-2015-457-1/1

**海丝蓝皮书**
21世纪海上丝绸之路研究报告（2017）
著(编)者：华侨大学海上丝绸之路研究院
2017年12月出版 / 定价：89.00元
PSN B-2017-684-1/1

**金砖国家黄皮书**
金砖国家综合创新竞争力发展报告（2018）
著(编)者：赵新力 李闽榕 黄茂兴
2018年8月出版 / 定价：128.00元
PSN Y-2017-643-1/1

**拉美黄皮书**
拉丁美洲和加勒比发展报告（2017~2018）
著(编)者：袁东振　2018年6月出版 / 估价：99.00元
PSN Y-1999-007-1/1

**澜湄合作蓝皮书**
澜沧江-湄公河合作发展报告（2018）
著(编)者：刘稚　2018年9月出版 / 估价：99.00元
PSN B-2011-196-1/1

## 欧洲蓝皮书
欧洲发展报告（2017～2018）
著(编)者：黄平 周弘 程卫东
2018年6月出版 / 估价：99.00元
PSN B-1999-009-1/1

## 葡语国家蓝皮书
葡语国家发展报告（2016～2017）
著(编)者：王成安 张敏 刘金兰
2018年6月出版 / 估价：99.00元
PSN B-2015-503-1/2

## 葡语国家蓝皮书
中国与葡语国家关系发展报告·巴西（2016）
著(编)者：张曙光
2018年8月出版 / 估价：99.00元
PSN B-2016-563-2/2

## 气候变化绿皮书
应对气候变化报告（2018）
著(编)者：王伟光 郑国光
2018年11月出版 / 估价：99.00元
PSN G-2009-144-1/1

## 全球环境竞争力绿皮书
全球环境竞争力报告（2018）
著(编)者：李建平 李闽榕 王金南
2018年12月出版 / 估价：198.00元
PSN G-2013-363-1/1

## 全球信息社会蓝皮书
全球信息社会发展报告（2018）
著(编)者：丁波涛 唐涛　2018年10月出版 / 估价：99.00元
PSN B-2017-665-1/1

## 日本经济蓝皮书
日本经济与中日经贸关系研究报告（2018）
著(编)者：张季风　2018年6月出版 / 估价：99.00元
PSN B-2008-102-1/1

## 上海合作组织黄皮书
上海合作组织发展报告（2018）
著(编)者：李进峰　2018年6月出版 / 估价：99.00元
PSN Y-2009-130-1/1

## 世界创新竞争力黄皮书
世界创新竞争力发展报告（2017）
著(编)者：李建平 李闽榕 赵新力
2018年6月出版 / 估价：168.00元
PSN Y-2013-318-1/1

## 世界经济黄皮书
2018年世界经济形势分析与预测
著(编)者：张宇燕　2018年1月出版 / 定价：99.00元
PSN Y-1999-006-1/1

## 世界能源互联互通蓝皮书
世界能源清洁发展与互联互通评估报告（2017）：欧洲篇
著(编)者：国网能源研究院
2018年1月出版 / 定价：128.00元
PSN B-2018-695-1/1

## 丝绸之路蓝皮书
丝绸之路经济带发展报告（2018）
著(编)者：任宗哲 白宽犁 谷孟宾
2018年1月出版 / 定价：89.00元
PSN B-2014-410-1/1

## 新兴经济体蓝皮书
金砖国家发展报告（2018）
著(编)者：林跃勤 周文
2018年8月出版 / 估价：99.00元
PSN B-2011-195-1/1

## 亚太蓝皮书
亚太地区发展报告（2018）
著(编)者：李向阳　2018年5月出版 / 估价：99.00元
PSN B-2001-015-1/1

## 印度洋地区蓝皮书
印度洋地区发展报告（2018）
著(编)者：汪戎　2018年6月出版 / 估价：99.00元
PSN B-2013-334-1/1

## 印度尼西亚经济蓝皮书
印度尼西亚经济发展报告（2017）：增长与机会
著(编)者：左志刚　2017年11月出版 / 定价：89.00元
PSN B-2017-675-1/1

## 渝新欧蓝皮书
渝新欧沿线国家发展报告（2018）
著(编)者：杨柏 黄森
2018年6月出版 / 估价：99.00元
PSN B-2017-626-1/1

## 中阿蓝皮书
中国-阿拉伯国家经贸发展报告（2018）
著(编)者：张廉 段庆林 王林聪 杨巧红
2018年12月出版 / 估价：99.00元
PSN B-2016-598-1/1

## 中东黄皮书
中东发展报告No.20（2017～2018）
著(编)者：杨光　2018年10月出版 / 估价：99.00元
PSN Y-1998-004-1/1

## 中亚黄皮书
中亚国家发展报告（2018）
著(编)者：孙力
2018年3月出版 / 定价：98.00元
PSN Y-2012-238-1/1

# 国别类

**澳大利亚蓝皮书**
澳大利亚发展报告（2017-2018）
著(编)者：孙有中 韩锋　2018年12月出版 / 估价：99.00元
PSN B-2016-587-1/1

**巴西黄皮书**
巴西发展报告（2017）
著(编)者：刘国枝　2018年5月出版 / 估价：99.00元
PSN Y-2017-614-1/1

**德国蓝皮书**
德国发展报告（2018）
著(编)者：郑春荣　2018年6月出版 / 估价：99.00元
PSN B-2012-278-1/1

**俄罗斯黄皮书**
俄罗斯发展报告（2018）
著(编)者：李永全　2018年6月出版 / 估价：99.00元
PSN Y-2006-061-1/1

**韩国蓝皮书**
韩国发展报告（2017）
著(编)者：牛林杰 刘宝全　2018年6月出版 / 估价：99.00元
PSN B-2010-155-1/1

**加拿大蓝皮书**
加拿大发展报告（2018）
著(编)者：唐小松　2018年9月出版 / 估价：99.00元
PSN B-2014-389-1/1

**美国蓝皮书**
美国研究报告（2018）
著(编)者：郑秉文 黄平　2018年5月出版 / 估价：99.00元
PSN B-2011-210-1/1

**缅甸蓝皮书**
缅甸国情报告（2017）
著(编)者：祝湘辉
2017年11月出版 / 定价：98.00元
PSN B-2013-343-1/1

**日本蓝皮书**
日本研究报告（2018）
著(编)者：杨伯江　2018年4月出版 / 定价：99.00元
PSN B-2002-020-1/1

**土耳其蓝皮书**
土耳其发展报告（2018）
著(编)者：郭长刚 刘义　2018年9月出版 / 估价：99.00元
PSN B-2014-412-1/1

**伊朗蓝皮书**
伊朗发展报告（2017~2018）
著(编)者：冀开运　2018年10月 / 估价：99.00元
PSN B-2016-574-1/1

**以色列蓝皮书**
以色列发展报告（2018）
著(编)者：张倩红　2018年8月出版 / 估价：99.00元
PSN B-2015-483-1/1

**印度蓝皮书**
印度国情报告（2017）
著(编)者：吕昭义　2018年6月出版 / 估价：99.00元
PSN B-2012-241-1/1

**英国蓝皮书**
英国发展报告（2017~2018）
著(编)者：王展鹏　2018年12月出版 / 估价：99.00元
PSN B-2015-486-1/1

**越南蓝皮书**
越南国情报告（2018）
著(编)者：谢林城　2018年11月出版 / 估价：99.00元
PSN B-2006-056-1/1

**泰国蓝皮书**
泰国研究报告（2018）
著(编)者：庄国土 张禹东 刘文正
2018年10月出版 / 估价：99.00元
PSN B-2016-556-1/1

# 文化传媒类

**"三农"舆情蓝皮书**
中国"三农"网络舆情报告（2017~2018）
著(编)者：农业部信息中心
2018年6月出版 / 估价：99.00元
PSN B-2017-640-1/1

**传媒竞争力蓝皮书**
中国传媒国际竞争力研究报告（2018）
著(编)者：李本乾 刘强 王大可
2018年8月出版 / 估价：99.00元
PSN B-2013-356-1/1

**传媒蓝皮书**
中国传媒产业发展报告（2018）
著(编)者：崔保国
2018年5月出版 / 估价：99.00元
PSN B-2005-035-1/1

**传媒投资蓝皮书**
中国传媒投资发展报告（2018）
著(编)者：张向东 谭云明
2018年6月出版 / 估价：148.00元
PSN B-2015-474-1/1

**27**

非物质文化遗产蓝皮书
中国非物质文化遗产发展报告（2018）
著(编)者：陈平　　2018年6月出版 / 估价：128.00元
PSN B-2015-469-1/2

非物质文化遗产蓝皮书
中国非物质文化遗产保护发展报告（2018）
著(编)者：宋俊华　　2018年10月出版 / 估价：128.00元
PSN B-2016-586-2/2

广电蓝皮书
中国广播电影电视发展报告（2018）
著(编)者：国家新闻出版广电总局发展研究中心
2018年7月出版 / 估价：99.00元
PSN B-2006-072-1/1

广告主蓝皮书
中国广告主营销传播趋势报告No.9
著(编)者：黄升民 杜国清 邵华冬 等
2018年10月出版 / 估价：158.00元
PSN B-2005-041-1/1

国际传播蓝皮书
中国国际传播发展报告（2018）
著(编)者：胡正荣 李继东 姬德强
2018年12月出版 / 估价：99.00元
PSN B-2014-408-1/1

国家形象蓝皮书
中国国家形象传播报告（2017）
著(编)者：张昆　　2018年6月出版 / 估价：128.00元
PSN B-2017-605-1/1

互联网治理蓝皮书
中国网络社会治理研究报告（2018）
著(编)者：罗昕 支庭荣
2018年9月出版 / 估价：118.00元
PSN B-2017-653-1/1

纪录片蓝皮书
中国纪录片发展报告（2018）
著(编)者：何苏六　　2018年10月出版 / 估价：99.00元
PSN B-2011-222-1/1

科学传播蓝皮书
中国科学传播报告（2016~2017）
著(编)者：詹正茂　　2018年6月出版 / 估价：99.00元
PSN B-2008-120-1/1

两岸创意经济蓝皮书
两岸创意经济研究报告（2018）
著(编)者：罗昌智 董泽平
2018年10月出版 / 估价：99.00元
PSN B-2014-437-1/1

媒介与女性蓝皮书
中国媒介与女性发展报告（2017~2018）
著(编)者：刘利群　　2018年5月出版 / 估价：99.00元
PSN B-2013-345-1/1

媒体融合蓝皮书
中国媒体融合发展报告（2017~2018）
著(编)者：梅宁华 支庭荣
2017年12月出版 / 定价：98.00元
PSN B-2015-479-1/1

全球传媒蓝皮书
全球传媒发展报告（2017~2018）
著(编)者：胡正荣 李继东　　2018年6月出版 / 估价：99.00元
PSN B-2012-237-1/1

少数民族非遗蓝皮书
中国少数民族非物质文化遗产发展报告（2018）
著(编)者：肖远平（彝） 柴立（满）
2018年10月出版 / 估价：118.00元
PSN B-2015-467-1/1

视听新媒体蓝皮书
中国视听新媒体发展报告（2018）
著(编)者：国家新闻出版广电总局发展研究中心
2018年7月出版 / 估价：118.00元
PSN B-2011-184-1/1

数字娱乐产业蓝皮书
中国动画产业发展报告（2018）
著(编)者：孙立军 孙平 牛兴侦
2018年10月出版 / 估价：99.00元
PSN B-2011-198-1/2

数字娱乐产业蓝皮书
中国游戏产业发展报告（2018）
著(编)者：孙立军 刘跃军　　2018年10月出版 / 估价：99.00元
PSN B-2017-662-2/2

网络视听蓝皮书
中国互联网视听行业发展报告（2018）
著(编)者：陈鹏　　2018年2月出版 / 定价：148.00元
PSN B-2018-688-1/1

文化创新蓝皮书
中国文化创新报告（2017·No.8）
著(编)者：傅才武　　2018年6月出版 / 估价：99.00元
PSN B-2009-143-1/1

文化建设蓝皮书
中国文化发展报告（2018）
著(编)者：江畅 孙伟平 戴茂堂
2018年5月出版 / 估价：99.00元
PSN B-2014-392-1/1

文化科技蓝皮书
文化科技创新发展报告（2018）
著(编)者：于平 李凤亮　　2018年10月出版 / 估价：99.00元
PSN B-2013-342-1/1

文化蓝皮书
中国公共文化服务发展报告（2017~2018）
著(编)者：刘新成 张永新 张旭
2018年12月出版 / 估价：99.00元
PSN B-2007-093-2/10

文化蓝皮书
中国少数民族文化发展报告（2017~2018）
著(编)者：武翠英 张晓明 任乌晶
2018年9月出版 / 估价：99.00元
PSN B-2013-369-9/10

文化蓝皮书
中国文化产业供需协调检测报告（2018）
著(编)者：王亚南　　2018年3月出版 / 定价：99.00元
PSN B-2013-323-8/10

**文化蓝皮书**
中国文化消费需求景气评价报告（2018）
著(编)者：王亚南　2018年3月出版 / 定价：99.00元
PSN B-2011-236-4/10

**文化蓝皮书**
中国公共文化投入增长测评报告（2018）
著(编)者：王亚南　2018年3月出版 / 定价：99.00元
PSN B-2014-435-10/10

**文化品牌蓝皮书**
中国文化品牌发展报告（2018）
著(编)者：欧阳友权　2018年5月出版 / 估价：99.00元
PSN B-2012-277-1/1

**文化遗产蓝皮书**
中国文化遗产事业发展报告（2017~2018）
著(编)者：苏杨 张颖岚 卓杰 白海峰 陈晨 陈叙图
2018年8月出版 / 估价：99.00元
PSN B-2008-119-1/1

**文学蓝皮书**
中国文情报告（2017~2018）
著(编)者：白烨　2018年5月出版 / 估价：99.00元
PSN B-2011-221-1/1

**新媒体蓝皮书**
中国新媒体发展报告No.9（2018）
著(编)者：唐绪军　2018年7月出版 / 估价：99.00元
PSN B-2010-169-1/1

**新媒体社会责任蓝皮书**
中国新媒体社会责任研究报告（2018）
著(编)者：钟瑛　2018年12月出版 / 估价：99.00元
PSN B-2014-423-1/1

**移动互联网蓝皮书**
中国移动互联网发展报告（2018）
著(编)者：余清楚　2018年6月出版 / 估价：99.00元
PSN B-2012-282-1/1

**影视蓝皮书**
中国影视产业发展报告（2018）
著(编)者：司若 陈鹏 陈锐
2018年6月出版 / 估价：99.00元
PSN B-2016-529-1/1

**舆情蓝皮书**
中国社会舆情与危机管理报告（2018）
著(编)者：谢耘耕
2018年9月出版 / 估价：138.00元
PSN B-2011-235-1/1

**中国大运河蓝皮书**
中国大运河发展报告（2018）
著(编)者：吴欣　2018年2月出版 / 估价：128.00元
PSN B-2018-691-1/1

# 地方发展类-经济

**澳门蓝皮书**
澳门经济社会发展报告（2017~2018）
著(编)者：吴志良 郝雨凡
2018年7月出版 / 估价：99.00元
PSN B-2009-138-1/1

**澳门绿皮书**
澳门旅游休闲发展报告（2017~2018）
著(编)者：郝雨凡 林广志
2018年5月出版 / 估价：99.00元
PSN G-2017-617-1/1

**北京蓝皮书**
北京经济发展报告（2017~2018）
著(编)者：杨松　2018年6月出版 / 估价：99.00元
PSN B-2006-054-2/8

**北京旅游绿皮书**
北京旅游发展报告（2018）
著(编)者：北京旅游学会
2018年7月出版 / 估价：99.00元
PSN G-2012-301-1/1

**北京体育蓝皮书**
北京体育产业发展报告（2017~2018）
著(编)者：钟秉枢 陈杰 杨铁黎
2018年9月出版 / 估价：99.00元
PSN B-2015-475-1/1

**滨海金融蓝皮书**
滨海新区金融发展报告（2017）
著(编)者：王爱俭 李向前　2018年4月出版 / 估价：99.00元
PSN B-2014-424-1/1

**城乡一体化蓝皮书**
北京城乡一体化发展报告（2017~2018）
著(编)者：吴宝新 张宝秀 黄序
2018年5月出版 / 估价：99.00元
PSN B-2012-258-2/2

**非公有制企业社会责任蓝皮书**
北京非公有制企业社会责任报告（2018）
著(编)者：宋贵伦 冯培
2018年6月出版 / 估价：99.00元
PSN B-2017-613-1/1

**福建旅游蓝皮书**
福建省旅游产业发展现状研究（2017~2018）
著（编）者：陈敏华 黄远水　2018年12月出版 / 估价：128.00元
PSN B-2016-591-1/1

**福建自贸区蓝皮书**
中国（福建）自由贸易试验区发展报告（2017~2018）
著（编）者：黄茂兴　2018年6月出版 / 估价：118.00元
PSN B-2016-531-1/1

**甘肃蓝皮书**
甘肃经济发展分析与预测（2018）
著（编）者：安文华 罗哲　2018年1月出版 / 定价：99.00元
PSN B-2013-312-1/6

**甘肃蓝皮书**
甘肃商贸流通发展报告（2018）
著（编）者：张应华 王福生 王晓芳
2018年1月出版 / 定价：99.00元
PSN B-2016-522-6/6

**甘肃蓝皮书**
甘肃县域和农村发展报告（2018）
著（编）者：包东红 朱智文 王建兵
2018年1月出版 / 定价：99.00元
PSN B-2013-316-5/6

**甘肃农业科技绿皮书**
甘肃农业科技发展研究报告（2018）
著（编）者：魏胜文 乔德华 张东伟
2018年12月出版 / 估价：198.00元
PSN B-2016-592-1/1

**甘肃气象保障蓝皮书**
甘肃农业对气候变化的适应与风险评估报告（No.1）
著（编）者：鲍文中 周广胜
2017年12月出版 / 估价：108.00元
PSN B-2017-677-1/1

**巩义蓝皮书**
巩义经济社会发展报告（2018）
著（编）者：丁同民 朱军　2018年6月出版 / 估价：99.00元
PSN B-2016-532-1/1

**广东外经贸蓝皮书**
广东对外经济贸易发展研究报告（2017~2018）
著（编）者：陈万灵　2018年6月出版 / 估价：99.00元
PSN B-2012-286-1/1

**广西北部湾经济区蓝皮书**
广西北部湾经济区开放开发报告（2017~2018）
著（编）者：广西壮族自治区北部湾经济区和东盟开放合作办公室
　　　　　广西社会科学院
　　　　　广西北部湾发展研究院
2018年5月出版 / 估价：99.00元
PSN B-2010-181-1/1

**广州蓝皮书**
广州城市国际化发展报告（2018）
著（编）者：张跃国　2018年8月出版 / 估价：99.00元
PSN B-2012-246-11/14

**广州蓝皮书**
中国广州城市建设与管理发展报告（2018）
著（编）者：张其学 陈小钢 王宏伟　2018年8月出版 / 估价：99.00元
PSN B-2007-087-4/14

**广州蓝皮书**
广州创新型城市发展报告（2018）
著（编）者：尹涛　2018年6月出版 / 估价：99.00元
PSN B-2012-247-12/14

**广州蓝皮书**
广州经济发展报告（2018）
著（编）者：张跃国 尹涛　2018年7月出版 / 估价：99.00元
PSN B-2005-040-1/14

**广州蓝皮书**
2018年中国广州经济形势分析与预测
著（编）者：魏明海 谢博能 李华
2018年6月出版 / 估价：99.00元
PSN B-2011-185-9/14

**广州蓝皮书**
中国广州科技创新发展报告（2018）
著（编）者：于欣伟 陈爽 邓佑满　2018年8月出版 / 估价：99.00元
PSN B-2006-065-2/14

**广州蓝皮书**
广州农村发展报告（2018）
著（编）者：朱名宏　2018年7月出版 / 估价：99.00元
PSN B-2010-167-8/14

**广州蓝皮书**
广州汽车产业发展报告（2018）
著（编）者：杨再高 冯兴亚　2018年7月出版 / 估价：99.00元
PSN B-2006-066-3/14

**广州蓝皮书**
广州商贸业发展报告（2018）
著（编）者：张跃国 陈杰 荀振英
2018年7月出版 / 估价：99.00元
PSN B-2012-245-10/14

**贵阳蓝皮书**
贵阳城市创新发展报告No.3（白云篇）
著（编）者：连玉明　2018年5月出版 / 估价：99.00元
PSN B-2015-491-3/10

**贵阳蓝皮书**
贵阳城市创新发展报告No.3（观山湖篇）
著（编）者：连玉明　2018年5月出版 / 估价：99.00元
PSN B-2015-497-9/10

**贵阳蓝皮书**
贵阳城市创新发展报告No.3（花溪篇）
著（编）者：连玉明　2018年5月出版 / 估价：99.00元
PSN B-2015-490-2/10

**贵阳蓝皮书**
贵阳城市创新发展报告No.3（开阳篇）
著（编）者：连玉明　2018年5月出版 / 估价：99.00元
PSN B-2015-492-4/10

**贵阳蓝皮书**
贵阳城市创新发展报告No.3（南明篇）
著（编）者：连玉明　2018年5月出版 / 估价：99.00元
PSN B-2015-496-8/10

**贵阳蓝皮书**
贵阳城市创新发展报告No.3（清镇篇）
著（编）者：连玉明　2018年5月出版 / 估价：99.00元
PSN B-2015-489-1/10

**贵阳蓝皮书**
贵阳城市创新发展报告No.3（乌当篇）
著(编)者：连玉明　2018年5月出版 / 估价：99.00元
PSN B-2015-495-7/10

**贵阳蓝皮书**
贵阳城市创新发展报告No.3（息烽篇）
著(编)者：连玉明　2018年5月出版 / 估价：99.00元
PSN B-2015-493-5/10

**贵阳蓝皮书**
贵阳城市创新发展报告No.3（修文篇）
著(编)者：连玉明　2018年5月出版 / 估价：99.00元
PSN B-2015-494-6/10

**贵阳蓝皮书**
贵阳城市创新发展报告No.3（云岩篇）
著(编)者：连玉明　2018年5月出版 / 估价：99.00元
PSN B-2015-498-10/10

**贵州房地产蓝皮书**
贵州房地产发展报告No.5（2018）
著(编)者：武廷方　2018年7月出版 / 估价：99.00元
PSN B-2014-426-1/1

**贵州蓝皮书**
贵州册亨经济社会发展报告（2018）
著(编)者：黄德林　2018年6月出版 / 估价：99.00元
PSN B-2016-525-8/9

**贵州蓝皮书**
贵州地理标志产业发展报告（2018）
著(编)者：李发耀 黄其松　2018年8月出版 / 估价：99.00元
PSN B-2017-646-10/10

**贵州蓝皮书**
贵安新区发展报告（2017~2018）
著(编)者：马长青 吴大华　2018年6月出版 / 估价：99.00元
PSN B-2015-459-4/10

**贵州蓝皮书**
贵州国家级开放创新平台发展报告（2017~2018）
著(编)者：申晓庆 吴大华 季泓
2018年11月出版 / 估价：99.00元
PSN B-2016-518-7/10

**贵州蓝皮书**
贵州国有企业社会责任发展报告（2017~2018）
著(编)者：郭丽　2018年12月出版 / 估价：99.00元
PSN B-2015-511-6/10

**贵州蓝皮书**
贵州民航业发展报告（2017）
著(编)者：申振东 吴大华　2018年6月出版 / 估价：99.00元
PSN B-2015-471-5/10

**贵州蓝皮书**
贵州民营经济发展报告（2017）
著(编)者：杨静 吴大华　2018年6月出版 / 估价：99.00元
PSN B-2016-530-9/9

**杭州都市圈蓝皮书**
杭州都市圈发展报告（2018）
著(编)者：洪庆华 沈翔　2018年4月出版 / 定价：98.00元
PSN B-2012-302-1/1

**河北经济蓝皮书**
河北省经济发展报告（2018）
著(编)者：马树强 金浩 张贵　2018年6月出版 / 估价：99.00元
PSN B-2014-380-1/1

**河北蓝皮书**
河北经济社会发展报告（2018）
著(编)者：康振海　2018年1月出版 / 定价：99.00元
PSN B-2014-372-1/3

**河北蓝皮书**
京津冀协同发展报告（2018）
著(编)者：陈璐　2017年12月出版 / 定价：79.00元
PSN B-2017-601-2/3

**河南经济蓝皮书**
2018年河南经济形势分析与预测
著(编)者：王世炎　2018年3月出版 / 定价：89.00元
PSN B-2007-086-1/1

**河南蓝皮书**
河南城市发展报告（2018）
著(编)者：张占仓 王建国　2018年5月出版 / 估价：99.00元
PSN B-2009-131-3/9

**河南蓝皮书**
河南工业发展报告（2018）
著(编)者：张占仓　2018年5月出版 / 估价：99.00元
PSN B-2013-317-5/9

**河南蓝皮书**
河南金融发展报告（2018）
著(编)者：喻新安 谷建全
2018年6月出版 / 估价：99.00元
PSN B-2014-390-7/9

**河南蓝皮书**
河南经济发展报告（2018）
著(编)者：张占仓 完世伟
2018年6月出版 / 估价：99.00元
PSN B-2010-157-4/9

**河南蓝皮书**
河南能源发展报告（2018）
著(编)者：国网河南省电力公司经济技术研究院
　　　　河南省社会科学院
2018年6月出版 / 估价：99.00元
PSN B-2017-607-9/9

**河南商务蓝皮书**
河南商务发展报告（2018）
著(编)者：焦锦淼 穆荣国　2018年5月出版 / 估价：99.00元
PSN B-2014-399-1/1

**河南双创蓝皮书**
河南创新创业发展报告（2018）
著(编)者：喻新安 杨雪梅
2018年8月出版 / 估价：99.00元
PSN B-2017-641-1/1

**黑龙江蓝皮书**
黑龙江经济发展报告（2018）
著(编)者：朱宇　2018年1月出版 / 定价：89.00元
PSN B-2011-190-2/2

**湖南城市蓝皮书**
区域城市群整合
著(编)者：童中贤 韩未名　2018年12月出版 / 估价：99.00元
PSN B-2006-064-1/1

**湖南蓝皮书**
湖南城乡一体化发展报告（2018）
著(编)者：陈文胜 王文强 陆福兴
2018年8月出版 / 估价：99.00元
PSN B-2015-477-8/8

**湖南蓝皮书**
2018年湖南电子政务发展报告
著(编)者：梁志峰　2018年5月出版 / 估价：128.00元
PSN B-2014-394-6/8

**湖南蓝皮书**
2018年湖南经济发展报告
著(编)者：卞鹰　2018年5月出版 / 估价：128.00元
PSN B-2011-207-2/8

**湖南蓝皮书**
2016年湖南经济展望
著(编)者：梁志峰　2018年5月出版 / 估价：128.00元
PSN B-2011-206-1/8

**湖南蓝皮书**
2018年湖南县域经济社会发展报告
著(编)者：梁志峰　2018年5月出版 / 估价：128.00元
PSN B-2014-395-7/8

**湖南县域绿皮书**
湖南县域发展报告（No.5）
著(编)者：袁准 周小毛 黎仁寅
2018年6月出版 / 估价：99.00元
PSN G-2012-274-1/1

**沪港蓝皮书**
沪港发展报告（2018）
著(编)者：尤安山　2018年9月出版 / 估价 99.00元
PSN B-2013-362-1/1

**吉林蓝皮书**
2018年吉林经济社会形势分析与预测
著(编)者：邵汉明　2017年12月出版 / 定价：89.00元
PSN B-2013-319-1/1

**吉林省城市竞争力蓝皮书**
吉林省城市竞争力报告（2017~2018）
著(编)者：崔岳春 张磊
2018年3月出版 / 定价：89.00元
PSN B-2016-513-1/1

**济源蓝皮书**
济源经济社会发展报告（2018）
著(编)者：喻新安　2018年6月出版 / 估价：99.00元
PSN B-2014-387-1/1

**江苏蓝皮书**
2018年江苏经济发展分析与展望
著(编)者：王庆五 吴先满
2018年7月出版 / 估价：128.00元
PSN B-2017-635-1/3

**江西蓝皮书**
江西经济社会发展报告（2018）
著(编)者：陈石俊 龚建文　2018年10月出版 / 估价：128.00元
PSN B-2015-484-1/2

**江西蓝皮书**
江西设区市发展报告（2018）
著(编)者：姜玮 梁勇
2018年10月出版 / 估价：99.00元
PSN B-2016-517-2/2

**经济特区蓝皮书**
中国经济特区发展报告（2017）
著(编)者：陶一桃　2018年1月出版 / 估价：99.00元
PSN B-2009-139-1/1

**辽宁蓝皮书**
2018年辽宁经济社会形势分析与预测
著(编)者：梁启东 魏红江　2018年6月出版 / 估价：99.00元
PSN B-2006-053-1/1

**民族经济蓝皮书**
中国民族地区经济发展报告（2018）
著(编)者：李曦辉　2018年7月出版 / 估价：99.00元
PSN B-2017-630-1/1

**南宁蓝皮书**
南宁经济发展报告（2018）
著(编)者：胡建华　2018年9月出版 / 估价：99.00元
PSN B-2016-569-2/3

**内蒙古蓝皮书**
内蒙古精准扶贫研究报告（2018）
著(编)者：张志华　2018年1月出版 / 定价：89.00元
PSN B-2017-681-2/2

**浦东新区蓝皮书**
上海浦东经济发展报告（2018）
著(编)者：周小平 徐美芳
2018年1月出版 / 定价：89.00元
PSN B-2011-225-1/1

**青海蓝皮书**
2018年青海经济社会形势分析与预测
著(编)者：陈玮　2018年1月出版 / 定价：98.00元
PSN B-2012-275-1/2

**青海科技绿皮书**
青海科技发展报告（2017）
著(编)者：青海省科学技术信息研究所
2018年3月出版 / 定价：98.00元
PSN G-2018-701-1/1

**山东蓝皮书**
山东经济形势分析与预测（2018）
著(编)者：李广杰　2018年7月出版 / 估价：99.00元
PSN B-2014-404-1/5

**山东蓝皮书**
山东省普惠金融发展报告（2018）
著(编)者：齐鲁财富网
2018年9月出版 / 估价：99.00元
PSN B2017-676-5/5

**山西蓝皮书**
山西资源型经济转型发展报告（2018）
著(编)者：李志强　2018年7月出版 / 估价：99.00元
PSN B-2011-197-1/1

**陕西蓝皮书**
陕西经济发展报告（2018）
著(编)者：任宗哲 白宽犁 裴成荣
2018年1月出版 / 定价：89.00元
PSN B-2009-135-1/6

**陕西蓝皮书**
陕西精准脱贫研究报告（2018）
著(编)者：任宗哲 白宽犁 王建康
2018年4月出版 / 定价：89.00元
PSN B-2017-623-6/6

**上海蓝皮书**
上海经济发展报告（2018）
著(编)者：沈开艳　2018年2月出版 / 定价：89.00元
PSN B-2006-057-1/7

**上海蓝皮书**
上海资源环境发展报告（2018）
著(编)者：周冯琦 胡静　2018年2月出版 / 定价：89.00元
PSN B-2006-060-4/7

**上海蓝皮书**
上海奉贤经济发展分析与研判（2017～2018）
著(编)者：张兆安 朱平芳　2018年3月出版 / 定价：99.00元
PSN B-2018-698-8/8

**上饶蓝皮书**
上饶发展报告（2016～2017）
著(编)者：廖其志　2018年6月出版 / 估价：128.00元
PSN B-2014-377-1/1

**深圳蓝皮书**
深圳经济发展报告（2018）
著(编)者：张骁儒　2018年6月出版 / 估价：99.00元
PSN B-2008-112-3/7

**四川蓝皮书**
四川城镇化发展报告（2018）
著(编)者：侯水平 陈炜　2018年6月出版 / 估价：99.00元
PSN B-2015-456-7/7

**四川蓝皮书**
2018年四川经济形势分析与预测
著(编)者：杨钢　2018年1月出版 / 定价：158.00元
PSN B-2007-098-2/7

**四川蓝皮书**
四川企业社会责任研究报告（2017～2018）
著(编)者：侯水平 盛毅　2018年5月出版 / 估价：99.00元
PSN B-2014-386-4/7

**四川蓝皮书**
四川生态建设报告（2018）
著(编)者：李晟之　2018年5月出版 / 估价：99.00元
PSN B-2015-455-6/7

**四川蓝皮书**
四川特色小镇发展报告（2017）
著(编)者：吴志强　2017年11月出版 / 定价：89.00元
PSN B-2017-670-8/8

**体育蓝皮书**
上海体育产业发展报告（2017~2018）
著(编)者：张林 黄海燕
2018年10月出版 / 估价：99.00元
PSN B-2015-454-4/5

**体育蓝皮书**
长三角地区体育产业发展报（2017～2018）
著(编)者：张林　2018年6月出版 / 估价：99.00元
PSN B-2015-453-3/5

**天津金融蓝皮书**
天津金融发展报告（2018）
著(编)者：王爱俭 孔德昌
2018年5月出版 / 估价：99.00元
PSN B-2014-418-1/1

**图们江区域合作蓝皮书**
图们江区域合作发展报告（2018）
著(编)者：李铁　2018年6月出版 / 估价：99.00元
PSN B-2015-464-1/1

**温州蓝皮书**
2018年温州经济社会形势分析与预测
著(编)者：蒋儒标 王春光 金浩
2018年6月出版 / 估价：99.00元
PSN B-2008-105-1/1

**西咸新区蓝皮书**
西咸新区发展报告（2018）
著(编)者：李扬 王军
2018年6月出版 / 估价：99.00元
PSN B-2016-534-1/1

**修武蓝皮书**
修武经济社会发展报告（2018）
著(编)者：张占仓 袁凯声
2018年10月出版 / 估价：99.00元
PSN B-2017-651-1/1

**偃师蓝皮书**
偃师经济社会发展报告（2018）
著(编)者：张占仓 袁凯声 何武周
2018年7月出版 / 估价：99.00元
PSN B-2017-627-1/1

**扬州蓝皮书**
扬州经济社会发展报告（2018）
著(编)者：陈扬
2018年12月出版 / 估价：108.00元
PSN B-2011-191-1/1

**长垣蓝皮书**
长垣经济社会发展报告（2018）
著(编)者：张占仓 袁凯声 秦保建
2018年10月出版 / 估价：99.00元
PSN B-2017-654-1/1

**遵义蓝皮书**
遵义发展报告（2018）
著(编)者：邓彦 曾征 龚永育
2018年9月出版 / 估价：99.00元
PSN B-2014-433-1/1

# 地方发展类-社会

**安徽蓝皮书**
安徽社会发展报告（2018）
著(编)者：程桦　　2018年6月出版 / 估价：99.00元
PSN B-2013-325-1/1

**安徽社会建设蓝皮书**
安徽社会建设分析报告（2017~2018）
著(编)者：黄家海　蔡宪
2018年11月出版 / 估价：99.00元
PSN B-2013-322-1/1

**北京蓝皮书**
北京公共服务发展报告（2017~2018）
著(编)者：施昌奎　　2018年6月出版 / 估价：99.00元
PSN B-2008-103-7/8

**北京蓝皮书**
北京社会发展报告（2017~2018）
著(编)者：李伟东
2018年7月出版 / 估价：99.00元
PSN B-2006-055-3/8

**北京蓝皮书**
北京社会治理发展报告（2017~2018）
著(编)者：殷星辰　　2018年7月出版 / 估价：99.00元
PSN B-2014-391-8/8

**北京律师蓝皮书**
北京律师发展报告No.4（2018）
著(编)者：王隽　　2018年12月出版 / 估价：99.00元
PSN B-2011-217-1/1

**北京人才蓝皮书**
北京人才发展报告（2018）
著(编)者：敏华　　2018年12月出版 / 估价：128.00元
PSN B-2011-201-1/1

**北京社会心态蓝皮书**
北京社会心态分析报告（2017~2018）
北京市社会心理服务促进中心
2018年10月出版 / 估价：99.00元
PSN B-2014-422-1/1

**北京社会组织管理蓝皮书**
北京社会组织发展与管理（2018）
著(编)者：黄江松
2018年6月出版 / 估价：99.00元
PSN B-2015-446-1/1

**北京养老产业蓝皮书**
北京居家养老发展报告（2018）
著(编)者：陆杰华　周明明
2018年8月出版 / 估价：99.00元
PSN B-2015-465-1/1

**法治蓝皮书**
四川依法治省年度报告No.4（2018）
著(编)者：李林　杨天宗　田禾
2018年3月出版 / 定价：118.00元
PSN B-2015-447-2/3

**福建妇女发展蓝皮书**
福建省妇女发展报告（2018）
著(编)者：刘群英　　2018年11月出版 / 估价：99.00元
PSN B-2011-220-1/1

**甘肃蓝皮书**
甘肃社会发展分析与预测（2018）
著(编)者：安文华　谢增虎　包晓霞
2018年1月出版 / 定价：99.00元
PSN B-2013-313-2/6

**广东蓝皮书**
广东全面深化改革研究报告（2018）
著(编)者：周林生　涂成林
2018年12月出版 / 估价：99.00元
PSN B-2015-504-3/3

**广东蓝皮书**
广东社会工作发展报告（2018）
著(编)者：罗观翠　　2018年6月出版 / 估价：99.00元
PSN B-2014-402-2/3

**广州蓝皮书**
广州青年发展报告（2018）
著(编)者：徐柳　张强
2018年8月出版 / 估价：99.00元
PSN B-2013-352-13/14

**广州蓝皮书**
广州社会保障发展报告（2018）
著(编)者：张跃国　　2018年8月出版 / 估价：99.00元
PSN B-2014-425-14/14

**广州蓝皮书**
2018年中国广州社会形势分析与预测
著(编)者：张强　郭志勇　何镜清
2018年6月出版 / 估价：99.00元
PSN B-2008-110-5/14

**贵州蓝皮书**
贵州法治发展报告（2018）
著(编)者：吴大华　　2018年5月出版 / 估价：99.00元
PSN B-2012-254-2/10

**贵州蓝皮书**
贵州人才发展报告（2017）
著(编)者：于杰　吴大华
2018年9月出版 / 估价：99.00元
PSN B-2014-382-3/10

**贵州蓝皮书**
贵州社会发展报告（2018）
著(编)者：王兴骥　　2018年6月出版 / 估价：99.00元
PSN B-2010-166-1/10

**杭州蓝皮书**
杭州妇女发展报告（2018）
著(编)者：魏颖
2018年10月出版 / 估价：99.00元
PSN B-2014-403-1/1

**河北蓝皮书**
河北法治发展报告（2018）
著(编)者：康振海　2018年6月出版 / 估价：99.00元
PSN B-2017-622-3/3

**河北食品药品安全蓝皮书**
河北食品药品安全研究报告（2018）
著(编)者：丁锦霞
2018年10月出版 / 估价：99.00元
PSN B-2015-473-1/1

**河南蓝皮书**
河南法治发展报告（2018）
著(编)者：张林海　2018年7月出版 / 估价：99.00元
PSN B-2014-376-6/9

**河南蓝皮书**
2018年河南社会形势分析与预测
著(编)者：牛苏林　2018年5月出版 / 估价：99.00元
PSN B-2005-043-1/9

**河南民办教育蓝皮书**
河南民办教育发展报告（2018）
著(编)者：胡大白　2018年9月出版 / 估价：99.00元
PSN B-2017-642-1/1

**黑龙江蓝皮书**
黑龙江社会发展报告（2018）
著(编)者：王爱丽　2018年1月出版 / 定价：89.00元
PSN B-2011-189-1/2

**湖南蓝皮书**
2018年湖南两型社会与生态文明建设报告
著(编)者：卞鹰　2018年5月出版 / 估价：128.00元
PSN B-2011-208-3/8

**湖南蓝皮书**
2018年湖南社会发展报告
著(编)者：卞鹰　2018年5月出版 / 估价：128.00元
PSN B-2014-393-5/8

**健康城市蓝皮书**
北京健康城市建设研究报告（2018）
著(编)者：王鸿春　盛继洪
2018年9月出版 / 估价：99.00元
PSN B-2015-460-1/2

**江苏法治蓝皮书**
江苏法治发展报告No.6（2017）
著(编)者：蔡道通　龚廷泰
2018年8月出版 / 估价：99.00元
PSN B-2012-290-1/1

**江苏蓝皮书**
2018年江苏社会发展分析与展望
著(编)者：王庆五　刘旺洪
2018年8月出版 / 估价：128.00元
PSN B-2017-636-2/3

**民族教育蓝皮书**
中国民族教育发展报告（2017·内蒙古卷）
著(编)者：陈中永
2017年12月出版 / 定价：198.00元
PSN B-2017-669-1/1

**南宁蓝皮书**
南宁法治发展报告（2018）
著(编)者：杨维超　2018年12月出版 / 估价：99.00元
PSN B-2015-509-1/3

**南宁蓝皮书**
南宁社会发展报告（2018）
著(编)者：胡建华　2018年10月出版 / 估价：99.00元
PSN B-2016-570-3/3

**内蒙古蓝皮书**
内蒙古反腐倡廉建设报告 No.2
著(编)者：张志华　2018年6月出版 / 估价：99.00元
PSN B-2013-355-1/1

**青海蓝皮书**
2018年青海人才发展报告
著(编)者：王宇燕　2018年9月出版 / 估价：99.00元
PSN B-2017-650-2/2

**青海生态文明建设蓝皮书**
青海生态文明建设报告（2018）
著(编)者：张西明　高华　2018年12月出版 / 估价：99.00元
PSN B-2016-595-1/1

**人口与健康蓝皮书**
深圳人口与健康发展报告（2018）
著(编)者：陆杰华　傅崇辉
2018年11月出版 / 估价：99.00元
PSN B-2011-228-1/1

**山东蓝皮书**
山东社会形势分析与预测（2018）
著(编)者：李善峰　2018年6月出版 / 估价：99.00元
PSN B-2014-405-2/5

**陕西蓝皮书**
陕西社会发展报告（2018）
著(编)者：任宗哲　白宽犁　牛昉
2018年1月出版 / 定价：89.00元
PSN B-2009-136-2/6

**上海蓝皮书**
上海法治发展报告（2018）
著(编)者：叶必丰　2018年9月出版 / 估价：99.00元
PSN B-2012-296-6/7

**上海蓝皮书**
上海社会发展报告（2018）
著(编)者：杨雄　周海旺
2018年2月出版 / 定价：89.00元
PSN B-2006-058-2/7

**社会建设蓝皮书**
2018年北京社会建设分析报告
著(编)者：宋贵伦 冯虹　2018年9月出版 / 估价：99.00元
PSN B-2010-173-1/1

**深圳蓝皮书**
深圳法治发展报告（2018）
著(编)者：张骁儒　2018年6月出版 / 估价：99.00元
PSN B-2015-470-6/7

**深圳蓝皮书**
深圳劳动关系发展报告（2018）
著(编)者：汤庭芬　2018年8月出版 / 估价：99.00元
PSN B-2007-097-2/7

**深圳蓝皮书**
深圳社会治理与发展报告（2018）
著(编)者：张骁儒　2018年6月出版 / 估价：99.00元
PSN B-2008-113-4/7

**生态安全绿皮书**
甘肃国家生态安全屏障建设发展报告（2018）
著(编)者：刘举科 喜文华
2018年10月出版 / 估价：99.00元
PSN G-2017-659-1/1

**顺义社会建设蓝皮书**
北京市顺义区社会建设发展报告（2018）
著(编)者：王学武　2018年9月出版 / 估价：99.00元
PSN B-2017-658-1/1

**四川蓝皮书**
四川法治发展报告（2018）
著(编)者：郑泰安　2018年6月出版 / 估价：99.00元
PSN B-2015-441-5/7

**四川蓝皮书**
四川社会发展报告（2018）
著(编)者：李羚　2018年6月出版 / 估价：99.00元
PSN B-2008-127-3/7

**四川社会工作与管理蓝皮书**
四川省社会工作人力资源发展报告（2017）
著(编)者：边慧敏　2017年12月出版 / 定价：89.00元
PSN B-2017-683-1/1

**云南社会治理蓝皮书**
云南社会治理年度报告（2017）
著(编)者：晏雄 韩全芳
2018年5月出版 / 估价：99.00元
PSN B-2017-667-1/1

# 地方发展类-文化

**北京传媒蓝皮书**
北京新闻出版广电发展报告（2017~2018）
著(编)者：王志　2018年11月出版 / 估价：99.00元
PSN B-2016-588-1/1

**北京蓝皮书**
北京文化发展报告（2017~2018）
著(编)者：李建盛　2018年5月出版 / 估价：99.00元
PSN B-2007-082-4/8

**创意城市蓝皮书**
北京文化创意产业发展报告（2018）
著(编)者：郭万超 张京成　2018年12月出版 / 估价：99.00元
PSN B-2012-263-1/7

**创意城市蓝皮书**
天津文化创意产业发展报告（2017~2018）
著(编)者：谢思全　2018年6月出版 / 估价：99.00元
PSN B-2016-536-7/7

**创意城市蓝皮书**
武汉文化创意产业发展报告（2018）
著(编)者：黄永林 陈汉桥　2018年12月出版 / 估价：99.00元
PSN B-2013-354-4/7

**创意上海蓝皮书**
上海文化创意产业发展报告（2017~2018）
著(编)者：王慧敏 王兴全　2018年8月出版 / 估价：99.00元
PSN B-2016-561-1/1

**非物质文化遗产蓝皮书**
广州市非物质文化遗产保护发展报告（2018）
著(编)者：宋俊华　2018年12月出版 / 估价：99.00元
PSN B-2016-589-1/1

**甘肃蓝皮书**
甘肃文化发展分析与预测（2018）
著(编)者：马廷旭 戚晓萍　2018年1月出版 / 定价：99.00元
PSN B-2013-314-3/6

**甘肃蓝皮书**
甘肃舆情分析与预测（2018）
著(编)者：王俊莲 张谦元　2018年1月出版 / 定价：99.00元
PSN B-2013-315-4/6

**广州蓝皮书**
中国广州文化发展报告（2018）
著(编)者：屈哨兵 陆志强　2018年6月出版 / 估价：99.00元
PSN B-2009-134-7/14

**广州蓝皮书**
广州文化创意产业发展报告（2018）
著(编)者：徐咏虹　2018年7月出版 / 估价：99.00元
PSN B-2008-111-6/14

**海淀蓝皮书**
海淀区文化和科技融合发展报告（2018）
著(编)者：陈名杰 孟景伟　2018年5月出版 / 估价：99.00元
PSN B-2013-329-1/1

**河南蓝皮书**
河南文化发展报告（2018）
著(编)者：卫绍生　2018年7月出版 / 估价：99.00元
PSN B-2008-106-2/9

**湖北文化产业蓝皮书**
湖北省文化产业发展报告（2018）
著(编)者：黄晓华　2018年9月出版 / 估价：99.00元
PSN B-2017-656-1/1

**湖北文化蓝皮书**
湖北文化发展报告（2017~2018）
著(编)者：湖北大学高等人文研究院
　　　　　中华文化发展湖北省协同创新中心
2018年10月出版 / 估价：99.00元
PSN B-2016-566-1/1

**江苏蓝皮书**
2018年江苏文化发展分析与展望
著(编)者：王庆五 樊和平　2018年9月出版 / 估价：128.00元
PSN B-2017-637-3/3

**江西文化蓝皮书**
江西非物质文化遗产发展报告（2018）
著(编)者：张圣才 傅安平　2018年12月出版 / 估价：128.00元
PSN B-2015-499-1/1

**洛阳蓝皮书**
洛阳文化发展报告（2018）
著(编)者：刘福兴 陈启明　2018年7月出版 / 估价：99.00元
PSN B-2015-476-1/1

**南京蓝皮书**
南京文化发展报告（2018）
著(编)者：中共南京市委宣传部
2018年12月出版 / 估价：99.00元
PSN B-2014-439-1/1

**宁波文化蓝皮书**
宁波"一人一艺"全民艺术普及发展报告（2017）
著(编)者：张爱琴　2018年11月出版 / 估价：128.00元
PSN B-2017-668-1/1

**山东蓝皮书**
山东文化发展报告（2018）
著(编)者：涂可国　2018年5月出版 / 估价：99.00元
PSN B-2014-406-3/5

**陕西蓝皮书**
陕西文化发展报告（2018）
著(编)者：任宗哲 白宽犁 王长寿
2018年1月出版 / 定价：89.00元
PSN B-2009-137-3/6

**上海蓝皮书**
上海传媒发展报告（2018）
著(编)者：强荧 焦雨虹　2018年2月出版 / 定价：89.00元
PSN B-2012-295-5/7

**上海蓝皮书**
上海文学发展报告（2018）
著(编)者：陈圣来　2018年6月出版 / 估价：99.00元
PSN B-2012-297-7/7

**上海蓝皮书**
上海文化发展报告（2018）
著(编)者：荣跃明　2018年6月出版 / 估价：99.00元
PSN B-2006-059-3/7

**深圳蓝皮书**
深圳文化发展报告（2018）
著(编)者：张骁儒　2018年7月出版 / 估价：99.00元
PSN B-2016-554-7/7

**四川蓝皮书**
四川文化产业发展报告（2018）
著(编)者：向宝云 张立伟　2018年6月出版 / 估价：99.00元
PSN B-2006-074-1/7

**郑州蓝皮书**
2018年郑州文化发展报告
著(编)者：王哲　2018年9月出版 / 估价：99.00元
PSN B-2008-107-1/1

## ❖ 皮书起源 ❖

"皮书"起源于十七、十八世纪的英国，主要指官方或社会组织正式发表的重要文件或报告，多以"白皮书"命名。在中国，"皮书"这一概念被社会广泛接受，并被成功运作、发展成为一种全新的出版形态，则源于中国社会科学院社会科学文献出版社。

## ❖ 皮书定义 ❖

皮书是对中国与世界发展状况和热点问题进行年度监测，以专业的角度、专家的视野和实证研究方法，针对某一领域或区域现状与发展态势展开分析和预测，具备原创性、实证性、专业性、连续性、前沿性、时效性等特点的公开出版物，由一系列权威研究报告组成。

## ❖ 皮书作者 ❖

皮书系列的作者以中国社会科学院、著名高校、地方社会科学院的研究人员为主，多为国内一流研究机构的权威专家学者，他们的看法和观点代表了学界对中国与世界的现实和未来最高水平的解读与分析。

## ❖ 皮书荣誉 ❖

皮书系列已成为社会科学文献出版社的著名图书品牌和中国社会科学院的知名学术品牌。2016年，皮书系列正式列入"十三五"国家重点出版规划项目；2013~2018年，重点皮书列入中国社会科学院承担的国家哲学社会科学创新工程项目；2018年，59种院外皮书使用"中国社会科学院创新工程学术出版项目"标识。

# 中国皮书网

（网址：www.pishu.cn）

发布皮书研创资讯，传播皮书精彩内容
引领皮书出版潮流，打造皮书服务平台

## 栏目设置

关于皮书：何谓皮书、皮书分类、皮书大事记、皮书荣誉、
　　　　　皮书出版第一人、皮书编辑部

最新资讯：通知公告、新闻动态、媒体聚焦、网站专题、视频直播、下载专区

皮书研创：皮书规范、皮书选题、皮书出版、皮书研究、研创团队

皮书评奖评价：指标体系、皮书评价、皮书评奖

互动专区：皮书说、社科数托邦、皮书微博、留言板

## 所获荣誉

2008 年、2011 年，中国皮书网均在全
国新闻出版业网站荣誉评选中获得"最具商
业价值网站"称号；

2012 年，获得"出版业网站百强"称号。

## 网库合一

2014 年，中国皮书网与皮书数据库端
口合一，实现资源共享。

# 权威报告·一手数据·特色资源

# 皮书数据库
## ANNUAL REPORT(YEARBOOK)
## DATABASE

## 当代中国经济与社会发展高端智库平台

### 所获荣誉

- 2016年，入选"'十三五'国家重点电子出版物出版规划骨干工程"
- 2015年，荣获"搜索中国正能量 点赞2015""创新中国科技创新奖"
- 2013年，荣获"中国出版政府奖·网络出版物奖"提名奖
- 连续多年荣获中国数字出版博览会"数字出版·优秀品牌"奖

### 成为会员

通过网址www.pishu.com.cn或使用手机扫描二维码进入皮书数据库网站，进行手机号码验证或邮箱验证即可成为皮书数据库会员（建议通过手机号码快速验证注册）。

### 会员福利

- 使用手机号码首次注册的会员，账号自动充值100元体验金，可直接购买和查看数据库内容（仅限使用手机号码快速注册）。
- 已注册用户购书后可免费获赠100元皮书数据库充值卡。刮开充值卡涂层获取充值密码，登录并进入"会员中心"—"在线充值"—"充值卡充值"，充值成功后即可购买和查看数据库内容。

数据库服务热线：400-008-6695　　　　图书销售热线：010-59367070/7028
数据库服务QQ：2475522410　　　　　图书服务QQ：1265056568
数据库服务邮箱：database@ssap.cn　　图书服务邮箱：duzhe@ssap.cn

## 更多信息请登录

**皮书数据库**
http：//www.pishu.com.cn

**中国皮书网**
http：//www.pishu.cn

**皮书微博**
http：//weibo.com/pishu

皮书微信"皮书说"

**咨询／邮购电话：** 010-59367028　59367070

**邮　　箱：** duzhe@ssap.cn

**邮购地址：** 北京市西城区北三环中路甲29号院3号楼
　　　　　　华龙大厦13层读者服务中心

**邮　　编：** 100029

**银行户名：** 社会科学文献出版社

**开户银行：** 中国工商银行北京北太平庄支行

**账　　号：** 0200010019200365434